30. —

Europäische Hochschulschriften

Publications Universitaires Européennes
European University Papers

Reihe XXIII

Theologie

Série XXIII   Series XXIII

Théologie
Theology

Bd./Vol. 93

PETER LANG
Bern · Frankfurt am Main · Las Vegas

Josef Manser

Der Tod des Menschen

Zur Deutung des Todes in der
gegenwärtigen Philosophie und Theologie

PETER LANG

Bern · Frankfurt am Main · Las Vegas

© Verlag Peter Lang, Bern 1977
Nachfolger des Verlages
der Herbert Lang & Cie AG, Bern

ISBN 3-261-02986-2
Auflage 300 Ex.

Druck: Lang Druck AG, Liebefeld/Bern

Meinen Eltern und Geschwistern

VORWORT

Die vorliegende Arbeit wurde im Sommersemester 1975 von der Katholisch-Theologischen Fakultät der Universität Freiburg/i.Br. als Dissertation angenommen. Für diese Veröffentlichung wurde die Arbeit um ca. 100 Seiten gestrafft und einige unwesentliche, stilistische Veränderungen schienen unerlässlich.

Es ist vielleicht ein gewagtes Unternehmen, das Thema "Tod" in dieser Offenheit und Weite zu bedenken und dies in einer Dissertation. Jedoch zeigt sich, dass sich aus unzähligen längeren und kürzeren Beiträgen eine ganze Reihe von Gesichtspunkten ergeben, denen es sich lohnt in der Philosophie und Theologie weiternachzudenken. So ist diese Arbeit mehr als Nach- oder Vor-arbeit zum tieferen Nachdenken über den Tod gedacht. Das heisst aber zugleich, dass ein solcher Versuch um seine Grenzen wissen muss, denn über den Tod wird sich letztlich nie etwas Endgültiges aussagen lassen. Es bleibt immer ein V e r s u c h .

Mein besonderer Dank gilt an dieser Stelle meinem Lehrer, Herrn Prof. DDr. Karl Lehmann, der das Werden der Arbeit mit grossem Interesse verfolgt und mit hilfreichem Rat und geduldigem Verständnis begleitet hat. Er hat mir zu diesem Versuch immer wieder neuen Mut gemacht.

Weiter gilt mein Dank auch dem jetzigen Bischof von Aachen, Prof. Dr. Klaus Hemmerle, der stets grosses Interesse bekundet und auch das Zweitgutachten geschrieben hat. Ich bekam durch ihn eine ganze Reihe von Denkanstössen zu weiterem Nachdenken.

Herzlich möchte ich auch meiner Schwester Marie-Louise Manser für die vielen Schreibarbeiten und meinen Freunden Rainer Dickmann und Ludwig Michale für die Hilfsbereitschaft bei der Herstellung des Manuskriptes danken.

Nicht zuletzt aber danke ich allen jenen, mit denen ich in den letzten Jahren in längeren und kürzeren Gesprächen über das Thema "Tod" mich unterhalten durfte. Viele dieser Gespräche brachten mich zum Nachdenken, eröffneten mir neue Gesichtspunkte, und vor allem machten sie mir Mut, da ich in ihnen immer wieder sehen durfte, wie sehr der Tod den Menschen beschäftigt und wie wichtig deshalb grundsätzliche Ueberlegungen und viele Kleinarbeit sind. Ich hoffe, dies kann ein Beitrag zum besseren Verständnis des Todes sein.

Ein Nachdenken über den Tod ist nie abgeschlossen. Das zeigt sich auch daran, dass seit der Fertigstellung meiner Dissertation und dieser Veröffentlichung eine ganze Reihe von neuen Beiträgen erschienen sind. Es sollen deshalb die wichtigsten hier kurz nachgetragen werden:

Ariès, Ph., Studien zur Geschichte des Todes im Abendland (München 1976)

Asperger, H., Das sterbende Kind, in: Internationale katholische Zeitschrift "Communio" 4 (1975) 518 ff.

Brague, R., Vom Sinn christlichen Sterbens, in: Internationale katholische Zeitschrift "Communio" 4 (1975) 481 ff.

Finkenzeller, J., Was kommt nach dem Tod? Eine Orientierungshilfe für Unterricht, Verkündigung und Glaubensgespräch (München 1976).

Greshake, G., Stärker als der Tod. Zukunft - Tod - Auferstehung - Himmel - Hölle - Fegfeuer (Mainz 1976).

Haeffner, G., Leben angesichts des Todes. Philosophische Vorüberlegungen, in: Internationale katholische Zeitschrift "Communio" 4 (1975) 494 ff.

Hahn, G., Vom Sinn des Todes. Texte aus drei Jahrtausenden (Zürich 1975).

Hampe, J.Chr., Sterben ist doch ganz anders. Erfahrungen mit dem eigenen Tod (Stuttgart 1975).

Hofmeier, J., Kirchliche Verkündigung und heutiges Sterben, in: Diakonia 6 (1975) 380 ff.

Kübler-Ross, E. (Hg.), Reif werden zum Tod (Stuttgart 1976).

Lange, E., Nicht an den Tod glauben. Praktische Konsequenzen aus Ostern (Hamburg 1975).

Lau, E.E., Tod im Krankenhaus. Soziologische Aspekte des Sterbens in Institutionen (Köln 1975).

Lohfink, G., Der Tod ist nicht das letzte Wort (Freiburg 1976).

Lotz, J.B., Tod als Vollendung. Von der Kunst und Gnade des Sterbens (Frankfurt 1976).

Nitschke, H. (Hg.), Wir wissen, dass wir sterben müssen (Gütersloh 1975).

Paus, A. (Hg.), Grenzerfahrung Tod (Graz 1976).

Piper, H.Chr., Ars moriendi und Kirchenlied, in: Jahrbuch für Liturgik und Hymnologie 19 (1975) 105 ff.

Rahner, K., Das christliche Sterben, in: J. Feiner/M. Löhrer (Hg.), Mysterium Salutis. Grundriss heilsgeschichtlicher Dogmatik V (1976) 463 ff.

Rinser, L., Leiden, sterben, auferstehen (Würzburg 1975).

Roegele, O.B., Wie modern ist der Tod? in : Internationale katholische Zeitschrift "Communio" 4 (1975) 502 ff.

Schatz, O., "Keine Menschheit ist dem Tod so ratlos gegenübergestanden wie die heutige", in: Internationale katholische Zeitschrift "Communio" 4 (1975) 571 ff.

Schmalenberg, E., Tod und Tötung. Eine dogmatische Studie zur theologia mortis (Stuttgart 1976).

Schwartländer, J. (Hg.), Der Mensch und sein Tod (Göttingen 1976).

Volk, G., Den Sterbenden beistehen, in: Der Christ in der Gegenwart 27 (1975) 357 ff.

Weizäcker, C.F. von, Der Tod ist eine Schwelle. Gedanken zur religiösen und theologischen Sicht des Todesproblems, in: Evangelische Kommentare 8 (1975) 648 ff.

Wunderli, J., Vernichtung oder Verwandlung? Der Tod als Verhängnis und Hoffnung (Stuttgart 1976).

Flawil, im Februar 1977   Josef Manser

INHALTSUEBERSICHT

"Der Tod überholt und übertrifft alles,
also auch alle Rede über ihn" (1).

EINLEITUNG

Es klingt beinahe nach Ironie, wenn nach einem solchen Wort aus einer Spruch-
sammlung eine umfangreiche Arbeit über den Tod des Menschen folgt. Doch soll
dieser einleitende Aphorismus nicht nur provozieren, sondern eher zum Nachdenken anregen, soll die ganze Arbeit ins rechte Licht rücken.

Zwei Gedanken sind in diesem Sprichwort enthalten: Einmal drückt es aus, dass es
der Tod ist, der die Welt, die Menschen, ihr Tun und Denken herausfordert und
letztlich immer allen Versuchen, ihm auf den verschiedensten Wegen zu entgehen
oder ihn auf raffinierte Weisen hinauszuschieben, Einhalt gebietet, indem er geltend macht, dass nicht der Mensch letztlich über das Leben verfügt, sondern er,
der Tod. Es gibt nichts im Leben des Menschen, das ihm nicht verfallen wird.

Ein zweiter Aspekt, der mit dem ersten eng verbunden ist, mahnt den Menschen,
nicht vorschnelle und allzu selbstsichere Antworten auf die Frage nach dem Tod zu
geben. Letztlich muss vor ihm jede - auch noch so ernsthafte - Rede vergehen,
denn der Tod lässt sich nicht mit Worten einholen. Und in der Tat wäre es vielleicht
besser, nichts vom Tod auszusagen, einfach zu schweigen. Vielleicht wäre gar ein
solches Schweigen das dem Tod Entsprechende. Es wäre kein leeres, sondern ein
erfülltes und beredtes Schweigen und liesse die Grösse und Tiefe des Todes erahnen.

Jedoch ist der Tod ein derart zentrales Ereignis im Leben, wo soviele Fäden des
menschlichen Daseins zusammenlaufen, ein Ereignis, das so folgenreiche Fragen
an den Menschen und an den Sinn seines Daseins stellt, dass es geradezu Pflicht
werden kann und muss, immer wieder und immer neu zu versuchen, ihn als Rätsel,
d.h. nicht als Geheimnis, zu erhellen. Dabei droht leicht die Gefahr, der Täuschung
zu erliegen, den Tod in wohlgewählten Formulierungen, in allseitig imponierenden
Interpretationen oder in beachtenswerten, spekulativen Gedankengängen in den Griff
zu bekommen, etwas über sein innerstes Wesen auszusagen, was leicht zu einer
überheblichen Selbsteinschätzung des Menschen oder gar zu Vermessenheit führen
kann. Dieser erkannten Gefahr muss sich jeder, der über den Tod etwas aussagen
will, bewusst sein.

Soll in dieser Arbeit versucht werden, das dunkle Problem des Menschentodes etwas zu lichten, so kann das nur in dem Bewusstsein geschehen, dass der Tod alles

---

1) Vgl. W. Struve, Wir und es. Gedankengruppen (Zürich 1957) 71.

übertrifft, auch alles, was über ihn gesagt wird. Alle Versuche, den Tod etwas verständlicher zu machen - d.h. eher einige Missverständnisse zu entlarven - sollen deshalb von dem an den Anfang gesetzten Wort begleitet werden.

1. Die geschichtliche Einordnung heutigen Sprechens vom Tod

Der Versuch, etwas über ein so existentielles Phänomen, wie der Tod es ist, aussagen zu wollen, ist immer von dem geschichtlichen und philosophischen Denken einer bestimmten Zeit geprägt. Es ist deshalb sinnvoll, das heutige Verständnis des Menschen und seines Todes nicht stillschweigend vorauszusetzen, sondern kurz seine geschichtliche Verflochtenheit mit früheren Verständnisweisen aufzuzeigen und auf ihre oft verdeckten, aber nachhaltig wirkenden Einflüsse auf das heutige Denken hinzuweisen. Ein Blick in die Geschichte des Todesverständnisses mag dazu dienlich sein.

Das Verständnis des Todes hat in der abendländischen Denkgeschichte eine bewegte Entwicklung durchgemacht. "Es ist wichtig, sich seine Wandlungen klarzumachen, damit unser gegenwärtiges Verhältnis deutlich herauskommt" (2), und die alten Deutungen in ihrer Relativität erkannt werden.

So lassen sich etwas schematisiert drei grosse Perioden der Geschichte des Todesverständnisses aufzeigen, in denen auch grosse geistige Entscheidungen gefallen sind, die die Menschen in ihrem Denken und Leben wesentlich geprägt haben (3).

---

2) H.R. Müller-Schwefe, Der Mensch - das Experiment Gottes (Gütersloh 1966) 133.
3) Vgl. H.U. v. Balthasar, Der Tod im heutigen Denken, in: Anima 11 (1956) 292-299; J. Choron, Der Tod im abendländischen Denken (Stuttgart 1967) bietet einen sehr informations- und materialreichen Streifzug durch die ganze abendländische Denkgeschichte über den Tod; W. Fuchs, Todesbilder in der modernen Gesellschaft (Frankfurt 1973) 50-82 zeigt die Einflüsse alter Vorstellungen auf das heutige Denken auf; A. Hügli, Zur Geschichte der Todesdeutung, in: Studia Philosophica 32 (1972) 1-28; H.R. Müller-Schwefe, Der Mensch 132-145 und A. Peters, Der Tod in der neueren theologischen Anthropologie, in: Neue Zeitschrift für Systematische Theologie und Religionsphilosophie 14 (1972) 29-67 geben einen kurzen Ueberblick über verschiedene Verständnisweisen. Erwähnt sei auch F.J. von Rintelen, Philosophie der Endlichkeit. Als Spiegel der Gegenwart (Meisenheim 1951) 251-267. F.J. von Rintelen versucht zu einzelnen Epochen etwas differenzierter sechs verschiedene Antworten auf den Tod herauszuarbeiten.

1. Die mythisch-magische Periode: Im mythisch-magischen Verständnis des Todes hat sich das Bewusstsein des Individuums noch nicht von dem der Sippe abgelöst (4). "Nicht das einzelne Individuum, sondern die konkrete Lebensgemeinschaft in Familie oder Stamm ist das Primäre, ihr bleiben selbst die Toten zugeordnet. Der Angriff der Todesmacht trifft deshalb nicht primär den einzelnen, er trifft die Sippe oder den Stamm in einem ihrer Glieder" (5). Die ganze Stammesgemeinschaft stellt sich in ihren Kulten, Riten, Beschwörungen gegen die Macht des Todes. Die Lebenskraft des Toten ist zwar gebrochen, dieser wirkt jedoch auf mysteriöse Art und Weise in der Gemeinschaft weiter. Das Totenreich ist ein Schattenreich. Die weitere Existenz des Menschen bleibt ohne Hoffnung und Trost (6). Mit der allmählichen Herauslösung des Menschen aus der vorgegebenen Gemeinschaft fühlt er sich nicht mehr geborgen, sondern entfremdet vom eigentlichen Ursprung und unter das Geschick des Todes versklavt (7).

2. Ein zweiter Versuch epochemachenden Todesverständnisses setzt mit der Ueberwindung des Mythos durch die griechische Naturphilosophie ein und findet bei Sokrates und Plato einen ersten Höhepunkt (8). Wesentliches wird jetzt erkannt: "Des Menschen Wesen ist Geist, und dieser ist so kostbar, dass er - der Grieche sieht das! - vom Tod nicht angefochten werden kann. Es ist nicht wahr, dass der Mensch stirbt. Der Mensch ist Geist, der Geist aber ist unsterblich; was stirbt ist der Leib, der äusserlich, 'widerrechtlich' mit dem Geist verbunden worden ist, auf Grund eines 'Sündenfalls', einer Selbstentfremdung des Geistes, von der er (wenn er es richtig macht) durch den Tod wieder ledig werden kann" (9). Gewiss, schon die Inder betrachteten das Innerste, den geistigen Kern als ewig. Aber dort hat man die menschliche Seele mit dem All gleichgesetzt. Bei den Griechen zeigt sich zum ersten Mal, dass ein "Selbst" als eine geistige Individualität ewig gesetzt wird (10). Der Tod wird dementsprechend als Durchgang zur eigentlichen Existenz verstanden. Der Leib wird deshalb in seiner Bedeutung und seinem Wert preisgegeben, um die Seele zu retten.

---

4) Vgl. H.U. von Balthasar, Der Tod im heutigen Denken 293.
5) A. Peters, a.a.O. 32.
6) Vgl. die Einflüsse dieser Vorstellungen für die Einschätzung des Totenreiches im Alten Testament. "Zwar verbleiben // die Toten unter Gottes hoheitlicher Gewalt, aber sie sind abgeschnitten von seiner Heilsmacht, von seinem Lobe, vom Leben unter seinem Gnadenantlitz" (A. Peters, a.a.O. 33/34). Vgl. Ps 6,6; 30,10; 88,11 f; Jes 38,18 f; Ijob 14,22.
7) Vgl. ebd. 34.
8) Vgl. N. Aberg, Antike Todesauffassung, in: Maurus 21 (1929) 13-25; E. Hoffmann, Leben und Tod in der stoischen Philosophie (Heidelberg 1946); J. Leipolt, Der Tod bei Griechen und Juden (Leipzig 1942).
9) H.U. von Balthasar, Der Tod im heutigen Denken 294.
10) Vgl. ebd.

Dieses Verständnis des Todes beeinflusste denn auch das ganze abendländische Denken und die christlichen Todeseinstellungen. "In der abendländischen Tradition werden sowohl diese vergängliche Welt als auch das sittlich-verantwortliche Leben des einzelnen in seinen Gemeinschaften positiver einbezogen in jenen umfassenden Exodus auf das wahre Leben hin. Der Tod wird somit ebenfalls positiv gewertet als die Durchgangspforte zur wahren Existenz" (11). Noch im Mittelalter verstand der Mensch das Leben und den Tod weniger von der Welt als vielmehr von Gott her. Gott ist der Herr über Leben und Tod. Kriege, Seuchen und Tod zum Beispiel werden als Diener Gottes verstanden. Ein Volkslied drückt das naiv aus:

> "Es ist ein Schnitter, heisst der Tod,
> hat Gwalt vom höchsten Gott.
> Heut wetzt er das Messer,
> es schneid't schon viel besser,
> bald wird er drein schneiden,
> wir müssen's nur leiden.
> Hüt dich, schön Blümelein!" (12)

Im späteren Mittelalter zeichnet sich nach und nach ein Wandel ab. So ergibt sich der Ackermann von Böhmen nicht einfach mehr dem Tod, sondern ringt mit ihm. "In der Wandlungsgeschichte des Todesgedankens und des Todesbegriffes bildet das Gedicht einen tiefen Einschnitt, und hier vielleicht noch mehr als auf anderen Gebieten enthüllt sich das unerhört Neue und Ueberwältigende, Staunenswürdige dieses kleinen Dialoges; es ist die erste Gestaltung des Todesgedankens aus neuzeitlichem Geist heraus, wie es die Totentänze aus mittelalterlichem sind; mehr noch und überdies hinaus: es ist überhaupt die erste k ü n s t l e r i s c h e // Formung des Todesgedankens in der deutschen Geistesgeschichte" (13). Deutlich weist auch M. Luther auf die Vereinzelung im Tod hin, wenn er von der Unvertretbarkeit des Todes spricht (14).

In beiden Zeugnissen meldet sich das selbstbewusste Subjekt. Der Tod wird nicht mehr einfach als ein individuell hinzunehmendes Schicksal verstanden, sondern der Mensch kann sich zu ihm verhalten.

---

11) A. Peters, a.a.O. 38.
12) zitiert nach H.R. Müller-Schwefe, Der Mensch 133.
13) W. Rehm, Der Todesgedanke in der deutschen Dichtung vom Mittelalter bis zur Romantik (Darmstadt ²1967) 116/117; ders., Zur Gestaltung des Todesgedankens bei Petrarca und Johann von Saaz, in: E. Schwarz, Der Ackermann von Böhmen des Johannes von Tepl und seine Zeit (Darmstadt 1968) 31-59. Vgl. auch Johannes Saaz, Der Ackermann von Böhmen, herausgegeben von G. Jungbluth (Heidelberg 1969).
14) Vgl. M. Luther zu Beginn seiner Invocavit-Predigten März 1522, in: Weimarer Ausgabe 10/III, 1.

Seit der Aufklärung löst sich die Lehre vom unsterblichen Geist sowohl aus dem theozentrischen wie auch aus dem "eschatologisch-christologischen Koordinatengefüge" (15) heraus. Der Tod wird als ein natürliches Phänomen verstanden. "Der Mensch gerät nun in den Konflikt: einerseits den Tod als natürlich zu nehmen, andererseits doch durch das Christentum - aber auch schon durch Plato im Sinne der Unsterblichkeit des Geistes - auf Ewigkeit, d.h. Leben ohne Tod angesprochen zu sein" (16). Mit der Hineinnahme des Todes in das Leben beginnt eine Entwicklung, die erst in unserem Jahrhundert zu ihrem Ziel gekommen ist. Die Zwischenzeit bietet verschiedene Lösungsversuche, die sich aber nicht behaupten können: Rationalismus und Naturalismus zum Beispiel versuchen den Tod zu "versachlichen". Für den Idealismus wirkt er als Widerspruch zum Leben tragisch; nur in einer höheren Synthese erfolgt seiner Meinung nach eine Versöhnung. Die Romantik sieht Leben und Tod in ein grösseres Ganzes eingebettet.

3. Die existentiale Periode des Todesverständnisses schliesslich bahnt sich - wie wir bereits gesehen haben - in dem Moment an, als der Mensch beginnt "aus der ihn umgebenden und überragenden 'Schale' des Kosmos hervorzutreten" (17).

Der Mensch wird nicht mehr - wie bei Plato - als ein aus verschiedenen Teilen zusammengesetzter verstanden, sondern vielmehr als Einheit. Das moderne Denken versucht eine dualistische Aufspaltung des Menschen zu vermeiden. Der ganze Mensch muss im Angesicht seines Todes leben. "Hier wird der Tod nicht wie von aussen gesehen, hier wird auch das menschliche Selbst, welches dem Sterben ausgesetzt ist, nicht mehr quasi dinghaft als eine unzerstörbare Seele fixiert, hier werden die Verstorbenen nicht mehr metaphysisch an quasi räumlichen Standorten festgenagelt; vielmehr konzentriert sich alles auf das Hineinragen des Todes in die Struktur unseres Daseins" (18). So wird der Tod zum Existential, zur inneren Bestimmung der Existenzstruktur des Menschen (19). "Der Tod ist nicht nur das Ende des Lebens, wie die Spitze das Ende eines Stockes ist; er ist in jedem Lebensaugenblick enthalten" (20). Eine grosse Spannung muss ausgehalten werden: der Mensch als das höchste Wesen, das die Welt beherrscht, lebt angesichts des Todes. In diesem Verständnis des Todes ist eine Beziehung zu demjenigen des Alten Testamentes unverkennbar, denn auch der alttestamentliche Mensch bleibt lange Zeit beim Tod stehen und versucht ihn "in seiner schmerzlichen Unbegreiflichkeit zu denken" (21).

---

15) A. Peters, a.a.O. 38.
16) H.R. Müller-Schwefe, Der Mensch 134.
17) H.U. von Balthasar, Der Tod im heutigen Denken 295.
18) A. Peters, a.a.O. 39.
19) Vgl. M. Heidegger, Sein und Zeit (Tübingen 111967) 231-267.
20) H.R. Müller-Schwefe, Der Mensch 135.
21) H.U. von Balthasar, Der Tod im heutigen Denken 298.

Wird heute vom Tod gesprochen und über ihn nachgedacht, kann dies nur auf dieser existentialen Ebene geschehen. Es fragt sich jedoch, ob sich nicht Ansätze zeigen, die in ganz neue Richtungen eines Todesverständnisses weisen als jedes bisherige Denken über den Tod.

Versteht nicht der Mensch heute den Tod weniger mehr als Geschick - wie das selbst bei M. Heidegger noch der Fall ist -, sondern als anonyme Macht, die Tat des Menschen ist (22)? Zeigt sich heute nicht die typische Todeserfahrung im Tod als Mord, als Verbrechen, als Vernichtung von Völkern oder als Unfall auf der Strasse und am Arbeitsplatz? Wird nicht der Mensch zum anonymen Tod für den anderen Menschen, der sich in Mord und Todschlag manifestiert (23) und dadurch sein Gesicht verliert?

Oder zeigt sich nicht ein klinisch-hygienischer und zugleich human-antlitzloser Tod (24) in der wissenschaftlich-technischen Zivilisation?

Oder wird das Postulat vom "natürlichen Tod" als ein "friedliches, gewaltloses Verlöschen" (25), d.h. es sollen gesellschaftliche Umstände hergestellt werden, damit es keinen gewaltsamen Tod für den Menschen mehr gibt, und der Tod nur noch aus natürlichen Ursachen erfolgt (26), in den Vordergrund rücken?

Haben diese heutigen Tendenzen - oder eine von ihnen - für ein neues Todesverständnis genügend Durchschlagskraft?

Die vielseitigen Verständnisweisen vom Tod haben sich im Laufe der Zeit geändert und werden sich wohl auch in Zukunft noch ändern. Der kurze Ueberblick hat gezeigt, dass das Todesverständnis eine Geschichte hat und der Tod in stets neuen Gesichtern auftritt (27). Eine Wurzel dieser Geschichte liegt sicher in der Undurchschaubarkeit

---

22) Vgl. F. Ulrich, Leben in der Einheit von Leben und Tod (Frankfurt 1973) 26/27.
23) Vgl. H.R. Müller-Schwefe, Der Mensch 138 ff; auch F. Ulrich, Leben in der Einheit 26 f; J. Hofmeier, Die heutige Erfahrung des Sterbens, in: Concilium 10 (1974) 238-240.
24) Vgl. A. Peters, a.a.O. 32.
25) Vgl. W. Fuchs, Todesbilder in der modernen Gesellschaft 63-84; hier 76.
26) Vgl. ebd. 71.
27) Vgl. G. Hennemann, Der Tod in der Philosophie der Neuzeit, in: Universitas 3 (1948) 285-296; N. Smart, Der Tod in der Philosophie, in: A. Toynbee (Hg.), Vor der Linie. Der moderne Mensch und der Tod (Frankfurt 1970) 28-43; ders., Kritische Anmerkungen zum neueren christlichen Denken über den Tod, in: A. Toynbee (Hg.), Vor der Linie 181-190; ders., Der Tod und der Rückgang des Glaubens in der westlichen Gesellschaft, in: A. Toynbee (Hg.), Vor der Linie 191-200; A. Toynbee, Traditionelle Einstellungen zum Tod, in: ders., (Hg.), Vor der Linie 75-124; ders., Wandlungen des Verhältnisses zum Tod in der heutigen westlichen Welt, in: ders., (Hg.), Vor der Linie 167-182.

des Wesens des Todes. Er begegnet "dem Menschen anders, je nachdem, wie dieser nach seinem Leben, nach sich selber fragt, und je nachdem, wie er diese Frage zu beantworten sucht" (28).

Auch wenn sich also das Verständnis des Todes gegenüber älteren Vorstellungen wesentlich geändert hat - und wenn nicht zuletzt auch anthropologische, psychologische, soziologische, medizinische und biologische Erkenntnisse dazu ihren Teil geleistet haben - so wirken doch vielgestaltige Elemente früherer Anschauungen in der philosophischen und noch verbreiteter in der theologischen Diskussion um das Verständnis des Todes nach. Beim heutigen Sprechen über den Tod gilt es dies stets im Bewusstsein zu behalten.

2. Das Ziel und die Methode der Arbeit

Es soll vom Tod des Menschen die Rede sein. Der Tod aber fordert das Denken des Menschen radikal heraus und stellt viele Fragen, ja, stellt den Menschen selbst in Frage.

Eine letzte Antwort auf die Frage nach dem Tod, d.h. eine genaue Wesensbestimmung des Todes vermag keine Philosophie zu geben. Auch eine Theologie kann nur von der Ebene der Offenbarung aus einige neue Gesichtspunkte als Teilantwort dem glaubenden Menschen vermitteln, die ihm allerdings erlaubt, den Tod zu bestehen, auch wenn sie das geheimnisvolle Wesen des Todes nicht enthüllen kann. Das fördert eine Haltung, die sehr oft jedes radikale Fragen nach dem menschlichen Tod in den Hintergrund drängt, sich lieber in interessante Spekulationen über das "nach dem Tode" versteigt oder aber - um das andere Extrem zu nennen - sich nur mit dem leibhaften Leben auseinandersetzt. Selbst in der Zeit der Existenzphilosophie und Existentialontologie, in der der Tod eine bedeutsame Rolle wieder zu spielen be-

---

28) R. Leuenberger, Der Tod. Schicksal und Aufgabe (Zürich 1971) 9; vgl. auch G. Siefer, Sterben und Tod im Bewusstsein der Gegenwart, in: Herderkorrespondenz 27 (1973) 581-586; J. Hofmeier, Die heutige Erfahrung des Sterbens 235-240.

ginnt, bleiben grössere Abhandlungen über den Tod relativ selten (29). Erst recht ist das in der Theologie der Fall (30). So darf man wohl überspitzt sagen, der Tod ist ein Ereignis im Leben des Menschen, das heute vielleicht am wenigsten ausdrücklich bedacht wird. Es wird deshalb Hauptaufgabe dieser Arbeit über den Tod sein, die verschiedenen vergangenen Interpretationsversuche kritisch darzustellen.

So wird ein dreifaches Ziel verfolgt: Erstens sollen die vielen, weit verstreuten Aeusserungen und Erklärungsversuche einer noch "jungen" Theologie des Todes vorgestellt, ihre anfängliche Entwicklung aufgewiesen und ihre Aporien und Einseitigkeiten aufgedeckt werden. Es gilt also dem menschlichen Tod von mehreren theologischen Gesichtspunkten her sich anzunähern, wie das auf verschiedenartige Weise in der kirchlichen Lehrtradition, in der theologischen Reflexion und in der Rückbesinnung auf die Offenbarungsschriften geschehen ist.

Zweitens soll eine Hinwendung zum konkreten P h ä n o m e n des Todes - im Gegensatz zu einer bisherigen theologisch-idealistischen Spekulation - nachgewiesen werden, wie sie sich in einzelnen existentiellen und existentialen Entwürfen moderner Philosophie herauskristalisiert. Die Darstellungen verschiedener Positionen (S. Kierkegaard, G. Simmel, M. Scheler, M. Heidegger, G. Marcel, F. Wiplinger) sollen ein Versuch sein, aufzuzeigen, auf welcher Ebene heute Aussagen philosophischer Art über den menschlichen Tod gemacht werden können.

Drittens soll ein möglichst breites philosophisch-anthropologisches Verständnis des Todes mit einem aus der Heiligen Schrift gewonnenen Todesverständnis konfrontiert werden, um einige wenige grundsätzliche Folgerungen eines theologischen Redens vom Tod zu gewinnen.

---

29) Es seien hier nur einige bedeutsame, grössere Entwürfe genannt. Für weitere, zum Teil kleinere Beiträge zur Philosophie und Theologie des Todes sei auf die in den entsprechenden Kapiteln genannte Literatur verwiesen.
Vgl. R. Berlinger, Das Nichts und der Tod (Frankfurt o.J.); E. Fink, Metaphysik und Tod (Stuttgart 1969); J. Choron, Der Tod im abendländischen Denken; H.E. Hengstenberg, Einsamkeit und Tod (Regensburg 1937); ders., Tod und Vollendung (Regensburg 1938); ders., Der Leib und die Letzten Dinge (Regensburg 1955); P. Landsberg, Die Erfahrung des Todes. Nachwort von Arnold Metzger (Frankfurt 1973); A. Metzger, Freiheit und Tod (Freiburg 21972); J. Pieper, Tod und Unsterblichkeit (München 1968); G. Scherer, Der Tod als Frage an die Freiheit (Essen 1971); F. Ulrich, Leben in der Einheit; J. Wach, Das Problem des Todes in der Philosophie unserer Zeit, in: Philosophie und Geschichte 49 (Tübingen 1934); E. Wasmuth, Vom Sinn des Todes (Heidelberg 1959); F. Wiplinger, Der personal verstandene Tod. Todeserfahrung als Selbsterfahrung (Freiburg 1970).
30) L. Boros, Mysterium mortis (Olten 1959); E. Jüngel, Tod (Stuttgart 1971); R. Leuenberger, Der Tod; K. Rahner, Zur Theologie des Todes (Freiburg 1958); H. Thielicke, Tod und Leben. Studien zur christlichen Anthropologie (Tübingen 1946); H. Volk, Das christliche Verständnis des Todes (Münster 1962).

Angesichts dieser Zielsetzungen steht der Tod als menschliches Ereignis im Mittelpunkt unserer Untersuchung, sodass die anthropologischen Aspekte vermehrt in den Vordergrund treten, die christologischen und eschatologischen Bezüge dagegen aus methodischen Gründen eher zurücktreten.

Es kann sich keinesfalls um einen grossen neuen Entwurf einer Theologie des Todes handeln. Vielmehr soll notwendige Vor- oder auch Nacharbeit geleistet werden, um Spuren aufzuzeigen, in welcher Richtung theologische Aussagen vom Tod versucht werden können. Dabei gelingt es vielleicht, den einen oder anderen Akzent etwas anders als bisher zu setzen (z.B. die Betonung der Ernsthaftigkeit des Todes) oder falsche Einstellungen und Informationen zu korrigieren (z.B. Agonie).

Von der spezifischen Eigenart des Todesphänomens und von der Zielsetzung der Arbeit her wird auch das methodische Vorgehen bestimmt werden.

Dem Phänomen des Todes soll in einer bestimmten Offenheit begegnet werden, d.h. der Tod soll nicht nur unter einem ganz spezifischen Gesichtspunkt (der Personbegriff; der Tod des anderen; der je eigene Tod usw.) und nur unter diesem Blickwinkel anvisiert werden, um einem möglichst breit verstandenen Phänomen des Todes nicht den Weg zu versperren. Damit ist aber immer schon in gewissem Sinne eine Fragmentarität bei der Annäherung an ein solches Phänomen mitgegeben. Vielleicht aber kann man gar nicht anders als fragmentarisch vom Tod sprechen und vielleicht zeigt sich bereits darin eine erste Eigentümlichkeit des Menschentodes. Weiter werden sich darstellende und mehr meditative Teile abwechseln. Gerade aber eine Besinnung auf die Eigenartigkeit des Todes mag ein solches methodisches Vorgehen auch in einer wissenschaftlichen Arbeit rechtfertigen. Es kann durchaus sein, dass ein meditatives Umkreisen eines Phänomens, wie es der Tod ist, eine ihm angemessene Methode sein kann, um sich ihm anzunähern.

Da es sich von der Zielsetzung her vorwiegend um eine theologisch-philosophische Auseinandersetzung mit dem Tod handelt, und die Literatur in den verschiedensten Wissenschaften, die sich auch mit dem Tod des Menschen beschäftigen, ins Unüberschaubare gestiegen ist, wird eine ganze Reihe von Eingrenzungen nötig. Eine grundsätzliche ist schon gegeben, wenn wir uns angesichts der nicht mehr zu überschauenden Literatur hauptsächlich auf den deutschen Sprachraum begrenzen.

Es kann sich also nicht um eine umfassende Auseinandersetzung mit der Medizin (31)

---

31) Einen Ueberblick über das Todesverständnis in der Medizin bietet A. Mechler, Der Tod als Thema der neueren medizinischen Literatur, in: Jahrbuch für Psychologie, Psychotherapie und medizinische Anthropologie 3/4 (1955/1956) 371-382. Vgl. weiter (nur eine Auswahl) H. Beck, Revokation des Todes? Zur ethischen und anthropologischen Problematik der modernen medizinischen Technik, in: Philosophia naturalis 12 (1970) 116-122; H.J. Bretschneider, Lebensverlängerung durch Organtransplantation, in: Was ist der Tod? 11 Beiträge und

handeln oder mit den folgenschweren Ergebnissen der Biologie (32); auch nicht mit der psycholcgischen Literatur zum Tod. Diese beschäftigt sich hauptsächlich mit der Todesfurcht, mit dem Prozess des Trauerns, setzt sich mit S. Freuds Todestrieb auseinander, gibt Einblick in die verschiedenen Phasen des Sterbens und unter-

eine Diskussion (München 1969) 101-116; W. Doerr, Vom Sterben, in: Was ist der Tod? 53-70; E. Emminger, Leben und Tod. Ein vielschichtiges Problem, in: Arzt und Christ 15 (1969) 32-40; V.E. Freiherr von Gebsattel, Prolegomena einer medizinischen Anthropologie (Göttingen 1954) 389-412; J. Gerlach, Die Definition des Todes in der Medizin. Logische und semantische Grundlagen, in: Münchner Medizinische Wochenschrift 112 (1970) 65-70; J. Hinton, Arzt und Sterbender, in: A. Toynbee (Hg.), Vor der Linie 44-57; A. Jores, Arzt und Lüge, in: Universitas 4 (1949) 1195-1202; ders., Lebensangst und Todesangst, in: Die Angst. Studien aus dem C.G. Jung-Institut (Zürich 1959); ders., Die Medizin in der Krise unserer Zeit (Bern 1961); ders., Menschsein als Auftrag (Bern 1964); ders., Der Tod des Menschen in psychologischer Sicht, in: A. Sborowitz, Der leidende Mensch. Personale Psychotherapie in anthropologischer Sicht (Darmstadt 1960); A. Jores/H.G. Puchta, "Der Pensionierungstod", in: Medizinische Klinik 54 (1959) 1158-1164; Ch. Käufer, Der Sterbevorgang in medizinischer Sicht, in: Concilium 10 (1974) 245-250; R. Kautzky, Der Arzt vor dem Phänomen des Todes, in: Arzt und Christ 15 (1969) 129-138; A. Keith Mant, Die medizinische Definition des Todes, in: A. Toynbee (Hg.), Vor der Linie 11-27; H. Freiherr v. Kress, Die ärztliche Einstellung zum Tod, in: Wege zum Menschen 19 (1967) 113-121; ders., Das Problem des Todes, in: H.W. Altmann u.a., Handbuch der Allgemeinen Pathologie I (Berlin 1969) 205-231; H. Kuhlendahl, Zwischen Leben und Tod, in: Was ist der Tod? 87-99; W. Laves, Agonie, in: Münchner Medizinische Wochenschrift 107 (1965) 113-118; H.H. Marx, Sterben müssen - Sterben können, in: M. Neun (Hg.), Tatsache Tod. Wie können wir damit leben? (Stuttgart 1974) 22-36; R. Nissen, Das Problem des Todes, in: Bild der Wissenschaft 6 (1969) 332-337; M. Pflanz, Der unnatürliche Tod, in: Was ist der Tod? 25-37; J.M. Pohier, Tod, Natur und Kontingenz. Anthropologische Ueberlegungen zu der Möglichkeit, den Tod medizinisch hinauszuzögern, in: Concilium 10 (1974) 262-270; H. Schaefer, Der natürliche Tod, in: Was ist der Tod? 9-23; R. Schubert, Lebensverlängerung durch gesundes Altern, in: Was ist der Tod? 119-130; R. Siebeck, Krankheit und Tod in der Sicht des Arztes, in: Krankheit und Tod (München 1959) 19-45; G. Siegmund, Die heutige Todesproblematik, in: Theologie und Glaube 62 (1972) 368-375.
32) Vgl. H. Dombrowsky, Die potentielle Unsterblichkeit, in: Was ist der Tod? 131-146; A. Faller, Biologisches von Sterben und Tod, in: Anima 11 (1956) 260-268; K. Frank, Tod und Unsterblichkeit als biologisches Problem, in: Stimmen der Zeit 119 (1930) 210-226; O. v. Helversen, Leben und Tod als biologisches Phänomen, in: Arzt und Christ 15 (1969) 139-148; B. Huber, Biologische Differenzierung und Tod (München 1959) 9-18; L. Jllies, Die Verschiebung des Todes, in: Was ist der Tod? 71-86; F. Schneider, Das Problem des Todes in der Biochemie, in: Pastoraltheologie 58 (1969) 174-181.

sucht die Reaktionen des Sterbenden und der Hinterbliebenen, um nur einige Themen aus dem psychologischen (33) Forschungsgebiet zu nennen. Die wenigen, deutschsprachigen, soziologischen Arbeiten (34) beschäftigen sich hauptsächlich mit dem Problem der Todesverdrängung. Sie sind jedoch von amerikanischen Schriften stark beeinflusst. Gerade auch in der jüngsten zeitgenössischen Literatur ist der Tod ein

---

33) Vgl. R. Affemann, Die anthropologische Bedeutung der Todestriebhypothese Freuds, in: Im Kampf mit der Neurose. Aus dem Arbeitskreis des Instituts für Psychotherapie und Tiefenpsychologie e. V. (Stuttgart 1957) 60-79; H. Aldenhoven, Klinischer Beitrag zur Frage der Todesahnungen, in: Psychologisches Jahrbuch 2 (1957) 55-59; I. E. Alexander/A. M. Adlerstein, Studien zur Psychologie des Todes, in: J. C. Brengelmann/H. P. David, Perspektiven der Persönlichkeitsforschung (Bern 1961) 55-74; J. Bahle, Keine Angst vor dem Sterben. Zur Psychologie des angstfreien und schönen Sterbens (Hemmenhofen am Bodensee 1963); F. Borkenau, Die Todeskontradiktion in der Geschichte, in: Der Monat 12 (1959/1960) Heft 135, 3-21; R. Brun, Ueber Freuds Hypothese vom Todestrieb, in: Psyche 7 (1953) 81-111; J. A. Caruso, Bemerkungen über den sogenannten "Todestrieb". Beitrag zur Entmythologisierung der Tiefenpsychologie, in: Schweizer Archiv für Neurologie und Psychiatrie 70 (1952) 245-258; ders., Die Trennung der Liebenden. Eine Phänomenologie des Todes (Bern 1968); O. Fenichel, Zur Kritik des Todestriebes, in: Imago 21 (1935) 458-466; A. Ford, Bericht vom Leben nach dem Tode (München [2]1972); dazu W. Schlepper, Die PSI-Forschung und das Fortleben nach dem Tod, in: Stimmen der Zeit 191/192 (1973) 643-645; G. Frei, Psychologische Aspekte der Todesangst und deren Ueberwindung, in: Anima 11 (1956) 299-303; J. Galvin, Tod, Trauer und Begräbnis, in: Psyche 3 (1949/1950) 796-800; E. Herzog, Psyche und Tod. Wandlungen des Todesbildes im Mythos und in den Träumen heutiger Menschen (Zürich 1960); R. Heywood, Der Tod in der Parapsychologie, in: A. Toynbee (Hg.), Vor der Linie 309-357; C. G. Jung, Seele und Tod, in: ders., (Hg.), Wirklichkeit der Seele. Anwendungen und Fortschritte der neueren Psychologie (Zürich 1947) 212-230; O. Kauders, Der Todesgedanke in der Neurose und in der Psychose, in: Der Nervenarzt 7 (1934) 288-297; E. Kübler-Ross, Interviews mit Sterbenden (Stuttgart [5]1972); ders., Sterben als menschlich-psychologisches Geschehen, in: Concilium 10 (1974) 254-256; H. Lichtenstein, Zur Phänomenologie des Wiederholungszwanges und des Todestriebes, in: Imago 21 (1935) 466-480; J. E. Meyer, Tod und Neurose (Göttingen 1973); J. M. A. Munnichs, Die Einstellung zur Endlichkeit und Tod, in: H. Thomae/U. Lehr, Altern. Probleme und Tatsachen (Frankfurt 1968) 579-612; Y. Spiegel, Der Prozess des Trauerns. Analyse und Beratung (München 1973) Lit. !; F. Wetzel, Tod, Wiedergeburt und Unsterblichkeit als metapsychologische Probleme, in: Natur und Kultur 52 (1960) 122-131; E. de Wind, Begegnung mit dem Tod, in: Psyche 22 (1968) 423-451; H. A. Zwergel, Die Bedeutung von Leben und Tod Jesu von Nazareth in tiefenpsychologischer Sicht, in: R. Pesch/H. A. Zwergel, Kontinuität in Jesus. Zugänge zu Leben, Tod und Auferstehung (Freiburg 1974) 95-124.

recht beliebtes Thema, denn sie vermag besonders gut aufzuzeigen, welchen Ausdruck der Tod in der heutigen Zeit findet (35).

---

34) P. Beisheim, Wissenschaftlicher Bericht über Tendenzen in der modernen Thanatologie, in: Concilium 10 (1974) 301-305. Während C. v.Ferber, Soziologische Aspekte des Todes. Ein Versuch über einige Beziehungen der Soziologie zur Philosophischen Anthropologie, in: Zeitschrift für Evangelische Ethik 7 (1963) 338-360; ders., Der Tod. Ein unbewältigtes Problem für Mediziner und Soziologen, in: Kölner Zeitschrift für Soziologie und Sozialpsychologie 22 (1970) 237-250 sich für die Annahme einer weit verbreiteten Verdrängung des Todes in unserer Zeit ausspricht, wenden sich W. Fuchs, Todesbilder in der modernen Gesellschaft; ders., Die These von der Verdrängung des Todes, in: Frankfurter Hefte 26 (1971) 177-184 und A. Hahn, Einstellungen zum Tod und ihre soziale Bedingtheit. Eine soziologische Untersuchung (Stuttgart 1968) gegen diese These und führen das heutige Verhalten dem Tod gegenüber auf gesellschaftliche Umschichtungsprozesse zurück. Vgl. den etwas ausführlicheren Exkurs: Wird der Tod verdrängt?

35) Vgl. E. Alker, Das Bild des Todes in der modernen deutschen Literatur, in: Anima 11 (1956) 279-292; H. Angermeyer, Die Begegnung mit Sterben und Tod in der Literatur der Gegenwart, in: A. Strobel (Hg.), Der Tod - ungelöstes Rätsel oder überwundener Feind? Eine Ringvorlesung der Augustana-Hochschule Neuendettelsau im Auftrag des Dozentenkollegiums (Stuttgart 1974) 9-25; H.J. Baden, Literatur und Selbstmord (Stuttgart 1965); ders., Ist der Mensch sterblich? Das Todesbild in der zeitgenössischen Literatur, in: Wege zum Menschen 22 (1970) 161-175; ders., Leben und Tod in der modernen Literatur, in: Das missionarische Wort 25 (1972) 265-278; H.U. von Balthasar, Apokalypse der deutschen Seele III (Salzburg 1939); ders., Theodramatik I (Einsiedeln 1973) 345-387; H. Beckmann, Tiefe Traurigkeit der Agonie. Die Karriere des Todes in der modernen Literatur, in: Lutherische Monatshefte 12 (1973) 429-431; R. Bleistein, Der Tod als Thema, in: Stimmen der Zeit 191 (1973) 710-713; K.H. Bloching, Das Sterben im Spiegel heutiger Literatur, in: Concilium 10 (1974) 240-244; J. Boeckh, Tod und Ewigkeit bei Solschenizyn, in: Quatember 36 (1972) 217-223; K. Dirschauer, Der totgeschwiegene Tod. Theologische Aspekte der kirchlichen Bestattung (Bremen 1973) 48-63; K. Kreitmeir, Der Todesgedanke in der deutschen Lyrik unseres Jahrhunderts, in: Pädagogische Welt 17 (1963) 599-611; F. Maihöfer, Moderne Totentänze. Zum Problem des Todes im modernen Drama, in: Stimmen der Zeit 192 (1974) 181-191; H.R. Müller-Schwefe, Tod und Leben in der modernen Dichtung, in: Leben angesichts des Todes. Beiträge zum theologischen Problem des Todes. Helmut Thielicke zum 60. Geburtstag (Tübingen 1968) 223-241; W. Rehm, Der Todesgedanke in der deutschen Dichtung vom Mittelalter bis zur Romantik (Darmstadt ²1967); ders., Zur Gestaltung des Todesgedankens bei Petrarca und Johann von Saaz, in: E Schwarz, Der Ackermann aus Böhmen des Johannes von Tepl und seine Zeit (Darmstadt 1968); L. Rhode, Der Tod in der Literatur des 20. Jahrhunderts, in: A. Toynbee (Hg.), Vor der Linie 221-246; A. Schäfer, Sterben und Tod in der neueren Literatur, in Dia-

Selbst innerhalb der Philosophie und Theologie muss eine Auswahl, sowohl, was die Autoren, als auch was die Sachgesichtspunkte betrifft, vorgenommen werden. So sollen in den philosophischen Ueberlegungen nur jene Autoren ausdrücklich zu Wort kommen, die im Hinblick auf die Suche nach ursprünglichen Erfahrungen des Todes einen bedeutsamen Beitrag leisten können, während viele andere der gleichen Zeit (Lebens- und Existenzphilosophie) nicht ausdrücklich behandelt werden.

Bei der Darstellung des Todesverständnisses einzelner Philosophen zeigt es sich, dass der Tod meist mit dem persönlichen Leben (S. Kierkegaard) oder Schicksal (G. Simmel schreibt die endgültige Fassung seiner Todesbetrachtung mit dem sicheren Wissen, dass er in wenigen Monaten tot sein wird) oder mit dem Gesamtwerk (M. Heidegger) engstens verbunden ist. Um dem entsprechenden Verständnis gerecht zu werden, bedürfte es für jeden dieser Philosophen einer eingehenderen Auseinandersetzung mit ihren Todeseinstellungen, die aber hier nicht geleistet werden kann, da lediglich einige Wege heutigen philosophischen Todesverständnisses aufgezeigt werden sollen. Die einzelnen Darstellungen sind ins Gesamte der Arbeit einzuordnen. Auf vieles kann deshalb nur hingewiesen, notwendige Verbindungen zu weiteren philosophischen Problemen und Fragen können nur wenig berücksichtigt und dargestellte Gedanken müssen gelegentlich formalisiert werden, sodass sie ihre ursprüngliche Vielgestaltigkeit und Lebendigkeit verlieren.

Das Gleiche gilt für die theologischen Positionen. Es sollen nur jene Entwürfe näher charakterisiert werden, die eine entscheidende Wende in der Entwicklung einer Theologie des Todes vorbereitet und herbeigeführt haben. Auch können viele Einzel-ergebnisse der theologischen Disziplinen nicht weiter berücksichtigt werden (36).

---

konia 3 (1972) 317-328; A. Thome, Die Problematik von Sterben und Tod in der Dichtung der Gegenwart, in: Trierer Theologische Zeitschrift 82 (1973) 27-43; R. Unger, Herder, Novalis und Kleist. Studien über die Entwicklung des Todes-problems im Denken und Dichten vom Sturm und Drang zur Romantik (Frankfurt 1922).

36) Die Religionsgeschichte vermag das allgemein Menschliche der Erfahrung des Todes - trotz verschiedenster Anschauungen - hervorzuheben. Vgl. T. Andrae, Die Letzten Dinge (Leipzig 1940); G. Barden, Die rituelle Darstellung des Todes, in: Concilium 10 (1974) 257-262; H. Bürkle, Der Tod in den afrikanischen Gemeinschaften. Zur Frage theologisch relevanter Aspekte im afrikanischen Denken, in: Leben angesichts des Todes 243-267; C. Clemen, Das Leben nach dem Tod im Glauben der Menschheit (Leipzig 1920); H. Huber, Tod und Trauer im Westsudan, in: Anthropos 46 (1951) 453-486; F. König, Christus und die Religionen der Erde (Freiburg 1951); G. van der Leeuw, Phänomenologie der Religion (Tübingen 1933); R. Meyer, Der Kampf mit dem Tode bei indischen Bergstämmen, in: Leben angesichts des Todes 277-282; S. Neill, Die Macht und die Bewältigung des Todes in Hinduismus und Buddhismus, in: Leben angesichts des Todes 282-305; K. Th. Preuss, Tod und Unsterblichkeit im Glauben der Naturvölker (Tübingen 1930); C.H. Ratschow, Magie und Religion (Gütersloh 1955);

Als Ausgangspunkt unserer Ueberlegungen zum Problem des Todes soll uns das dienen, was die bisherige Theologie des Todes geleistet hat (Kapitel 1), um uns dann dem Phänomen des Todes zuzuwenden. Zum einen soll versucht werden, einen mög-

---

N. Smart, Der Tod in östlichen Religionen, in: A. Toynbee (Hg.), Vor der Linie 125-157; ders., Der Tod in der jüdisch-christlichen Tradition, in: A. Toynbee (Hg.), Vor der Linie 158-166; H. Wagner, Vom Tod weiss jedermann. Religiöses Primitivverhalten angesichts des Todes, in: A. Strobel (Hg.), Der Tod - ungelöstes Rätsel oder überwundener Feind? 45-61; G. Widengren, Religionsphänomenologie (Berlin 1969).

Die pastoraltheologischen Beiträge sind noch recht selten, wenngleich gerade in den letzten Jahren die Literatur doch einige Wegleitungen zur Sterbehilfe als Lebenshilfe anbietet. Vgl. allgemein: B. Bürki, Im Herrn entschlafen. Eine historisch-pastoraltheologische Studie zur Liturgie des Sterbens und des Begräbnisses (Heidelberg 1969); K. Dirschauer, a.a.O.; W. Kahles, Christliche Begräbnisfeier, in: Anima 11 (1956) 352-358; Pastorale 2. Krankheit und Tod. Handreichung für den pastoralen Dienst, herausgegeben von der Konferenz der deutschsprachigen Pastoraltheologen (Mainz 1974).

Zur Sterbehilfe als Lebenshilfe: A. Allwohn, Evangelische Pastoralmedizin - Grundlagen der heilenden Seelsorge (Stuttgart 1970); A. Ansohn, Die Wahrheit am Krankenbett. Grundfragen einer ärztlichen Sterbehilfe (Salzburg 1969); O. Boese, Was wir am Sterbebett sagen, in: Monatsschrift für Pastoraltheologie 50 (1961) 131-137; M. Bowers u.a., Wie können wir Sterbenden beistehen (Mainz 1971); J. Eisenburg, Menschlich sterben. Aufgabe und Verantwortung eines Arztes, in: Fortschritte der Medizin 90 (1972) 81 ff; M.P. Engelmeier, Am Sterbebett, in: Arzt und Christ 5 (1969) 129-134; B.G. Glaser/A. Straun, Interaktion mit Sterbenden. Beobachtungen für Aerzte, Schwestern, Seelsorger und Angehörige (Göttingen 1974); G. Grützmacher, Die Fähigkeit zu trauern - Der tägliche Dienst: Hilfe zum Leben und zum Sterben (Beruf Pfarrer III), in: Deutsches Allgemeines Sonntagsblatt 45 (1970) 14; J. Hofmeier, Menschlich sterben - Postulate an die Kirche, in: Diakonia 3 (1972) 307-316; U.v.Hospenthal, Die Vorbereitung auf den Tod als wesentliche seelsorgliche Aufgabe, in: Anima 11 (1956) 336-341; E. Kübler-Ross, Was können wir noch tun? Antworten auf Fragen nach Sterben und Tod (Stuttgart 1974); F. Jantsch, Der Hausbesuch bei Sterbenden, in: Diakonia 3 (1972) 344-347; A. Mauder, Kunst des Sterbens. Eine Anleitung (Regensburg 1973); J. Mayer-Scheu, Bedingungen einer Sterbehilfe im Krankenhaus, in: Diakonia 3 (1972) 338-342; ders., Seelsorge im Krankenhaus. Entwurf für eine neue Praxis (Mainz 1974) bes. 32-39; ders., Der mitmenschliche Auftrag am Sterbenden, in: Concilium 10 (1974) 286-293; A. Müller, Sterbebegleitung als kirchliche Aufgabe, in: Concilium 10 (1974) 294-296; H. Pera, Medizinischer und pastoraler Krankendienst, in: Diakonia 3 (1972) 343-344; P. Sporken, Menschlich sterben (Düsseldorf 1972); ders., Umgang mit Sterbenden. Medizinische, pflegerische und pastorale Aspekte der Sterbehilfe (Düsseldorf 1973).

Schliesslich kann nicht in eine Diskussion mit der evangelischen Theologie des

lichen phänomenologischen Zugang zum Tod zu finden (Kapitel 2), zum anderen soll das Phänomen des Todes in einer Art von Phänomenanalyse etwas ausgelegt werden (Kapitel 3). Einem solchen allgemeinen Verständnis des Todes soll ein biblisches Verständnis entgegengestellt werden (Kapitel 4). Diese Konfrontation wird einige wenige - mehr grundsätzliche - Konsequenzen für ein theologisches Sprechen vom Tod erbringen (Kapitel 5).

Todes eingetreten werden, da grundsätzliche Voraussetzungen geklärt werden müssten. Einen guten Ueberblick über eine Theologie des Todes in der evangelischen Theologie bieten: A. Ahlbrecht, Tod und Unsterblichkeit in der evangelischen Theologie der Gegenwart (Paderborn 1964); vgl. dazu eine Stellungnahme G. Schunack, Das hermeneutische Prinzip des Todes. Im Horizont von Römer 5 untersucht (Tübingen 1967) 133 ff; Der Treffer aus dem Absoluten. Informationen zu einer Theologie des Todes, in: Evangelische Kommentare 2 (1969) 623-630; A. Peters, a.a.O. 29-61; K. Dirschauer, a.a.O. Es seien nur wenige ausgewählte Entwürfe der evangelischen Theologie des Todes der letzten Jahre genannt: P. Althaus, Die Letzten Dinge. Lehrbuch der Eschatologie (Gütersloh 91964); E. Jüngel, a.a.O.; R. Leuenberger, a.a.O.; G. Sauter, Die Zeit des Todes. Ein Kapitel Eschatologie und Anthropologie, in: Evangelische Theologie 25 (1965) 623-643; H. Thielicke, Tod und Leben.

1. KAPITEL

HEUTIGE FORSCHUNGSSITUATION: WICHTIGE ERGEBNISSE EINER THEOLOGIE DES TODES IN DEN LETZTEN 30-40 JAHREN

Will der Theologe heute einige Ueberlegungen über den Tod anstellen, muss er als erstes das berücksichtigen, was als Ergebnis einer Theologie des Todes schon vorliegt. Angesichts der zentralen Rolle, die der Tod im Leben eines Menschen spielt, mag es erstaunen, dass er in der christlichen Theologie der letzten Jahrhunderte - im Gegensatz etwa zum Mittelalter - nur sehr wenig Beachtung gefunden hat, und eine Theologie des Todes sich erst seit den Dreissigerjahren dieses Jahrhunderts langsam anbahnt und ihre ersten, noch unsicheren Schritte macht. Diese Entwicklung einer Theologie des Todes gilt es darzustellen, über erreichte Ergebnisse nachzudenken, ihre Schwächen und Aporien aufzuzeigen und bleibende Impulse zum eigenen Nachdenken aufzunehmen.

Es wird sich schon in dieser Darstellung zeigen, wie hilflos der nachdenkende Mensch vor dem Problem des Todes steht, wie bruchstückhaft und unbefriedigend jedes menschliche Denken vor dem Tod bleiben muss, und daran wird sich auch in Zukunft nichts ändern, will man dem Geheimnis des Todes gerecht werden.

Dies muss stets mitbedacht werden, wenn es darum geht, einzelne Versuche kritisch zu befragen.

§ 1. KIRCHENLEHRAMTLICHE AUSSAGEN UEBER DEN TOD

Wohl kaum in einer anderen Religion steht das Ereignis des Todes so im Mittelpunkt der Glaubensaussagen, und bekommt der Tod eines Menschen eine dermassen einzigartige Bedeutung für das Heil der Glaubenden, wie das im Christentum der Fall ist. Umso erstaunlicher ist es, in den kirchenlehramtlichen Verlautbarungen relativ wenige Aussagen vom menschlichen Tod zu finden. Eine explizite Lehre des christlichen Verständnisses vom Tod findet sich in den lehramtlichen Dokumenten überhaupt nicht. Die vorhandenen Aussagen heben entweder einzelne Gesichtspunkte besonders hervor (die Allgemeinheit des Todes nicht nur als eine biologische, sondern auch als Tatsache der Offenbarung) oder werden gegen Unklarheiten, strittige Vorstellungen (Seelenwanderungslehre) oder auch gegen falsche Lehren (Apokatastasislehre der Origenisten) - im Rückgriff auf biblische Aussagen - als Klarstellungen und Stellungnahmen formuliert. Es lassen sich auch einige Aussagen zum Tod indirekt aus Aeusserungen, die im Zusammenhang der Erbsünde und Rechtfertigung gemacht werden, herausschälen.

1. Der Tod als Trennung von Leib und Seele

Allen kirchenlehramtlichen Lehrdokumenten liegt das Verständnis des Todes als einer Trennung von Leib und Seele zugrunde - und das ist bereits eine erste, wenn auch nicht ausdrücklich ausgesprochene Aussage der kirchlichen Lehre. Diese Aussage ist nicht in der Heiligen Schrift nachzuweisen (37). Sie beruht jedoch auf einer langen philosophischen und theologischen Tradition von den Vätern (38) durch alle Jahrhunderte hindurch bis in unsere Zeit hinein (39), und ist somit zur klassisch theologischen Beschreibung des Todes geworden (40).

Von einem modernen Verständnis des Menschen aus als eines personalen und einheitlichen Wesens müssen wir sagen, diese Beschreibung genügt nicht, um das Wesen des Todes zu bestimmen. Jedoch werden zwei wesentliche Momente eines christlichen Todesverständnisses hervorgehoben:

---

37) Der Grund dafür liegt weitgehend in den verschiedenen Anthropologien der Hebräer und der Griechen.

38) Vgl. J.A. Fischer, Studien zum Todesgedanken in der alten Kirche. Die Beurteilung des natürlichen Todes in der kirchlichen Literatur der ersten drei Jahrhunderte (München 1954). J.A. Fischer zeigt auf, wie der Tod als Trennung von Leib und Seele in der Auseinandersetzung der Väter mit gnostischen Vorstellungen vom Tod verstanden worden ist. Für sie diente die auf griechisches Denken zurückgehende Lehre, dass im Tode die Seele vom Leibe scheidet, als eine Absage an bestimmte heidnische Richtungen (besonders Epikuräer und Stoiker), die den Untergang des ganzen Menschen im Tode behaupteten. Ebenso konnten sie primitive jüdisch-semitische Vorstellungen ausschalten, die den Menschen auf einer sehr niedrigen Stufe weiter existieren liessen. "Die patristische Trennungsformel bedeutet keine Definition des Wesens des Todes, insofern dieser ein Ereignis innerhalb der menschlichen Existenz darstellt. Sie ist Definition des Todes vorganges. Als solche besagt // sie, dass die Seele von nun an den Leib nicht mehr zusammenhält, sondern dem Verfall überlässt, während sie selbst als Trägerin der menschlichen Persönlichkeit fortbesteht. Was sich trennt, bzw. getrennt wird, ist die Seele, die im Tod den Leib verlässt, um zunächst für sich vom göttlichen Richter Vergeltung zu empfangen" (ebd. 39/40).

39) Vgl. K. Rahner, Zur Theologie des Todes, bes. 17-26. K. Rahner versucht diese überkommene Definition des Todes von seinem weiteren theologischen Denken her zu interpretieren; vgl. dazu auch ders., Geist in Welt. Zur Metaphysik der endlichen Erkenntnis bei Thomas von Aquin (München 1957).

40) Das gilt vor allem für die katholische Theologie. Die evangelischen Theologen versuchen in neuerer Zeit von dieser Lehre und der hinter solcher Auffassung vom Menschen stehenden Anthropologie wegzukommen und postulieren den "Ganztod" des Menschen. Vgl. bes. P. Althaus, Die Letzten Dinge 83-159; A. Ahlbrecht, Tod und Unsterblichkeit 23-44; E. Jüngel, a.a.O. 57-74; A. Peters, a.a.O. 48 ff.

a. Die "Trennung" von Leib und Seele kann so verstanden werden, dass die menschliche Seele ein anderes Verhältnis zu dem annimmt, "was wir den Leib zu nennen pflegen" (41). Nach dem Tod lebt der Leib nicht mehr. Dieser Zustand kann durch die Aussage von der Trennung der Seele vom Leib ausgedrückt werden.

b. Weiter sagt "Trennung", dass nach dem christlichen Glauben und philosophischen Erkenntnissen der Metaphysik, die Seele nach dem Tod nicht untergeht. Bildhaft ist das in der Beschreibung der Trennung von Leib und Seele enthalten, denn "Trennung" impliziert nicht notwendig Vernichtung.

Diese Beschreibung des Todes als einer Trennung der Seele vom Körper wird nicht theologischen und philosophisch-metaphysischen Ansprüchen voll gerecht. Sie lässt viel Raum offen für nicht eindeutige Aussagen, Interpretationen und Vorstellungen (42).

1. Einmal sagt diese Definition nichts aus über die spezifisch menschliche Eigenart des Todes als eines ganzheitlichen, personalen und in Freiheit endgültig sich setzenden Wesens. Der Mensch stirbt doch als ganzer. Es geht nicht einfach ein bestimmter Teil des Menschen (der Leib) zugrunde, während ein anderer Teil (die Seele) "weiterlebt".

2. Auch bleibt ungeklärt, ob sich die Seele aus eigener Macht und Dynamik auf ihre Vollendung hin trennt oder ob ihr die Trennung widerfährt, d.h. ob sie vom Leib getrennt wird (43).

3. Der Begriff der "Trennung" bleibt im Dunkeln. Hat die Seele einen Bezug zur Welt - und zeigt sich dieser in der substantiellen Einheit von Leib und Seele - kann man fragen, ob diese Trennung auch eine Aufhebung des Weltbezugs bedeutet: würde die Seele dann nicht akosmisch oder ist die "Aufhebung ihres die Leibgestalt gegen die Gesamtwelt abgegrenzt aufrecht- und zusammenhaltenden Leibverhätlnisses erst recht gerade ein tieferes und umfassenderes Sichöffnen und Sichdurchsetzen dieses ihres allkosmischen Weltbezuges?" (44).

---

41) Vgl. K. Rahner, Zur Theologie des Todes 18.
42) Vgl. zu diesen kritischen Anmerkungen ebd. 19-26.
43) Vgl. ebd. 19.
44) Ebd. 20. K. Rahner weiss um diese ungewöhnliche Fragestellung, da allgemein und selbstverständlich - beeinflusst vom Neuplatonismus - die Trennung von Leib und Seele als "ein A-Kosmisch-Werden" der Seele aufgefasst wird, "als ob die Unbezüglichkeit zur Materie und die Nähe zu Gott im selben Verhältnis wachsen müssten" (ebd. 20). Für einen allkosmischen Bezug meint nun K. Rahner Gründe in der Ontologie und in der Theologie zu finden.
   a. Die altscholastische Lehre z.B. sieht die Information des Leibes "als einen substantiellen 'Akt' der Seele, als die Wirklichkeit der Seele selbst", da das substantielle "Sein der materiellen Wirklichkeit eingestiftet ist" (ebd. 21). So muss die Geistseele ihre Bezogenheit auf die Materie auch nach dem Tode behalten.

4. Das Verständnis des Todes als Trennung von Leib und Seele berücksichtigt auch zu wenig einen Zusammenhang oder gar eine Einheit von Leben und Tod. Es wird hier lediglich eine Zerrissenheit von Leben und Tod deutlich, und der Tod wird nur noch als Endpunkt des Lebens verstanden.

5. Und schliesslich besteht in der Beschreibung des Todes als Trennung von Leib und Seele die Gefahr, über den Tod nur im Allgemeinen zu denken. Ist es aber nicht der Mensch selbst, der stirbt, und nicht nur der Leib? Es zeigen sich leicht in einer solchen Definition gewisse Tendenzen einer Flucht vor der Bedeutung und dem Ernst des Todes.

Werden weiter die heutigen Auffassungen über die Lebensentelechien in ihrem Verhältnis zur Materie und der teilweise überindividuelle Charakter der untermenschlichen Entelechien berücksichtigt, dann kann nicht mehr im Tod ein Aufhören einer Entelechie festgestellt werden, sondern man kann "den Tod im untermenschlichen Lebensbereich nur als ein Aufgeben des entelechialen Einflusses an einer bestimmten Raum-Zeit-Stelle der Welt bei fortdauerndem Eingestiftetbleiben dieser entelechialen Potenzen in der Welt betrachten" (ebd. 22). Analoges gilt auch im Verhältnis der Seele zur Welt. Vgl. ders., Geist in Welt 71-378.
b. K. Rahner kann auch eine Reihe von theologischen Gründen für den allkosmischen Charakter der Seele nach der Trennung vom Leib anführen:
So dürfte den Engeln eine dauernde konkrete Bezugnahme zur Welt mitgegeben sein (vgl. K. Rahner, Zur Theologie des Todes 23).
Weiter kann man die Lehre vom Fegfeuer besser verstehen, gibt die Seele nach dem Tod ihre Weltbezogenheit nicht einfach auf (vgl. ebd. 24).
Es lässt sich auch fragen, wie die Glaubensaussage von der Auferstehung auch des Fleisches zu verstehen wäre, bedeutete die Trennung von Leib und Seele ein totales Freiwerden der Seele vom Leib (vgl. ebd. 25/26).
Der Gedanke, dass der Begriff der "Trennung" von Leib und Seele im Dunkeln bleibt, findet sich auch bei E. Fink, a.a.O. 27/28. Um sich das vorzustellen, was sich beim Tode des Menschen ereignet, macht sich der Mensch nach E. Fink Modelle. Ein solches Modell ist auch die Vorstellung von "Trennung" von Leib und Seele. Jedoch lassen die üblichen Vorstellungen einer Trennung zweier Seinsmomente, z.B. von Leib und Seele ungedacht, "welcher Art eine solche Trennung überhaupt sein könne" (ebd. 27). Offenbar ist diese Trennung etwas anderes als der uns vertraute Vorgang, wenn ein Zusammengesetztes zerfällt. Das geschieht am gleichen Ort und in der gleichen Zeit. Wie, wo und wann geschieht jedoch die Trennung von Leib und Seele? Wird behauptet, "die Trennung sei ein Herausgang der Seele aus dem Leib, ihre Entrückung aus dem umfassenden Gesamtzusammenhang der raum-zeitlichen Erscheinungswelt" (ebd. 27), dann ist sie nicht mehr ein Geschehen der Erscheinungswelt. Eine solche Trennung müsste Auskunft geben können, warum nur menschliche Lebewesen ein Fortleben kennen und nicht auch Tiere und Pflanzen? Es stellt sich die Frage, ob nur bei Pflanzen und Tieren das absolut endgültige Ende eingetreten ist und beim Menschen nicht. Wir wissen nicht, ob auch die Seele auseinanderfällt. All diese Fragen lassen sich nach E. Fink nicht beantworten, müssen letztlichen im Dunkeln bleiben.

2. Die Allgemeinheit des Todes

Es ist eine allgemeine und unerschütterliche Tatsache der empirischen Erfahrung des Menschen: jeder Mensch muss einmal sterben. Die katholische Glaubenslehre will mit der Aussage von der Allgemeinheit des Todes aber mehr ausdrücken, als nur eine rein biologische Notwendigkeit bestätigen. Sie möchte eine Aussage der Offenbarung stützen, nämlich, der Tod ist nicht allein im biologischen Bereich begründet, sondern folgt aufgrund einer Störung des ursprünglichen Verhältnisses zwischen Menschen und Gott, d.h. "weil jeder Mensch Sünder ist, darum stirbt jeder. Und umgekehrt: daran, dass jeder stirbt, kommt die Allgemeinheit der Sündenverfallenheit des Menschen zu ihrem härtesten Ausdruck in der Erfahrung des Menschen" (45). Grundlegend für diese Lehre ist die biblische Ansicht vom Zusammenhang von Sünde und Tod. Die Allgemeinheit des Todes ist in der Offenbarung nicht in der biologischen Notwendigkeit, sondern im Menschen als Person und seinem Verhältnis zu Gott verwurzelt.

Mögen die Biologen und Naturwissenschaftler auch noch so viele Hypothesen aufstellen, warum der Mensch sterben muss und Forschungsergebnisse anbieten, wie der Tod immer weiter hinausgeschoben werden kann, die Begründung des Glaubens der allgemeinen Todesverfallenheit des Menschen liegt in einem sittlich-religiösen Verhalten der Menschen in Adam. Diese Tatsache gewährt die Gewissheit, dass die Menschen immer - auch in Zukunft - sterben müssen.

Das Konzil von Trient (1545-1563) formuliert diese Tatsache, einige Sätze des Zweiten Konzils von Orange (529) (46) aufgreifend, im Zusammenhang mit Lehraussagen über die Ursünde, gestützt auf Röm 5,12: "Wer behauptet: Adams Sündenfall hat nur ihm, nicht aber seiner Nachkommenschaft Schaden zugefügt, und er hat die von Gott empfangene Heiligkeit und Gerechtigkeit, die er verloren hat, nur für sich, nicht auch für uns verloren; oder: befleckt durch die Sünde des Ungehorsams, hat er nur den Tod und die körperlichen Strafen auf das ganze Menschengeschlecht übertragen, nicht aber auch die Sünde, die der Tod der Seele ist: der sei ausgeschlossen. Denn er widerspricht dem Apostel, der sagt: 'Durch den einen Menschen ist die Sünde in die Welt eingetreten und durch die Sünde der Tod, und so kam der Tod über alle Menschen, in ihm haben alle gesündigt' (Röm 5, 12)" (47).

Niemand von den heutigen Menschen wird den Tod als Erfahrungstatsache bestreiten. Es fällt aber dem modernen Menschen recht schwer, die theologische Begründung dieser Allgemeinheit des Todes zu verstehen, da sich eine ganze Reihe von Fragen stellen: Wie verhält sich etwa diese theologische Begründung zu neueren naturwissen-

---

45) K. Rahner, Zur Theologie des Todes 16; vgl. auch K. Kertelge, Der allgemeine Tod und der Tod Jesu, in: Trierer Theologische Zeitschrift 83 (1974) 146-148.
46) Vgl. DS 372.
47) DS 1512/NR 354.

schaftlichen und philosophischen Erkenntnissen: der Tod sei ein Naturvorgang; es gebe kein Leben ohne Tod; das Leben sei vom Tod durchwirkt; der Tod gehöre zur Struktur des menschlichen Daseins? (48).

3. Der Tod als Folge der Sünde

In der Glaubensaussage von der Allgemeinheit des Todes ist bereits ein weiteres Moment kirchenlehramtlichen Todesverständnisses vorgezeichnet, nämlich: der Tod ist eine Folge der Sünde, d.h. der menschliche Tod steht in einem ursprünglichen Zusammenhang mit der Sünde Adams. Der Tod ist somit Ausdruck der Abwendung des Menschen von Gott und der darausfolgenden Zerfallenheit des Menschen (49). Verschiedene lehramtliche Texte untermauern den biblischen Befund des wesentlichen Zusammenhanges vom Sündenfall der ersten Menschen und dem Tod. Unmissverständlich sagt die Kirchenversammlung von Trient: "Wer nicht bekennt: Nachdem A d a m , der erste Mensch, das Gebot im Paradies übertreten hatte, verlor er sogleich die Heiligkeit und Gerechtigkeit, in der er eingesetzt war, und zog sich durch die Beleidigung dieses Sündenfalls den Zorn und die Ungnade Gottes und somit den Tod zu, den Gott ihm vorher angedroht hatte, und mit dem Tode die Haft unter die Macht dessen, der daraufhin die Herrschaft des Todes innehatte, d.h. des Teufels, und der ganze Adam wurde durch diese Beleidigung des Sündenfalls an Leib und See-

---

48) K. Kertelge versucht auf solche Fragen einen Ansatz einer Antwort zu geben. Er sieht im Tod die Erlösungsbedürftigkeit und die Unheilssituation als allgemeine Situation der Welt und des Menschen. "Der Tod wird vielmehr in der Heiligen Schrift zum Ausdruck des vom Menschen selbst in Frage gestellten Verhältnisses zu Gott als seinem Schöpfer. M.a.W.: 'Tod' ist vor allem ein theologischer Begriff, und was sich im Tod an biologischer oder soziologischer Naturnotwendigkeit vollzieht, wird durch die theologische Erfahrung des Menschen qualifiziert" (K. Kertelge, Der allgemeine Tod 148).

49) Betrifft der Tod auch explizit den Menschen seit der Sünde, heisst das aber nicht, der Mensch wäre ohne Sünde nicht gestorben. Er hätte auch sein Leben beendet, jedoch ohne die Schmerzhaftigkeit unseres Todes zu erfahren. K. Rahner drückt das so aus: "Dieses Ende des paradiesischen Menschen, der 'Tod' ohne ihn, wäre reine, offenbare, tätige Vollendung des ganzen Menschen von innen her gewesen, ohne durch den Tod im eigentlichen Sinne, d.h. als von aussen her erlittene Beraubung der konkreten Leiblichkeit hindurch gegangen zu sein" (K. Rahner, Zur Theologie des Todes 33). Das Festhalten der Natürlichkeit des Todes hat seine Bedeutung nicht nur in seiner Negativität, sondern auch in seinem positiven Sinn für das Mitsterben mit Christus. Auf dem Hintergrund des natürlichen Todes sind weiter die Aussagen über die Verhülltheit des konkreten Menschentodes möglich und verständlich.

le zum Schlechteren gewandelt: der sei ausgeschlossen" (50). Die Natürlichkeit des Todes wird hingegen nicht bestritten. Es wird in diesen Texten besonders darauf hingewiesen, der Tod sei in der Offenbarung nicht nur als natürliches Ereignis verstanden, sondern auch als eine Folgeerscheinung der Sünde Adams.

Muss der Mensch nach dem Sündenfall sterben, so ist damit noch nicht ausgesagt, Gott habe ihn nicht unsterblich geschaffen und er sei nicht zur Unsterblichkeit bestimmt. Das wird in einer Auseinandersetzung mit den Irrtümern des Pelagius auf der Synode von Karthago ausdrücklich festgehalten: "Jeder der sagt, Adam, der erste Mensch, sei sterblich gebildet worden, so dass er dem Leibe nach sterben musste, ob er nun sündigte oder nicht, d.h. dass er aus dem Leben scheiden musste, nicht zur Strafe für seine Sünden, sondern aus Naturnotwendigkeit: der sei ausgeschlossen" (51).

Den Tod als Folge der Sünde zu verstehen, ist ein grossartiger Versuch eines alttestamentlichen Schriftstellers, der auf die drängende Frage des Todes und seinem Woher eine Antwort zu geben versucht. Dieser Zusammenhang von Sünde und Tod wird im Neuen Testament besonders von Paulus theologisch thematisiert.

Jedoch ist es heute nicht einfach, die Erklärung für den Tod zu verstehen, da in den letzten Jahren die Diskussion um die Ursünde ingang gekommen ist, und es noch einige Zeit dauern dürfte, bis sich eine neue Interpretation von Ursünde und Sündenschuld durchsetzt. Vielleicht liessen sich aus einer Existenzanalyse unseres heutigen menschlichen Daseins einige Hinweise geben, die einem neuen Verständnis der Sünde dienlich sein könnten (vgl. etwa die innere Zerrissenheit, Zwiespältigkeit des Menschen), und die auch die Aussage vom Tod als einer Folge dieser selbstverschuldeten Zerissenheit besser verstehen liessen.

---

50) DS 1511/NR 353; vgl. auch die schon zitierten Aussagen des Zweiten Konzils von Orange: DS 372; des Konzils von Trient: DS 1512. Weitere Aussagen machen das Konzil von Karthago (418): DS 222; 231; das Rechtfertigungsdekret des Trienter Konzils: DS 1512; Pius VI. (1794) gegen den Jansenismus und Febronianismus: DS 2617.

51) DS 222/NR 338. Gegen Pelagius betont die Versammlung ausdrücklich, Adam sei ursprünglich durch die Gabe der Unsterblichkeit ausgezeichnet gewesen. Vgl. weiter mehrere Irrtümer des Michael Bajus, die Pius V. (1567) verurteilt: DS 1926; DS 1955; DS 1978.

Eine vierte Aussage des Glaubens betrifft weniger die Natur des Menschen, als vielmehr den Menschen als Person. Mit dem physischen Tod endet zugleich auch endgültig der Pilgerstand des Menschen, lehrt die Kirche. Mit diesem Satz soll gesagt sein, dass die im zeitlichen und leiblichen Leben in Freiheit getroffene sittliche Grundentscheidung des Menschen endgültig und vollendet wird. Das Leben des Menschen wird radikal ernst genommen. Es kommt als geschichtliches, einmaliges, unwiederholbares und nicht mehr rückgängig zu machendes in den Blick. Die frei getätigte Entscheidung wird als einmalige, nicht wieder nur als vorläufige und umwandelbare im Tod ein für allemal festgelegt (52). Diese Aussage will jedoch nicht jede Weiterentwicklung ausschliessen. Schon die Annahme eines Reinigungsortes und der Glaube an die Auferstehung des Leibes und an die Endvollendung deuten dies an. Das Endgültiggewordensein und die Unwiderruflichkeit der menschlichen Entscheidung im Tod (53) wird wiederholt betont, vor allem gegen zwei falsche Auffassungen: gegen die Lehren von der Seelenwanderung (54) und die Lehre von der Allversöhnung (55) musste immer wieder Stellung bezogen werden.

52) Vgl. K. Rahner, Zur Theologie des Todes 27.
53) Vgl. ebd. 28.
54) Vgl. P. Althaus, Seelenwanderung, in: RGG V, 1639; W. Brugger, Wiederversöhnung, in: Stimmen der Zeit 142 (1948) 253 ff; ders., Seelenwanderung, in: LThK IX, 577; H. v. Glasenapp, Seelenwanderung, in: RGG V, 1638.
55) Vgl. H. Crouzel, Apokatastasis, in: SM I, 231; J.A. Fischer, a.a.O. 284-305; J. Loosen, Apokatastasis, in: LthK I, 709; F. Mussner, Apokatastasis, in: LThK I, 708. Das Problem der Allversöhnung ist bis heute noch nicht geklärt. Es sei nur an einige Namen grosser Theologen erinnert, die in ihrem Werk sich mit diesem Problem immer wieder auseinandersetzen. Vgl. A. Ritschl, Die christliche Lehre von der Rechtfertigung und Versöhnung I-III (Bonn [3]1889) bes. I, 1 ff und III, 115 ff; K. Barth, Kirchliche Dogmatik II, 2 (Zürich [3]1948) 336-563; E. Brunner, Das Ewige als Zukunft und Gegenwart (Zürich 1953) 198 ff; H.U. v. Balthasar, Die Wahrheit ist symphonisch. Aspekte des christlichen Pluralismus (Einsiedeln 1972) 41-63; ders., Herrlichkeit. Eine theologische Aesthetik II (Einsiedeln 1962) 767-880, wo eine Auseinandersetzung mit der Allversöhnung immer wieder zu finden ist; bes. ders., Kosmische Liturgie. Das Weltbild Maximus' des Bekenners (Einsiedeln [2]1961) 355-359; ders., (Hg.), Augustinus. Die Gottesherrschaft. De Civitate Dei (Frankfurt 1960) bes. 22-39.

§ 2. DER TOD IN DEN DOGMATISCHEN HANDBUECHERN

Diese vier kirchenlehramtlichen Aussagen bilden den Hintergrund für all das, was in den gängigen Dogmatiken, dogmatischen Handbüchern oder Eschatologien (56) über den Tod ausgesagt wird. Sieht man diese Lehrbücher ein, erkennt man, dass das Phänomen des Todes in mehreren Traktaten mehr oder weniger ausführlich zur Sprache kommt: In der Sakramentenlehre im Zusammenhang mit der Taufe als Hineinnahme des Menschen in den Tod und die Auferweckung Jesu Christi; bei der Busse im Zusammenhang von Sünde, Todsünde und Gericht; im Sakrament der "letzten Oelung" als Vorbereitung auf den Tod; in der Schöpfungslehre vom Gesichtspunkt der Sünde und Erbsünde her; in der Christologie tritt der Tod Jesu als Heilsgeschehen in den Blickpunkt; am ausführlichsten aber wird der Tod als Beginn der eschatologischen Ereignisse im Eschatologietraktat behandelt.

---

56) Folgende Ausführungen beruhen auf Aussagen von einigen Dogmatiken und dogmatischen Abhandlungen über die Letzten Dinge aus den letzten 30-40 Jahren: J. Brinktrine, Die Lehre von den Letzten Dingen. Et exspecto resurrectionem mortuorum et vitam venturi saeculi (Paderborn 1963) 13-43; F. Diekamp/K. Jüssen, Katholische Dogmatik nach den Grundsätzen des heiligen Thomas III (Münster [13]1954) 404-419; R. Guardini, Die Letzten Dinge (Würzburg 1952); J.M. Hervé, Manuale Theologiae Dogmaticae IV (Paris 1951) 510-533; J.P. Jungglas, Die Lehre der Kirche. Eine Laiendogmatik (Bonn [4]1946) 320-328; J. Lahitton, Theologicae Dogmaticae. Theses juxta sinceram D. Thomae doctrinam. Ad usum seminarium et verbi divini praeconum III (Paris 1932) 437-447; H. Lais, Dogmatik II (Kevelaer 1972) 334-343; H. Lennerz, De Novissimis (Rom 1950) 100-145; L. Lercher, Institutiones Theologiae Dogmaticae in usum scholarum VI, 2 (Innsbruck 1949) 422-433; G. van Noort, Tractatus de Novissimis (Bussum 1953) 2-14; L. Ott, Grundriss der katholischen Dogmatik (Freiburg [8]1970) 563-565; A. Piolanti, De Novissimis et Sanctorum Communione (Rom 1962) 2-41; J. Pohle, Lehrbuch der Dogmatik in sieben Büchern. Für akademische Vorlesungen und zum Selbstunterricht III (Paderborn 1905) 648-660; J. Pohle/M. Gierens, Lehrbuch der Dogmatik III (Paderborn 1933) 648-659; J. Pohle/ J. Gummersbach, Lehrbuch der Dogmatik III (Paderborn 1960) 649-660; M. Premm, Katholische Glaubenskunde. Ein Lehrbuch der Dogmatik IV (Wien 1953) 533-547; M. Schmaus, Katholische Dogmatik III, 2 (München 1941) bes. 492-503; ders., Von den Letzten Dingen (Regensburg 1948); ders., Katholische Dogmatik IV, 2 (München [3]1953) bes. 126-151; ders., Katholische Dogmatik IV, 2 (München [5]1959) 329-432; A. Winklhofer, Ziel und Vollendung. Die Letzten Dinge (Ettal 1951); ders., Das Kommen seines Reiches. Von den Letzten Dingen (Frankfurt 1959); V. Zubizarreta, Theologia Dogmatico-Scholastica ad mentem S. Thomae Aquinatis IV (Rom 1949) 453-465).

1. Der theologische "Ort" des Todes

Da diese Arbeit ihr Augenmerk vor allem auf den Tod des Menschen legt, wenden wir uns hauptsächlich den Aussagen zu, die in der Eschatologie gemacht werden. Dabei ist es interessant festzustellen, dass der Traktat "De Novissimis" im Gesamtaufriss einer Dogmatik nicht unbedingt einen festen Platz einnimmt. Bei M. Premm wird der Eschatologietraktat nach der Gnaden- und Tugendlehre; bei J. Brinktrine, H. Lennerz und G. van Noort als Einzelfaszikel; doch in den weitaus meisten dogmatischen Werken nach der Sakramentenlehre (57) behandelt. Der Traktat findet sehr oft keine grosse Aufgliederung. Einzelne Themen: Tod, Gericht, Himmel, Fegfeuer, Hölle, Auferstehung des Fleisches, Letztes Gericht usw. werden sozusagen chronologisch behandelt (58). Andere wiederum versuchen eine erste Aufteilung der Letzten Dinge, indem sie die eschatologischen Ereignisse in zwei Gruppen aufteilen: in eine Eschatologie des Einzelmenschen (Tod, Besonderes Gericht, Himmel, Fegfeuer, Hölle) und in eine Eschatologie der Welt (Wiederkunft Christi, Auferstehung der Toten und Universales Gericht) (59). J. Brinktrine teilt die Lehre von den Letzten Dingen in drei Abschnitte. Zentraler Gedanke ist für ihn die Allgemeine Auferstehung. Tod, Besonderes Gericht, Fegfeuer, Wiederkunft Christi sieht er als Ereignisse, die der Allgemeinen Auferstehung vorausgehen. Im zweiten Teil werden dann Auferstehung des Fleisches, Allgemeines Gericht und Vollendung der Welt behandelt. Himmel und Hölle als auf die Auferstehung folgende Zustände stehen am Schluss seiner Abhandlung.

Erst M. Schmaus versucht in der fünften Auflage (1959) seiner Dogmatik IV, 2: Von den Letzten Dingen, in einem längeren ersten Paragraphen einige grundsätzliche Gedanken zu tieferen theologischen Zusammenhängen und Problemen der Eschatologie einzubauen (60).

Dieser Versuch M. Schmaus', weitere Problemkreise - bisher unbeachtete - in die Diskussion um die Letzten Dinge einzubringen, macht deutlich, dass in einer künftigen Darstellung einer Eschatologie die allgemeinen Probleme, verschiedene eschatologische Fragestellungen und ihre bisherige Geschichte einen bedeutend grösseren

---

57) Vgl. F. Diekamp/K. Jüssen; J.M. Hervé; L. Lercher; J. Pohle/M. Gierens; J. Pohle/J. Gummersbach; L. Ott; M. Schmaus.

58) Vgl. L. Ott; M. Premm; V. Zubizarreta.

59) Vgl. F. Diekamp/K. Jüssen; J.M. Hervé; J. Lahitton; H. Lennerz; A. Piolanti; J. Pohle/M. Gierens; J. Pohle/J. Gummersbach.

60) In diesem ersten Hauptabschnitt behandelt M. Schmaus den weiteren Horizont einer Eschatologie. Dabei treten Themen, wie: Zeithaftigkeit und Geschichtlichkeit des Menschen in unserem Zusammenhang ins Blickfeld. Erst, wenn auch die Geschichtlichkeit der Offenbarung ernst genommen wird, kann eine letzte Zukunft als Verheissung verstanden werden, die in der alttestamentlichen und vor allem in der neutestamentlichen Offenbarung beinhaltet ist und deren Ziel das endgültige Reich Gottes ist; vgl. ebd. 4-114.

Raum einnehmen müssen. Darauf kann aber in unserem Zusammenhang nicht weiter eingegangen werden.

2. Das Verständnis des Todes

In den meisten bisherigen eschatologischen Abhandlungen wird als erstes Phänomen der Tod behandelt, weil er gleichsam als das "Tor" zu den übrigen Letzten Dingen angesehen werden kann. Der Tod des Menschen ist Voraussetzung zu weiteren Spekulationen über das menschliche Los nach dem Weggehen aus diesem Leben und über die Zukunft dieser Welt. Das mag ein Grund dafür sein, weniger den Menschen in diesen Todesbetrachtungen im Mittelpunkt stehen zu lassen, denn die dogmatischen Aussagen wollen eher als Untermauerung und Interpretationen einzelner Aussagen der Offenbarung über das Ende des Menschen und das, was ihm danach begegnen wird, verstanden werden.

a. Einige allgemeine Aussagen

Der Tod ist - und das wird meist in einer ersten allgemeinen Vorbemerkung festgestellt - als das Aufhören des Lebens verstanden. Dabei gilt es nach biblischen Sprachgebrauch einen dreifachen Sinn des Todes zu unterscheiden:

1. den physischen Tod als das Ende des leiblichen und irdischen Lebens;

2. den ethischen Tod der Seele infolge der Ursünde und der Todsünde als Verlust der heiligmachenden Gnade;

3. den ewigen Tod der Verdammnis als den "zweiten Tod". Als eigentlicher Tod in unserem Sinne wird jedoch nur der physisch-leibliche als Trennung von Leib und Seele verstanden. Als grundsätzliche Voraussetzungen auch aller dogmatischen Aussagen hat so die Annahme der durch die Tradition überlieferten Beschreibung des Todes als Trennung von Leib und Seele zu gelten. Diese Definition versucht man in der Schrift als überliefert und begründet zu finden (61).

---

61) Vgl. Koh 12,7; Mt 27,50; 2 Kor 5,7.8; Phil 1,23.24; 2 Tim 4,6; 2 Petr 1,14; Jak 2,26. Bei näherem Zusehen zeigt sich, wie bedenklich oft mit herausgerissenen Bibelzitaten umgegangen wird.

b. Die dogmatischen Lehrsätze

Alle dogmatischen Sätze über den Tod sind nichts anderes als eine Aufnahme, Interpretation und Untermauerung der kirchenlehramtlichen Aussagen, die in der Offenbarung ihre Wurzeln haben (62). Es geht in den Lehrbüchern vor allem darum, diese Sätze als ausdrücklich katholische Lehre herauszustellen, als solche zu interpretieren und gar zu beweisen.

Methodisch steht am Anfang der entsprechende Lehrsatz. Unmittelbar anschliessend wird gezeigt, wie dieser in der Schrift begründet, durch die Väter aufgenommen und ausgelegt und durch die Lehre der Kirche in der Tradition immer wieder bestätigt und gelehrt wird. Abschliessend sollen meist noch einige Vernunftgründe oder Beweise philosophischer Art diesen dogmatischen Lehrsatz untermauern.

Drei Sätze können sich auf die Offenbarung berufen:

1. Alle erbsündlichen Wesen stehen unter dem Gesetz des Todes (63). Spricht für die Lehre der Allgemeinheit des Todes zwar die menschliche Erfahrung, so fehlt dieser die volle Sicherheit und Klarheit. Sie kann sich nur auf die bisherigen Fälle, nicht aber auf die zukünftigen beziehen. Dieser Satz der Offenbarung und der Kirche verbürgt dem Menschen, dass es keiner menschlichen Bemühung jemals gelingen wird, den Tod zu beseitigen (64).

Erstaunlich viel Raum nimmt in diesem Zusammenhang die Frage nach den Ausnahmen: Henoch (65) und Elia (66) oder das Los jener, die am Ende der Welt bei der Wiederkunft Jesu Christi noch am Leben sind (67), ein. Daran zeigt sich, wie spekulativ diese Sätze behandelt werden, wenn solchen Fragen so grosse Bedeutung zugemessen wird.

2. Auf die Frage nach der Herkunft des Todes versucht die Offenbarung eine Antwort zu geben, indem sie den menschlichen Tod als eine Straffolge der Sünde zu erklären versucht (68). Die Dogmatiker greifen diese Wahrheit auf und wollen den Kausalzusammenhang zwischen Sünde und Tod deuten. Der Mensch sollte nach Gottes Plan frei vom Tode bleiben, doch er verscherzt diese Chance dadurch, dass er sein Leben selbst in die Hand nehmen will und so sich gegen Gott auflehnt. "Der gläubige Mensch betrachtet daher den Tod nicht bloss als eine unentrinnbare Notwendigkeit

---

62) Um Wiederholungen zu vermeiden, sollen deshalb nur jene Inhalte erneut erwähnt werden, die von besonderer Bedeutung sind oder bisher nicht genannt wurden.
63) Vgl. Gen 2,16; 3,35; Hebr 9,27; Röm 5,12 ff.
64) Vgl. M. Schmaus, Katholische Dogmatik IV, 2 (^{5}1959) 329.
65) Vgl. Gen 5,24; Sir 44,16; Hebr 11,5.
66) 2 Kön 2,11; 1 Makk 2,58.
67) 1 Thess 4,15-17.
68) Gen 2,17; 3,19; Röm 6,23; 1 Kor 15,22.

(dira necessitas), sondern mehr als Sühne auch für die persönlichen Sünden" (69). Erst durch die Taufe wird der Strafcharakter des Todes genommen, und der Tod ist nur mehr eine Folge der Sünde (70).

3. In den meisten dogmatischen Lehrbüchern nimmt die dritte Aussage am meisten Platz in Anspruch: Der Tod setzt dem Pilgerstand des Menschen und damit jeder Möglichkeit weiteren Verdienstes oder Missverdienstes ein endgültiges Ende. Der Tod als status termini ist nach den herkömmlichen dogmatischen Handbüchern nicht nur das Ereignis naturgesetzlicher Kausalität, sondern eine positive Setzung Gottes. Mit dem Tod ist die Grundentscheidung, die der Mensch in Freiheit in seinem leiblichen Leben getroffen hat, unwiderruflich gefallen (71). Der Tod wird nicht nur als eine rein biologische Tatsache angesehen, sondern bekommt eine personale Note. Diese personale Seite des Todes mag für ein theologisches Nachdenken Impulse gegeben haben: der Tod ist nicht nur ein passives Erleiden, sondern auch eine Aktivität (72). Mit dem endgültigen Ende des menschlichen Pilgerweges ist aber nicht ausgesagt, dass jede Weiterentwicklung nach dem Tode für die Seele undenkbar wäre (73).

---

69) M. Premm, a.a.O. 535.

70) Keine einheitliche Antwort finden die Theologen auf die Frage, ob der Tod als Strafe über den Sünder verhängt worden ist, oder ob er Ausdruck und Erscheinung der sündigen Existenz des Menschen selbst ist, also "gewissermassen in einem natürlichen Zusammenhang mit der sündigen Existenz des Menschen steht" (M. Schmaus, Katholische Dogmatik IV, 2 ([31]1953) 384). M. Schmaus neigt zur zweiten Antwort, da dort die Macht des Todes und der Ernst der Todesdrohung deutlicher zum Ausdruck kommt. Das folgt für ihn daraus, dass es Leben nur als Anteilnahme am Leben Gottes gibt. Sobald der Mensch Gott und die Teilnahme an seinem Leben ablehnt, gibt es für ihn kein Leben mehr, gibt es nur noch Tod. "Im Tode gewinnt die unheimliche Situation des Sünders sichtbare Aktualität. Der Tod ist ein dem Sünder gemässes Schicksal. Er offenbart die innerste Unordnung des menschlichen Lebens, den Widerspruch des Menschen zu seinem Existenz- und Lebensgrund und damit die im Menschen selbst herrschende Widersprüchlichkeit. Der Tod desavouiert den Menschen als einen Sünder" (ebd.). Es ist deshalb überhaupt ein Geheimnis, dass der sündige Mensch noch zu leben vermag.

71) Es wird auf viele Stellen in der Heiligen Schrift verwiesen: Koh 9,4-6.10; Sir 14,13; 17,26-28; Ps 6,6; 88,11-13; Mt 25,34-46; Lk 16,19-31; Joh 9,4. Wachsamkeit wird gefordert: Mt 24,42-44; 25,13; Mk 13,35-37; Lk 12,35-48; 2 Kor 5,10; Gal 6,10; 1 Thess 5,2-6; 1 Petr 1,13; 4,7; 5,8.

72) Vgl. K. Rahner, Zur Theologie des Todes 26-30.

73) Viele dieser Aussagen sind als klärendes Wort der Kirche - wie wir bereits gesehen haben - gegen die Apokatastasislehre und die verschiedenen Auffassungen der Seelenwanderungslehren formuliert worden; in einer ganz spezifischen Situation wird also ein bestimmter Akzent gesetzt.

3. Die ethisch-aszetische Bedeutung des Todes

Im Anschluss an eine Interpretation dieser drei Sätze werden gelegentlich Hinweise auf die ethisch-aszetische Bedeutung des Todes gegeben. In der stetigen Konfrontation mit dem Tod wird die Vergänglichkeit des Menschen und alles Lebendigen dem Glaubenden in aller Schärfe vor Augen gestellt. Eine solche Begegnung mit dem Tod, die die Geschöpflichkeit des Menschen immer wieder bewusst macht, kann von der Versenkung in die Erdengüter (74) bewahren. Dem menschlichen Leben ist in der Welt kein endgültiges Ziel gesetzt. Er ist noch auf der Pilgerschaft und deshalb sollen die irdischen Güter nur insoweit gebraucht werden, als sie dem Menschen "zur Erreichung des ewigen Endzieles förderlich oder wenigstens nicht hinderlich" (75) sind. Da der Mensch das Wann seiner Todesstunde nicht weiss und nie wissen kann, folgt eine weitere Konsequenz: in diesem irdischen Leben stets wachsam zu sein. Diese Wachsamkeit ermöglicht ein gefassteres Sterben, wenngleich die Todesangst aus Gründen des dem Menschen angeborenen Selbsterhaltungstriebes nicht völlig ausbleiben wird. Der Todesgedanke soll aber den Christen nicht entmutigen, sondern ihm vielmehr Ansporn sein, die recht kurze Zeit des irdischen Lebens optimal im Dienste des eigenen und des mitmenschlichen Wohles zu nützen (76). Falsche Haltungen angesichts des Todes wären dementsprechend das epikuräische Geniessen des Augenblicks oder Weltflucht und Kulturfeindlichkeit (77).

4. Einzelne verschiedene Akzentuierungen als erster Beginn einer Theologie des Todes

Die meisten Interpretationen der Lehrsätze - vergleicht man die einzelnen dogmatischen Handbücher - weichen im Vorgehen und in den Erkenntnissen kaum von einander ab. In einer weiteren Ueberlegung kann es aufgrund dieser grossen Einheitlichkeit nicht darum gehen, nochmals neue Aspekte der bisherigen Interpretation aufzuzeigen. Es sollen vielmehr nur noch einige Akzentuierungen aufgewiesen werden, die zum Teil erste vage Ansätze und Versuche einer Theologie des Todes sein können und somit aus der gewöhnlichen Betrachtung des Todes herauszubrechen beginnen.

---

74) Vgl. J. Pohle, a.a.O. III, 654.

75) Ebd.

76) Vgl. Koh 9,10.

77) Vgl. J. Pohle, a.a.O. III, 654/655. M. Premm, a.a.O. IV,540. Dieses Moment der ethisch-aszetischen Haltung angesichts des Todes spielt auch bei der Behandlung des Todes durch M. Schmaus eine bedeutsame Rolle, wenn er seiner ontologischen Betrachtung ein zweites Kapitel über das Ethos des Sterbens anfügt; vgl. M. Schmaus, Katholische Dogmatik IV, 2 (^{5}1959) 412-432.

a. L. Lercher und H. Lennerz weichen weniger inhaltlich von den gängigen Abhandlungen des Todes in den Dogmatiken ab, als vielmehr in der formalen Darstellung. Sie beide haben kein eigenes Kapitel über den Tod, sondern behandeln ihn im Zusammenhang mit dem Besonderen Gericht (78). Die These von der Allgemeinheit des Todes und die Lehre vom Tod als Folge der Sünde werden nur kurz angesprochen. Im Mittelpunkt beider Abhandlungen steht jeweils der Satz: der Tod beende den status viae, und unmittelbar danach werde der Mensch im Besonderen Gericht abgeurteilt (79). Diese These versuchen sie durch Schriftbeweise, Väterzeugnisse und Kirchenlehre zu untermauern.

b. Ein kleines Stück weiter geht M. Premm, der vor allem dem Satz vom Tod als Ende des Pilgerstandes Bedeutung zumisst. Er versucht diese Aussage auch mit theologischen Gründen zu belegen. "Die grösste Bedeutung des Todes liegt praktisch vom Standpunkt des Glaubens aus darin, dass er die Prüfungszeit des Menschenlebens abschliesst; das ist d e r e t h i s c h e G e h a l t d e s T o d e s , über den wir eine eigene These aufstellen: Der Tod beendigt für immer jede Möglichkeit weiteren Verdienstes oder Missverdienstes, ist also der endgültige Abschluss der Prüfungszeit" (80). Dementsprechend werden Trennung von Leib und Seele und der Tod als Sündenfolge nur sehr kurz, die Allgemeinheit des Todes in einem Anhang behandelt.

Neben vielen Zeugnissen aus der kirchlichen Lehre, der Schrift und den Vätern, versucht M. Premm auch theologische Gründe für seine These anzugeben. Er vermag seine These allerdings nicht vernunftmässig zwingend zu erklären, meint aber, die Verbindung von biologischem Tod und dem Tod als Ende des Pilgerstandes sei durchaus angemessen. Die meisten Theologen, sagt M. Premm, meinen, "dass der Tod n i c h t n a t u r n o t w e n d i g das Ende des Prüfungsstadiums bildet, sondern dass dies letztlich nur wegen der freien, p o s i t i v e n A n o r d n u n g d e s W i l l e n s G o t t e s so ist" (81). Ist aber das Erdenleben die Zeit der Prüfung und muss es einmal ein Ende finden, so ist dieses Ende mit dem Tod doch passend gegeben. Zur Begründung dienen ihm folgende Ueberlegungen: 1. Mit dem Tod als Trennung von Leib und Seele hört der Mensch als solcher auf zu existieren. 2. Die irdische Lebenszeit nimmt dabei eine grosse Bedeutung ein, denn die im Leben getroffene Entscheidung bestimmt das weitere Los des Menschen. "Darin liegt für den Menschen ein mächti-

---

78) L. Lercher nennt seine Abhandlung: De morte termino viae; H. Lennerz: De morte et iudicio particulari.
79) Die These L. Lerchers lautet: "Mortem, quae terminus est viae, immediate sequitur iudicium particulare, quo animae sors aeterna innotescit immutabiliter decisa; quae sententia statim exsecutione mandatur" (L. Lercher, a.a.O. VI, 2, 422). Die These von H. Lennerz lautet ähnlich: "Tempus probationis sive status viae morte finitur, immediate post mortem aeterna sors animae iudicio particulari determinatur, cuius iudicii sententia mox exsecutioni datur" (H. Lennerz, a.a.O. 107).
80) M. Premm, a.a.O. IV, 535.
81) Ebd. IV, 540.

ger Antrieb, dieses Leben voll auszunützen für den Dienst Gottes" (82).

3. Schliesslich scheinen zwei Eigenschaften des Todes besonders geeignet, den Tod als Abschluss des Prüfungsstandes anzusehen: Der Mensch weiss einerseits mit Bestimmtheit, dass er sterben muss, andererseits ist ihm der genaue Zeitpunkt ungewiss (83).

c. Noch einen Schritt weiter von einer blossen Interpretation der kirchenlehramtlichen Aussagen hin zu einer Theologie des Todes geht in verschiedenen Stufen M. Schmaus. In der ersten Auflage (1941) seiner Dogmatik behandelt er den Tod sehr kurz ohne irgendwelche Untergliederung (84). Es fällt im Unterschied zu anderen dogmatischen Betrachtungen über den Tod allerdings auf, dass er auf verschiedene Aspekte des Todes aufmerksam macht, die in einer bisherigen Dogmatik noch kaum zur Sprache gekommen sind. Der Tod wird nicht nur als Folge der Sünde gesehen, sondern auch die positive Seite des Todes wird betont: der Tod Jesu ist Sühne für die Sünden; der Tod des Menschen wird durch den Tod Jesu verwandelt, und im Tod Jesu ist die Liebe Gottes offenbar geworden. Damit wird dem Tod ein neuer Sinn gegeben, ohne ihn zu verharmlosen. Ueberspitzt wird man wohl sagen dürfen, dass hier zum ersten Mal in einer Dogmatik eine christliche Deutung des Todes versucht wird.

M. Schmaus weist weiter darauf hin, der Tod sei nicht nur ein Erleiden, sondern auch eine Tat, und unser Sterben könne so in der Taufe zu einem Mitsterben mit Christus werden. Unter diesem Gesichtspunkt gibt es ein Einüben in den Tod während des ganzen Lebens.

Mit diesen Gedanken hat M. Schmaus den Rahmen bisherigen dogmatischer Todesbetrachtung gesprengt. Diese neuen Gesichtspunkte entfaltet er in den weiteren Auflagen seiner Dogmatik mehr und mehr (85), bis er in der fünften, stark erweiterten

---

82) Ebd.

83) In diesen theologischen Gründen sieht sich M. Premm von Thomas unterstützt, wenn er auch nicht ganz mit seiner Annahme einer absoluten Unbeweglichkeit des Willens nach dem Tod übereinstimmen will. "Solange die Seele mit dem Leib vereinigt ist, kann sie sich frei das letzte Ziel wählen und darin auch abwechseln. Das hört mit dem Augenblick des Todes auf. Wie wir die ersten Grundzüge des Denkens nicht aufzugeben vermögen, so kann der Wille nicht mehr das letzte Ziel ändern, dem er im Augenblick des Todes anhing. Unbeweglich hält er an diesem Ziele fest durch die ganze Ewigkeit. Folgerichtig müssen die Vertreter dieser Ansicht sagen, dass es Gott nicht freistand, einen Augenblick als den des Todes zu wählen als Abschluss unserer Prüfungszeit, denn dieser ergibt sich nach ihnen notwendig aus der Natur der vom Leib getrennten Seele" (ebd. IV, 541). M. Premm verweist auf Thomas' Summa Theologiae I, 64, 2; De veritate 24, 11; Compendium Theologiae cap. 174 s.

84) Auch M. Schmaus behandelt den Tod als Ende des Pilgerstandes im Zusammenhang mit dem Besonderen Gericht.

85) Vgl. die etwas erweiterte Auflage ([3]1953).

und völlig umgearbeiteten Auflage (51959) eine umfangreiche, gut aufgegliederte Darstellung des christlichen Todesverständnisses anbieten kann.

In fünf Kapiteln versucht M. Schmaus zunächst eine Ontologie des Todes zu entwerfen, der er einen zweiten Abschnitt über das Ethos des Sterbens anfügt. M. Schmaus sucht also nach den ontologischen und existentiellen Momenten des Todes zu fragen (86). Ausgangspunkt ist für ihn die unbestreitbare Tatsache des Todes, die er von der biblischen Botschaft, von der Todesverfallenheit des Menschen - wie sie besonders in der neueren Zeit in der Lebens- und Existenzphilosophie betont wird - und von der Herrschaft Gottes her beleuchtet (87).

Sollte der Mensch nach dem ursprünglichen Plan Gottes frei vom schmerzlichen Tod bleiben, so ist die Tatsache des Todes jetzt eine Folge der Sünde. Dieser Tod ist aber nicht einfach als eine am Lebensende sich ereignende Katastrophe verstanden, sondern das ganze Leben ist vom Tod durchdrungen (88). Doch sieht der gläubige Christ im Tod nicht einfach nur ein rein biologisches Ereignis, sondern auch eine Verfügung Gottes. Damit erhält der Tod einen personalen Akzent. Das Verfallensein des Menschen in den Tod durch die Sünde wird durch den Tod Jesu und seine Auferstehung verwandelt. Christi Tod war ein Gericht (von Gott her gesehen), indem er die Sünden auf sich nahm und gehorsam wurde bis in den Tod. So wurde die erlösende Liebe sichtbar in der Auferweckung vom Tode. Die Macht des Todes wurde durch seinen Tod gebrochen. Vom Menschen her gesehen war der Tod Christi Gehorsam gegenüber dem Vater, der den Ungehorsam des Menschen wieder gut machte und die Herrschaft Gottes über die Menschen und die Welt wieder herstellte. Der Tod wird so Durchgang zu einem neuen Leben, zu dem der Mensch von Gott bestimmt ist. Von dieser eigentlichen Bestimmung des Menschen wird auch der personale Charakter des Todes deutlich als Gericht (89). Der Tod legt das Schicksal des Menschen endgültig fest.

Diesem Verständnis des Todes folgen für den Menschen Konsequenzen. Das Sterben ist nicht einfach nur eine Widerfahrnis, sondern die Todesverfallenheit bietet die Chance, diese "bewusst zu ergreifen und in den Lebensvollzug einzuordnen" (90). Das wird ihm während seines ganzen Lebens zur Aufgabe gestellt. Der Tod als endgültige Festlegung des menschlichen Schicksals stellt "die höchste innergeschichtliche Chance für die menschliche Selbstentfaltung" (91) dar. Diese kann aber nur in

---

86) Vgl. K. Dirschauer, Der totgeschwiegene Tod 95.
87) Vgl. M. Schmaus, Katholische Dogmatik IV, 2 (51959) 329 ff.
88) Hier zeigen sich wohl auch Einflüsse aus der Philosophie, die die allgemeine Todesverfallenheit besonders betonen. Er setzt sich aber von falschen philosophischen Schlüssen ab, die den Tod als dionysischen Höhepunkt des Lebens oder als ausweglose Ende entweder tragisch oder heroisch bewältigt sehen. Ebenfalls einflussreich war die Beschäftigung mit K. Rahners Theologie des Todes.
89) Vgl. K. Dirschauer, a.a.O. 99.
90) M. Schmaus, Katholische Dogmatik IV, 2 (51959) 412.
91) Ebd. 413.

der Begegnung mit Gott glücken (92). Es stellt sich die Frage, ob der Mensch in seiner letzten Stunde zu einer intensiven Begegnung mit Gott die Kraft aufbringen kann. Damit diese gelingen kann, muss sich der Mensch ein Leben lang vorbereiten.

Einem solchen Todesverständnis entspricht eine Haltung, die sich in mehreren Akten entfalten muss:
1. im Gehorsam, in dem der Mensch über sich verfügen und sich binden lässt und auf jede Eigenwilligkeit verzichtet, und so in ihm Reich Gottes entstehen kann. Eine solche Gehorsamshaltung, die am Gehorsam Christi teilhat, kann zur Anbetung dessen führen, der der Schöpfer aller Menschen und Dinge ist und sie liebend beherrscht;
2. in Sühne und Genugtuung, in der der Mensch sich als Sünder weiss, und der Tod für ihn immer auch Busscharakter bekommt und so auch als Sühne verstanden wird. "So wird im Tod Gott die Ehre zurückgegeben, die ihm in der Sünde genommen wurde" (93);
3. in der Busse, die immer auch eine Preisgabe der ungeordneten Weltliebe und des Egoismus ist. Im Sterben vollzieht der Mensch diese Weltdistanz in einer letzten Intensität (94);
4. im Sterben als Liebe, in dem Gott den Menschen in sein Leben hineinruft. Es ist ein Ruf der Liebe, der wiederum mit einem liebenden Gehorsam beantwortet werden kann. Der Tod wird so als Heimkehr erfahren;
5. in der Vorbereitung auf den Tod, in der der Mensch sich durch sein ganzes Leben hindurch für seine endgültige Festlegung bereit hält. Er soll im Leben die in der Taufe grundgelegte Teilnahme am Tode Jesu immer wieder mitvollziehen, indem er seine Selbstsucht aufgibt und Bedrängnisse und Leiden vertrauend auf sich nimmt.

In einer solchen Haltung hat der Mensch zwar nach wie vor Angst - berechtigte Angst - vor dem Tod, den die Offenbarung sehr nüchtern in seiner Schwere und Bit-

---

92) Diese These unterscheidet sich von der Todesauslegung der Existenzphilosophie wesentlich. "Diese ist zwar im Recht, wenn sie behauptet, dass der Mensch im Tode die höchste Möglichkeit gewinnt, zu sich selbst zu kommen. Sie begeht jedoch einen entscheidenden Irrtum, wenn sie, wie wir früher sahen, hierbei nur das Wie, aber nicht das Was der menschlichen Stellungnahme für wichtig hält. Gerade auf den Inhalt kommt es an. Es ist von unabsehbarer Tragweite, ob der Mensch im Tod Gott oder nur sich selbst bejaht und Gott verneint oder vergisst" (ebd.).
93) Ebd. IV, 2, 419.
94) Das ist jedoch keine resignierende Weltdistanz, sondern die Welt wird als etwas Vorübergehendes gesehen und nicht verabsolutiert. "So weist der Mensch die Welt im Tode zurück, nicht weil er von ihr nichts mehr wissen will. Er zieht sich von ihr zurück, nicht weil er glaubt, dass es nicht lohne, sich mit der Welt einzulassen. Er nimmt vielmehr von ihr und von den Menschen Abschied, weil er sich dadurch in einer unbedingten Weise zu Gott als dem letzten und höchsten Wert, als dem wahren und eigentlichen Leben, als dem höchsten Du bekennen will und so zugleich zu einer neuen Weltliebe fähig wird" (ebd. IV, 2, 421).

terkeit zeichnet. Er vermag diese aber im Glauben und Vertrauen auf Gott und seine Treue zu bestehen (95).

M. Schmaus greift im Rahmen einer dogmatischen Abhandlung - das darf wohl zusammenfassend gesagt werden - viele Probleme des Todes auf, die bisher kaum zur Sprache gekommen sind. Sein Entwurf darf sicherlich zu den besten Behandlungen der Todesproblematik dieser Art gezählt werden. Allerdings wird zu sagen sein, dass der Tod aufgrund des von M. Schmaus stark unterstrichenen Heilswillens Gottes in seinem letzten Ernst nicht stehen bleibt und vielleicht etwas zu schnell von seiner theologischen Konzeption des "Heilsystems" her relativiert wird (96).

1. Wie auch immer in diesen dogmatischen Lehrbüchern versucht wird, das Problem des Todes zu explizieren, aus dem, was ihnen an Lehre der Kirche und aus der Offenbarung vorliegt, so ist es doch sehr erstaunlich, wie kurz eines der zentralsten Probleme des Menschen meistens abgehandelt wird, ohne sich nähere Gedanken über die grosse menschliche Problematik des Todes zu machen. Es scheint als ob der Tod ein Ereignis neben anderen Ereignissen ist, als ob der Mensch nicht dauernd mit diesem Problem auf bitterste Weise konfrontiert wird, d.h. als ob man Aussagen über den Tod des Menschen machen kann, ohne dass eben dieser Mensch direkt mit in den Blick kommt. Ueber die eigene Endlichkeit, die eigene Sterblichkeit und Hinfälligkeit und die Ergebnisse modernerer Philosophie, die diese Gesichtspunkte betonen, denken die wenigsten Dogmatiker im Rahmen ihrer Erläuterungen zum Tode nach. Höchstens noch im Zusammenhang von Sünde und Tod machen sie gelegentlich darauf aufmerksam. Es macht den Anschein, als ob der Tod behandelt würde, um so sich die Möglichkeit zu weiten Spekulationen über die anderen Letzten Dinge zu verschaffen.

---

95) Wie es die Möglichkeit der Einübung in den Tod gibt, so gibt es auf der anderen Seite auch ein kurzsichtiges Hängen an Besitz, Macht, ein epikuräisches Geniessen des Augenblicks, das ein Verdrängen des Todesgedankens und eine Flucht vor jeder Begegnung mit dem Tod voraussetzt. Solche Sicherungsversuche erweisen sich von dem christlichen Todesverständnis her immer wieder als zerbrechlich.

96) In der ebenfalls 1959 herausgegebenen Eschatologie von A. Winklhofer, Das Kommen seines Reiches. Von den Letzten Dingen, wird der Tod kaum über die herkömmliche Weise hinaus behandelt, wenn A. Winklhofer auch erheblich von den klassischen Formen abweicht. Den drei dogmatischen Lehrsätzen von der Allgemeinheit des Todes, vom Tod als Sündenfolge und vom Tod als Ende des Pilgerstandes folgen einige Ueberlegungen über die Bedeutung des Todes Jesu und das Mitsterben mit Christus und er geht schliesslich auf die Diskussion der Endentscheidungshypothese, der er sich auch anschliesst, ein.
Jedoch ist diese modisch anmutende Behandlung des Todes ein Abfall gegenüber den Ueberlegungen von M. Schmaus und den vorher erschienenen Arbeiten von K. Rahner und L. Boros.

2. Statt dessen treten oft Nebensächlichkeiten - wie etwa die möglichen Ausnahmen vom Tode (Elia, Henoch oder die noch am Ende der Zeit Lebenden) - stark in den Mittelpunkt und regen grosse Spekulationen und Diskussionen an, die weniger mehr direkt das Problem des Todes betreffen.

3. Die angeführten Texte aus der Schrift, die eine Aussage begründen sollen, werden sehr oft gerade nach dem jeweils notwendigen Gebrauch zusammengestellt, ohne dass die ganze Weite des näheren Kontextes mitgesehen wird. Um grosse Linien, wie etwa um ein alt- oder neutestamentliches Todesverständnis bemüht man sich kaum. Im Mittelpunkt steht dafür jeweils die Lehre der Kirche und für sie müssen aus der Schrift entsprechende Belege gefunden werden.

4. Ein wesentlicher Mangel besteht in den meisten eschatologischen Abhandlungen - abgesehen von M. Schmaus und A. Winklhofer - dass sie es unterlassen, ein christliches Verständnis des Todes zu erarbeiten. Die Bedeutung des Todes Jesu findet erst in jüngerer Zeit, nachdem besonders K. Rahner und L. Boros in ihren Versuchen die zentrale Rolle des Todes Jesu jeweils auf ihre Weise hervorgestrichen haben, auch in den dogmatischen Handbüchern Eingang.

5. Es bleibt abschliessend weiter festzustellen, dass eine grosse Abhängigkeit der einzelnen Abhandlungen von früheren besteht und selten versucht wird, einen neuen Weg zu gehen oder eigene Erfahrungen und Reflexionen einzubringen. So ist es nicht verwunderlich, dass der Tod in der Dogmatik nur sehr formal behandelt worden ist. Es ist auch zu fragen, ob die Bedeutung des Todes für den Menschen und sein christliches Verständnis nicht besser im Rahmen einer theologischen Anthropologie herausgearbeitet würde, als in der Eschatologie.

§ 3. DER TOD IN DER LEHRE DES ZWEITEN VATIKANISCHEN KONZILS

Die Schwächen einer mehr essentialistischen Sicht des Todes in der bisherigen Theologie bleiben aber nicht ungesehen. Das zeigt eine wesentlich differenziertere Schau des menschlichen Todes, in die auch Ergebnisse moderner philosophischer Anthropologie aufgenommen werden, wie sie - wenn auch noch recht zaghaft - das Zweite Vatikanische Konzil versucht.

1. Der anthropologische Ansatz der Pastoralkonstitution "Gaudium et Spes"

Um auf bedrängende Fragen der heutigen Zeit (etwa: was die Kirche vom Menschen denkt, wie sie zum Aufbau der heutigen Gesellschaft steht, was sie zu ihrer Gestaltung beitragen kann, welchen Sinn menschliche Arbeit in der Welt hat) eine Antwort zu geben, muss sich das Zweite Vatikanum (97) mit den heutigen Vorstellungen vom Menschen und der Gesellschaft auseinandersetzen. Dazu muss die Kirche in einen Dialog (98) mit der Welt treten, und dazu muss sie ihre Vorstellungen vom Menschen formulieren. Einen solchen Versuch macht das Konzil im ersten Kapitel der Pastoralkonstitution (99).

Wurde der Mensch bisher in kirchlichen Dokumenten mehr unter statisch-philosophischen Gesichtspunkten bedacht, so gelingt es in diesen Abschnitten der Konstitution, einem mehr biblischen und dynamischeren Menschenbild den Weg zu bereiten. "Man muss also diese Kapitel der Konstitution so lesen, dass man ständig Vergleiche zieht zwischen Philosophie einerseits und Offenbarungswahrheiten andererseits" (100).

Man verzichtet "auf eine mehr statisch-philosophische Anthropologie im Sinne der neuscholastischen Tradition" (101). Der neuplatonische Dualismus der Trennung von Leib und Seele wird überwunden. Dabei soll nicht der Versuch einer vollständigen Anthropologie gemacht, sondern es sollen lediglich einige wenige Grundaussagen über den Menschen aus christlicher Anschauung gezeichnet werden. So kann ein dynamisches, bibel- und geschichtsbezogenes Bild des Menschen, welches "die ungeheure Spannung des Menschenwesens zwischen Grösse und Nichtigkeit, zwischen höchstem Anspruch und einem Abgrund ... der Verzweiflung" (102) zum Ausdruck bringt, vorgestellt werden. Es handelt sich nicht um eine Anthropologie im historischen, phänomenologischen oder philosophischen Sinn, sondern um eine theologische. Sie geht von der Botschaft des Glaubens aus und setzt sich in den Zusammenhang mit menschlichen Erfahrungen, d.h. sie ist in einem dreifachen Sinn eine christliche Anthropolo-

---

97) Vgl. Gaudium et Spes Art. 11.
98) Als gemeinsamer Ausgangs- und Berührungspunkt zu einem solchen Gespräch zwischen Kirche und Welt konnte die Idee der Humanität, die Sorge um den Menschen gefunden werden, was für traditionell kirchliches Denken bereits etwas unerhörtes war. Immer wieder fiel der Vorwurf, den Menschen statt Gott in den Mittelpunkt zu setzen (vgl. dazu A. Guggenberger, Die Würde der menschlichen Person, in: W. Sandfuchs (Hg.), Die Kirche in der Welt von heute (Würzburg 1966) 13 ff).
99) Vgl. Gaudium et Spes Art. 12-22.
100) Ph. Delaye, Die Würde der menschlichen Person, in: G. Barauna, Die Kirche in der Welt von heute. Untersuchungen und Kommentare der Pastoralkonstitution "Gaudium et Spes" des II. Vatikanischen Konzils (Salzburg 1967) 164.
101) J. Ratzinger, Kommentare zum ersten Kapitel des ersten Teils der Pastoralkonstitution "Gaudium et Spes", in: LThK.E.III, 316.
102) Ebd. 317; vgl. auch Gaudium et Spes Art. 13.

gie: a. sie stützt sich auf die Offenbarung, sie setzt beim Glauben an Jesus Christus und beim Wort Gottes an, b. sie deckt menschliche Gegebenheiten und menschliche Werte auf und c. sie vollendet sich ausdrücklich in Jesus Christus (103). Zwei Ansätze wären deshalb grundsätzlich möglich: ein Ausgangspunkt wäre Jesus Christus als Schöpfer, Retter, als vollkommener Mensch (image-imageante). Doch bereitet dieser theologisch gut begründete Weg zu grosse Schwierigkeiten, wenn man mit allen Menschen - auch Nichtchristen - einen Dialog aufnehmen will. Deshalb schlägt das Konzil einen anderen Weg ein. Es geht vom konkreten Menschen aus und will diesen auslegen, will eine konkrete Beschreibung des Menschen versuchen (104), in der Struktur, Bedingungen, Wesen und Geschichte des Menschen mitberücksichtigt werden. Es ist allerdings vom christlichen Gesichtspunkt aus unmöglich, den Menschen in seiner ganzen Tiefe zu verstehen, ohne ihn mit Jesus Christus in Verbindung zu setzen, denn er allein ist der Retter, der Schlüssel, das Zentrum und das Ende aller menschlichen Geschichte, das letzte Fundament alles Unwandelbaren, er ist das Licht, das Geheimnis des Menschen zu erhellen (105). Eine der Grundaussagen des Konzils über den Menschen bleibt die im Alten Testament gemachte Aussage von der Gottesebenbildlichkeit (106), die als "Gottunmittelbarkeit des Menschen, der nicht nur in der Direktheit seines Werkes und seiner mitmenschlichen Beziehung mit Gott zu tun hat, sondern ihn selbst erkennen und lieben kann" (107). Dieser nach dem Bilde Gottes geschaffene Mensch hat sich von Anfang an gegen Gott gestellt. Er möchte ohne Gott zu seinem Ziel kommen und lebt so in einer Situation der Zerrissenheit und Zwiespältigkeit (108). In Artikel 14 der Konstitution wird die strukturelle Einheit des Menschen gegenüber einer dualistischen Auffassung hervorgehoben, wobei eine kleine Theologie des Leibes entworfen wird, die nicht beabsichtigt, einen Aspekt des Menschen abzutrennen, sondern ihn in seiner "Menschlichkeit" als Leibhaftigkeit von menschlichem Geist zeigen möchte (109). Die folgenden drei Abschnitte (110) entfalten den Menschen in drei spezifisch menschlichen Eigenschaften: als

---

103) Vgl. J. Mouroux, Situation et signification du Chapitre I: La dignité de la personne humaine, in: Vaticanum II. L'église dans le monde de ce temps. Constitution pastorale "Gaudium et Spes" II (Paris 1967) 230: "elle s'appuie sur la Révélation, donc s'établit à partir de la foi, sur Jésus-Christ, Parole de Dieu; b. elle dégage les données et les valeurs humaines ...; c. elle s'achève explicitement en Jésus-Christ, sur lequel elle s'appuyait déjà pendent tout son trajet".

104) J. Mouroux, ebd. 231.

105) Vgl. Gaudium et Spes Art. 10.

106) Vgl. ebd. Art. 12.

107) J. Ratzinger, Kommentar 319. Mit der Charakterisierung des Menschen als Ebenbild Gottes ist die Möglichkeit gegeben, neben die überwiegend negativen Aussagen vom Menschen in der heutigen Zeit auch positive zu stellen und zu lieben; er ist der Beherrscher der Welt; auch die Zweigeschlechtlichkeit kann positiv bewertet werden.

108) Vgl. Gaudium et Spes Art. 13.

109) Vgl. J. Ratzinger, Kommentar 324.

110) Vgl. Gaudium et Spes Art. 15-17.

vernünftiges Wesen, befähigt in Weisheit das Wahre zu suchen; als ein sich im Gewissen zum Guten entscheidendes und ein die Freiheit als grossen Wert bejahendes Wesen. Etwas unvermittelt wird im Artikel 18 der Mensch als in seiner Existenz vom Tod betroffener in einer kurzen Existenzanalyse dargestellt, in der sich die existenzbezogene Seite dieser Analyse anzeigt. Ebenfalls von dieser existentiellen Ebene aus - wenn auch etwas überraschend - wird das Problem des Atheismus und des Verhältnisses der Kirche zu ihm (111) angegangen, indem die Würde des Menschen als Gesprächspartner Gottes betont wird. In den verschiedenen Formen des Atheismus begegnet der Mensch nur sich selbst. Die Würde des Menschen gipfelt aber in Christus, von dem eine wahre Antwort auf die Frage des Menschseins und des wirklichen Humanismus gegeben werden kann (112). Es kann sich im Folgenden nun nicht um eine Entfaltung dieser Elemente handeln. Vielmehr soll lediglich dem Verständnis des Todes etwas nachgegangen werden, damit ein Vergleich zu früheren Aussagen der Kirche über den Tod hergestellt werden kann (113).

2. Das Geheimnis des Todes (114)

Es mag auf den ersten Blick erstaunen, unter den wenigen Zügen, die in dieser christlichen Anthropologie etwas ausführlicher behandelt werden, auch das Phänomen Tod anzutreffen. Doch zeigt gerade die Darstellung des Todes, dass hier im kirchlichen Denken ein Wandel stattgefunden hat: ein Uebergang von einer mehr essentialistischen zu einer mehr existentiellen Sicht des Menschen, d.h. auch die Ebene der Existenz rückt mit ins Blickfeld. Es darf aber in einer solchen Existenzanalyse, wie sie uns hier vorliegt, nicht eine ausführliche philosophische und theologische Erörterung des - ohnehin vielschichtigen - Problems des Todes erwartet werden. Lediglich einige wichtige Akzentverlagerungen will der Text herausstreichen.

Liest man den Abschnitt über den Tod genauer, kann man keine strukturelle Einheit feststellen. Es lassen sich leicht drei Ebenen unterscheiden: "zunächst einen Versuch vom Grundphänomen Tod die Frage des Mensch-Seins insgesamt in den Blick zu bringen, also in der Tat so etwas wie eine Analyse eines menschlichen Grundexistentials; daneben steht die ontologische Ebene des Denkens im Sinn der tradi-

---

111) Vgl. Gaudium et Spes Art. 19-22.
112) Vgl. ebd. Art. 22.
113) Vgl. dazu G. Baum, Der Mensch in seiner Welt, in: J.C. Hampe, Die Autorität der Freiheit. Gegenwart des Konzils und Zukunft der Kirche im ökumenischen Disput (München 1967) 68-86; Ph. Delaye, a.a.O. 154-178; A. Guggenberger, a.a.O. 12-33; J. Mouroux, a.a.O. 229-253; J. Ratzinger, Kommentar 333-335.
114) Vgl. Gaudium et Spes Art. 18 (Das Geheimnis des Todes).

tionellen Metaphysik, und schliesslich begibt man sich auf die heilsgeschichtlich-
theologische bzw. christologische Ebene" (115).

a. Die existentielle Ebene (116)

Von moderneren philosophischen Ergebnissen beeinflusst, bringt das Dokument deutlich zum Ausdruck, der Tod des Menschen sei nicht nur ein Parzenschnitt am Ende
des Lebens, nicht nur ein biologisches Ereignis, sondern das menschliche Leben
werde von Anfang an durch den Tod bestimmt. Altern und "allmählicher Abbau des
Leibes", die Phänomene des "Schmerzes" und der "Krankheit" und hauptsächlich
die "Furcht vor immerwährendem Verlöschen" zeigen die dauernde Anwesenheit
des Todes in der ganzen menschlichen Existenz. Der Mensch findet sich aber nicht
einfach mit diesem dauernden Sterben ab. Er lehnt die "völlige Zerstörung und den
endgültigen Untergang seiner Person mit Entsetzen" ab (117). Im Tod spürt der
Mensch am stärksten seine Unverfügbarkeit, die Grenzen seiner Möglichkeiten,
seines Planens und Berechnens; das Rätsel des menschlichen Daseins wird am
grössten.

Auf der anderen Seite sehnt sich der Mensch nach Unsterblichkeit, nach Ewigkeit.
Dem steht aber die "existentielle Widersprüchlichkeit des Todes" (118), sowie des
Leidens, in dem sich der Tod ankündigt, entgegen. Diese Zwiespältigkeit artikuliert
sich am deutlichsten in der Existenzangst des heutigen Menschen. Alle technischen
Erleichterungen des Lebens und die medizinischen Fortschritte vermögen ihm diese
Angst nicht zu nehmen und ihm das "eigentliche" Leben nicht zu geben.

b. Die ontologisch-traditionelle Ebene

Leider hält der Text diesen anthropologisch-existentiellen Ansatz nicht durch. Etwas unvermittelt stehen deshalb die Aussagen, dass der Mensch von Gott zu einem
höheren Ziel geschaffen sei und ohne Sünde nicht diesen Tod hätte erleiden müssen.

Erstaunen mag allerdings, die klassische philosophische Unsterblichkeitslehre nur
angedeutet zu sehen, indem gesagt wird, der Keim der Ewigkeit, der nicht auf blos-
se Materie reduziert werden kann, wehre sich gegen den Tod. Die ontologische

---

115) J. Ratzinger, Kommentar 333.
116) Wenn die drei Ebenen kurz charakterisiert werden, mag der Eindruck entstehen,
    als ob diese auch im Text unverbunden nebeneinanderstehen. Wenn das auch ge-
    legentlich der Fall ist, so sind die verschiedenen Aussagen aber doch mehr mit-
    einander verzahnt, als das im folgenden zum Ausdruck kommt.
117) Vgl. Gaudium et Spes Art. 18.
118) J. Ratzinger, Kommentar 334.

Sicht wird vielmehr durch eine geschichtliche ersetzt. Es heisst nicht, weil der Mensch die Unsterblichkeit als präternaturale Gabe bekommen hat, ist der Tod die Folge der Sünde, sondern der Tod folgt aus der Sünde, die Ewigkeit aus der erlösenden Tat Jesu Christi. Hier liegt der Akzent auf der geschichtlichen "Betrachtung der neuen Ermöglichung ewigen Lebens durch die Heilstat des Herrn" (119).

c. Die heilsgeschichtlich-historische Ebene

Dem Menschen wird sein Heil, das er durch seine Auflehnung gegen Gott verloren hat, von Jesus Christus, der den Menschen durch seinen Tod und seine Auferstehung vom Tod befreite, wieder gegeben, und der menschliche Tod wird durch den Tod Jesu verwandelt. Diese christologische Verheissung wird entfaltet, indem auf die ewige Gemeinschaft Gottes mit den Menschen, auf die neue Kommunikation der Menschen untereinander in Christus und auf die Lebens- und Todesgemeinschaft mit ihm hingewiesen wird. Der Osterglaube ist so die Mitte der Christologie und auch die Mitte der christlichen Existenz. In dieser Anthropologie sind "Schöpfung" und "Ostern" zu Brennpunkten der "theologischen Ellipse" geworden (120).

Vergleichen wir diesen kurzen Abschnitt der Pastoralkonstitution mit den bisherigen kirchlichen Lehraussagen zum Tod, wird der gewaltige Fortschritt im kirchlichen Todesverständnis ins Auge springen. Der Tod wird hier vom Gesamten der menschlichen Existenz her gesehen. Das hat zur Folge, dass auch in der Terminologie ein Wandel sich mitvollziehen muss: man verzichtet auf schwer zu deutende traditionelle Begriffe, wie "Natur", "übernatürlich", "aussernatürlich" und versucht eine Sprache zu sprechen, die mehr aus der alltäglichen Erfahrung kommt, und die vom heutigen Menschen eher verstanden werden kann.

Antworten zu noch in Diskussion stehenden Fragen werden zurückhaltend gegeben. Man will sich nicht durch allzu schnelle und allzu bestimmte Aussagen festlegen. Als Beispiel mag das Problem des Verhältnisses Ursünde - Tod angeführt sein. Der Gedanke ist aber durchaus enthalten, wenn medizinische und technische Fortschritte, Erfolge und Erleichterungen nicht als Antwort auf das Problem der menschlichen Existenzangst angesehen werden.

Weiter zeigt der Text, dass er moderneren philosophischen Ergebnissen vom Menschenbild gegenüber offen ist, sie sogar teilweise aufgreift, wenn er sie auch nicht weiter entfaltet. Das aber ist weniger die Aufgabe eines Konzilstextes, als vielmehr der Philosophie und Theologie des Todes. Ein Ansatz dazu bleibt durch den Text gesetzt.

Nachteilig wirkt sich auf das Ganze zweifellos der uneinheitliche Ansatz aus. So stehen etwa Aussagen über die Unsterblichkeit oder den Tod als Folge der Sünde ne-

---

119) Ebd. 335.
120) Vgl. ebd. 334.

ben anderen mehr existentiellen Aussagen, und jene können oft nur schwer verständlich gemacht werden oder sprechen eine völlig andere Sprache als diese, was zu erheblichen Unebenheiten führen mag. Wäre etwa eine Existenzanalyse, die das naturale Phänomen des Todes vom existentiellen unterscheiden lehrte, weiter ausgebaut worden, könnten durchaus weitere Hilfestellungen angeboten werden (121), solche Aussagen einsichtiger zu machen, oder eine Verschränkung der einzelnen Ebenen wäre besser gelungen.

§ 4. ANSAETZE ZU EINER THEOLOGIE DES TODES BEI P. GLORIEUX

In den dogmatischen Schul- und Handbüchern konnte bisher schon eine leichte Verschiebung des Interesses hauptsächlich zur Aussage über den Tod als Ende des Pilger- und Verdienststandes hin aufgewiesen werden. Wir können weiter in den letzten Jahrzehnten ein immer grösseres Interesse an dieser These feststellen. Sie wird mit verschiedenen Akzentuierungen geradezu zu einem Ausgangspunkt eines theologischen Redens vom Tod.

Einen entscheidenden Anstoss zu solchen theologischen Reflexionen über den Tod als Ende des Pilgerstandes und Anfang des status termini gibt in den Dreissigerjahren der französische Theologe und Thomaskenner P. Glorieux. Er weicht von den herkömmlichen dogmatischen Abhandlungen ab und versucht in zwei Aufsätzen (122) einige weitere theologische Ueberlegungen über den Tod anzustellen. Als Grundlage seines Theologisierens dienen ihm vereinzelte Aussagen Thomas' von Aquin über den Tod.

Grundsätzlich wird man für einen solchen Versuch einer Theologie des Todes nach P. Glorieux zwei Voraussetzungen festhalten müssen, die den Hintergrund seiner Gedankengänge bilden:
1. alle Aussagen über den menschlichen Tod beruhen auf der philosophischen Annahme, dass der Tod die Trennung von Leib und Seele sei;
2. P. Glorieuxs Interesse konzentriert sich fast ausschliesslich auf die Problematik des status viae - status termini.

---

121) Vgl. ebd.
122) P. Glorieux, Endurcissement final et grâces dernières, in: Nouvelle Revue Théologique 59 (1932) 865-892 und ders., In hora mortis, in: Mélanges de Science Réligieuse 6 (1949) 185-216.

1. Lokalisierung des Todesproblems bei Thomas von Aquin

Die vielschichtigen Probleme des Todes und die grossen Fragen, denen sich die Antwortversuche auf das, was nach dem Tode folgen würde, ausgesetzt sahen, eröffneten den Theologen immer neue Schwierigkeiten. Fragen über die Zahl der Auserwählten, über die letzte Unbussfertigkeit der verstockten Sünder, über die Ewigkeit der Strafen, über das Los und die Verstockung der abgefallenen Engel und der verdammten Menschen, über die letzte Gnade sollten beantwortet werden.

Keines dieser Probleme findet P. Glorieux bei Thomas explizit behandelt, da er sein theologisches Werk nicht mehr beenden konnte, und deshalb von ihm nur spärliche Aussagen zu den Letzten Dingen vorhanden sind. Es lassen sich allerdings aus anderen Texten und im Zusammenhang mit anderen Problemen verschiedentlich einige Antworten auf diese Fragen herausschälen: so z.B. in der Engellehre. Hinweise und Ueberlegungen lassen durchaus die Richtung eines Todesverständnisses von Thomas von Aquin erkennen, das P. Glorieux vorstellt und zu interpretieren sucht und damit einen Markstein in der Entwicklung der Endentscheidungsthese setzt (123).

2. Der Tod als Gegenstand verschiedener Wissenschaften

P. Glorieux bringt den Tod nicht mehr nur isoliert als Theologe ins Blickfeld, sondern geht auch auf Fragestellungen medizinischer und philosophischer Art ein und setzt sich mit ihren Ergebnissen auseinander. Keine dieser drei Wissenschaften für sich vermag genügende Antworten zu geben. Stets bleiben Fragen offen, die über den Horizont der einzelnen Wissenschaft hinausweisen. Der Tod ist so ein Phänomen, dass die Notwendigkeit intensiver Zusammenarbeit verschiedener Wissenschaften geradezu fordert. Dabei wird jeder dieser Wissenschaftler das Problem des Todes von seinem je eigenen Gesichtspunkt angehen und versuchen, die für ihn spezifischen und wichtigen Fragen zu beantworten.

Der Mediziner wird den Tod als Ende der organischen Aktivität verstehen. Für ihn gilt es festzuhalten, wie der Tod sich anmeldet, wie man ihn erkennt, wie er sich vollzieht. Er wird zwischen Scheintod, relativem und absolutem Tod unterscheiden. Er versucht das organische Versagen des Körpers solange wie nur möglich zu verhindern und forscht nach immer neuen Mitteln und Methoden, diesem Ziel näher zu kommen. Er kann die dem Tod vorausgehenden, ihn begleitenden und ihm nachfolgenden Phänomene beschreiben. Doch mit rein naturwissenschaftlichen Methoden kann er

---

123) Vgl. bes. L. Boros, Mysterium mortis 180/181.

den tieferen Sinn des Todes nicht erklären und gibt deshalb Platz frei für die philosophischen Erklärungen (124).

Der Philosoph will dem Tod wiederum von einer anderen Seite verschiedene Aspekte abgewinnen. Ihn interessieren mehr die Bestandteile der substantiellen Einheit des Menschen: Leib und Seele. Er betrachtet sie einzeln, versucht mehr Klarheit über ihr Zusammenwirken zu bekommen und fragt nach dem Tod als Trennung von Leib und Seele, genauer, wie man sich diese Trennung vorstellen muss: allmählich oder in einem einzigen Augenblick. Mit Thomas (125) kommt der Philosoph zu dem Ergebnis: der Tod als Trennung der Seele vom Körper geschieht in einem einzigen Augenblick (126).

---

124) Vgl. P. Glorieux, In hora mortis 185 und 190.

125) De Veritate XXVIII, 9: "Quando dicitur aliqua mutatio esse in instanti, non intelligitur quod duo termini eius sint in instanti ... sed intelligitur quod transitus de uno in alium est in instanti. Quod quidem in aliquibus oppositis contingit, in aliquibus non contingit. Quando enim inter terminos motus est accipere aliquod medium, oportet quod transitus de uno termino in alium sit successivus; quia medium est in quod primo mutatur quod movetur continue quam in ultimum ... Et intelligo medium per qualemcumque distantiam ab extremis; sive sit distantia in situ, sicut in motu locali; sive distantia secundum rationem quantiatis, sicut in motu augmenti et diminutionis; sive secundum rationem formae, ut in alteratione; et hoc sive illud medium sit alterius speciei ... sive eiusdem speciei. Quando vero inter duos terminos mutationis vel motus non potest esse medium aliquo predicatorum modorum, tunc transitus de uno // termino in alterum non est tempore sed in instanti. Hoc autem est quando termini motus vel mutationis sunt affirmatio et negatio, sive privatio et forma; nam inter affirmationem et negationem nullo modo est medium, neque inter privationem et formam circa proprium susceptibile ... Sic igitur accipiendo huiusmodi mutationes secundum proprios terminos per se loquendo, oportet eas esse instantaneas et non in tempore, sicut est illuminatio, generatio et corruptio, et alia huiusmodi". (Vgl. auch Quaestiones quodlibetales VII, q.9; IX, q.8; q.9).

126) Um zu diesem Ergebnis zu kommen, muss zuvor geklärt sein, ob "fieri et factum esse", "separari et separatum esse" ineinsfallen. Doch scheint sich diese Frage zu lösen, denn solange die Seele mit dem Leib vereint bleibt, kann man nicht sagen, sie trenne sich. Diese Trennung ist die Negation der substantiellen Einheit, und Negation und Affirmation können nicht miteinander zugleich sein. "Separari" und "separatum esse" müssen ineinsfallen, da die Trennung als Negation der Einheit in einem einzigen Augenblick geschieht (vgl. P. Glorieux, In hora mortis 194; vgl. weiter Thomas, Quaestiones quodlibetales IX, q.8; Summa Theologiae I, q.45, a. 2 ad 3; III^a, q.75, a. 7 ad 2; De Veritate q.28, a. 9 ad 10; Quaestiones quodlibetales VII, 9 ad 4). Einem weiteren geht der Philosoph nach: er möchte wissen, ob mit der Annahme der Trennung in einem einzigen Augenblick die Seele, die den Leib verlässt, die sich trennt, die aufhört die Form des Körpers zu sein usw., in diesem Moment eine gewisse

Der Theologe sucht den Tod erneut unter einem anderen Aspekt, dem der ewigen Rückbezüge, anzugehen. "Er ist das Ende des einen Zustandes und der Anfangspunkt eines anderen, der kein Ende haben wird" (127).

Der Glaube, die Lehre der Kirche und die Theologie halten daran fest, das Leben sei die Zeit der Prüfung und der Tod das Ende dieser irdischen Pilgerschaft. Das will heissen: 1. der Mensch hat die Möglichkeit des Verdienstes, und er kann sein zukünftiges Leben vorbereiten; 2. die Dauer dieser Zeit ist begrenzt, das Ende bleibt aber unbekannt; 3. dieses Ende des Pilgerstandes fällt mit dem Tod zusammen, und danach sind keine Verdienste mehr möglich. Das Los des Menschen ist endgültig besiegelt. Gott hat - kurz gesagt - unser ewiges Los an unsern Tod gebunden (128).

Die verschiedenen Ergebnisse dieser Wissenschaften: Tod als Ende der organischen Aktivität (Mediziner); als Ende der zusammengesetzten substantiellen Einheit (Philosoph); als Ende der Prüfungszeit (Theologe), zeigen, dass, jeder Bereich für sich nicht eine zufriedenstellende, umfassende Antwort geben kann und auf die Erkenntnisse des anderen Fachgebietes angewiesen ist (129). Doch wenden wir uns nun dem Ergebnis dieser Theologie des Todes zu.

Aktivität besitzt und ausübt (vgl. P. Glorieux, In hora mortis 195/196: "A savoir que si à ce moment précis l'âme // qui quitte son corps, qui se sépare, qui cesse d'être la forme du corps, etc. possède et exerce une certaine activité...").
Eine solche Aktivität nähme die Züge an, die der vom Leib losgelösten Seele zukommen. Ihre Kenntnis kann also nicht mehr die gleiche wie vorher sein, sie wird der der Engel gleich. Zusammenfassend kommt der Philosoph zu vier Ergebnissen:
1. der Tod wird als Trennung der Seele vom Leib verstanden.
2. diese Trennung ist augenblicklich.
3. in dem Moment, wo sich die Trennung vollzieht, richtet sich nichts gegen eine Aktivität.
4. diese nimmt den Charakter der Tätigkeit an, die der getrennten Seele zukommt.
Vgl. dazu ebd. 199/200.

127) Ebd. 186: "elle est le terme d'un état et le point de départ d'un autre qui n'aura pas de fin".
128) Ebd. 188: "Dieu a lié notre sort éternel à notre mort" (vgl. ebd. 186-188).
129) So wird zwischen Mediziner und Theologen die Frage auftauchen, ob der Tod als Ende aller Verdienste der reale oder nur der Scheintod, der absolute oder nur der relative Tod ist, was für die Sakramentenspendung von grosser Bedeutung gewesen ist. Zwischen Philosophen und Theologen müssen Fragen des Verhältnisses von Leib und Seele, die Frage der substantiellen Einheit, der geistigen Aktivität erörtert werden.

Der Theologe glaubt, von den Zeugnissen der Offenbarung her das dunkle Phänomen des Todes etwas erhellen zu können. Er geht dabei von der Annahme einer - auch vom Philosophen bejahten - Tätigkeit der Seele im Tode aus. Dabei stellt sich die Frage, ob diese noch im status viae, also im Leben des Menschen, oder im status termini, d.h. nach Beendigung des Lebens, stattfindet, um für das Heil von Bedeutung zu sein (130). Eines scheint sich nach P. Glorieux für Thomas sicher zu ergeben, dass diese letzte Tätigkeit nicht vor dem Tode und nicht nach dem Tode, sondern genau in dem Moment des Todes selbst ausgeübt wird (131). Dabei meint er, eine Gleichheit zwischen dem Tode des Menschen und dem Fall des Engels feststellen zu können (132). Er greift auf einen Satz von Johannes Damascenus zurück: "Hoc enim est hominibus mors quod angelis casus" (133) und versucht diese These zu belegen (134). Dabei meint er eine absolute Gleichheit zwischen beiden Fällen bis in Einzelheiten feststellen zu können: 1. der Geist der Seele oder des Engels wählt frei seine ewige Bestimmung; 2. die Seele hört auf, auf neue Hilfen von Seiten Gottes zu rechnen, d.h. der status viae ist beendet; 3. die Seele legt sich endgültig fest in der Entscheidung und wird unfähig, sich zu verändern (135). Die Möglichkeit, ein getroffenes Urteil zu verändern, besteht nur, solange die Seele mit dem Körper vereint ist, und jedes Urteil durch Leidenschaften, verschiedene Situationen, Irrtum, Gewohnheiten, Ungewissheit beeinflusst werden kann. Aber im Tod werden alle diese Möglichkeiten, die zur Veränderung der Entscheidung führen können, entfallen,

---

130) Das Problem ist richtig zu stellen. Es ist falsch zu fragen, ob die geistige Tätigkeit im gegenwärtigen oder im anderen Leben geschieht. "Le seul point en suspens est de savoir si la mort est encore sur le versant du mérite ou de l'autre côté, si elle appartient ou non au status viae. Dans l'affirmative, l'activité qui pourrait s'y déployer ressortit au temps d'épreuve et compte pour le salut; dans l'autre alternative, elle n'a plus aucune portée salutaire et ne peut aucunement modifier les positions prises par l'homme" (P. Glorieux, In hora mortis 202).

131) "Une chose est certaine du moins: la mort dont il parle n'est pas l'après-mort; les termes mêmes l'indiquent; elle n'est pas non plus la vie. Elle se trouve au point de partage de l'une et de l'autre, elle est même ce point de partage" (ebd. 201).

132) Vgl. P. Glorieux, Endurcissement 870-874.

133) Vgl. Johannes Damascenus, De fide orthodoxa l. II, c.4.

134) Thomas braucht diese Formel oft, da sie recht gut das auszudrücken vermag, was er sagen will, Vgl. in II Sententiarum d. 7, q. I, a. 2; in IV Sententiarum d. 46, q. I, a. 3; De Veritate XXIV, 10, sed contra 4; Summa Theologiae I, 64.2.

135) Vgl. P. Glorieux, Endurcissement 870/871.

und der Zustand der Seele wird dem des Engels gleich (136). Und das ist gerade das "Revolutionäre" des Todes, weil durch ihn die Fähigkeit, auf seine Entscheidung zurückzukommen, endgültig aufhört. Ein kleiner Unterschied besteht jedoch zwischen den Menschen und dem Engel, nämlich: der Engel hat diese Unbeweglichkeit (immutabilité) von Anfang seiner Existenz an, während sie beim Menschen erst nach einer mehr oder weniger langen Zeit beginnt (137).

P. Glorieux sieht diese Gleichheit aber differenzierter und fragt: ist nicht genau das, was die Annäherung zwischen Mensch und Engel ausmacht das, was die beiden unterscheidet? Kann man wirklich eine völlige Gleichheit zwischen Engel und menschlicher Seele annehmen? War der Engel nicht von Anfang an "deiform", keinen Einflüssen unterworfen? Thomas' Ansicht von der völligen Gleichheit zwischen Engel und Mensch gilt nach P. Glorieux nur, wenn die menschliche Seele, losgelöst vom Körper, der des Engels gleichgeworden ist (138). Nachdem sich die Seele vom Leib getrennt hat, ist die Erkenntnis nicht mehr die gleiche wie zuvor. Sie hat vielmehr an der des Engels teil (139). Die Seele trifft ihre endgültige Entscheidung in dem Moment, indem sie in den Zustand der getrennten Seele eintritt. Dann ist sie ganz "deiform". Ohne äussere Einflüsse kann sie sich so endgültig entscheiden (140).

---

136) Ebd. 872. Vgl. Thomas, De Malo VII, II ad 7: "Anima post mortem transit in alium statum, angelis conformem, unde eadem ratione non potest peccare venialiter, sicut nec angelus". Compendium theologiae, c. 174: "Quamdiu habitus mutari potest, etiam appetitus et aestimatio hominis de ultimo fine mutatur. Hoc autem convenit tantum hominibus in hac vita in qua sunt in statu mutabilitatis. Anima enim post hanc vitam intransmutabilis est secundum alterationem, quia huiusmodi transmutatio non competit ei nisi per accidens, secundum aliquam transmutationem factam circa corpus ..."
Compendium theologiae, c. 184: "Quia vero homo in natura intellectuali cum angelis convenit, in quibus etiam potest esse peccatum sicut et in hominibus, quaecumque dicta sunt de poena vel gloria animarum intelligenda etiam sunt de gloria bonorum et poena malorum angelorum. Hoc tamen solum inter homines et angelos differt, quod confirmationem voluntatis in bono et obstinationem in malo animae // quidem humanae habent cum a corpore separantur, angeli vero quando primo cum voluntate deliberata sibi finem praestiterunt, vel Deum vel aliquid creatum, et ex tunc beati vel miseri facti sunt. In animabus enim humanis mutabilitas esse potest non solum ex libertate arbitrii. Et ideo angeli ex prima electione immutabilitatem consequentur, animae vero nonnisi cum fuerint a corporibus exutae". (Vgl. weiter De Veritate, XIX, I, ad 13; XXIV, II).
137) Vgl. in II Sententiarum d. 7, q. I, a. 2; Compendium theologiae, c. 184.
138) Vgl. P. Glorieux, Endurcissement 876 ff.
139) Vgl. ebd. 877.
140) P. Glorieux versucht noch einige Einwände abzuweisen: z.B. wird nicht der status viae ungebührlich verlängert? Hier kommt die Problematik der Augenblicklichkeit der Trennung zwischen Leib und Seele wiederum zur Sprache. Zu-

Die Annahme einer geistigen Aktivität der Seele im Tod und die These der Gleichheit zwischen der getrennten Seele und der des Engels lassen weitere Probleme relativ leicht beantworten, z.B. die Frage der Verstockung der Verdammten im Bösen (141); das Problem der Austilgung der lässlichen Sünden im Tod (142); die Schwierigkeiten, die die Zerstörung des Glaubens beim Verdammten machen (143).

---

rückgreifend auf Thomas (Summa Theologiae I, 73.5; vgl. auch De Malo XVI. 4. ad 3; ad 11) versucht P. Glorieux folgende Lösung zu geben: "Le terme de la via humaine, la mort, la début de la vie de l'âme séparée, forment une même réalité complexe. Dans le premier instant qui inaugure le nouvel état et clôt l'état antérieur, l'âme est succeptible de voir, de juger et de choisir à la façon des anges dont elle reçoit alors, suivant la thèse même de saint Thomas, et le mode de connaissance déiforme et la simplicité d'appétition" (ebd. 884).
Eine weitere Frage stellt sich: Wie ist das Verhältnis zu sehen zwischen gelebtem Leben und dieser letzten Entscheidung im Moment des Todes? Besteht ein vollständiger Bruch oder gibt es gewisse Verbindungen? Hier zeigt sich der Unterschied zwischen der menschlichen Seele und dem Engel am deutlichsten. Die Engel werden durch keine Leidenschaften, Gewohnheiten usw. beeinflusst, die menschliche Seele nach dem Tode auch nicht mehr. Jedoch bleiben beim Menschen die Haltungen. Sie und all das, was der geistigen Ordnung zugehört, hat auf die letzte Entscheidung Einfluss. Die Seele fängt nicht ein neues Leben an, sondern sie setzt ihr vorangehendes Leben unter neuen Bedingungen fort. So scheint der Tod und damit die letzte und endgültige Entscheidung nicht eine zufällige Angelegenheit zu sein, die einen schwachen Augenblick oder eine gefährliche Situation ausnützt, um das endgültige Los zu bestimmen, denn er kann im Moment des Todes in voller Klarheit (wie der Engel) seine Entscheidung treffen. Eines kommt dazu, dass die Gnade von Gott in diesem Augenblick in genügendem Masse angeboten ist, wenn man auch über das Mass nichts sagen kann (vgl. De Veritate, XXIV, 10; Compendium theologiae, c. 174; vgl. P. Glorieux, Endurcissement 885 ff).

141) Im Leben des Menschen ist keine absolute Verstockung möglich, da der Mensch immer wieder auf seine Entscheidung zurückkommen kann. Im Tode aber, wenn die Seele dem Engel gleich geworden ist, gibt es diese Möglichkeit nicht mehr (vgl. P. Glorieux, In hora mortis 206).

142) Auch auf diese Frage mag eine zufriedenstellende Antwort gegeben werden, wenn angenommen werden kann, dass sich die Seele eben im Moment des Todes entscheidet. Entscheidet sie sich gegen Gott, dann ist sie verdammt, entscheidet sie sich aber für Gott, dann werden alle Nachlässigkeiten in diesem Leben von der Güte Gottes vergeben werden (vgl. ebd. 207).

143) In seiner Entscheidung setzt der Mensch seine ganze Ausrichtung auf sein wahres Ziel: Gott, der der Ursprung allen Glaubens ist. Wendet er sich aber gegen ihn, lehnt er die grosse Güte Gottes ab und verliert dadurch auch Glauben, Gnade und Liebe, ist er ein Verdammter ohne Glaube an Gott (vgl. ebd. 208). Zu diesem Problem siehe auch eine etwas ausgedehntere und differenziertere Darstellung in ders., Endurcissement bes. 869-874.

P. Glorieux hat in seinen beiden ausgezeichneten Aufsätzen nicht nur sehr sorg-
fältig Thomas' Theologie zum Problem des Todes herausgearbeitet, sondern dadurch zugleich ein Fundament gelegt, das für eine weitere Entwicklung einer Theologie des Todes von grosser Bedeutung werden sollte. Seine Arbeiten haben ihren
Einfluss vor allem auf die Endentscheidungshypothese, deren Hauptvertreter
L. Boros ist, ausgeübt.

§ 5. HERMANN VOLK: DAS CHRISTLICHE TODESVERSTAENDNIS

H. Volk versucht in seinem sprachlich gediegenen, kleinen Buch: Das christliche
Verständnis des Todes (144), sich nicht in erster Linie an Fachtheologen zu wenden,
sondern an einen weiteren Kreis von Glaubenden. Wie schon der Titel des Buches
sagt, möchte H. Volk vor allem daraufhinweisen, welchen Sinn der Christ dem erschütternden Abbruch des Lebens im Tod geben kann. Grunddatum ist für ihn die
Offenbarung. So stellt er den Tod in den Zusammenhang der Heilsgeschichte und versucht ihn von dort her zu interpretieren.

1. Der existentielle Hintergrund eines christlichen Todesverständnisses

Die Tatsache, alle Menschen müssen sterben, verweist auf die grundsätzliche Sterblichkeit des Menschen. Tod wird dabei nicht als ein jäher Abbruch des Lebens verstanden, sondern als ein Sterben, das das ganze Leben begleitet. Diese Annahme
bringt aber viele Probleme philosophischer und auch theologischer Art und kaum zu
beantwortende Fragen mit sich: was ist der Mensch? Was bedeutet der Tod für ihn?
Was ist der Mensch als Toter? Ist der Tod nicht die grosse Frage an das menschliche Denken? Die Philosophie ist nach H. Volks Meinung in der Geschichte oft der
Frage nach dem Tod ausgewichen. Erst in jüngster Zeit beginnt sie den Tod wieder
neu zu bedenken, auch wenn sie noch nach befriedigenden Antworten ringt.

---

144) H. Volk, Das christliche Verständnis des Todes (Münster [3]1962); vgl. eine
kurze Zusammenfassung, in: ders., Tod, in: Handbuch theologischer Grundbegriffe IV (München 1970) 226-236.

In dieser Situation wird auch die Theologie befragt, ob s i e vielleicht eine zufriedenstellende Antwort auf die Frage des Todes zu geben vermag. Und tatsächlich ist von der christlichen Offenbarung her einiges zu sagen. Auch theologische Rede vom Tod muss den Zusammenhang mit dem ganzen Leben berücksichtigen. Der Mensch steht "in seinem ganzen Sein und Leben unter theologischen Bestimmungen" (145), von denen fünf sich besonders auszeichnen und den Menschen bis in sein innerstes Wesen betreffen: Erschaffung durch Gott, die Gnade, die Sünde, die Erlösung und die eschatologische Bestimmung. Es zeigt sich: der Mensch ist so sehr vom Verhältnis zu Gott bestimmt, dass er ohne diese Beziehung nicht ganz begriffen werden kann. Mit dem menschlichen Leben ist zugleich auch der menschliche Tod von diesen fünf Bestimmungen geprägt. Der Mensch ist durch und durch ein theologisches Wesen. Die theologischen Bestimmungen müssen einerseits in ihren gegenseitigen Beziehungen gesehen, andererseits stets auf dasselbe Subjekt, auf den Menschen, bezogen werden (146). "Sie variieren sich dadurch, teils schliessen sie sich aus. Natur wird anders durch die Gnade, während Sünde und Gnade einander ausschliessen. Und doch kann der Mensch und besonders sein Tod nicht beschrieben werden, ohne zugleich Sünde und Gnade einzubeziehen" (147).

2. Die theologischen Bestimmungen des Menschen und ihre Bedeutung für den Tod

Der Mensch zeichnet sich in der Offenbarung dadurch aus, dass er als Ebenbild Gottes geschaffen ist. Die Ebenbildlichkeit charakterisiert ihn einerseits in seiner kreatürlichen Geschöpflichkeit und andererseits in seiner Vollkommenheit, also in seiner Abhängigkeit von Gott und in seiner Hinordnung auf Gott. Aus diesen Beziehungen tritt der Mensch auch im Tod nicht heraus.

a. Der Mensch ist ein von Gott geschaffenes Wesen. Die Heilige Schrift zeichnet den Menschen als ein von Gott geschaffener. Er steht als natürliches Wesen in einer tiefen Beziehung zu Gott. Zum Menschen gehört Materielles und Geistiges; er ist nicht das eine oder andere, sondern eine Einheit aus beiden. Das Verhältnis von Stoff und Geist drückt sich in der Verleiblichung des Geistigen und in der Vergeistigung des

---

145) H. Volk, Das christliche Verständnis des Todes 11. "Bestimmung" ist hier nicht im Sinne von Ziel verstanden, sondern H. Volk versteht unter "Bestimmung" einen nur theologisch zu fassenden Faktor oder Inhalt, "welcher auf den Menschen Einfluss hat, ohne welchen der Mensch nicht verstanden werden kann" (ebd.).

146) Vgl. ebd. 12/13.

147) Ebd. 15. Diesen höchst differenzierten Aufgaben der Theologie will H. Volk nicht weiter nachgehen, weil er beabsichtigt, "dem christlich-gläubigen Verständnis des Todes zu dienen" (ebd.).

Leiblichen aus (148). Der Mensch ist in dieser Kompliziertheit von Gott gewollt und soll sich in der Gleichzeitigkeit von Leiblichkeit und Geistigkeit akzeptieren. Dieser komplexe Sachverhalt macht es nicht leicht, zu bestimmen, was mit der Leib-Seele-Einheit im Tode geschieht. Stirbt der Mensch, weil der Leib stirbt, oder lebt der Mensch, weil die Seele lebt, lässt sich fragen. "Man muss sagen", ist H. Volks Antwort, "im Tode stirbt der Mensch, obwohl die Seele lebt, und man kann nicht, weil die Seele lebt, sagen, der Leib stirbt, aber der Mensch lebt. Der Mensch stirbt, weil der Mensch bei aller Ueberordnung der Seele doch nicht seine Seele ist, sondern die Einheit von Leib und Seele, welche im Tode aufhört" (149). Nicht nur ein Teil des Menschen stirbt also, sondern der Mensch als ganzer.

Aber der Mensch ist nicht nur reine Geschöpflichkeit, er ist auch auf seinen Schöpfer bezogen, und das ist ein zweites wichtiges Merkmal der naturalen Wesensbestimmung des Menschen. Diese Gottbezogenheit kann der Mensch annehmen oder ablehnen. Sie ist eine so fundamentale und tiefgreifende, dass jedes Leben und jeder Tod von diesem Verhältnis zu Gott abhängen. Er kann nur leben, wenn er zu Gott und Gott zu ihm Ja sagen. "Wenn Gott Gott ist und nicht seinesgleichen hat, dann ist die Gottesbestimmung stärker als das Leben und stärker als der Tod, dann sind Leben und Tod gar nicht mehr letzte Bestimmungsmächte, sie sind dann eher Erscheinungsformen, Folgen der tieferen Bestimmung des Menschen aus seiner Entscheidung für oder wider Gott" (150).

b. Der Mensch ist zu einem übernatürlichen Ziel berufen. Der Mensch ist aber von Gott nicht nur zu einem natürlichen Ziel geschaffen worden, sondern auch zu einem übernatürlichen, zur direkten Anschauung Gottes. Dieses Ziel kann nur mit Hilfe der Gnade (151), die zum Schöpfungsplan hinzugehört, erreicht werden. Das übernatürliche Ziel lässt den Menschen am Leben Gottes teilnehmen, indem auch der Tod prinzipiell überwunden ist. Leben und Tod sind von der Beziehung zu Gott umfasst und bestimmt. Noch lebt der Mensch aber im Pilgerstand, und in der Entscheidungssituation muss er sich für oder gegen Gott entscheiden. Mit dieser Entscheidung fällt die endgültige Bestimmung über sein zukünftiges Leben. Da die Gnade in diesem Leben noch verborgen bleibt, wird dadurch eine echte Entscheidung für oder gegen Gott ermöglicht.

---

148) Vgl. ebd. 20.
149) Ebd. 26.
150) Ebd. 32; vgl. ebd. 28-34.
151) Die Gnade befähigt den Menschen zu einem höheren Ziel: "Nur weil Gnade die Natur betrifft, kann die gnadenhafte Verwandlung und Erhöhung Ziel der Erschaffung und Vollendung des Menschen sein; der sinnverleihende Rückbezug auf Gott, wie er zum kreatürlichen Wesen des Menschen gehört, hat nun die Gestalt der Teilnahme an der göttlichen Natur, an der Seligkeit Gottes. Und nur weil Gnade die Natur betrifft, kann durch die Gnade auch des Menschen Verhältnis zu Leben und Tod variiert werden" (ebd. 41).

c. Der Tod ist die Folge der Sünde. Gott hat den Menschen durch die Gnade überformt. Gerade deshalb taucht umso deutlicher die Frage auf: warum stirbt der Mensch? Sollte nicht seine natürliche Sterblichkeit überwunden werden? Das sündige Verhalten des Menschen, das das Verhältnis zwischen Gott und Mensch getrübt hat, kann eine Antwort geben. Durch die Sünde wird die Hinordnung auf Gott zerrissen, die gnadenhafte Vervollkommnung des Menschen zerstört und sein Wesen durch den Tod verschlechtert. Da der Mensch durch die Gnade dem natürlichen Tod entrissen gewesen wäre, ist der Tod nur durch die Sünde verursacht worden. Er ist Zeichen des Widerspruchs gegen Gott und Verkehrung der Beziehung zu ihm, denn "die Sünde ist in der Tiefe des Heilsverhältnisses zu Gott ebenso vernichtend wie der Tod im Anschaulichen" (152). Der Mensch stellt sich gegen Gott, und weil Gott auch Nein zum Menschen sagt, und er dadurch die Heilsgnaden verliert, ist die Sünde in einem viel radikaleren Sinn Tod als der physische Tod. Von der Sünde her gesehen ist und bleibt der Tod erschreckend und rätselhaft. Doch der christliche Glaube bleibt nicht bei dieser Feststellung stehen, sondern vermag mehr über den Tod auszusagen: Gott hat den Menschen nicht der Sünde - und damit dem Tod - letztlich überlassen.

d. Die Gnade Christi verwandelt den Tod. Dieser heilszerstörenden Tat des Menschen stellt Gott seine heilbringende Tat der Erlösung gegenüber. Er lässt seinen Sohn Mensch werden, der die Welt durch seinen Gehorsam von der Sünde und ihren Folgen befreit und selbst den Tod auf sich nimmt (153). Damit hat der Tod nicht nur mehr eine negative Bedeutung. Er kann auch Verähnlichung mit Christus sein. Diese Verähnlichung mit dem erniedrigten und erhöhten Christus lässt das Leben bestehen und den Menschen getröstet leben und auf Vollendung hoffen. "Wie der erste Adam alle zu Sündern werden lässt, so werden in Christus alle zur Gnade bestimmt" (154). Das gestörte Verhältnis des Menschen zu Gott bringt Christus wieder in Ordnung, indem er die Sünde und ihre Folgen (Knechtsgestalt, Versuchung, Gottesverlassenheit und Tod) dem Menschen abnimmt und auf sich lädt. Das ist das Ueberraschende im Erlösungshandeln Gottes, "dass Christus die Sünde tilgt, indem er sie auf sich nimmt, uns vom Tod befreit, indem er ihn erleidet" (155).

Indem der Christ durch die Erlösung zur Verähnlichung mit Christus berufen ist und dadurch mit Christus vereinigt wird, nimmt er am Leben Jesu teil, d.h. er ist in das Sterben und die Auferstehung Christi hineingenommen, und dadurch werden

---

152) Ebd. 57.
153) Da Sünde und Tod miteinander engstens verstrickt sind, hat die Erlösung "gar nicht zwei Aufgaben, von der Sünde zu befreien und vom Tode. Das ist eine einzige Aufgabe. Vom Tode kann nur befreit werden, indem von der Sünde befreit wird; ist aber von der Sünde befreit, dann kann die Befreiung vom Tode höchstens aufgeschoben, durch nichts aber aufgehoben werden" (ebd. 66/67).
154) Ebd. 65.
155) Ebd. 71.

Leiden und Tod des Glaubenden verwandelt (156). Die Verähnlichung auch im Tod mit Christus darf aber nicht nur ein äusseres Ereignis werden und bleiben. Sie soll vollpersonal vom Menschen übernommen werden, d.h. als wissentlicher und willentlicher Anschluss an Jesus in Taufe und Eucharistie mitvollzogen werden. Christus verwandelt nicht nur den Tod als Folge der Sünde, sondern auch den Tod als Tod. Das wird in der Auferweckung Jesu manifest.

e. Die Auferstehung Christi als Beginn der Vollendung. Indem wir als Christen mit Jesus sterben, haben wir die Verheissung, auch mit ihm auferweckt zu werden, d.h. wir sind als Christen zur Auferweckung berufen. Der Pilgerstand wird vorbei sein, die Gnade unverborgen, und der Mensch wird nicht mehr sterben müssen, wird vollendet sein. Das Schöpfungsziel (die direkte Anschauung Gottes) ist damit erreicht. Der Grund, der solche Erwartung erlaubt, ist die Auferweckung Jesu, in der Knechtsgestalt und Tod endgültig überwunden sind, und er vom Vater anerkannt und verherrlicht ist. Er ist der Anfang der Vollendung des Menschen. Der Glaube an die Botschaft Jesu erlaubt es dem Christen, sich nicht mit dem Tod abzufinden, "denn die Auferstehung Christi und unsere Auferstehung gehören zusammen zu den Grundelementen des christlichen Glaubens. Denn in der Auferstehung ist die Frucht der Erlösung beschrieben, und Auferstehungsleben ist der Grund der Erschaffung und das Endziel, der Endstand der // Kreatur" (157).

Diese Auferweckung ist im Zusammenhang mit der endgültigen Vollendung der Welt zu verstehen. Auferweckung des Menschen und Vollendung der Welt korrespondieren einander, das eine ist nicht ohne das andere. "So ist also die Auferstehung der Toten ein Teil jener universalen, jeglichen Pilgerstand abschliessenden Gottestat, welche die Schöpfung zum Beginn des Endstandes eint und verwandelt. Endstand ist also nicht Fixierung des Bisherigen, sondern durchgreifende Verwandlung von allem. Sie geht von Christus aus, ergreift den Menschen in der verklärenden Auferstehung und betrifft irgendwie // auch die ganze Schöpfung" (158).

Abschliessend lässt sich sagen, dass H. Volk vom Tod nur im Zusammenhang des Handelns Gottes am Menschen und im Licht der Auferweckung Jesu Christi christlich nachdenkt und spricht. Es ist - blicken wir auf bisherige theologische Erwägungen zurück - eine grosse Leistung H. Volks, gerade das spezifisch Christliche am Verständnis des Todes aus den Offenbarungsschriften herausgearbeitet zu haben. Die

---

156) "Der Christ muss demnach beschrieben werden als einer, der eine unerhörte Macht hat. Er kann zwar nicht hindern, dass er leidet, dass ihm vieles ungefragt widerfährt; er hat aber die Macht, alles ausser der Sünde in die Verähnlichung mit Christus einzubeziehen, dadurch aus dem bestimmenden Zusammenhang mit der Sünde herauszunehmen, seiner destruktiven Kraft zu entkleiden und sogar heilshaft und zu einem Grunde kommender Verherrlichung zu machen" (ebd. 78).
157) Ebd. 105/106.
158) Ebd. 112/113.

Frage stellt sich aber doch, ob nicht diese Gehalte in eine von der existentiellen Situation des Glaubenden ausgehende Sprache zu übersetzen wären, da leicht der Eindruck entstehen könnte, dass zuviele Voraussetzungen gemacht werden, die der Mensch heute nur mehr schwer mitvollziehen kann.

§ 6. KARL RAHNER: DER TOD ALS ENDGUELTIGKEIT DER VOLLENDUNG DES MENSCHEN

War es das Ziel H. Volks, ein christliches Verständnis des Todes von der Offenbarung her aufzuzeigen, so sucht K. Rahner als erster in seinem Versuch nach theologisch tieferen Grundlagen, versucht neue Deutungsmöglichkeiten aufzuspüren und weist auf die weitere theologische Problematik des Todes hin.

1. Grundsätzlicher Ausgangspunkt K. Rahners

K. Rahner macht selbst in der Einleitung zu seiner Theologie des Todes einige grundsätzliche Bemerkungen, die ein paar Hinweise geben, auf was er als Theologe achtet, wenn er über den Tod nachdenken will. Er geht von dem aus, was die Kirche in ihren Glaubensquellen und Lehren festhält und versucht, diese auszulegen. Das ist für das theologische Denken nach K. Rahner unumgehbare Voraussetzung. Darüber hinaus möchte er aber auch aus dem Kontext seines breiten theologischen Schaffens einige weitere Reflexionen über den Tod anstellen, um so dem Verständnis der Glaubensaussagen Hilfe zu leisten (159).

Auch wenn die Daten der Lehre der Kirche für unseren Problemkreis verhältnismässig einfach und klar sind, so werden durch diese weiterführenden Ueberlegungen doch viele neue Fragen aufgezeigt, ohne dass darauf gleich eine Antwort gegeben werden kann. Vieles muss deshalb im Dunkeln stehen bleiben; anderes kann nur angerissen werden; immer wieder tauchen neue Fragestellungen auf. So versucht K. Rahner bis heute neben seiner Quaestio Disputata, Zur Theologie des Todes, in

---

159) Vgl. K. Rahner, Zur Theologie des Todes 9-14.

kleineren und grösseren Beiträgen (160) dem geheimnisvollen Wesen des Todes nachzugehen, indem er auch auf nicht spezifisch theologische, d.h. metaphysische Methoden, Begriffe, Formeln, Theoreme und Einsichten zurückgreift. Auf diese Weise
versucht er etwas vom Tod auszusagen, ohne dabei das Erschütternde des Todes
aus den Augen verlieren zu wollen. So bleibt die philosophische Analyse nicht Selbst-
zweck für K. Rahner, sondern "nur das begriffliche Instrumentarium für eine globale und tieferführende Betrachtung des Todes" (161). K. Rahner fasst sein Vorgehen
kurz so zusammen: "Wir gehen also methodisch immer wieder so voran, dass wir
der Reihe nach fixe Daten der kirchlichen Glaubenslehre über den Tod kurz darstellen und bei jedem dieser Daten wenigstens ein Stück weit in die weitere theologische
Problematik und Spekulation vorzustossen versuchen, die sich aus je einem solchen
Datum ergibt oder daran sich anknüpfen lässt" (162).

Eine umfassende und systematische Darstellung einer Theologie des Todes ist damit
nicht beabsichtigt. Doch findet er eine sachliche Gliederung seiner theologischen
Gedankengänge, wenn er die kirchlichen Gedankengänge in drei Gruppen aufteilt:
1. Aussagen, die eher neutral den Tod als allgemein menschliches und existentielles Ereignis zur Sprache bringen.
2. Aussagen, in denen der Tod als Ereignis des schuldhaften Menschen gezeichnet
   wird.
3. Aussagen vom Tod, insofern er nicht nur ein Ereignis des Unheils, sondern auch
   des Heils ist.

In unserer Darstellung der Rahnerschen Theologie des Todes geht es nun nicht darum,
eigens seine Interpretationen über den Tod als Trennung von Leib und Seele, über die
Allgemeinheit des Todes, über den Tod als Ende des Pilgerstandes und über den Tod
als Folge der Sünde zu referieren. Wesentliche Aussagen K. Rahners dazu sind in
die Erklärungen zu den kirchenlehramtlichen Aussagen eingearbeitet worden. Es soll
hier vielmehr versucht werden, seine spezifisch theologische These zum Tod herauszuarbeiten.

---

160) Vgl. K. Rahner, Das Leben der Toten, in: Trierer Theologische Zeitschrift 68
     (1959) 1-7; ders., Ueber das christliche Sterben, in: ders., Schriften zur Theo-
     logie VII (Einsiedeln 1966) 273-280; ders., Seht, welch ein Mensch, in: ders.,
     Schriften zur Theologie VII (1966) 137-140; ders., Das Aergernis des Todes,
     in: ders., Schriften zur Theologie VII (1966) 141-144; ders., Gedanken über
     das Sterben, in: Arzt und Christ 15 (1969) 24-32; ders., Theologische Erwägun-
     gen über den Eintritt des Todes, in: ders., Schriften zur Theologie IX (Ein-
     siedeln 1970) 323-335; ders., Zu einer Theologie des Todes, in: ders., Schrif-
     ten zur Theologie X (Einsiedeln 1972) 181-199; ders., Kleine Bemerkungen zur
     Theologie des Sterbens, in: ders., Wagnis des Christen. Geistliche Texte (Frei-
     burg 1974) 113-116; ders., Der geglückte Tod, in: ders., ebd. 181-184.
161) P. Eicher, Die anthropologische Wende. Karl Rahners philosophischer Weg vom
     Wesen des Menschen zur personalen Existenz (Fribourg 1970) 364; vgl. auch
     K. Rahner, Zur Theologie des Todes 9-14.
162) K. Rahner, Zur Theologie des Todes 12.

2. Der Tod als Tat des Menschen

Der Tod ist für K. Rahner - und hier lässt sich ein Einfluss M. Heideggers nicht verdecken - nicht ein Ereignis am Ende des Lebens, sondern ein Vorkommnis, das den ganzen Menschen in seinem ganzen Leben (163) betrifft. Der Mensch wird als Einheit von Natur und Person gesehen, d.h. der Mensch ist "ein Wesen, das einerseits einen der personalen freien Entscheidung vorgegebenen Seinsbestand hat, der seine bestimmten Gesetze und somit seine notwendige Entwicklung hat, und das anderseits über sich selbst frei verfügt, also endgültig das ist, als was es sich in seiner Freiheit verstehen will" (164), in der Spannung zwischen Selbstverfügen und Vorbestimmtheit steht. Die Vorbestimmtheit sieht K. Rahner in der kirchenlehramtlichen Lehre von der Trennung von Leib und Seele, das Selbstverfügen in der vom Tod als Ende des Pilgerstandes berücksichtigt.

Auch der lehramtliche Satz von der Allgemeinheit des Todes kann dies ausdrücken, wenn er dem Menschen nicht nur eine Binsenwahrheit, eine empirische, biologische Tatsache ins Gedächtnis rufen will. Dieser Satz soll vielmehr bewusst machen, "dass i c h sterben muss, dass ich eigentlich schon auf dem Weg bin zu diesem Tode, ein Leben lang mich mit unerbittlicher Eindeutigkeit auf diesen Augenblick hinbewege" (165). Der Tod des Menschen ist nicht nur ein Enden, wie etwa beim Tier, sondern der Tod als menschliches Geschehen ist eine das Leben begleitende Tat. "Weil wir dauernd lassen, dauernd Abschied nehmen, dauernd durchschauen auf das Ende hin, dauernd enttäuscht werden, dauernd durch Wirklichkeiten hindurch in ihre Nichtigkeit hindurchbrechen, dauernd durch die tatsächlichen Entscheidungen und das wirklich Gelebte die Möglichkeiten des freien Lebens einengen, bis wir das Leben in die Enge des Todes getrieben und verbraucht haben, weil wir immer das Bodenlose erfahren, immer über das Angebbare hinausgreifen ins Unverfügbare, ins Unbegreifliche, und weil wir überhaupt nur so eigentlich menschlich existieren, darum sterben // wir durch das ganze Leben hindurch und ist das, was wir Tod nennen, eigentlich das Ende des Todes, der Tod des Todes" (166).

Der Tod des Menschen ist immer Ende und Abbruch des biologischen Lebens, Zerstörung, von aussen kommende unberechenbare Widerfahrnis, radikale Entmächtigung, tiefstes Leiden und Erleiden (167). Soweit der Mensch ein naturales Wesen ist, muss der Tod das auch sein. Der Mensch muss nämlich als ganzer sterben. Und doch ist er nicht einfach als erlittenes Aufhören und zerstörendes Verenden zu verstehen, da der Mensch zugleich ein personales Wesen, und sein Leben ein tätiges Sterben ist (168).

---

163) Vgl. ebd. 15.
164) Ebd.
165) K. Rahner, Ueber das christliche Sterben 274.
166) K. Rahner, Zur Theologie des Todes 76/77; vgl. auch ders., Das Aergernis des Todes 141-144.
167) Vgl. K. Rahner, Zur Theologie des Todes 30.
168) Vgl. ebd. 76 ff.

3. Der Tod als höchster Akt personaler Freiheit

Der menschliche Tod ist nicht nur ein biologisches Geschehen, sondern der Mensch ist "von innen her ein Sterblicher" (169). Er bewegt sich von "innen" her auf den Tod zu. Der sichtbare biologische Tod ist nur Erscheinung und Konkretisation dieses "inneren" Sterbens. "Weil der Tod im ganzen Leben des Menschen, biologisch und existentiell dauernd anwesend ist, darum ist der Tod auch die Tat der Freiheit des Menschen" (170).

Der Mensch steht als personales Wesen diesem Erleiden des äusseren Todes in Freiheit gegenüber, und diese Spannung zwischen Natur und Person zeigt sich gerade im Tod. Der Mensch als Person kann zwar diesen Tod nicht aufheben, kann aber ein freies Ja zu dieser äussersten Möglichkeit sagen (171). Durch dieses Ja zum Tod als Erleiden von aussen wird der Tod zu einer Tat von innen, und das nicht erst am Ende des Lebens, sondern ein ganzes Leben hindurch (172). Hier greift K. Rahner wohl M. Heideggers Interiorisierung des Todes auf und öffnet sie auf die Transzendenz hin. Der Mensch ist von innen her auf den Tod hingeordnet aufgrund seiner geistigen Freiheit, die den Menschen sterblich macht. Er m u s s also zwar den Tod in Freiheit (173) sterben, jedoch w i e er ihn stirbt, darüber kann er frei entschei-

---

169) K. Rahner, Ueber das christliche Sterben 274.

170) K. Rahner, Zur Theologie des Todes 77.

171) Vgl. K. Rahner, Passion und Aszese, in: ders., Schriften zur Theologie III (Einsiedeln ⁴1967) bes. 88-90. "Wenn aber der Mensch zu dieser Todeswirklichkeit seines Daseins personal und existentiell Stel-//lung nimmt, dann kann diese Stellungnahme nur in einem Ja zu dieser Wirklichkeit bestehen. Denn die freie Person kann ein notwendiges, von aussen ihr auferlegtes Schicksal nur dadurch zu einer freien Tat der Person selbst machen, dass er sie bejaht. Ein Nein würde nur dann die freie Selbstverfügung der Person über sich bewahren, wenn es ihr durch dieses Nein gelänge, das auferlegte Schicksal von sich als Person auszuschliessen, mit anderen Worten, wenn sie durch dieses Nein den Tod zum bloss biologischen Vorkommnis innerhalb der apersonalen Natur machen könnte, von dem sie Selbst als Person nicht betroffen wird. Freie Selbstbestimmung totaler Art (und das heisst Person) und auferlegtes Geschick totaler Art (und das heisst Tod endlicher, pathischer Natur einer Person), können nur dadurch eins werden, dass die Person durch ein freies Ja zum totalen Geschick dieses zu einer personalen Tat macht" (ebd. 89/90).

172) Hier zeigt sich deutlich, dass K. Rahner nicht zu den Vertretern einer Endentscheidungsthese zu zählen ist, da für ihn Tod nicht allein Ende des menschlichen Lebens, "sondern die dem Leben i m m a n e n t e naturale Endlichkeit" (P. Eicher, Die anthropologische Wende 368, Anmerkung 3) ist.

173) Freiheit ist hier nicht verstanden als beliebige Möglichkeit, dieses zu tun und jenes zu lassen, sondern als Möglichkeit, Endgültiges und Unüberholbares zu setzen. "Ist also der Mensch personale Freiheit, dann ist er derjenige, der sich aus seinem innersten Wesen heraus durch seine Freiheitstat, in der er

den. Im alltäglichen Leben und in seinem Tun wird der Mensch darauf eine Antwort geben und bewusst oder unbewusst dadurch den Tod interpretieren. Das Sterben im ganzen Leben kann zur eigentlichen Freiheitstat werden, wenn der Mensch seine Endlichkeit, sein "Sein zum Tod" annimmt (174) und es nicht verzweifelt ablehnt. Diese im Leben des Menschen eingenommene Grundentscheidung wird im Tode endgültig. Das ist aber nicht im Sinne einer neuen Entscheidung im letzten Augenblick des Lebens zu verstehen, wie L. Boros annimmt (175). Diese frei getätigte Ausprägung des Lebens als ein dauerndes Hin-sein zum Tode sieht K. Rahner als ein inneres Wesensmoment am Tode selbst, als ein nicht bloss passiv hingenommenes Widerfahrnis (176), sondern, "das Ende des Menschen als Geistperson ist tätige Vollendung von innen, ein aktives Sich-zur-Vollendung-Bringen, aufwachsende, das Ergebnis des Lebens bewährende Auszeugung und totales Sich-in-Besitz-Nehmen der Person, ist Sich-selbst-gewirkt-Haben und Fülle der frei getätigten personalen Wirklichkeit" (177).

über sich als Ganzen endgültig verfügt, in seine eigene Endgültigkeit, Vollbrachtheit und Unwiderruflichkeit hineinschafft" (K. Rahner, Ueber das christliche Sterben 275). So muss sich der Mensch als freiheitliches auch als endgültiges und vollendetes Wesen wollen, d.h. muss seine Leiblichkeit als die Dimension des "Weiterlaufenden" überwinden (vgl. ebd. 274/275). Gerade der Christ weiss um eine "Vollendung durch Freiheit, die jene, die durch den Tod geschieht, überholt hätte, // jene gnadenhafte Vollendung, die als Möglichkeit dem ersten Menschen des Paradieses angeboten gewesen war" (ebd. 275/276). Doch hätte dieser paradiesische Mensch nicht ewig gelebt, sondern seine Leiblichkeit wäre völlig umgewandelt worden, ohne sie aufgeben zu müssen, ohne den Schmerz des jetzigen Todes, der so zum Ausdruck der Sünde geworden ist (vgl. zu den schwierigen Gedanken zur Freiheit P. Eicher, Die anthropologische Wende 340-356).

174) Vgl. K. Rahner, Kleine Bemerkungen zur Theologie des Sterbens 113-116.
175) Vgl. L. Boros, Mysterium mortis.
176) Vgl. K. Rahner, Zur Theologie des Todes 29.
177) Von solchen Gedankengängen her lässt sich denn auch K. Rahners Vorstellung der Unsterblichkeit des Menschen nicht als ein zeitliches Fortdauern nach dem Tode verstehen. Vielmehr ist im Leben des Menschen etwas geworden, was unzeitlich und ewig ist. "Das 'Fortleben' nach dem Tode ist nicht als das Sichweiterzeugen der Zeit zu denken, nicht als eine Weitererstreckung zeitlich hintereinander sich reihender Vollzüge und Erlebnisse eines neutral substantiellen Etwas, das sich durch immer neue Zeiträume weiterschiebt und in solchen immer anderen Zeitstücken immer wieder Neues tut. Der Tod ist vielmehr selbstverständlich in diesem Sinne schlechthin das Ende der Zeitlichkeit eines Seienden von der Art eines Menschen. ... Das Leben 'nach dem Tode' ist vielmehr die dem bisherigen Zeitraum und der bisherigen Raumzeit radikal entnommene und Raum und Zeit schlechthin disparate Endgültigkeit und Unmittelbarkeit-vor-Gott des hier in Freiheit ein für allemal getanen Lebens, die Endgültigkeit der Geschichte, die in ihr selbst vollzogen worden ist" (K. Rahner, Zu einer Theologie des Todes 186; vgl. auch ders., Das Leben der Toten

Grosse Bedeutung in der Rahnerschen Theologie des Todes kommt dem Tod Jesu Christi nicht nur für die Christologie (178), sondern auch für den Tod des Menschen zu und ermöglicht ein theologisch reflektiertes Verständnis des menschlichen Todes. Der Ausgangspunkt der Bedeutung des Todes Christi für den menschlichen Tod liegt in der Annahme eines naturalen Aspektes, denn durch diese naturale Seite des Todes kann er nicht nur Erscheinung der Sünde sein, sondern auch zum Heilsereignis werden.

Als Mensch ist Jesus Christus keinen anderen Tod gestorben als den menschlichen. Mit dieser Feststellung ist allerdings mehr gemeint als nur ein geschichtliches Datum, ein einmaliges Ereignis (179). Ist der Tod ein vielschichtiges Geschehen: Tat und Erleiden, Vollendung und Ohnmächtigung, und Jesus eben diesen Tod gestorben ist, liegt sein Erlösungswerk gerade darin, dass er diesen ganzen vielschichtigen Tod, mit all seinen Konsequenzen, gestorben ist, und er den Menschen dadurch erlöst hat (180). Der Tod als Folge der Sünde ist Ausdruck und Sichtbarwerdung der gefallenen Welt - so konnten wir feststellen - und indem Jesus Christus diesen Tod als Inbegriff der Sünde auf sich nimmt, hat er "nicht irgendeine Genugtuung für die Sünde geleistet, sondern er hat eben gerade den Tod, der die Erscheinung, der Ausdruck und das Sichtbarwerden der Sünde in der Welt ist, getan und erlitten" (181),

---

430 ff). Ewiges Leben ist dann "zu sich selbst befreite Inseitigkeit unserer Freiheitsgeschichte" (ebd. 187). Der Mensch ist somit nach K. Rahner nicht von Anfang an unsterblich, sondern er wird das erst durch seine im Leben personal gesetzte Tat (vgl. ebd. 186 ff).

178) Vgl. K. Fischer, Der Mensch als Geheimnis. Die Anthropologie Karl Rahners. Mit einem Brief von Karl Rahner (Freiburg 1974) 328, wenn er sagt: "Die absolute Beglaubigung, die Deszendenz Gottes in die Existenz des Menschen erscheint eben erst unwiderruflich und unbedingt in der radikalsten Selbsttranszendenz des Menschen: in der Hingabe im Todesgeheimnis und in deren Aufnahme von Gott durch die Auferstehung von den Toten und die wirkmächtige Erhöhung in den Herrschaftsbereich Gottes (= Aufnahme in den 'Himmel')".

179) Das zeigt sich schon darin, dass wir im Glaubensbekenntnis diesen Tod mit dem Abstieg in den Hades unmittelbar verbunden beten (vgl. K. Rahner, Zur Theologie des Todes 53).

180) Eine solche Annahme wird in Schwierigkeit kommen mit einer traditionellen Satisfaktionstheorie. "Nach dieser Theorie eignet den sittlichen Handlungen Christi auf Grund der unendlichen Würde der göttlichen Person, die Christus ist, ein unendlicher Wert, auch wenn diese Handlungen in sich selbst als solche seiner menschlichen, geistigen und freien Natur seinsmässig nur endlich sind" (ebd. 54). Nach dieser Theorie ist es nicht leicht zu zeigen, warum gerade der Tod unsere Erlösung bewirkt hat und nicht irgendwelche andere Tat des Lebens Jesu. Dazu kommt, dass die Satisfaktionstheorie den Tod bloss als ein passives Erleiden und nicht als aktives Tun sehen kann (vgl. ebd. 54-56).

181) Ebd. 57.

und zwar als freie Tat. Eben darin unterscheidet sich der Tod Jesu vom gewöhnlichen Tod des Menschen. Der Tod als Erscheinung der Sünde wird durch den Tod
Jesu zur Erscheinung der Gnade.

Man braucht nicht den Tod Jesu als das erlösende Ereignis von seinem Leben zu
trennen, weil auch für das Leben und den Tod Jesu die Erkenntnis gilt, der Mensch
erfahre nicht am Ende seines Lebens in einem einzigen Augenblick den Tod, sondern
sein ganzes Leben sei ein Sterben. Dann wird Leben und Tod Jesu zu einer einzigen
erlösenden Tat der Versöhnung des Menschen mit Gott (182).

Dieser Tod Jesu als ein menschlicher Tod hat für den Menschen und seinen Tod weit-
reichende Konsequenzen. Der Tod des Christen ist durch die Todestat Jesu nicht
mehr nur reine Negativität, sondern es gibt auch die Möglichkeit des Sterbens mit
Christus (183). Der Tod des glaubenden Menschen ist immer auch ein Heilsereignis.
Wird der Tod als Leere, als Ausweglosigkeit und Ausdruck der Sünde verstanden,
und hat Jesus dies in seinem Tod zutiefst erlebt und angenommen, und hat er sich
als ganzer Mensch gehorsam übergeben, und sich darin die Gnade Gottes, die den
Sünder rechtfertigt, zeigt, und ist der Tod als Ausdruck der Sünde zum Ausdruck der
Gnade geworden, dann kann auch der Christ in seinem Tod, der an und für sich un-
überbrückbare Ferne von Gott ist, Christus gehören und damit Gott. Er erlebt im
Leben und im Tod eben diese bittere Gottesferne, "und er glaubt doch an das Erbarmen Gottes, und er hofft doch sein Leben in Gott hinein, und er liebt doch diesen
fernen Gott" (184). Dieses Mitsterben mit Christus wird besonders in drei Sakra-
menten betont: in der Taufe, in der der Mensch in den Tod Jesu hineingenommen
wird, der Sünde absterben und mit Christus in den wirklichen Tod eintreten kann
(185); in der Eucharistie, in der sein Tod verkündet und der Mensch in ihn hineinge-

---

182) Es bleibt die Frage jetzt noch zu klären, warum und welche Bedeutung der Tod
     Jesu für die Welt hat. K. Rahner versucht, diese Frage von der Annahme eines
     allkosmischen Bezuges der Seele her zu beantworten. Wenn der Mensch im Tod
     nicht a-kosmisch wird, sondern ein Bezug der Seele zur Welt bleibt (vgl. Tod
     als Trennung von Leib und Seele), sodass "im Tod seine im Leben und Tod ge-
     tätigte Gesamtwirklichkeit als bleibende, dauernde Bestimmung der Welt als
     ganzer eingestiftet wird, der Mensch sein Ergebnis seines Lebens als seinen
     Beitrag dauernd durch diesen offenwerdenden real-ontologischen Bezug der
     Seele auf der Welt gewissermassen hinterlegt" (ebd. 58), dann ist auch Jesu
     geistige Wirklichkeit für die ganze Welt offen und bestimmt sie real-ontologisch.
     Der Abstieg Christi in die Unterwelt kann dann als ein Moment des Todes Chri-
     sti selbst verstanden werden und nicht als eine Folge des Erlösungsbedürfnis-
     ses auch jener Menschen, die vor seiner Erlösungtat gelebt haben (vgl. ebd.
     58 ff). Wenn die Wirklichkeit Jesu eine Bestimmung der Welt geworden ist,
     dann ist durch den Tod Jesu die Welt eine andere geworden.
183) Das Mitsterben mit Christus ist in der Schrift mehrfach bezeugt: Röm 6,8;
     1 Kor 15,18; 1 Thess 4,16; 2 Tim 2,11; Offb 14,13.
184) K. Rahner, Zur Theologie des Todes 65.
185) Vgl. ebd. 66-69.

zogen wird und nicht mehr anders kann, als durch sein Leben diesen Tod zu verkünden (186); und in der Krankensalbung, die von der Situation der Spendung her, in
der der Kranke vor der Entscheidung zwischen Heil und Unheil steht, auf den Tod
Christi hindeutet, und von dort her Kraft zugesagt bekommt (187).

Zweifelsohne kommt diesem Versuch einer Theologie des Todes eine grosse Bedeutung zu. Er will nach K. Rahner nicht mehr sein als ein Versuch einer ersten Inven-
tarisierung von theologischen Fragen (188). Das zeigt auch, dass K. Rahner in den
letzten Jahren immer wieder versucht, das Problem des Todes von neuen Aspekten
aus anzugehen. Nicht zuletzt wird sein Bemühen im Aufsatz "Zu einer Theologie des
Todes" (189), deutlich, in dem er versucht, von der Hoffnung auf ewiges Leben her
dem Verständnis des wahren Wesens des Todes näher zu kommen. Dabei setzt er
den Tod als den eigentlichen Augenblick der christlichen Hoffnung auf ewiges Leben
an, weil die Hoffnungslosigkeit und Ausweglosigkeit eben dieser Situation überhaupt
die Voraussetzung für die Möglichkeit der Hoffnung ist. "Die wirkliche christliche
Hoffnung angesichts des Todes erhofft ja gerade in der radikalen Anerkennung der
Ohnmacht des Menschen im Denken und Wollen vor der absurden Urkontradiktion
des Daseins eine Einheit, eine Versöhnung des Widersprüchlichen, einen Sinn des
Daseins, eine ewige Gültigkeit der freien Liebe, einen Aufgang absoluter Wahrheit"
(190), und sie verwirft so, indem sie sich ganz für Gott als den absolut Endgültigen
entscheidet, den Tod als das Endgültige. K. Rahner wird so der bitteren Absurdität
des Todes gerecht, ohne sie als christlicher Theologe vorschnell zu relativieren (191).

K. Rahner vermag mit seiner Theologie des Todes manche bisherige Selbstverständ-
lichkeiten zu hinterfragen, eröffnet für eine theologische Diskussion um den Tod neue
Fragestellungen und bringt weitere Problemkreise ins Blickfeld. Die Problematik des
Todes wird von heutigen existentiellen Erfahrungen des Leidens, des Absurden, des
Todes neu aufgegriffen. Dabei werden neue Wege eingeschlagen, bisherige Problem-
stellungen und Akzentuierungen werden als unzutreffend beiseite gelassen (192).

Als wichtigste Ergebnisse dürfen zwei festgestellt werden:
1. Der Tod ist als inneres Moment des Lebens und nicht mehr als katastrophales
Hereinbrechen (z.B. als Parzenschnitt oder Knochenmann) am Ende des Lebens -
wenngleich der Tod Verohnmächtigung und Erleiden bleibt - verstanden. Der Tod

---

186) Vgl. ebd. 69-70.
187) Vgl. ebd. 70/71. K. Rahner schreibt seine Theologie des Todes in einer Zeit,
     in der noch das alte Verständnis von Krankensalbung als "letzte Oelung" vor-
     herrschte.
188) Vgl. K. Rahner, Zur Theologie des Todes 11.
189) K. Rahner, Zu einer Theologie des Todes.
190) Ebd. 194.
191) Vgl. Kp. 5, § 4.
192) Vgl. L. Stampa, Zur Theologie des Todes, in: Freiburger Zeitschrift für Philo-
     sophie und Theologie 7 (1960) 56.

wird vom Menschen selbst übernommen und kann in dieser Uebernahme endgültige Auszeugung und Vollendung des menschlichen Lebens werden.

2. Der Tod wird von einer christlichen Perspektive her gesehen, und die Bedeutung des Todes Jesu wird für den menschlichen Tod herausgestrichen.

Diese Theologie ist auf spätere Versuche einflussreich gewesen. Es sei nur an die Dogmatik M. Schmaus' (193) oder an die Endentscheidungshypothese (194) erinnert, die sich noch heute weiter Verbreitung erfreut. K. Rahner wird nicht selten auch als Vertreter der Endentscheidungshypothese bezeichnet. Dazu ist aber zu sagen, dass K. Rahner den Tod nicht in einem grossen punktförmigen Moment der Entscheidung am Ende des Lebens sieht (195), sondern als eine personale Annahme oder Tat des Menschen in seinem ganzen Leben. Das ganze Leben des Menschen interpretiert den Tod, sodass der Tod, den der Mensch konkret erfährt, sozusagen das Ende des Sterbens, der Tod des Todes ist, indem das Sterben (= Tod) endgültig geworden ist (196).

Der Beitrag K. Rahners ist ein Markstein in der Entwicklung einer Theologie des Todes; nicht zuletzt auch deswegen, weil er viele Fragen herausfordert, die eine solche Theologie des Todes auch weitertreiben können.

In einem kleinen Bändchen protestiert F. Gaboriau (197) gegen K. Rahners idealistisch-deduktiven transzendentalphilosophischen Ansatz (198), und meint kritisieren zu müssen, bei K. Rahner stehe nicht mehr der konkrete Mensch, sondern die "Idee" Mensch im Mittelpunkt, was sich auch auf das Verständnis des Todes negativ auswirke. Dieser wird nicht als der grausame, konkrete Tod angesehen, sondern als ein zu einer Idee verflüchtigter (199). Hält K. Rahners Philosophie vor der existentiellen Tatsache des Todes stand oder nicht, das ist seine Frage. Er möchte dabei K. Rahners "idealistische Position" ins Wanken bringen (200). Bei seiner Kritik übersieht F. Gaboriau zweifellos, dass K. Rahner nicht in erster Linie als

---

193) M. Schmaus, Katholische Dogmatik IV, 2 (^{5}1959) 328-432.

194) Vgl. L. Boros, Mysterium mortis; A. Peters, a.a.O. 27 ff; G. Scheltens, Der Tod als Endentscheidung, in: Wissenschaft und Weisheit 29 (1966) 46-52; A. Winklhofer, Zur Frage der Endentscheidung im Tode, in: Theologie und Glaube 57 (1967) 197-210; ders., Der Augenblick, da sich alles entscheidet, in: Geist und Leben 31 (1938) 325-330; ders., Das Kommen seines Reiches.

195) Vgl. K. Rahner, Kleine Bemerkung zur Theologie des Sterbens 116.

196) Vgl. K. Rahner, Zur Theologie des Todes 76-78; ders., Passion und Aszese 90 ff; ders., Das Leben der Toten 429 ff.

197) F. Gaboriau, Interview sur la mort avec Karl Rahner (Paris 1967).

198) Vgl. ebd. 25.

199) Vgl. ebd. 43.

200) Vgl. zur Auseinandersetzung F. Gaboriaus mit K. Rahners Theologie des Todes P. Eicher, Immanenz oder Transzendenz. Gespräch mit Karl Rahner, in: Freiburger Zeitschrift für Philosophie und Theologie 15 (1968) 29-62; bes. 31-37.

Philosoph sprechen, sondern als Theologe vorgegebene kirchenlehramtliche Aussagen mit zum Teil philosophischen Begriffen interpretieren will. Es lässt sich aber durchaus fragen, ob K. Rahner nicht tatsächlich in der Gefahr steht, den Tod nicht so sehr als erschütterndes Faktum zu sehen, sondern eher als eine Idee. Wird er dem Tod gerecht, wenn er ihn als höchste Vollendung des Menschen interpretiert? Bedeutet der Tod nicht eher Abbruch als Vollendung? Darf man im Angesicht des Todes überhaupt sinnvoll von Vollendung des Individuums sprechen (201)? Der Tod ist vom konkreten Menschen doch etwas stark abgelöst und unterliegt deshalb der Gefahr einer idealistischen Verfälschung.

Ist es nicht immer eine kleine Anzahl von Menschen, denen es möglich ist, sehr bewusst dem Tod ins Auge zu sehen, ihn anzunehmen und ihn so zu ihrer Tat, ja sogar zur Tat des Lebens zu machen? Die Erfahrungen des Alltags sehen doch erheblich anders aus. Das Faktum und das schmerzvolle Erleiden des Todes verbaut oft die Möglichkeit, den Tod als Tat und Vollendung des menschlichen Lebens zu erfahren. Ist der Mensch nicht in einer solchen Situation überfordert?

Weiter kann an K. Rahners Theologie des Todes die Frage gestellt werden: muss eine metaphysische Anthropologie, die annimmt, dass der Mensch als geistiges Wesen unsterblich ist, unfähig sein, vor dem Schrecken des Todes etwas sinnvolles zu sagen?

Auch die Annahme der Allkosmität der Seele wird zu hinterfragen sein: Wie ist es möglich, vom Bezug zwischen Leib und Seele her eine Beziehung zwischen Seele und Materie als Einheitsgrund zu schliessen, ohne dass diese Beziehung nicht durch die andere vermittelt ist (202)?

K. Rahner berücksichtigt bei seiner etwas einseitigen Auffassung vom Tod als die vollpersonalste Tat des Menschen zu wenig die biblischen Aussagen, die den Tod viel stärker als erschütterndes Erleiden, als einen schmerzlichen Abbruch des Lebens beschreiben und weniger als eine personale Tat (203). Ebenso sind die Ueberlegungen K. Rahners vielleicht zu wenig vom Zusammenhang der Heilsgeschichte Gottes mit den Menschen aus gemacht.

Zu K. Rahners Interpretation des Todes Jesu schliesslich meldet H.U. v.Balthasar (204) zurecht Bedenken an, wenn er sagen zu müssen glaubt, der Tod Jesu am Kreuz beinhalte doch mehr als nur ein Durchstehen der Leere und Ausweglosigkeit des

---

201) Vgl. W. Pannenberg, Tod und Auferstehung in der Sicht christlicher Dogmatik, in: Kerygma und Dogma 20 (1974) 176.
202) Vgl. L. Stampa, Zur Theologie des Todes 56-62.
203) Vgl. E. Schweizer, Jesus Christus, Herr über Krankheit und Tod, in: Universitas 3 (1948) 513-519 und 641-647.
204) H.U. v.Balthasar, Mysterium Paschale in: J. Feiner/M. Löhrer, Mysterium Salutis. Grundriss heilsgeschichtlicher Dogmatik III, 2 (Einsiedeln 1969) 223 ff.

menschlichen Todes. Er fragt, ob nicht Jesus einen einmaligen Tod gestorben ist, in dem "der ganze Abgrund des menschlichen Nein wider Gottes Liebe durchlitten wurde" (205), der die ganze Sünde der Welt als eine Tat des dreieinigen Gottes gehorsam auf sich genommen hat (206). Diese Frage behält ihre Berechtigung, auch wenn K. Rahner in seiner Christologievorlesung durchaus diese Zusammenhänge etwas deutlicher zu sehen beginnt (207).

Es bleibt aber unbestritten, seine theologischen Gedanken über den Tod führten zu einer ernsthaften Auseinandersetzung mit der bisherigen Theologie des Todes - das bestätigen K. Rahners neue Akzentuierungen, aber auch die aufbrechenden Fragen an ihn. Er gibt dadurch wertvolle Impulse für eine künftige Theologie des Todes.

---

205) Ebd. 223.
206) Vgl. ebd. 223/224: "Mit den Verlorenen solidarisch werden heisst m e h r als nur äusserlich-stellvertretend für sie sterben, mehr auch als Gottes Wort so verkünden, dass diese Verkündigung durch den Widerspruch, den sie unter den Sündern erregt, akzidentell zu einem gewaltsamen Tod führen muss, mehr auch als nur ihr gemeinsames unvermeidliches Todesschicksal auf sich nehmen, mehr auch als bloss den allem Sündenerleben seit Adam je schon konstitutiv-immanenten Tod bewusst auf sich laden und ihn personal zu einem Akt des Gehorsams und der Hingabe an Gott verantwortlich gestalten vielleicht aus einer Reinheit und Freiheit heraus, die jedem anderen Menschen, der Sünder ist, versagt bleibt und die deswegen ein 'neues Existential' der Weltwirklichkeit einstiftet. // Es geht über all dies - das seine relative Geltung haben mag - hinaus um ein völlig einmaliges Tragen der Gesamtschuld der Welt durch den völlig einmaligen Sohn des Vaters, dessen Gottmenschlichkeit (die mehr ist als ein 'Höchstfall' transzendentaler Anthropologie) auch einzig zu einem solchen Amte befähigt ist"; (vgl. ebd. Anmerkung).
207) Vgl. K. Rahner/W. Thüsing, Christologie - systematisch und exegetisch. Arbeitsgrundlagen für eine interdisziplinäre Vorlesung (Freiburg 1972) bes. 123-132.

§ 7. LADISLAUS BOROS: DER TOD ALS LETZTE ENTSCHEIDUNG - DIE ENDENTSCHEIDUNGSHYPOTHESE (208)

Nur ein Jahr nach K. Rahners grossem Versuch einer Theologie des Todes kann L. Boros eine zusammenfassende Darstellung der Endentscheidungshypothese vorlegen, die er - und das ist seine Eigenleistung - philosophisch zu begründen sucht. Diese These ist durch Johannes Damascenus, Thomas von Aquin, P. Glorieux und einem einseitig ausgelegten K. Rahner vorbereitet worden. L. Boros greift all diese Ansätze auf und versucht sie weiterzudenken. Einige Theologen (209) schliessen sich in der Folge ihm an.

1. L. Boros' Einstieg

L. Boros stellt mit H.U. v.Balthasar (210) fest, dass die katholische Theologie in der neueren Zeit in Fragen der Letzten Dinge eine Wandlung der Perspektiven durchgemacht hat. Nicht nur ein Ungenügen der bisherigen klassischen Todesbeschreibung als Trennung von Leib und Seele, sondern auch die Tendenz, dem Augenblick des Todes mehr Aufmerksamkeit zu schenken, mögen zu dieser Wende beigetragen haben.

Hat K. Rahner in seiner Besinnung darauf hingewiesen, dass der Tod im ganzen Leben des Menschen nicht nur als Erleiden erfahren, sondern als vollpersonale Tat übernommen wird, so kommt für L. Boros - der ein Hauptvertreter der Endentscheidungsthese ist - der Bedeutung des einen ausgezeichneten Augenblickes des Todes

---

208) L. Boros, Mysterium mortis. In kleineren und grösseren Beiträgen wiederholt er diese These oft, ohne dass wesentlich neue Gesichtspunkte dazukommen. Vgl. ders., Sacramentum mortis. Ein Versuch über den Sinn des Todes, in: Orientierung 23 (1959) 61-65 und 75-79; ders., Zur Theologie des Todes, in: Theologie der Gegenwart 5 (1962) 96-104; ders., Leib, Seele und Tod, in: Orientierung 29 (1965) 92-96; ders., Erlöstes Dasein. Theologische Betrachtungen (Mainz [8]1967) 89-108; ders., Strukturen christlicher Vollendung, in: H. Schlier/ E.V. Severus/J. Sudbrack/A. Pereira (Hg.), Strukturen christlicher Existenz (Würzburg 1968) 251-262; ders., Aus der Hoffnung leben. Zukunftserwartung in christlichem Dasein (Olten 1968) 23-30; ders., Zukunft der Hoffnung, in: Arzt und Christ 15 (1969) 198-210; ders., Wir sind Zukunft (Mainz 1969) 145-165; ders., Hat das Leben einen Sinn? in: Concilium 6 (1970) 674-678.
209) Vgl. z.B. M. Schmaus, Katholische Dogmatik IV, 2([5]1959); A. Winklhofer, Das Kommen seines Reiches; R. Troisfontaines, Ich sterbe nicht (Freiburg 1964).
210) H.U. v.Balthasar, Eschatologie, in: J. Feiner/J. Trütsch/F. Böckle (Hg.), Fragen der Theologie heute (Einsiedeln [3]1960) 403-421.

als "bevorzugter Ort" des Bewusstseins besondere Bedeutung zu, in dem sich der
erste "vollpersonale Akt" des Menschen vollzieht, und in dem der Mensch die "Entscheidung über sein ewiges Schicksal" trifft. Der Tod selbst ist die Situation, in
der die Entscheidung für oder gegen Gott gefällt wird; nicht vor und nicht nach dem
Tode geschieht dies (211).

Mit der Annahme des Todes als vollpersonale Entscheidungssituation gelingt es
L. Boros die allzu bildlichen und angsterregenden Vorstellungen vom Besonderen
Gericht, Fegfeuer, Himmel, Hölle, Auferstehung des Leibes so darzustellen, dass
sie den gegenständlichen Charakter verlieren und nicht mehr zusammenhanglos nebeneinander stehen. Die Endentscheidungshypothese vermag "den inneren Zusammenhang dieser lose aneinandergereihten Aussagen aufzuzeigen, sie aus dem Ge-
flecht gewohnter Vorstellungen befreien und zu dem vorstossen, was das Wesen der
christlichen Verkündigung über den Tod ausmacht" (212).

---

211) Dabei kommt es L. Boros darauf an, dass der Zeitpunkt des "im Tode" genau
gefasst wird, weil gegen diese Annahme häufig Einwände eingebracht werden:
1. Ist nicht für eine Entscheidung eine gewisse Zeitspanne notwendig? Ist aber
nicht zwischen dem "vor" und dem "nach" dem Tode keine solche Zeit, und
wird dadurch eine solche Entscheidung nicht verunmöglicht? L. Boros gibt zu,
dass der Tod nur in einem zeitlosen Umbruch sich ereignet und kein Augenblick
eines zeitlichen Nacheinanders sein kann, "sondern gleichsam nur eine ausdeh-
nungslose Trennungslinie zwischen zwei Momenten" ist, was nichts anderes
heisst, als dass der "letzte Moment vor dem Umbruch und der erste nach dem
Umbruch ineinandergreifen" (L. Boros, Mysterium mortis 16). Das "Sichlos-
lösen" und das "Losgelöstsein" der Seele fallen zusammen. "Deshalb ist der
Moment // des Todes, der Uebergang selber (von dem nachher herrschenden
Zustand her gesehen) der letzte Moment des vorigen Zustandes und (von dem
vorher herrschenden Zustand her gesehen) der erste Moment des folgenden Zustandes. Obwohl also der Umbruch im Tod als etwas Zeitloses betrachtet werden muss, ist der Uebergang und das, was in dem Uebergang geschieht, zeithaft. Deswegen bietet der Moment des Todes die Möglichkeit für die Entscheidung" (ebd. 16/17). 2. Ein zweiter Einwand, dem L. Boros entgegenzutreten
hat, lautet: Presst nicht die Hypothese von der Endentscheidung mehrere geistige Akte (Erwachen der Seele zu ihrer Geistigkeit, personale Erkenntnis, vollpersonale Entscheidung) in einen einzigen Moment zusammen? L. Boros meint
diese Frage beantworten zu können, indem er daraufhinweist, dass eine solche
Fragestellung auf einem Vermischen verschiedener Ebenen der Zeitlichkeit be-
ruhe. Er unterscheidet eine unterpersonale Zeitebene, in der die Dinge nacheinander nur für einen Moment ins Sein kommen, eine personale Ebene, in der die
Zeit je verschieden lang erlebt wird. In ihr erahnt der Mensch, "was rein geistige Dauer sein könnte, andererseits vermögen wir uns aus dem zerspaltenen
Nacheinander der unterpersonalen Seinsbewegung nicht zu befreien" (ebd. 19).
Das gelingt erst in der dritten Stufe, wo die Seele eben zu dieser ganzheitlichen
Geistigkeit erwacht und nicht mehr durch ein Nacheinander gestört wird (vgl.
ebd. 17-20).
212) L. Boros, Wir sind Zukunft 145.

2. Die Endentscheidungshypothese und ihr Sinn

L. Boros' These lautet: "Im Tod eröffnet sich die Möglichkeit zum ersten vollpersonalen Akt des Menschen; somit ist er der seinsmässig bevorzugte Ort des Bewusstwerdens, der Freiheit, der Gottesbegegnung und der Entscheidung über das ewige
Schicksal" (213).

Im Moment des Todes also wird der Mensch frei, von allem, was ihn hindert, von
allem Fremden, von Beeinflussungen und Leidenschaften, Sehnsüchten und Träumen (214). Er sieht sein ganzes Leben in einer einmaligen Gesamtschau; erwacht
zu seiner reinen Geistigkeit, wird ganz unabhängig und frei und wird dadurch zu einer ganzheitlichen vollpersonalen Stellungnahme befähigt. In dieser einmaligen Entscheidung kommt es zur klarsten Christusbegegnung des menschlichen Lebens. Es
ist dem Menschen nicht mehr möglich, an Christus vorbeizugehen, und diese im Angesicht Christi getroffene letzte Entscheidung erhält endgültigen Charakter (215).

3. Die philosophische Begründung dieser Hypothese

Mit Hilfe der transzendentalen Methode versucht L. Boros seine Hypothese zu beweisen. An vier typischen Lebenssituationen: der Erschütterung durch die Fragwürdigkeit des Daseins, des Unsicherwerdens in der Welt des Gewohnten, der Erfahrung
von Heimatlosigkeit des Daseins und des Bewusstseins der menschlichen Kraftlosig-
keit (216) kann das "In-den-Tod-gestellt-sein" des Lebens beobachtet werden. Dem
Menschen zeigt sich in diesen Situationen eine Spannung zwischen seiner erfahrenen
Gebrochenheit, Armseligkeit einerseits und dem dauernden Bestreben, diese Vorläufigkeit überwinden zu wollen andererseits. In mehreren philosophischen Gedankengängen versucht er, diesen Zwiespalt des Menschen deutlich aufzuzeigen, und setzt
ihn mit dem Augenblick des Todes in Beziehung. Diese philosophische Beweisführung
soll hier etwas ausführlicher dargestellt werden, da sie L. Boros eigener Beitrag zu
dieser Hypothese ist - wenngleich dies in äusserster Kürze geschehen muss.

a. Nach M. Blondel (217) beinhaltet das menschliche Wollen immer mehr, als was
der Mensch im einzelnen Willensakt vermag und konkret erreichen kann. Er bleibt in
seiner Tat stets hinter einem tieferen Wollen zurück. So scheint es im menschlichen

---

213) L. Boros, Mysterium mortis 9, (dort gesperrt).
214) Vgl. Kp 1, § 4. P. Glorieux's Gedanken.
215) Vgl. L. Boros, Aus der Hoffnung leben 23-30.
216) Vgl. L. Boros, Mysterium mortis 26-33.
217) Vgl. ebd. 37-42. L. Boros bezieht sich besonders auf M. Blondel, L'action.
    Essai critique de la vie et d'une science de la pratique (Paris 1893).

Wollen immer ein "Mehr" des Dranges zu geben, was ihn zu immer-mehr-wollen aufruft. Im Anschluss an M. Blondel meint L. Boros, diesen Zwiespalt dort aufgehoben zu sehen, "wo das Gegenstandswollen den Schwung des tieferen Wollens voll aufzufangen vermag" (218). Erst dann, wenn der Mensch mit seinem eigentlichen Wollen eins geworden ist, kann er sich Gott gegenüber endgültig entscheiden. Das geschieht, so folgert L. Boros, im Augenblick des Todes (219). Der Tod wird die Tat des Wollens schlechthin. Jedes menschliche Wollen vor dem Tod ist ein Einüben in diesen entscheidenden und endgültigen Willensakt im Augenblick des Todes, in dem der Zwiespalt des Menschen aufgehoben, und der Tod die "vollpersonale Vollendung" des Menschen ist (220).

b. Hat M. Blondel eine "existentielle Zerspaltenheit" (221) des Wollens, so hat J. Maréchal (222) eine im menschlichen Erkennen aufgezeigt (223). Dieses ist einerseits auf die Welt ausgerichtet und doch greift es dauernd wieder über sie hinaus. Es ist immer auch ein Vorgriff nach dem Sein überhaupt, d.h. unsere Vernunft kennt stets schon mehr, als sie tatsächlich erkennt; sie zielt letztlich unbewusst auf Gott hin.

Zugleich drängt der Geist zu einem "zu-sich-selbst-Zurück-kehren". "Erst dann wäre der menschliche Geist vollkommen bei sich, wenn er seinen Dynamismus auf Gott hin sich vergegenwärtigen könnte" (224). Eine solche Selbstreflexion ist aber durch ein "Bei-einem-anderen-sein", durch das Materielle verhindert. Ist Erkenntnis seiner Selbst wesentlich Rückkehr von der Sinnlichkeit zu sich selbst, dann ist ein vollkommener Erkenntnisakt erst im Moment des Todes möglich (225).

---

218) L. Boros, Mysterium mortis 38.
219) "Die zwei Bewe-//gungen des Daseins, das unbewusste Drängen nach Gott und die bewusste Verwirklichung, treiben einander voran. Sie versuchen einander zu erreichen, vermögen jedoch nie, einander vollkommen zu durchdringen. Wichtig ist aber die Feststellung, dass sie einander zufliehen und sich deshalb in dynamischen Vorgriff immer schon berühren. Es liegt eine realontologische Forderung in diesem Aufeinanderzufliehen der zwei Existenzbewegungen: einmal müssen sie irgendwo zusammentreffen. So scheint unsere ganze Daseinsbewegung auf einen Einheitspunkt zuzuschwingen" (ebd. 40/41).
220) Vgl. ebd. 42.
221) Ebd. 37.
222) L. Boros verweist auf J. Maréchal, Le point de départ de la métaphysique, (Paris 1922/1926) I-V; bes. V.
223) Vgl. L. Boros, Mysterium mortis 43-47.
224) Ebd. 45.
225) Vgl. ebd. 46: "Erst dort vermag der Geist unmittelbar, ohne Weggleiten in die Sinnlichkeit, ohne sich selbst zu verlassen, zu sich zu kommen und so sein eigenes Wesen und den diesem zugrunde gelegten unendlichen Vorgriff inhaltlich und thematisch nachzuvollziehen". Auch die Freiheit leitet sich aus diesem verwirklichten Geist ab und wird somit erst im Moment des Todes ganz frei (vgl. ebd.), und so kommt es zum ersten vollpersonalen Akt des Menschen, folgert L. Boros aus den Maréchalschen Gedanken.

c. Einen weiteren Zwiespalt, und zwar im Wahrnehmen und Erinnern, kann nach L. Boros H. Bergson (226) aufzeigen (227). Grundsätzlich hat der Mensch eine unbegrenzte Wahrnehmungsfähigkeit, welche aber durch alltägliche Anforderung und Umweltbewältigung stark eingeengt wird, da sie nur das aus der Fülle bewusst aufnimmt, was von vitaler Bedeutung ist. Wählten Sinnesorgane und Gehirn von der überaus grossen Mannigfaltigkeit der auf den Menschen zukommenden Wahrnehmungen nicht aus, käme er in der Welt nicht zu recht. Durch eine geistige Anstrengung schafft er eine Welt, in der er leben kann. Löst sich aber diese geistige Spannung einmal, dann beginnt er Tieferes zu erahnen, wird offen für die Wahrnehmung einer sich ganzheitlich offenbarenden Welt" (228).

Aehnliches gilt auch für die Erinnerung. All die Vergangenheit, alles Gedachte, Erlebte neigt in die Gegenwart des Menschen hinein. Das ermöglicht eine Einheit zwischen Vergangenheit und Gegenwart. "Es wäre somit möglich (und dem menschlichen Dasein wesensgemäss), dass der Mensch seines ganzen Lebens in einem einzigen Moment voll innewird, dass er es in einer 'durée vecue' ganz umspannt" (229). Andererseits ist der Mensch mehr auf Zukunft ausgerichtet und drängt die Vergangenheit in den Hintergrund. Was ihm zum Leben dient übernimmt er, anderes drängt er zurück. Dadurch erscheint ihm die Vergangenheit nicht mehr als wirklich. Eine solche Funktion "der 'Entwirklichung' der Vergangenheit lebt nach Bergson jene Geistesfähigkeit aus, die wir Gedächtnis nennen" (230). Eine Spannung im Erinnern bleibt, denn die Vergangenheit dauert im Leben fort und zugleich wendet sich der Mensch von ihrer Wirklichkeit ab (231). Könnte er von seiner Zukunftsordnung absehen und ganz in der Gegenwart leben, in die die Vergangenheit hineinreicht, dann könnte er auch das ganze Leben umfassen. Das ist aber dem Menschen nicht gegeben, solange er lebt, sondern erst im Tod, wenn jede Zukunftsgerichtetheit aufhört, schliesst L. Boros aus H. Bergsons Gedankengängen. "Der Tod ist so der Ort der totalen Gegenwart. In der Entspannung des Todes finden wir also zur Totalität der Wirklichkeit (der Tod als Ort der ganzheitlichen Wahrnehmung) und zum Innesein im eigenen Dasein (der Tod als Ort der Einswerdung mit der Vergangenheit). Der Tod ist die Stelle der totalen Intuition. Eine mächtige Schau der Wirklichkeit erwächst im Tode" (232).

---

226) Vgl. H. Bergson, La perception du changement. Conférences faites à l'Université d'Oxford les 26 et 27 mai 1911 (Paris 1959) 1365-1392.
227) Vgl. L. Boros, Mysterium mortis 47-52.
228) Ebd. 49. Ein Künstler ist oft vom konkreten Leben losgelöst und zerstreut. Weil sein Auge weniger nur vitale Werte sieht, sieht er oft mehr als der Durchschnittsmensch.
229) Ebd.
230) Ebd. 50. Somit ist das Gedächtnis nicht der Ort, wo Vergangenes gespeichert und aufbewahrt wird, sondern nach H. Bergson ist es der Ort ihrer Ausscheidung. "Unser Gedächtnis dient dazu, die lebenswichtigen Erfahrungen in das Bewusstsein zu heben, sie zu vereinfachen, nützlich zu machen, aus ihrer gegenwärtigen Fülle auszuwählen, aber nicht sie zu erhalten" (ebd.).
231) Vgl. ebd.
232) Ebd. 52.

Im Tod wird die Gegenwart mit der Vergangenheit eine, gewinnt das Ding für den Menschen die letzte Tiefe, erahnt er die ungeheuren Zusammenhänge, eröffnet sich ihm das Universum in seiner ganzen Grösse. Und dieses ganzheitliche Wesen "Mensch" vermag seine endgültige Entscheidung zu treffen.

d. Noch auf ein Phänomen weist L. Boros hin, um die im Leben anwesende Todessituation verdeutlichen zu können: die Liebe, der besonders G. Marcel (233) nachgegangen ist. Nach G. Marcel wird die Zerrissenheit und Uneigentlichkeit des Menschen erst in der Liebe überwunden, die ihm erlaubt, I c h zu sein. Erst wenn sich der Mensch auf andere hin öffnet, erschafft er sein Sein. Der Mensch im vollen Sinne des Wortes wird erst Mensch in einer personalen Gemeinschaft, in der Liebe. In ihr verzichtet er auf alles "Haben", Erwerben, Macht usw., gibt sich dem anderen ganz hin, wird zum Geschenk für den anderen. Dadurch empfängt er sich als Geschenk vom anderen zurück, d. h. um zu sein, gibt sich der liebende Mensch auf. Doch zu oft bleibt Liebe letztlich auf das eigene Subjekt bezogen. Nur in ganz wenigen Momenten echter, grosser Liebe, totalen Absehens vom eigenen Ich wird eine Selbstbereicherung gar nicht mehr angestrebt. "Das kann sogar soweit gehen, dass die eigene Liebe gar nicht als 'unsrige' erfahren, sondern als reines Geschenk in unsagbarer Demut empfangen wird" (234). In diesen Momenten grosser Liebe liefert sich der Mensch einem anderen aus und in diesem Ausgeliefertsein vermag er eigentlich zu sein. Zu dieser höchsten Entfaltung der Liebe kommt es aber nur selten. Das bewirkt nach G. Marcel die Körperlichkeit, die der Mensch ist und so immer in einer Sphäre des "Habens" steht. Eben erst im Tod, so versucht L. Boros diese Gedanken weiterzudenken, bietet sich die Möglichkeit, diese Sphäre des "Habens" zu überwinden, und die Seele wird in diesem Moment ganz ausgeliefert und vermag deshalb Endgültiges zu setzen. "Wenn sie nämlich jetzt ihren Zustand des seinsmässigen Ausgeliefertseins bejaht und existentiell nachvollzieht, dann kehrt sie nie mehr zu sich selbst zurück, sondern setzt in der Todesbejahung das, was sie in den höchsten Momenten der Liebe schon irgendwie vorausgeübt hat, die vollkommene Selbstvergessenheit und Hingabe (235).

e. Eine weitere Ueberlegung aus der philosophischen Betrachtung des Lebens meint L. Boros heranzuziehen, um seine Hypothese zu entfalten. Im Laufe unseres Daseins lassen sich zwei Lebenskurven aufzeigen, die sich im Tode schneiden.

Die erste Kurve ist durch eine Erschöpfung des Lebens gekennzeichnet. Nach einem vorübergehenden Wachstum der biologischen Kräfte, einem Reifen des Organismus, einer Entfaltung des Wissens- und Erkenntnishorizontes, einem Erwachen zur Freundschaft und Liebe, beginnt der Mensch in seinem Einsatz für die Welt sich zu verzehren: biologische Kräfte nützen sich ab; viele Chancen werden verpasst; er er-

---

233) Die Gedanken G. Marcels findet L. Boros zusammengetragen in R. Troisfontaines, De l'existence à l'être. La philosophie de Gabriel Marcel (Paris 1953).
234) L. Boros, Mysterium mortis 56.
235) Ebd. 58.

reicht das nicht, was er wollte; das Leben verliert seine Frische; es verlassen ihn
nach und nach die Kräfte; sein Bewegungsraum wird immer kleiner. Diesem äusseren langsamen Zerfallen steht ein inneres Heranreifen des Menschen gegenüber:
durch Krisen und Versagen hindurch wird er zu Persönlichkeit; er fängt immer wieder neu an; nutzt jede Chance; er reift; sein Daseinsraum weitet sich von der Geburt an aus; er erahnt hinter seiner Sehnsucht ein Noch-Grösseres; die Räume des
Unendlichen tun sich vor ihm auf; der innere Blick wird immer weiter, um nur ein
paar Momente zu nennen. Vielleicht spürt man bei ihm etwas von Güte, Verstehen,
Wohlwollen, Gerechtigkeit und Barmherzigkeit. "Indem er sein Leben durch die
Ereignisse des Alltags aufreiben liess, entstand in ihm eigentliches Leben, der
'innere Mensch'" (236).

Verfolgt man diese beiden Linien weiter meint L. Boros, lässt sich feststellen,
dass im Tod, wo alle äusseren Lebensreserven erschöpft sind, der Mensch zur endgültigen Person wird, fähig, eine einmalige und letzte Entscheidung zu treffen.

Solche Ueberlegungen führen zur Annahme, der innere Mensch könne erst im Tode
sich entfalten, indem sein äusseres Leben untergehe, das innere sich aber zur Person auszeuge, indem der leibliche Daseinsraum zwar auf ein Minimum zusammen-
schrumpfe, ja nichts mehr von ihm übrigbleibe, die geistig erfahrene Welt aber ins
Unendliche sich ausdehne. Im Tod nehme der Mensch vom alten Welt- und Leibbezug
Abschied und setze sich selbst frei und neu (237).

f. Auch die Dichtung kann nach L. Boros in die Dimension des Todes führen. Einerseits entsteht in ihr ein neuer Weltbezug (238), der Endgültiges und Bleibendes
schafft und so dem Dichter eine spezifische Weltnähe gibt. Andererseits setzt gerade Dichtung "eine existentielle Abgeschiedenheit", eine Weltferne (239) voraus.
Aus beiden Erfahrungen erwächst ein Ruf nach Gegenwärtigkeit Gottes (240), d.h.
der Dichter muss, um die Fülle der Welt zu begreifen, die Erfahrung machen, das
nur in der Distanz, in der ganzheitlichen Abgeschiedenheit von dieser Welt zu können.

---

236) L. Boros, Hat das Leben einen Sinn 675.
237) Vgl. L. Boros, Mysterium mortis 59-72.
238) Dichten heisst: "die im Laufe eines Lebens gemachten wesenhaften Erfahrungen
    aus dem Zusammenhang des täglichen Lebens zu lösen und so die in den hellsten
    Augenblicken unseres Menschseins erfasste Wesensnähe der Dinge, Ereignisse
    und Personen dicht ineinander verflochten auszusprechen" (ebd. 74).
239) "Die Voraussetzung des Bergens des Eigentlichen aus dem Verworrenen ist
    nämlich, dass das Dasein zugleich um das Eigentliche und um das Verworrene
    weiss" (ebd. 75). Aus dieser Grenzstellung zur Weltnähe und Weltferne erwächst
    die "dichterische Schwermut", die eine Grundvoraussetzung schöpferischen
    Schaffens ist. "In ihr steigt die Ahnung von einem grundsätzlich Neuen im
    Schosse des Alten aus der Seele auf" (ebd. 76).
240) Vgl. ebd.

Gerade darin vermag er in seinem Wort neue Weltbezüge zu erhellen, vermag er die Welt fürs Unendliche durchscheinend zu machen. Da seine Worte aber nicht Wirklichkeit sind, sondern den Dingen nur Wortbestand zukommt, wird eine Offenheit ins Unendliche gegeben. "Das Wort des Dichters ist das reine Rufen nach dem, was die Immer-Ahnenden erharren und ersehnen" (241). Es ist das den Menschen-Uebersteigende, das Transzendente, Gott, was gerufen wird, was erahnt wird.

Ganzheitliche Weltnähe lässt sich für den Dichter nur in einer ganzheitlichen Weltferne verwirklichen. Diese Abgeschiedenheit in radikalster Form ist aber der Tod, und in ihm wird dem Menschen die ganzheitliche Weltnähe, in der sein Dasein umgeformt wird, geschenkt. Der Tod ist jener Vorgang, "worin die ganzheitliche Stiftung der Welt von der Gegenwärtigkeit Gottes her geschieht" (242).

g. Noch ein letzter Gedanke hat L. Boros' Hypothese inspiriert: die Kenosis. Die Kenosis entfaltet sich in drei Etappen: Sein, Nichtsein, Neusein. Das Dasein gibt sich selbst auf, und erlangt dadurch ein neues Sein (243). Ist der Tod ganzheitlicher Untergang, so folgert L. Boros, muss nach dem Gesetz der Kenosis auch die Möglichkeit einer ganzheitlichen Vollendung bestehen. Die kenotisch bestimmten Teilvollzüge (Liebe, Erkenntnis, Freiheit) des Daseins "deuten // also daraufhin, dass der Mensch sich in ihnen schon im voraus in den Tod stellt. Das Kenotische in unserem Dasein ist im Vorgriff auf den Tod, auf die totale Selbstvollendung im totalen Untergang" (244).

Diese Ueberlegungen über das menschliche Wollen, Erkennen, Wahrnehmen, Erinnern, die Liebe, die menschliche Daseinsdialektik, die dichterische Erfahrung und den kenotischen Daseinsvollzug regen L. Boros zu seiner Hypothese von der letzten Entscheidung des Menschen im Tode an, die jetzt besser verstanden werden kann: "Der Tod ist der erste vollpersonale Akt des Menschen und somit der seinsmässig bevorzugte Ort des Bewusstwerdens, der Freiheit, der Gottesbegegnung und der Entscheidung über das ewige Schicksal" (245).

---

241) Ebd. 77.
242) Ebd. 78.
243) Das zeigt L. Boros an verschiedenen Aspekten. Deutlich tritt das in der Liebe zum Vorschein, denn der Mensch fängt an, Person zu sein, wenn er sich aufgibt und sich einem anderen Menschen ausliefert. Ebenso muss sich der Erkennende auf die Welt hin öffnen, seine Eingeschlossenheit sprengen, um die Dinge in sich hineinzuholen. Wenn Freiheit auch die höchste Form des Selbstbesitzes ist, so nur, wenn sie als unser eigenes Freisein auch harte Notwendigkeit ist (ebd. 79-82).
244) Ebd. 82/83; zum Ganzen vgl. ebd. 78-83.
245) Ebd. 93.

4. Theologische Konsequenzen der Endentscheidungshypothese

Diese bisher mehr auf philosophischen Gedankengängen beruhende These vom Tod als der letzten Entscheidungssituation kann durch einige theologische Ueberlegungen weiter untermauert werden. Zugleich ermöglichen sie, einigen kaum mehr verständlichen Glaubensaussagen einen neuen Sinn zu geben (246).

a. Wir haben gesehen (247), die Grundeinstellung des Menschen kann sich nach dem Tod nicht mehr ändern. Die menschliche Entscheidung und sein zukünftiges Schicksal werden endgültig. Woher kommt aber diese Endgültigkeit? Warum hört die Prüfungszeit auf? Was verhindert ein weiteres Ausüben der Wahlfreiheit? In den dogmatischen Handbüchern wird eine unbefriedigende Antwort gegeben, weil versucht wird, das entscheidende Ende des Pilgerstandes im Tod auf einen besonderen Eingriff Gottes zurückzuführen. Die Endentscheidungshypothese vermag diese Frage nach L. Boros zufriedenstellender zu beantworten. Zurückgreifend auf Thomas von Aquin versucht er im Menschen etwas Immanentes anzunehmen, "das wie ein Selbstgericht unseres eigenen Seins die Endgültigwerdung bestimmt, das den moralischen Wert unserer Handlungen von innen her in eine ewige Ordnung hineinhebt" (248).

Nimmt man mit der Endentscheidungshypothese an, der Mensch entscheide sich Gott gegenüber im Tode in voller Klarheit und Freiheit, dann haben wir "die Möglichkeit gefunden, das Endgültigwerden des postmortalen Zustandes als etwas Entscheidungshaftes zu denken" (249). Der unendliche Wert wird erst dann absolut, wenn der Mensch ihm gegenüber ein für allemal Stellung eingenommen, d.h. er sich zu ihm entschieden hat. So wird es im Tode möglich, sich dem Absoluten zu öffnen, Absolutes zu setzen, indem er sich entscheidet.

b. Eine kirchenlehramtliche Aussage vom Tod und ein festes Datum theologischen Denkens über den Tod ist: der Tod folgt aus der Sünde. Doch - und das haben wir auch gesehen - ist der Tod nicht nur Strafe, sondern hat auch einen heilshaften Charakter. L. Boros meint, dieses zweite positive Moment mit Hilfe seiner Todesthese einsichtiger zu machen. Er fragt: "In welchem Sinn kann die erbsündenverursachte Scheidung in unserem Tod als ein Zeichen der erbarmungsvollen Hinneigung Gottes als ein Heilsereignis angesprochen werden" (250)? Der Mensch steht, so lautet seine Antwort, sobald er lebt, in einer metaphysischen Zerrissenheit, erlebt in jeder seiner Handlungen Undurchsichtigkeit und Uneigentlichkeit. Im Tode aber

---

246) Es sollen hier nicht die ganzen Darlegungen der theologischen Probleme zusammengefasst werden, die L. Boros behandelt, sondern es soll nur angedeutet werden, wie er von der Endentscheidungshypothese her den Letzten Dingen einen verständlichen Sinn abgewinnen kann.
247) Vgl. Kp. 1, § 1; § 4.
248) L. Boros, Mysterium mortis 101.
249) Ebd. 105.
250) Ebd. 126.

kann er sich restlos einholen, kann vollkommen Person werden und sich für oder
gegen Gott entscheiden. Es gibt keine Auseinandergerissenheit mehr und der
Mensch wird "gott-offen", vermag vor Gott über sein Dasein eine endgültige Entscheidung zu treffen (251).

c. Eine weitere Bedeutung der Endentscheidung besteht in der Revision einer herkömmlichen Vorstellung vom "Fegfeuer". Das "Fegfeuer" ist "keine riesige Folter-
stadt, kein 'kosmisches Konzentrationslager', in dem klagende seufzende und jam-
mernde Kreaturen von Gott bestraft werden" (252).

L. Boros' Hypothese vermag die herkömmliche Auffassung zu entdinglichen, indem
sie die im Tode mögliche Begegnung mit Christus, als eines vollkommenen Aktes
der Liebe nicht nur als Erfüllung des Lebens, sondern als eine absolute Ausliefe-
rung an Gott annimmt. Der Mensch trennt sich in ihr von aller Selbstsucht und allen Ueberresten der Sünde, und das ist für ihn immer ein schmerzvoller Vorgang.
"Das ganze menschliche Dasein muss sich mit letzter Kraft 'aufbrechen', sich dem
liebend entgegenkommenden Christus öffnen. Demnach würden also die einzelnen
Menschen einen persönlich je verschieden 'intensiven' Läuterungsvorgang im Augenblick des Todes durchmachen" (253).

d. Auch L. Boros versucht die Frage, warum gerade der Tod Jesu den Menschen
erlöst habe, eine Antwort zu geben.

Zurückgreifend auf die Lehre des Thomas (254), die Menschheit Christi sei Werk-
zeug für die Erlösung, und aus der aus der Philosophie gewonnenen Erkenntnis, der
Mensch habe erst im Tod den Höhepunkt seines Menschseins erreicht, folgert auch
für den Tod Jesu Christi, seine Menschheit sei zur absoluten Vollkommenheit gelangt und dadurch zur höchsten Instrumentalursache der Erlösung des Menschen geworden. Christus konnte sich gerade im Tod voll hingeben und so die Menschen
mit Gott aussöhnen (255).

---

251) Vgl. ebd. 136-138 und 122-138.
252) L Boros, Erlöstes Dasein 97; vgl. ders., Mysterium mortis 144.
253) L. Boros, Erlöstes Dasein 98.
254) Vgl. Thomas von Aquin, Summa Theologiae III, q. 62, a. 1 ad 2; q. 19, a. 1
ad 2.
255) Indem Christus in die Unterwelt abstieg, ist der Kosmos in seiner Ganzheit
"zum leibhaftigen Organ der Menschlichkeit Christi geworden, zur Instrumentalursache der göttlichen Wirksamkeit für jedes Wesen, das zu diesem Kosmos
gehört" (L. Boros, Mysterium mortis 158), die im Tode Christi vollendet wurde. Sie ermöglicht uns schon jetzt, vor der endgültigen Parusie - allerdings
noch nicht in voller Klarheit - Gott zu begegnen. Das ist die Bedeutung des
Todes Christi für die Welt, weil dadurch grundsätzlich etwas auch für sie sich
verändert hat (vgl. ebd. 160). "In seinem Niederstieg in das Innerste der Welt

5. Zwei weitere Vertreter der Endentscheidungshypothese: Roger Troisfontaines und Alois Winklhofer

Es sollen abschliessend, bevor diese Gedanken einer letzten Entscheidung im Tod kritisch gewürdigt werden, zwei weitere Vertreter mit ihren je spezifisch ausgeprägten Abwandlungen dieser These wenigstens genannt werden.

1. R. Troisfontaines (256) versucht ebenfalls, einen philosophischen Beweis für seine These zu bringen, beschränkt sich aber auf den vom Gesetz der zwei Lebenskurven (257).

---

schuf Christus eine neue Heilssituation für alle durch ihre Leiblichkeit in das Universum verwiesenen Geister, da diese gerade durch ihre Weltverbundenheit, vom Tode Christi an in einer leibhaften Berührung mit der menschlichen Wirklichkeit Christi stehen" (ebd. 164).

Zwei weitere Probleme können durch die Endentscheidungshypothese der Ansicht L. Boros' nach besser erklärt werden: 1. Seit Christus seine Mittlerstellung zwischen Gott und Mensch angenommen hat, muss das Heil einerseits als eine personale Gemeinschaft mit eben diesem Jesus Christus angesehen werden, andererseits darf der Heilswille Gottes nicht auf die Begegnung mit Christus eingeschränkt werden, da es auch andere Heilswege geben kann. Wie soll das nun zu verstehen sein? Die Endentscheidungshypothese ermöglicht hier eine Antwort, wenn sie sagt, dass im Moment des Todes alle Menschen mit voller Klarheit Christus begegnen und diese Christusbegegnung wird dann für das endgültige Heil oder Unheil entscheidend werden. 2. Mit der Endentscheidungshypothese kann auch die Allgemeinheit der Erlösung besser erklärt werden. Christus ist für alle Menschen gestorben und hat durch seinen Tod und seine Auferweckung eine neue Heilssituation für alle Menschen geschaffen. Die Gnade der Erlösung ist allen Menschen angeboten. Nun gibt es aber eine Anzahl von Theologen, die sagen - und das ist weitverbreitete Lehre -, dass die Taufe zum Heil unbedingt notwendig sei. Da die Kinder nicht einmal zu einer Begierdetaufe fähig sind, weil sie noch nicht zum Gebrauch ihrer geistigen Fähigkeiten herangereift sind, können sie dieser Aussage entsprechend nicht das endgültige Heil erreichen, wenn sie nicht getauft sind. Sie wollen diese Kinder jedoch auch nicht als Verdammte sehen und schaffen deshalb die Hypothese vom sogenannten Limbus parvulorum (vgl. ebd. 117-120). Die Endentscheidungsthese vermag das Problem des Schicksals der ungetauften Kinder besser zu erklären, ohne die heute ohnehin fragwürdige These vom Limbus parvulorum aufzugreifen, denn auch die Kinder reifen im Moment des Todes nach dieser These zur Totalität ihrer Geistigkeit, zur vollen Freiheit und zu einer ganzheitlichen Erkenntnis und begegnen Christus und entscheiden sich freiheitlich für oder gegen ihn (vgl. ebd. 120/121).

256) Vgl. R. Troisfontaines, Ich sterbe nicht ... (Freiburg 1964).

257) Zu diesem Ausgangspunkt gelangt R. Troisfontaines deshalb, weil er in einem gross angelegten phänomenalen Gedankengang von der Liebe her das Fortleben

Wie wir schon bei L. Boros gesehen haben, lassen sich Kurven im menschlichen Leben aufzeigen. Auf der einen Seite kann beim Menschen nach einem anfänglichen Wachsen seiner physischen Vitalität ein ständiger Verfall der menschlichen Kräfte festgestellt werden. Zur gleichen Zeit wird dem zerfallenden Leben aber eine grössere und innere Teilnahme am Leben teil. Die absteigende Kurve kann so leicht der sich entfaltenden zum Hindernis werden. Dieses aber wird gerade im Tod überwunden. R. Troisfontaines kann deshalb den Tod als eine Geburt bezeichnen. Der Leib muss verlassen werden, "damit die Person, die sich dank seiner gebildet hat, geboren wird" (258).

Menschliche Aktivität kann sich so bewusster und freier denn je auf einen unbegrenzten Horizont hin öffnen (259). In dem Moment des Todes erweitert sich die Situation des Menschen ins Unendliche; seine Wirksamkeit entfaltet sich in seiner ganzen Fülle; die Ausdehnung der Erkenntnis vertieft das Bewusstsein und entdeckt grundlegende Beziehungen zu Welt und Gott; der Mensch gelangt zu einer Freiheit, die es ihm erlaubt, die Art seines persönlichen Handelns und seinen eigenen Seinmodus zu bestimmen, und der Tod wird zu einer personalen Tat. "Von mir hängt es nun ab, auf der in eben diesem Augenblick entdeckten existentiellen Grundlage, die meine Freiheit weder schaffen noch vernichten kann (die Wirklichkeit - an - sich Gottes, der anderen, der Welt und meiner selbst) - von mir hängt es ab, ihre Wirklichkeit - für - mich zu schaffen, mein Sein mit ihnen oder ohne sie, je nachdem, ob ich diese Beziehungen in Dankbarkeit und Liebe annehme oder ob ich mich in hochmütiger Selbstsucht auf mich zurückziehe und sie ablehne. Gemeinschaft oder Vereinzelung, Freundschaft oder Hass hängen von mir ab, und das, was für mich, für mein Sein (im Gegensatz zu meiner Existenz) zählt, wird gerade durch diese frei gewählte Einstellung begründet" (260). Diese letzte getätigte Entscheidung bleibt unverändert. Der Mensch hat sich endgültig für die Gemeinschaft mit Gott oder für die absolute Vereinzelung ausgesprochen (261).

---

des Menschen nach dem Tode zu begründen sucht (vgl. R. Troisfontaines, a.a.O. 26-106). Dabei auftauchende Fragen: Warum ist der Mensch ein sterbliches Wesen? Welchen Sinn hat der Tod? Welche Bedeutung hat das sterbliche Leben? sollen mit der Endentscheidungshypothese vom christlichen Glauben her beantwortet werden (vgl. ebd. 107-109).

258) Ebd. 120.
259) Vgl. ebd. 124.
260) Ebd. 133.
261) Die Endentscheidungshypothese bietet auch für R. Troisfontaines einige Antworten auf schwierige theologische Fragen: So kann die These die Einmaligkeit des Todes gegen die Seelenwanderungsauffassung betonen; die Endgültigkeit der Festlegung nach dem Tode kann nicht mehr zurückgenommen werden, wenn es auch vorher nie zu spät zur Umkehr ist; der allumfassende Heilswille Gottes für ungetaufte Kinder, für Geistesgestörte, für Menschen, die mit der Kirche nie in Berührung kamen, für die Sünder ist einsichtlich nachzuweisen, ohne ihr Leben zu entwerten.

2. Auch A. Winklhofer (262) ist ein Vertreter dieser These. Er nimmt einen zeitlosen Heilsakt an, zu dem der Mensch im letzten Augenblick des Todes befähigt ist. Damit wendet er sich gegen die Auffassung, der Mensch sei im Festlegen seines ewigen Loses mehr oder weniger dem Zufall überlassen. Da alle menschlichen Entscheidungen vor dem Tod unabgeschlossen sind, ist dem Menschen von Gott im Moment des Todes nochmals eine - diesmal radikal endgültige - Entscheidung gegeben, in der der Mensch sich selber für immer festlegt. Im Augenblick des Todes gelangt er in eine Konfrontation mit Gott, reift heran und setzt sich so, wie er sein will.

Ein solches Verständnis des Todes drängt sich für A. Winklhofer besonders dann auf, wenn er an all jene denkt, die vorzeitig durch ein Unglück oder als junge Menschen sterben. "So suchte ich den Tod als Ort einer radikalen letzten Entscheidung zu begreifen, in der der Mensch sowohl all seine guten wie bösen Entscheidungen seines Lebens zusammenfasst und sie in voller durchdringender Wach-//heit nun übernimmt oder ablehnt" (263). Drei Momente sind an der These von A. Winklhofer herauszuheben: 1. er versteht den Tod nicht als Zustand, sondern als eine im Angesicht Jesu Christi getätigte personale Leistung; 2. in der Endentscheidungshypothese tritt der christologische Aspekt mehr in den Vordergrund als das früher der Fall war (264); 3. der Augenblick des Todes ist kein naturhafter, sondern steht "unter dem Licht einer Erleuchtungsgnade" (265), d.h. dem menschlichen Handeln kommt immer eine helfende Gnade hinzu, und besonders im Augenblick seiner letzten Entscheidung bedarf er dieser am meisten.

A. Winklhofer will diese These nicht aus der Philosophie, auch nicht mit positiven Argumenten aus der kirchlichen Tradition und den biblischen Schriften begründet wissen, da ihm dies nicht möglich scheint. Er sieht seine These zusammenfassend als Postulat so begründet: "Es hat einige innere Begründungen, dass es einen das Leben des Menschen verendgültigenden Akt, den wir als einen total-personalen Akt bezeichnen, gibt, der an sich auch nach dem Tode angesiedelt werden könnte, etwa im Fegfeuer. Da er damit nach dem Tode läge, wo er das ewige Schicksal des Menschen nicht mehr zu ändern vermag, bliebe das ewige Los des Menschen von der

---

262) Vgl. A. Winklhofer, Ziel und Vollendung; ders., Das Kommen seines Reiches; ders., Zur Frage der Endentscheidung im Tode; ders., Der Augenblick, da sich alles entscheidet.
263) A. Winklhofer, Zur Frage der Endentscheidung im Tode 199/200.
264) Vgl. ebd. 200.
265) Ebd. Mit dieser Annahme einer Erleuchtungsgnade glaubt er eine Lehre der Dogmatik aufzunehmen, die sagt, ein guter Tod sei einem magnum donum zu verdanken. "Es handelt sich um eine aktuelle Gnade, also um eine einem bestimmten Handeln des Menschen zugeordnete Gnade, die seine Freiheit nicht aufhebt, und an sich einen Akt zu einem actus salutaris zu machen bestimmt ist, beziehungsweise ihn überhaupt erst ermöglicht" (ebd. 209). Vgl. weiter DS 1541; DS 1566; DS 1572.

Natur des menschlichen Daseins her ein 'zufälliges', beziehungsweise der Gnadenwahl Gottes preisgegebenes. Diese Gnadenwahl könnte gewiss im Vertrauen auf Gottes Gerechtigkeit und Weisheit hingenommen werden, zumal angesichts dessen, dass es vor allem eine Erwählung zur Teilnahme an seinem eigenen Leben wäre. Wo es aber eine Wahl zur ewigen Verwer-//fung wäre, bliebe sie unbefriedigend, wenigstens für den modernen Menschen. Diese sich auf diese Weise auf der Grundlage einer personalen Theologie naheliegende Schlussfolgerung, dass es eine echte Entscheidung des Menschen gibt, die im Tode behaust sein müsste, wird durch das Faktum einer Gnade der endlichen Beharrung, einer aktuellen Gnade, die sich auf eben die Verendgültigung menschlicher Selbstentscheidung bezieht, bestätigt, einer Gnade, die gerade ihre Beziehung auf diesen Akt postuliert" (266).

Die Endentscheidungshypothese - wir wenden uns nun wieder etwas mehr der Position L. Boros zu - vermag zweifellos einen bedeutsamen Beitrag zur Theologie des Todes zu leisten. Es gelingt L. Boros in einer einfachen Sprache, einen weiten Kreis von Menschen anzusprechen. Sein Verständnis des Todes kann weitverbreitete, allzu bildhafte Vorstellungen vom Tod und von den Letzten Dingen korrigieren. Dazu dient eine klare Darstellung der Endentscheidungshypothese mit ihrer Argumentationsweise, die über die theologischen auch philosophische Gedankengänge zur Bewährung der Hypothese heranzuziehen versucht.

Es gilt aber zu sehen, dass L. Boros' These eben eine Hypothese ist, d.h. sie vermag bestimmte, allzu lange in den Hintergrund gedrängte Gesichtspunkte des Todes zu erhellen (den Tod als Tat des Menschen, den Zusammenhang des Todes mit dem Leben, den nicht-dinglichen Charakter der Letzten Dinge usw.), bringt aber zugleich viele neue Probleme und Fragen mit sich.

Es soll hier nicht auf Einzelheiten eingegangen, das wäre Aufgabe einer eigenen Untersuchung, sondern lediglich auf das eine oder andere Problem aufmerksam gemacht werden.

Ein grosser Teil L. Boros' Buch versucht eine philosophische Begründung der Endentscheidungshypothese zu geben. Doch scheint eine solche Beweisführung von der Philosophie her in Frage gestellt zu sein. Die philosophischen Gedankengänge - stark formalisiert verlieren sie die Lebendigkeit ihrer Autoren - können zwar manchen Aspekt dieser These aufzeigen, jedoch die Schlussfolgerungen: im Tod werde das Los des Menschen unwiderruflich, dem Augenblick des Todes komme diese einzigartige Bedeutung zu, die Entscheidung sei eine frei gesetzte Tat des Sterbenden, all das kann philosophisch nur schwer oder überhaupt nicht nachgewiesen werden. L. Boros' eigene Weiterführung der philosophischen Gedanken entspricht dazu nicht immer der Intention der Philosophen.

---

266) Ebd. 209/210.

Setzt L. Boros hier nicht etwas zu viel voraus, lässt sich fragen. Bekommt man nicht vielmehr den Eindruck, dass eine bestimmte Idee im Mittelpunkt steht und jetzt in der Philosophie dafür Argumente gesucht werden müssen? Sind nicht die sieben Beweisgänge nur einer, da sie alle die gleiche Struktur aufweisen und nur an verschiedenen Phänomenen des Lebens aufgezeigt werden (Zwiespalt des menschlichen Tuns, der während seiner Lebenszeit nicht eingeholt werden kann, sondern erst im Tod)? Und weisen die angeführten Beweise nicht vielmehr auf die Unsterblichkeit des Menschen als auf das Moment des Todes als ausgezeichneter Situation im Leben des Menschen hin? Wird nicht mit dem Begriff "Zeitlichkeit", wie L. Boros ihn für den Moment der endgültigen Entscheidung annimmt, eher so etwas wie Ewigkeit angedeutet oder worin soll der Unterschied bestehen? Wenn der Mensch erst, was seine philosophischen Beweise zeigen sollen, im Moment des Todes, wo sich die Seele vom Leib trennt, zur Eigentlichkeit seiner Person, zum vollpersonalen Akt und zur Freiheit befähigt ist, liegt mit dieser Annahme nicht so etwas - auch wenn er sich dagegen wehrt - wie ein versteckter platonischer Einfluss vor? Wird nicht der Tod zu einem "privilegierten Ort des menschlichen Lebens" (267)? Verliert nicht doch das irdische Leben an Bedeutung und Wert?

Es bleibt die Gefahr, dass L. Boros die philosophische Ebene mit der theologischen verwechselt, d.h. er versucht aus den philosophischen Gedankengängen etwas zu folgern, was nur aus der Offenbarung zu verstehen ist. Das führt aber in den Bereich der Spekulation. Der Mensch weiss doch gerade vom Tod absolut nichts und kann darüber auch nichts aussagen.

Wird nicht der Augenblick des Todes überwertet? Sicher soll das endgültige Los des Menschen nicht ein Produkt des Zufalls sein. Das Postulat, der Mensch setze sich selbst für immer, mag seine Bedeutung haben, jedoch was deutet darauf hin, einen solchen vollpersonalen Akt nur im Moment des Todes anzunehmen?

Es scheint hier ein Aspekt des Todes - der der Entscheidung und Verendgültigung - allzu sehr verabsolutiert und als das Wesen des Todes angesehen zu werden. Dabei geht bei L. Boros (etwa im Gegensatz zu Aussagen K. Rahners) ein wesentliches Moment des Todes völlig unter, das des schmerzlichen Erleidenmüssens des Todes.

Besteht nicht die Gefahr einer Mystifizierung des Todes als des grossen Augenblickes endgültiger Entscheidung? Wenn so viel von vollpersonalem Akt, von Freiheit, vom Einholen des Lebensinhaltes des Menschen die Rede ist, wird nicht die Tendenz einer unerlaubten Glorifizierung des Todes, die seiner Bitterkeit und Sinnlosigkeit nicht gerecht wird, sichtbar?

Alle Ueberlegungen und Auffassungen sind zweifelsohne zu wenig an den biblischen Zeugnissen und der kirchlichen Tradition orientiert. L. Boros' These erweckt leicht

---

267) G. Greshake, Bemühungen um eine Theologie des Sterbens, in: Concilium 10 (1974) 272.

den Eindruck einer Konstruktion. Müssten sich nicht alle Menschen, die im Tod zu einer grossartigen Christusbegegnung kommen, zu Gott entscheiden?

Auch wenn viele Fragen an diese These gestellt werden können, und viele Probleme durch sie sichtbar werden, so gilt es doch zum Abschluss herauszustellen: diese Hypothese ist ein Versuch, den Tod nicht isoliert am Ende des Lebens zu sehen, sondern sie macht aufmerksam, den Tod vom Leben her zu verstehen. Und das mag als ein Impuls für weiteres theologisches Denken vom Tod angesehen werden dürfen.

§ 8. OTTO SEMMELROTH: DIE PERSPEKTIVISCHE SICHT DES TODES

Abschliessend sei noch auf einen interessanten Aspekt eines christlichen Todesverständnisses hingewiesen, den besonders O. Semmelroth herausgearbeitet hat.

Er dürfte in seinen Aufsätzen (268) wohl von K. Rahners Arbeit und vor allem von L. Boros' Hypothese beeinflusst sein, sieht jedoch den Zusammenhang von Tod und den anderen Letzten Dingen differenzierter als dieser.

1. Der erlöste Mensch und sein Ja zum Tod

In einer Zeit, in der der Mensch den Gedanken an den Tod meidet, hektisch in die Betriebsamkeit entweichen will und ihn dadurch verleugnet, könnte nach O. Semmelroth der erlöste Mensch eine Möglichkeit echt christlichen Verhaltens dem Tod gegenüber aufzeigen, denn "gerade in der Art, wie der Mensch den Wirklichkeiten seines Daseins gegenübersteht, muss sich sein Erlöstsein kundtun" (269). Das gilt vor allem in Situationen wie Leid und Tod.

---

268) Vgl. O. Semmelroth, Vom christlichen Sterben. Die Wirklichkeit des Todes, in: Stimmen der Zeit 155 (1954/1955) 88-95; ders., Der Glaube an den Tod, in: Geist und Leben 30 (1957) 325-337; ders., Der Tod - wird er erlitten oder getan? Die Lehre von den Letzten Dingen als christliche Interpretation des Todes, in: K. Rahner/O. Semmelroth (Hg.), Theologische Akademie 9 (Frankfurt 1972) 9-26.
269) O. Semmelroth, Der Glaube an den Tod 327.

Der erlöste Mensch vermag zum Tod ein Ja zu sagen, das erlaubt, das Leben als das anzunehmen, was es tatsächlich ist (270), den Tod realistisch einzuschätzen, ihn nicht zu bagatellisieren und die Gestaltung des Lebens gezielt in die Hand zu nehmen (271).

Worin besteht aber dieses spezifisch christliche Ja zum Tod? O. Semmelroth versucht eine Antwort. Für den erlösten Christen ist der Tod nicht ein absolutes letztes Ende. Leben und Tod sind für ihn ein "Durchgang" zu einer neuen Wirklichkeit, einem neuen Leben. Dieser Durchgang darf aber nicht so vorgestellt werden, als ob das Diesseits fortbestände. Der Tod bedeutet ein reales Ende des diesseitigen Menschen und seines Lebens. Das impliziert schon das Verständnis des Todes als Folge der Sünde (272). Das muss nicht zur Verzweiflung führen, denn es bleibt jene Zuversicht der Hoffnung, die durch den Tod hindurchstösst und aufzeigt, dass "hier Vorläufiges aufgehoben wird, um von Endgültigem abgelöst zu werden" (273). Das "Leben im Jenseits" ist dann eine Aufhebung des ganzen Erdenlebens entweder in die Verklärung oder in die ewige Verdammnis hinein. Eine solche Erwartung wertet das Leben nicht ab, sondern dieses muss radikal ernst genommen werden.

2. Die Letzten Dinge als Interpretament (274) des Todes

Der Christ lässt dem Tod seine Tragik, ohne den Tod zu fliehen oder heroisch zu überwinden. Er gibt dem Tod aber seinen Sinn von einer Wirklichkeit her, die hinter

---

270) Das Leben ist ein "Sein-zum-Tode" und als ein solches muss es angenommen werden, wenn es nicht Utopien und Illusionen verfallen soll.

271) Das Leben wird so zu einer Vorbereitung auf den Tod, die eine Entscheidung im Tod gelingen lässt. Er ist dann nicht nur Erleiden, sondern auch Tat. "Das dem Menschen eigene personale Handeln ist jene Entscheidungstat, die im geistigen personalen Inneren des Menschen produktiv ist, indem sie einer Wirklichkeit, die ihr vorgegeben und aufgegeben ist, eine neue Realität im menschlichen Inneren gibt. Das tut sie, indem sie zu einer Gegebenheit, die vielleicht gar nicht geändert werden kann, in freier Entscheidung Ja sagt; indem sie sich ein Ereignis, eine Drohung, eine auf sie zukommende und in diesem Sinn zukünftige Wirklichkeit zu eigen macht und so aus der Fremde oder Gegensätzlichkeit befreit. Das meinen wir, wenn wir sagen, der Tod könne oder solle vom Menschen getan werden" (O. Semmelroth, Der Tod - wird er erlitten oder getan? 17).

272) Vgl. O. Semmelroth, Der Glaube an den Tod 331-332; ders., Der Tod - wird er erlitten oder getan? 14-15.

273) O. Semmelroth, Der Glaube an den Tod 332.

274) Es kommt darauf an, den Begriff "Interpretament" hier richtig zu verstehen. Er will den Letzten Dingen nicht ihre Realität nehmen und sie nur noch als ein

dem Tod liegt. Und diese Wirklichkeit kann für den glaubenden Menschen den Tod interpretieren und erhellen. Eine solche "perspektivische" Sicht ist nach O. Semmelroth das spezifisch christliche Verständnis des Todes (275) und ist in der Glaubenslehre von den Letzten Dingen gegeben.

a. Eine zentrale Stelle unter diesen Letzten Dingen nimmt nach O. Semmelroth die Wiederkunft Jesu Christi ein, auf die alles hingeht und die auch das Geschehen ist, auf das wir den menschlichen Tod zu beziehen haben. Im konkreten Tod geschieht für den Menschen das, was am Ende der Welt für die Menschheit als ganze sich ereignet (276). Diese Begegnung mit dem wiederkommenden Herrn ist entscheidend, denn in allen anderen Einzelereignissen: Gericht, Fegfeuer, Himmel und Hölle steht ebenfalls die Begegnung mit Christus im Mittelpunkt. "Das ist der Blick des Glaubens, der uns bei der Betrachtung von Tod und den Letzten Dingen leiten muss. So erst können diese Perspektiven des Todes ihre das diesseitige Leben bestimmende, mit Sehnsucht und Freude erfüllende Kraft ausüben" (277), und das Erwarten des wiederkommenden Jesus Christus verpflichtet den Menschen zu einem verantwortungsvollen Dienst an Menschen und Welt.

b. Diese perspektivische Sicht des Todes lässt von einer objektivistischen Vorstellungen der Letzten Dinge absehen und stellt die Begegnung mit dem wiederkommenden Christus in den Mittelpunkt. Das dem Tod folgende Gericht unterstreicht dann nicht nur die Einmaligkeit des Todes, sondern wird als die letzte Begegnung des Menschen mit dem wiederkommenden Christus ausgelegt, in der er seine Zerfallenheit und seine Sündigkeit erkennt und so den Wert oder Unwert seines Lebens und seiner Geschichte einschätzen kann. Indem der Mensch sich als Individualität erkennt, ist diese Begegnung das Einzelgericht; insofern sich Christus als Herrscher über die Welt und die Menschen ihm kundtut, ist es das allgemeine Weltgericht, und insofern es zur letzten möglichen Begegnung mit Christus kommt, ist es das Letzte Gericht (278).

Darstellungsmittel für den Tod verstehen. "Die Letzten Dinge als Interpretament des Todes werden so verstanden, als durchaus objektive Ereignisse mit eigener Realität ...; aber indem sie sich ereignen, zeigen sie Aspekte des Todes, die ihn erst zu dem machen, was er nach christlicher Vorstellung ist" (O. Semmelroth, Der Tod - wird er erlitten oder getan? 10).

275) Ein Todesverständnis ohne Perspektive kann den Tod nur als hoffnungsloses Ende betrachten und macht das Leben leer. "Menschliches Hoffen lebt aus der Erfahrung des nie ganz Erfülltseins, aber ebenso aus dem Ausgreifen ins Absolute, das dem je neuen Sehnen eine, wenn auch vorläufig unvorstellbare Erfüllung gibt. Die Perspektive des Todes auf das hin, was jenseits von ihm liegt, lässt den Menschen den Tod nicht nur erleiden, sondern auch tun" (ebd. 19).

276) Vgl. ebd. 20.

277) Ebd.

278) Vgl. ebd. 22/23.

c. Die Einsicht in die eigene Unzulänglichkeit in der Begegnung mit Jesus Christus erfährt der Mensch als schmerzlich. Dadurch reinigt er sich von den noch vorhandenen Sünden und nicht ausgetragenen Sündenfolgen.

d. Diese Begegnung mit dem wiederkommenden Christus erlaubt es dem Menschen, entweder in eine unverlierbare Einheit mit ihm und damit mit Gott zu treten oder sich für immer von ihm zu trennen. So gelangt der Mensch in das, was wir gemeinhin Himmel oder Hölle nennen.

Eine solche perspektivische Sicht des Todes versucht, ihm nichts von seiner Tragik oder Bitterkeit zu nehmen, sondern weckt den Menschen auf, das Leben absolut ernst zu nehmen und ermöchtigt ihn zu einer Hoffnung über den Tod hinaus, wenn auch durchaus bei O. Semmelroth die Gefahr naherückt, dass aufgrund der Betonung dieser Hoffnung das Erschütternde des Todes doch leicht in den Hintergrund tritt.

§ 9. ZUSAMMENFASSUNG

Blickt man zusammenfassend auf die verschiedenen Ergebnisse dieses Forschungsberichtes zurück, wird man einige interessante Feststellungen machen können.

1. Als erstes ist festzustellen, dass der bruchstückhaften kirchlichen Lehre - und letztlich der ganzen katholischen, theologischen Rede vom Tod, die Auffassung des Menschen als einer Einheit von Natur und Person zugrundeliegt. Der naturale Aspekt findet sich ausgedrückt im Stichwort vom Tod als der Trennung von Leib und Seele; besonders K. Rahner versucht diese Definition des menschlichen Todes neu zu interpretieren. Der personale Aspekt ist in der Aussage vom Tod als Ende des Pilgerstandes festgehalten, deren Interpretation Impulse zu neuen theologischen Versuchen der Bestimmung des Todes gegeben haben dürfte.

2. Es lässt sich auch eine Akzentverschiebung im Hinblick auf den Gegenstand der theologischen Betrachtungen feststellen, die für eine heutige und zukünftige Theologie des Todes bestimmend sein wird. Lag früher der Akzent des theologischen Interesses stärker auf dem, was n a c h dem Tode folgt, und gab das viel Stoff zu weiten Spekulationen und verschiedenen Lehrmeinungen, so versucht man heute, das Ereignis des Todes selbst in den Blick zu bekommen und ihn als vollpersonale Tat der Vollendung (K. Rahner) oder als letztmögliche und endgültige Entscheidung (L. Boros, R. Troisfontaines, A. Winklhofer) zu erklären. Zu dieser Wende dürften wohl die Arbeiten von P. Glorieux Wesentliches beigetragen haben.

3. Wurde der Tod früher hauptsächlich unter dem Gesichtspunkt des passiven Erleidens am Ende des Lebens, als ein momenthaftes Betroffensein von aussen (kirchen-

lehramtliche Aussagen, die dogmatischen Interpretationen), so wird der Tod heute -
beeinflusst von Gedanken modernerer Philosophie - doch mehr als eine im Leben
sich auszeugende Tat verstanden und der konkrete "Tod" wird als Zusammenfassung
des ständigen Sterbens, oder wie K. Rahner sagt, als Tod des Todes angesehen.

4. Von den traditionellen kirchenlehramtlichen Aussagen über den Tod als Trennung
von Leib und Seele, von der Allgemeinheit des Todes, vom Tod als Folge der Sünde
und vom Tod als Ende des Pilgerstandes kommt gerade dieser letzten vom Tod als
endgültigem Ende jedes Verdienstes oder Missverdienstes, dem Tod als der endgültigen ethischen Grundentscheidung (vgl. die dogmatischen Handbücher) vermehrte
Aufmerksamkeit zu. Diese Aussage dürfte sich in ihren verschiedenen Auslegungen
zur Grundlage für eine weitverbreitete Endentscheidungshypothese entwickelt haben.

5. Und noch ein Ergebnis der Entwicklung theologischen Denkens vom Tod darf festgehalten werden, nämlich, dass erst in jüngster Zeit versucht wird, ein spezifisch
christliches Verständnis des Todes zu erarbeiten (H. Volk, K. Rahner, O. Semmelroth, Vertreter der Endentscheidungshypothese). Der Tod Jesu wird in seiner Bedeutung für den Tod des Menschen herausgestellt, sodass es gelingt, eine spezifisch
christliche Antwort auf das Problem des Todes zu geben.

All diese Ergebnisse zeigen, dass eine Theologie des Todes relativ jung, eine Entwicklung etwa in den Dreissigerjahren eingeleitet worden ist und erste, zaghafte
Schritte tut. Dabei vermag sie durchaus anregende Impulse zu geben, die ein ver-
schiedenartiges Sprechen vom Tod in Zukunft erlauben.

2. KAPITEL

DIE SUCHE NACH EINEM PHAENOMENOLOGISCHEN ZUGANG ZUM TOD

§ 1. AUSGANGSPUNKT: DIE NOTWENDIGKEIT ZU EINER PHAENOMENOLOGISCHEN BETRACHTUNG DES TODES

Wir haben im Forschungsbericht einer Theologie des Todes eine ganze Reihe Ansätze feststellen können, die zum Teil nur anfanghaft entfaltet sind, und die ein Weiterdenken geradezu herausfordern. Sie regen zu neuen Spekulationen und Hypothesen an, ginge man der eingeleiteten Entwicklung weiter nach.

1. Das Absehen von einer idealistischen Spekulation über das Wesen des Todes

Tatsächlich kann man diesen spekulativen Gedankengängen eine gewisse Berechtigung und Plausibilität nicht absprechen. Sie heben oft einen richtigen Aspekt hervor oder weisen auf diese oder jene aus neueren philosophischen oder naturwissenschaftlichen Ergebnissen resultierenden Feststellungen und Gedanken hin. Doch stellen sich zwei Fragen an eine idealistisch-spekulative Theologie des Todes: 1. Kommt nicht eine ganzheitliche Sicht des Menschen und des menschlichen Todes zu kurz und zwar zugunsten einzelner Akzentlegungen und Ideen, die weit entfaltet werden? 2. Spielt nicht der Tod all diesen spekulativen, gedanklichen "Höhenflügen" einen Streich, wenn er stillschweigend als brutales Faktum dem Menschen zu bedenken gibt, dass der Mensch, solange er lebt, über das Wesen des Todes nichts auszusagen vermag?

In verschiedenen theologischen Aussagen zum Problem des Todes wird der Tod bisher weniger als ein ganzheitlich umfassendes und komplexes Ereignis am Menschen angesehen, und die ganze Problematik, die der konkrete Tod mit sich bringt, ist nicht genug ins Auge gefasst worden. Vielmehr neigen sie zu Spekulationen über einzelne Gesichtspunkt am Tod, um so entweder falschen oder missverständlichen Vorstellungen entgegenzutreten (279), oder um einzelne Akzentuierungen besonders deutlich hervorzuheben (280). Jedem dieser Versuche kommt in seiner ganz bestimmten

---

279) Gegen die Auffassung des Origenismus, der Apokatastasislehre, die verschiedenen Seelenwanderungslehren wurde der Tod als Ende des Pilgerstandes formuliert.

280) So will die Lehre von der Allgemeinheit des Todes nicht nur ein rein biologisches Geschehen, sondern auch die Störung des ursprünglichen Verhältnisses zwischen Mensch und Gott verdeutlichen; oder es wird versucht, den Ursprung

zeitlichen Situation, aus der er herausgewachsen ist, und in der spezifischen Intention, die er verfolgt, eine grosse Bedeutung zu. Es kann und soll ihnen deshalb eine Legitimität nicht abgesprochen werden.

Alle diese Versuche gehen aber weniger von dem aus, was sich beim Tod des Menschen zeigen oder erfahren, was sich verbindlich aussagen und beschreiben lässt (281). Viele der herkömmlichen Aussagen über den Tod wollen als Wesensbestimmungen verstanden werden. Das aber führt notwendigerweise zu Spekulationen über den Tod. Die Frage nach dem Wesen des Todes verführt "leicht zu grossen Worten. Man kommt sich so klein und ohnmächtig vor, wenn man dieser Frage gegenübersteht, dass man sich durch grosse und gefühlvolle Begriffe Stärke und Haltung zu geben trachtet" (282).

Da auch ein Kritiker all dieser Ansätze sich in keiner besseren Lage befindet, also auch nicht Einblick in das Wesen des Todes haben und geben kann, sind den spekulativen Versuchen relativ selten handfeste Gegenargumente entgegenzustellen, da sie immer auch im Bereich des Möglichen stehen. Sie bringen aber die Gefahr mit sich, das äusserst weite und komplexe Problem des Todes von einem ganz bestimmten Gesichtspunkt anzugehen, was notwendigerweise zu Einseitigkeiten und Idealisierungen führen muss (283). Solche spekulative Reflexionen stellen meist eine Idee in den Mittelpunkt, unter der sie das Ereignis des Todes zu fassen gedenken, und sie neigen dazu, den Tod ebenfalls mehr als eine Idee zu bedenken. Dadurch wird die brutale und schmerzliche Seite des menschlichen Todes nur noch am Rande oder überhaupt nicht mehr beachtet. Aus diesen Gefahren idealistischer Gedankengänge folgt, dass diese Ueberlegungen für heutiges Empfinden wirklichkeitsfremd wirken können, weil sie den alltäglich gemachten, tatsächlichen Erfahrungen des Todes nicht mehr gerecht und von dem heutigen, an naturwissenschaftlichem Denken orientierten Menschen nicht mehr ohne weiteres verstanden werden können.

---

des Todes mit der Ursünde des Menschen in Zusammenhang zu bringen durch die Lehre vom Tod als einer Folge der Sünde; oder in jüngeren Versuchen wird meist ein Moment oder eine Idee am Tod besonders betont (vgl. z.B. die Versuche K. Rahners und L. Boros').

281) Es kann sich im Folgenden nicht um eine Polemik oder um ein Ablehnen der grossen, idealistisch-spekulativen Versuche handeln. Es soll lediglich - etwas überspitzt gesagt - auf Aporien und Fragen hingewiesen werden, die diese Entwürfe aufwerfen, da sie versuchen, das Wesen des Todes denkerisch in den Griff zu bekommen.

282) M. Pflanz, a.a.O. 27; vgl. E. Ströcker, Der Tod im Denken Max Schelers, in: Der Mensch und die Künste. Festschrift für Heinrich Lützeler zum 60. Geburtstag (Düsseldorf 1962) 86: Der Tod "hat kein Wesen, das sich in seinem Gehalt, in seinen 'Wesenszügen' erschauen, das sich aufweisen, beschreiben, verstehen liesse. Freilich wird die Redeweise vom Wesen des Todes kaum je gemieden werden können, wo der Tod überhaupt Thema einer Betrachtung wird".

283) Vgl. L. Boros' Gesichtspunkt der Entscheidung, dem das passive Erleidenmüssen des Todes zum Opfer fällt.

2. Die Hinwendung zu einer phänomenologischen Betrachtung des menschlichen Todes

Es wird angesichts dieser äusserst schwierigen Ausgangslage auch von einer Theologie des Todes keine endgültige und sichere Antwort auf das Todesproblem erwartet werden dürfen. Doch kann und muss es eine stete Aufgabe der Theologie sein, immer wieder Versuche der Interpretation des Todes und daraus folgende Hilfestellungen für den Menschen zu geben. Deshalb muss sie vorsichtig vorgehen und darf nicht allzu schnell einen spezifisch christlichen Antwortversuch geben. Als erstes hat sie sich an dem zu orientieren, was sich am Tod eines Mitmenschen oder am je eigenen Tod zeigt. Dies gilt es festzuhalten, vorsichtig zu reflektieren, von fehldeutenden oder falschen Verständnisweisen zu befreien und von vordergründigen - im Moment durchaus berechtigten - Sentimentalitäten zu einem tieferen Verständnis des Todes vorzudringen.

Deutlich zeigt sich mit einer Abkehr von einer spekulativen Betrachtung des Todes auch das Zurücktreten der Intention, spezielle Wesensaussagen über den Tod machen zu wollen. Dafür tritt die Beziehung zwischen Mensch und Tod und die Bedeutung dieses geheimnisvollen Phänomens für den Menschen mehr in den Blickpunkt. Vielleicht gelingt es dadurch, gewisse gleichbleibende Züge am Tod festzustellen, ohne in die Verlegenheit zu kommen, "vermessene" Aussagen zu machen, die den Eindruck erwecken könnten, hier stehe jemand über der alles umfassenden Macht des Todes und hätte Einblick in sein inneres Wesen.

3. Methodische Schwierigkeiten

Doch ist diese Forderung, sich dem Phänomen des Todes zuzuwenden, rascher gestellt als auf eine verantwortete Weise durchgeführt. Das reflektierende Vordringen zum Tod ist nicht leicht, da sich viele, kaum zu überwindende Schwierigkeiten in den Weg stellen. Wie kann über etwas eine Aussage gemacht werden, das niemand von den Lebenden erfahren hat? So erlebt der Mensch zum Beispiel nur nebensächliche Beziehungen: Schmerzen im Körper, Todesangst oder die unabwendbare Todessituation. Das Geheimnis des Todes hat er damit nicht erfasst. Wer ist nach dem Tod zu befragen? Ist der Tod nicht vielmehr ein Phänomen, das man nicht vorführen und vorzeigen kann? "Der Tod ist etwas Unvorstellbares, etwas eigentlich Undenkbares. Was wir bei ihm vorstellen und denken, sind nur Negationen und sind nur Nebenerscheinungen, sind nie Positivitäten" (284). Kann der Mensch überhaupt ernsthaft über den Tod reden? Zeigt sich angesichts des Todes nicht eine ungeheure menschliche Unbeholfenheit, wie sonst in keinem anderen Geheimnis im Leben des Menschen? "Der Tod ist nicht anschaulich zu machen. Er ist nicht bestimmbar, wie alles Seiende

---

284) K. Jaspers, Psychologie der Weltanschauung (Berlin ⁴1954) 261.

(auch das Sterben) bestimmbar, identifizierbar ist. Der Tod ist nicht Gegenstand der Erkenntnis. Er ist unanschaulich, unidentifizierbar, ungegenständlich" (285). Warum? Wann? Wie lange noch? Was ist der Tod? Vermischt sich in diesen Fragen nicht das Ureigenste mit dem Fremdesten des Menschen? Zeigt sich nicht gerade in diesem Ineinander das Rätselhafte und Geheimnisvolle des menschlichen Todes? "Wer vom Tod verbindlich und gewissenhaft reden will, muss ihn kennen", sagt E. Jüngel (286). Wird der Mensch ihn aber jemals kennen können? Stehen wir nicht letztlich vor der traurigen Bilanz, viele Fragen und keine Antworten vor uns zu haben?

Fast kommt man in die Versuchung, zu sagen, den Tod gibt es nicht. Und doch gibt es den Tod des Menschen als Faktum. Er "durchbricht Leben, die Prozesse seines Sterbens und selbst die Verwesung des Gestorbenen. Er durchbricht alle Deutung. Der Tod hat wie das Nichts kein Wesen. Unwissend und erschüttert steht die von ihrem Sterben wissende Existenz vor seinem Dass" (287). Als erstes ist festzustellen, dass der Mensch keine unmittelbare Erfahrung vom Tod haben kann. Beim Sterben des Menschen wird nur eine äussere Realisierung des Todes wahrgenommen, nicht aber der Tod selbst.

Bei der Suche nach einem Zugang zum Tod dürfen nicht Sterben und Tod identifiziert werden. Man muss den Vorgang des Sterbens scharf vom Tod unterscheiden.

Das Sterben lässt sich bis in Einzelheiten von den Naturwissenschaften beschreiben. Beim Tod vermögen sie nur mehr festzustellen, dass er eingetreten ist, nicht aber, was geschehen ist. Vor ihm müssen alle naturwissenschaftlichen Beschreibungen ohnmächtig haltmachen.

Beim Sterben ist weiter noch eine Wende zu erhoffen, und oft genug ist eine Besserung, oder durch heutige medizinische Künste ist der Sterbevorgang angehalten und das Sterben so rückgängig gemacht worden. Beim Tod ist das nicht mehr möglich; beim Tod steht auch der Arzt hilflos vor einem brutalen Faktum, das er nicht mehr aufhalten kann.

Beim Sterben können Mitmenschen (Familie, Aerzte, Priester) dabei sein. Im Tod steht der Mensch absolut allein mit sich und seinem Los.

---

285) A. Metzger, a.a.O. 183.
286) E. Jüngel, a.a.O. 17. Da in den kommenden Gedanken viele Ueberlegungen von E. Jüngel übernommen werden, wurde auf eine ausdrückliche Erarbeitung seiner These vom Tod als absoluter Beziehungslosigkeit verzichtet, obwohl es sich angesichts der bleibenden Bedeutung seines Buches rechtfertigen könnte, eingehender darauf einzugehen. Dies setzte aber viele kleine Analysen und Voraussetzungen eines bisherigen evangelischen Verständnisses des Todes voraus, was hier nicht geleistet werden kann.
287) A. Metzger, a.a.O. 184.

Selbst der Sterbende kennt noch nicht den Tod. Er ist noch ein Lebender, wenn auch nicht mehr in der Vitalität früherer Jahre.

Zum Sterben gehören nicht nur das Zu-Ende-Gehen des Lebens, sondern auch Phänomene wie Zeugen, Wachsen, Zerfallen. Die Sterbestunde, der letzte Atemzug, das Gestorbensein gehören aber noch in den Prozess des Lebens. Der Tod überholt diesen Prozess, durchbricht das Leben. Es gibt Typen des Sterbens, aber nicht Typen des Todes.

Der eigene Tod ist also nicht erfahrbar; er steht noch aus. So sagt ein scharfer Denker: "Der Tod ist kein Ereignis des Lebens. Den Tod erlebt man nicht" (288). Der Mensch kann in höchste Todesgefahr kommen, aber noch ist er nicht selbst in den Tod eingedrungen, sodass er wieder ins Leben zurückgeholt, über ihn Aussagen machen könnte, und so formuliert Epikur: Das schauerlichste Uebel, der Tod, geht uns nichts an. Denn solange wir sind, ist der Tod nicht da, und wenn er da ist, sind wir nicht da.

Auch der Tod des anderen Menschen, bei dem wir dabei sein können, der sich in unserer Umwelt ereignet, ist nicht erfahrbar. Immer erleben wir mit ihm nur das Sterben, über seinen Tod, ist er einmal eingetreten, lässt sich nichts mehr aussagen. Das, was beim anderen geschieht, entzieht sich unserem Nachvollziehen. Er hat sich entzogen und lässt nur noch seinen Leichnam und seine Erinnerung zurück (289). Vieles lässt sich zwar erfassen, vieles kann vom Tod und vom Toten ausgesagt werden, nie aber, was er ist (290). Muss nicht angesichts dieser Tatsache Resignation eintreten? Oder müssen wir nicht wieder in eben jene Spekulation vom

---

288) L. Wittgenstein, Tractatus logico-philosophicus 6.4311, in: ders., Schriften I (Frankfurt 1960) 81.
289) Vgl. E. Fink, Tod und Metaphysik 55 ff, hier 56.
290) Vgl. ebd. 56/57: Der Tod "ist kein Phänomen, geschieht als die Entrückung aus der Erscheinungswelt, als 'Entzug', als Wegschwinden aus dem einen allumfassenden Anwesen, worin prinzipiell 'alle Phänomene' versammelt sind. Weil der Tod streng genommen kein Phänomen ist, doch alle Phänomene des Menschenlebens durchwirkt und überschattet, - die uns ängstigende, aber auch mit abgründigem Vertrauen erfüllende Leere des Nichts ist, ist er das am meisten interpretierte Daseinsmoment. Der Tod ist der stärkste Antrieb unseres Sehnens, unseres Denkens und Dichtens, ist die imaginäre Zone, worin sich die spekulativen Träume ansiedeln ... Er ist uns schrecklich und vertraulich zugleich, hat das Doppelgesicht von Vernichtung und Erlösung. In der grossen Spannweite solcher Gegensätze bewegen sich die geschichtlich wirksam gewordenen Todesdeutungen der Mythen, Religionen und Kulte. Diesen Sinnmächten wird man sicher nicht gerecht, wenn man sie nur als glaubensmässige Ausschmückungen der durch den Tod aufgerissenen 'Leere', nur als utopische Phantasmagorien abtut, - es sind Kraftquellen mächtiger Lebensenergien ... Für die Philosophie kommt es allein darauf an, was der Mensch von sich selber

Tod zurückkehren, von der wir abkommen wollen. Wer ist nach dem Tod zu befragen? Diese Frage stellt E. Jüngel an den Anfang einiger methodischer Ueberlegungen. Darüber soll denn auch hier noch etwas nachgedacht werden, denn "verantwortliche Rede vom Tod muss die I n s t a n z nennen können, die sich nach dem Tod befragen lässt" (291). Das Todesereignis kann nicht viel zu der Beantwortung der Frage beitragen. Auch dem Mediziner, der doch tagtäglich mit dem Tod zu tun hat, bieten sich sehr viele Schwierigkeiten. Er kann den Todeszeitpunkt nur definitorisch festlegen, ohne das näher bestimmen zu können, was der Tod ist.

Der Mensch scheint vor einem hoffnungslosen Versuch zu stehen, der von vorneherein zum Scheitern verurteilt ist. Vorstellungen vom Tod als Knochenmann, als Sensenmann, als Parze, die den Lebensfaden abschneidet sind Bilder, die heute weitgehend von einem "aufgeklärten" Geist nicht mehr als Beschreibungen angenommen werden, schon gar nicht als philosophische und theologische. So muss festgestellt werden: "Was die Philosophie über den Tod aussagen kann, erscheint als geringfügig gegenüber den reichhaltigen, blühenden, beseligenden und angsterweckenden Schilderungen, welche der Mythos vom Totenlande gibt" (292). Der Tod ist stumm und macht auch den vor ihm rätselnden Menschen stumm.

§ 2. DIE ERFAHRUNG DES TODES ALS MOEGLICHER ZUGANG ZUM PHAENOMEN DES TODES

Der Tod kann also nicht befragt werden. Kann das Leben über den Tod Auskunft geben? Diese Frage mag paradox klingen, und doch dürfen wir vorsichtig dies bejahen.

---

aus vom Tode wissen kann, - wie er den Tod als Grenze, als Leere, als innerste Angstgewissheit und als bebende Hoffnung erfährt. Das ist der asketische Zug an der Philosophie, dass sie auf die menschliche Vernunft sich beschränkt, auf die armselige Leuchte des 'lumen naturale'. Es ist ausserordentlich schwer, hinsichtlich des Todes als des am meisten 'interpretierten' Daseins-//momentes die nötige Zurückhaltung zu üben, - nur das auszusprechen, was wir von uns aus, aus der Zeugenschaft unserer eigenen Existenz darüber sagen können".
291) E. Jüngel, a.a.O. 18; vgl. ebd. 17-25.
292) E. Fink, a.a.O. 57.

1. Das Leben als Horizont für die Frage nach dem Tod

Besonders M. Heidegger hat in "Sein und Zeit", auf Augustinus (293) und mehrere philosophische Gedankengänge vor ihm (S. Kierkegaard, G. Simmel, M. Scheler) zurückgreifend, versucht, den Tod als eine Grundbestimmung des lebendigen Daseins zu deuten. Damit aber ist wesentliches ausgesagt. Der Tod wurde in die Struktur des Lebens als ein Existential hineingenommen und gibt uns dadurch die Möglichkeit, das Leben nach dem Tod zu befragen. Es folgt eine erste Erkenntnis aus diesen Ueberlegungen, den Tod nur im Horizont des menschlichen Lebens verstehen zu können, und zwar als das, was er ist. Nur solange sich der Mensch zu seinem Leben verhält, verhält er sich auch zu seinem Tod. Damit ist erst gesagt, d a s s der Tod ist. W a s dieser Tod aber ist, das wird sehr viel schwieriger zu beantworten sein, und das D a s s kann auf das W a s des Todes nur sehr vage Hinweise geben, kaum mehr als wiederum Fragen stellen. Eines lässt sich jedoch mit E. Jüngel sagen, dass "jetzt die F r a g e nach dem Was des Todes als eine sinnvolle Frage" (294) angesehen werden kann.

2. Die Philosophie als phänomenologische Analyse ursprünglicher Erfahrung

In einem weiteren Gedankengang soll nun versucht werden, zu dem, was das Dass des Todes über sein Was aussagen kann, einen Weg zu finden. Dazu muss jedoch etwas weiter ausgeholt werden (295).

Wenn Philosophie nicht nur ein Entwerfen von einfallsreichen Gedankenkonstruktionen ist; ein "Weiterdenken" von Erkenntnissen, Fragestellungen und Voraussetzungen der Wissenschaften (296), nicht bloss ein Referieren von Gedanken und Thesen anderer Philosophen (297), sondern auch ein Nachdenken und Nachfragen von Fragen und Gedanken grosser Denker ist, die in ihrem Fragen und Denken ganz von bestimmten Grunderfahrungen geleitet wurden, so ergibt sich auch für die Erhellung der Grunderfahrung des menschlichen Todes die gleiche Forderung; nämlich über das je

---

293) Vgl. Augustinus, De Civitate Dei XIII, 9-12.
294) E. Jüngel, a.a.O. 25.
295) Vgl. F. Wiplinger, Der personal verstandene Tod 12 ff.
296) Philosophie will nicht Wissenschaftstheorie oder Grundlagenforschung, "noch auch Integration der Wissenschaften zur Einheit eines Weltbildes und eines solchen mit irgendwelchen Wertvorstellungen und Ideologien zu einer Weltanschauung ..., weder Marxismus noch Christentum, weder szientistisch-ideologische noch christlich-religiöse Weltanschauung" sein (ebd. 12).
297) Sie will nicht nur Philosophiegeschichte oder Speicherung der Tradition sein, sondern Philosophie geschieht immer nur als Philosophieren.

eigene Vorverständnis hinauszudringen und nach den je eigenen, hinter solchen Fragen stehenden Erfahrungen zu fragen. "Eine philosophische Erörterung des Menschentodes kann darum, wenn sie diesen und sich selbst ernst nimmt, nirgend anderswo ansetzen, als in und bei dessen ursprünglicher Erfahrung. Was also hier möglich ist und versucht werden kann und soll, wäre demnach die Besinnung auf solch ursprüngliche Erfahrung des Todes und die aus dieser aufbrechenden Fragen, der Versuch, sich ihnen denkend zu stellen und sie dorthin und so weit zu verfolgen, wohin und wie weit sie mich selbst in ihnen verweist - zuletzt nämlich immer in das Ganze meines Lebens und meiner Welt, meines Selbst-, Welt-, und Seinsverständnisses zumal, in das Ganze der erfahrenen und erfahrbaren Wirklichkeit als Horizont jeglicher Erfahrung überhaupt" (298).

Vielleicht muss bei einem solchen Zurückfragen sogar auf jede letzte Antwort verzichtet werden - wie etwa beim Tod -, da diese eine Neigung zur ideologischen Verfälschung oder zu anmassendem Denken in sich birgt. Vielmehr wird sich dahinter einfach das Phänomen zeigen, in unserem Fall das Todesphänomen, d.h. es soll lediglich versucht werden, das sehen zu lassen, "was sich von sich selbst her an ihm selbst zeigt - in ursprünglicher Erfahrung" (299).

3. Die Erfahrung - ein Weg zu neuen Einsichten

Ausgangspunkt einer Annäherung an den Tod sollen E r f a h r u n g e n des Todes sein, wie sie der Mensch machen kann. Es lassen sich aber sehr verschiedene Todeserfahrungen machen. "Es gibt dem Tode analoge Zustände, die in gewissem Masse noch in die Erfahrung eingehen, die wir in unserem eigenen Leben machen können: der Tiefschlaf, Ohnmachten einer gewissen Art, das dunkle Erinnern an vorgeburtlich embyonäres Dasein, herausgerufen durch besondere Arten der Meditation und anderes mehr. Vor allem liegt eine Todeserfahrung auch in den Erlebnissen der Todesgefahr: Krieg, schwere Krankheit, Unglücksfälle. Es gibt tausend Weisen, in denen wir unseren eigenen Tod vorausfühlen und eine dunkle Vorstellung von ihm gewinnen können" (300). All diese Erfahrungen vermögen aber nicht viel im Hinblick auf den Tod auszusagen, da sie zu sehr im Allgemeinen bleiben. Wie aber ist der Tod gegeben? Wir erfahren das Altern des Menschen, das Abnehmen seiner Kräfte, schliesslich das Gestorbensein. Alles das ist nicht die Erfahrung des Todes. Es ist das Sterben. Wir erfahren den Weg zum Tod, die Destruktion des Lebens (301). Es

---

298) Ebd. 14.
299) Ebd. 15; vgl. M. Heidegger, Sein und Zeit 28 ff: "Als Bedeutung des Ausdrucks 'Phänomen' ist daher f e s t z u h a l t e n : das S i c h - a n - i h m - s e l b s t z e i g e n - d e , das Offenbare" (ebd. 38).
300) P. Landsberg, a.a.O. 20.
301) Vgl. A. Metzger, a.a.O. 182.

gilt deshalb zu fragen, ob es spezifische und ursprüngliche Todeserfahrungen gibt, die uns weiterhelfen können.

Ursprüngliche Erfahrungen - und das gilt auch von ursprünglichen Erfahrungen des Todes - zeigt sich aber nicht an der Oberfläche des Lebens, sondern um das zu erfassen, was sie ist, muss tiefer gefragt, muss von vielem Vordergründigen und uneigentlichen Erfahrungen abgesehen werden. Alltäglich gemachte Erfahrungen müssen hinterfragt werden, um zu ursprünglichen Erfahrungen vorzustossen, um so - in unserem Fall - dem Phänomen Tod über seine ursprüngliche Erfahrung etwas näher zu kommen.

So wird unser Gedankengang von einem allgemeineren Begriff der Erfahrung vorzudringen haben zu dem, was ursprüngliche Erfahrung heisst, um zu fragen: Was lässt sich von einer ursprünglichen Todeserfahrung aussagen?

a. Der "vollere" Begriff von "Erfahrung"

Wird hier von Erfahrung gesprochen, dann soll keine Theorie (302) über Erfahrung zu Wort kommen, oder ein Verständnis von Erfahrung im Sinne der modernen Naturwissenschaften (303) vorausgesetzt werden, sondern es soll sich um eine unvoreingenommene Befragung menschlicher Erfahrung handeln. Es soll versucht werden, das festzustellen, was sich zeigt, und was sie dazu beitragen kann, einen möglichen Weg zum Phänomen des Todes zu öffnen.

Erfahrung soll hier so verstanden werden: "Spricht man gewöhnlich von Erfahrung, so meint man: 'mit etwas eine Erfahrung machen'. Wir beschäftigen uns mit diesem

---

302) Vgl. zusammenfassende Kurzdarstellungen: A.S. Kessler/A. Schöpf/Chr. Wild, Erfahrung, in: H. Krings/H.M. Baumgartner/Chr. Wild (Hg.), Handbuch philosophischer Grundbegriffe, Studienausgabe II (München 1973) 373-386; K. Lehmann, Erfahrung, in: SM I, 1117-1123.
303) Vgl. R.E. Vente (Hg.), Erfahrung und Erfahrungswissenschaft. Die Frage des Zusammenhangs wissenschaftlicher und gesellschaftlicher Entwicklung (Stuttgart 1974). O.F. Bollnow weist in seinem Beitrag darauf hin, dass heute die Erfahrungswissenschaften sich zu Unrecht auf einen - dazu noch verblassten - Erfahrungsbegriff berufen, da das, was diese Wissenschaften weiterbringt, nicht Erfahrung im strengen Sinne - wie wir noch sehen werden - ist, sondern an die Stelle der Erfahrung heute die Forschung getreten ist (vgl. O.F. Bollnow, Was ist Erfahrung, in: R.E. Vente (Hg.), Erfahrung und Erfahrungswissenschaft. Es gilt streng zwischen Erfahrung und Forschung zu unterscheiden. Während die Erfahrung "dem unberechenbaren Zufall und Schicksal ausgeliefert ist und der Mensch sich dabei durchaus passiv verhält, ist die Forschung eine bewusste, menschliche Veranstaltung, die er planvoll und zielbewusst unternimmt und die zu bestimmten, dem anderen übertragbaren Ergebnissen führt" (ebd. 23).

oder jenem, gehen damit um und erblicken so im Laufe der Zeit neue Seiten der
Dinge oder entdecken gar etwas völlig Neues" (304).

Wird im Folgenden über den Begriff "Erfahrung" nachgedacht, wird der eine oder
andere Aspekt oder werden einzelne Strukturen hervorgehoben, mag es leicht erscheinen, als ob die Erfahrung so etwas sei, wie ein aus verschiedenen Teilen Zusammengesetztes. Dieser Eindruck mag nicht ganz zu vermeiden sein, jedoch gilt es gleich
zu Beginn, ausdrücklich darauf hinzuweisen, dass Erfahrung ein lebendiges, letztlich
nicht aufteilbares, ursprüngliches Ganzes ist.

"Wir machen eine Erfahrung" heisst: es geht uns etwas, was bisher verborgen oder
unerkannt war, auf. Es ent-birgt sich etwas in den Raum unseres Lebens hinein. Es
eröffnet sich etwas für uns. Es kommt etwas Neues ins Blickfeld (305). Erfahrung
lässt immer etwas, das Erfahrene, zum Vorschein kommen (306). Dieses Sich-Ent-
bergen kann langsam durch viele Jahre der Erfahrung hindurch wachsen. Es kann
aber auch in einem einzigen Augenblick uns eine neue Wirklichkeit aufgehen. Das
Erfahrene beschränkt sich nicht auf einen bestimmten Sachbereich und ist nicht
an bestimmte Sinne gebunden. So können wir mit allem Erfahrungen machen (nicht
nur im Sinne "sinnlicher Wahrnehmung"): mit Liebe und Leid, Freude und Trübsal,
Glück und Unglück, also mit Lebendigen, mit Unlebendigen, mit Mitmenschen, mit
uns selbst, mit dem Tod, mit Gott. Erfahrung ist Entbergung von dem, was ist (307).

Es lässt sich so etwas von einer ursprünglichen Kraft und Weite dieses Begriffs erahnen, und seine Verengung durch die Naturwissenschaften, in denen der Erfahrungsbegriff "einer erkenntnistheoretischen Schematisierung" (308) unterworfen wird, dürfte ins Auge springen.

Wollen wir aber Erfahrungen des Todes analysieren, werden wir kaum im Sinne "er-
fahrungs-"wissenschaftlicher Methoden dem Phänomen Tod näher kommen, jede Erfahrung des Todes ist einmalig. Deshalb werden wir zu einem solchen ursprünglich
"volleren" Begriff zurückzukehren haben, da erst eine solche Erfahrung des Todes
etwas über ihn selbst und seine Bezüge zu Welt und Mensch entbirgt.

---

304) G. Pöltner, Zu einer Phänomenologie des Fragens. Ein fragend-fraglicher Ver-
     such (Freiburg 1972) 19.
305) Vgl. B. Welte, Erfahrung und Geschichte, in: Wort und Wahrheit (1970) 145-153,
     bes. 146.
306) Vgl. G. Pöltner, a.a.O. 20.
307) Vgl. ebd.
308) H.G. Gadamer, Wahrheit und Methode (Tübingen 1965) 329. Deshalb spielt ein
     solcher Begriff der Erfahrung in der Philosophie keine allzu grosse Rolle mehr.
     Vgl. A. Gehlen, Anthropologische Forschung. Zur Selbstbegegnung und Selbst-
     entdeckung des Menschen (Hamburg 1961) 26-43.

Voraussetzungen zu solchen Erfahrungen, aus denen der Mensch neue Kenntnisse gewinnen kann, ist die Unabgeschlossenheit des Daseins des Menschen. Er darf nicht blind sein und selbstgenügsam sich einkapseln, sondern muss sich dauernd ins Noch-ausstehende und Hereinstehende der Zukunft (309) entwerfen, sich ins Ungewisse hin-auswagen, sich dem aussetzen, was an Unerwartetem auf es zukommt (310). Der Mensch ist ein "offener Entwurf", der es erlaubt, für Erfahrungen offen und empfäng-lich zu sein (311). Sonst lebte der Mensch in einer geschlossenen Welt, in der er zum vornherein wüsste, was geschieht und was auf ihn zukommt, und er wäre nicht mehr bereit, grosse und eigentliche Erfahrungen zu machen. "Nur wem es wirklich um etwas geht, und nur wer das begriffen hat und sich dies klargemacht hat, nur wer in diesem Sinne als gelebter Entwurf lebt, und nur wer darin zugleich offen und also fügsam ist ins Unversehene: nur der ist offen und bereit für die seiner harren-den Erfahrung" (312).

Indem der Mensch offen ist für die vielen Möglichkeiten der Welt und sich mit diesen auseinandersetzt, kann er wirkliche Erfahrungen machen, die über ein blosses, in-formatives Wissen hinausgehen, die den Menschen in seiner Tiefe treffen und ihn als Entwurf verändern können. Zu einem solchen Sich-Aussetzen, einem solchen seinen eigenen Entwurf In-Frage-stellen und Verändern-lassen gehört Mut und Einsatzbe-reitschaft der ganzen Person, denn solche Erfahrungen können gefährlich und schmerzhaft sein.

Eine tiefe Todeserfahrung wird nur dort möglich sein, wo der Mensch über vorder-gründige Schmerzerfahrungen, die ihn und sein Denken "lähmen", hinausgeht, sich dem Tode öffnet und sich ihm stellt. Der Mensch darf sich nicht von ihm abwenden und in die Geschäftigkeit des Alltags flüchten. Eine solche Auseinandersetzung mit dem Tod verlangt Mut und Kraft, bringt vielleicht schwerwiegende Konsequenzen mit sich, kann das ganze Leben grundlegend ändern. Das zeigt sich im Alltag darin, wenn man Menschen beobachten kann, deren Leben nach einem Tod eines lieben Menschen oder nach einer grossen Todesgefahr - was allerdings nicht heissen muss,

---

309) Vgl. dazu M. Heidegger, Sein und Zeit 323 ff. Das Dasein ist für M. Heidegger immer "nach vorne" gestreckt, ist immer über sich hinaus, "sich vorweg". Das Sein des Daseins ist kein fertiges Gebilde, sondern ein Sein-können, ein Möglich-sein.
310) Vgl. O. F. Bollnow, Philosophie und Erkenntnis (Stuttgart 1970) 137/138.
311) B. Welte macht auf Phänomene wie Hoffen und Fürchten aufmerksam. "Wer hofft, der lebt im Entwurfe dessen, was er hofft, auch wenn er dies nicht weiss. Wer fürchtet, der lebt im Entwurfe dessen, was er fürchtet, auch wenn es im dunkel bleibt" (B. Welte, Erfahrung und Geschichte 147).
312) Ebd. Zu einem ähnlichen Ergebnis kommt A. Gehlen, wenn er in seiner Anthro-pologie einen Unterschied zwischen Tier und Mensch darin sieht, dass der Mensch einer unbestimmten und offenen Welt mit vielen unvorhergesehenen Möglichkeiten ausgeliefert ist, die der Mensch ununterbrochen in allen Einzel-heiten deuten und tätig aneignen muss. Vgl. A. Gehlen, a.a.O. 33.

dass darin eine Todeserfahrung gemacht wird - sich völlig verändert hat (313). Sie wird oft nicht gelingen und so sind denn tiefe Erfahrungen mit dem Tod selten.

b. Das Betroffensein von Erfahrungen

Das Offensein des Menschen für Neues macht deutlich, Erfahrungen sind nicht zu planen und vom Menschen nicht zu "machen". Es gilt diesen missverständlichen Ausdruck etwas zu klären. Im Eröffnen des Wortsinnes von "machen" zeigt sich uns ein weiterer Zug dessen, was "Erfahrung machen" heisst, nämlich "betroffen" sein von etwas. Dieses "machen" ist anders als im gewöhnlichen Sprachgebrauch zu verstehen. Es ist kein Herstellen, kein Erzeugen, keine Tätigkeit, sondern ein Erleiden. "Erfahrung machen" heisst für den Menschen als lebendigen, offenen Entwurf: etwas ist nicht so gegangen, wie man es erwartet hat. Erfahrung ist etwas völlig Unerwartetes, das den Menschen betrifft, das ihm widerfährt. Dieses Betroffen- und Ueberwältigtsein verwandelt den Menschen. "So ist eher zu sagen, dass nicht wir die Erfahrung machen, sondern umgekehrt die Erfahrung etwas mit uns. Sie ist wesentlich W i d e r f a h r n i s ... Die Erfahrung nötigt uns, indem sie uns ergreift und darin jeglichen verwandelt. Erfahrungen als die jeweiligen Welt-bezüge sind nie-//mals von uns zu erwirken und herbeizuzwingen, sie sind gerade als die je unsrigen immer Geschenk" (314).

M. Heidegger (315) drückt das sehr deutlich aus, wenn er Erfahrung charakterisiert, als etwas, was uns widerfährt, trifft, über uns kommt, uns umwirft, verwandelt. "Die Rede von 'machen' meint in dieser Wendung gerade nicht, dass wir die Erfahrung durch uns bewerkstelligen; machen heisst hier: durchmachen, erleiden, das uns Treffende empfangen, insofern wir uns ihm fügen" (316). Dieser "überwältigende" Charakter (317) drückt sich in Worten aus, wie: "Ich dachte, es müsse so und so kommen, aber dann kam alles ganz anders. Oder: ich dachte, es stände so und so mit diesem Menschen und mit diesen Verhältnissen, aber dann enthüllte sich mir Zug um Zug: es ist ganz anders" (318). Der ursprüngliche Entwurf kann überwältigt, vielleicht sogar überholt und zur Seite geschoben werden. Ein neuer Horizont eröffnet sich. Falsche Verallgemeinerungen werden durch Erfahrungen widerlegt, "für typisch Gehaltenes gleichsam enttypisiert" (319). Erfahrung, die gemacht wird, hat

---

313) Vgl. Augustinus Niedergeschlagenheit nach dem Tod seines Freundes.
314) G. Pöltner, a.a.O. 24/25.
315) M. Heidegger, Unterwegs zur Sprache (Pfullingen 1959) 159; vgl. auch O.F. Bollnow, Was ist Erfahrung? 20.
316) M. Heidegger, Unterwegs zur Sprache 159.
317) Vgl. O.F. Bollnow, Was ist Erfahrung? 20-22.
318) B. Welte, Erfahrung und Geschichte 148.
319) H.G. Gadamer, Wahrheit und Methode 335.

deshalb immer auch einen negativen Charakterzug (320). Sie bleibt aber nicht in dieser Negativität stehen. "Wenn wir an einem Gegenstand eine Erfahrung machen, so heisst das, dass wir die Dinge bisher nicht richtig gesehen haben und nun besser wissen, wie es damit steht. Die Negativität der Erfahrung hat also einen eigentümlich produktiven Sinn. Sie ist nicht einfach eine Täuschung, die durchschaut wird und insofern eine Berichtigung, sondern ein weitgreifendes Wissen, das erworben wird" (321). Meine feste Erwartung dessen, was kommen müsste, ist durch meine Erfahrung durchkreuzt. Aber i c h mache die Erfahrung, d.h. die Erfahrung wird durch die Aneignung, durch das Mich-von-ihr-betreffen-lassen m e i n e. Sie trägt jetzt meine Züge. Sie hat mich auf der einen Seite überwältigt, auf der anderen Seite wurde sie von meinem Denken und meinem Leben durchdrungen und durchformt. "Was ich immer schon war in Herkunft (322) und Entwurf der Zukunft, ist nun verwandelt und als Verwandeltes aufgehoben da in dem, was ich in der Erfahrung erst werde" (323). Mein von je meiner Herkunft geprägter Entwurf wird durch die je auf mich treffende Erfahrung durch die Auseinandersetzung des offenen Entwurfes mit der unverfüglichen Erfahrung neu geprägt. Nur einer dauernden Auseinandersetzung kann auch so etwas wie Lebenserfahrung erwachsen und "im Fortschreiten der Lebenserfahrung entfaltet sich zugleich das Weltverständnis, das den Menschen wiederum bei der Aufnahme neuer Erfahrungen leitet" (324).

Die Erfahrung kann mein Leben, meine Welt verändern. Sie ermöglicht mir neue Einsichten und Erkenntnisse meiner selbst, meines Lebens, meiner Welt. Durch die Negativität enthält der Begriff der Erfahrung ein qualitativ neues Moment. "Er meint nicht nur Erfahrung im Sinne der Belehrung, die sie über dieses oder jenes gewährt. Er meint Erfahrung im ganzen. Das ist jene Erfahrung, die stets selber

---

320) O.F. Bollnow weist auf diese Negativität hin, wenn er sagt, dass jede Erfahrung eine schmerzliche Erfahrung sei, dass es keine angenehmen Erfahrungen gebe (vgl. O.F. Bollnow, Was ist Erfahrung? 20/21; ders., Philosophie und Erkenntnis 130-132).

321) H.G. Gadamer, Wahrheit und Methode 336.

322) B. Welte versteht mit M. Heidegger Herkunft als all das, was der Mensch war, was er dachte, was er erlebte; die Sprache, die er spricht; das Sich-Entwerfen in die Zukunft.

323) B. Welte, Erfahrung und Geschichte 149; vgl. zu diesem Gedanken weiter ebd. 148/149.

324) O.F. Bollnow, Philosophie und Erkenntnis 128. Auch A. Gehlen weist auf die Aneignung der möglichen Dinge durch Auseinandersetzung hin, wenn er daraufhinweist, dass mögliche Dinge "also für den Menschen bewältigte Dinge (sind), und indem wir der Welt entgegen unsere praktische und geistige Aktivität entfalten, eignen wir sie im einzelnen an. Wir e r f a h r e n die Wirklichkeit nur, indem wir uns praktisch mit ihnen auseinandersetzen oder dadurch, dass wir sie durch die Mehrheit unserer Sinne hindurchziehen: die gesehenen betasten, befühlen oder endlich indem wir sie ansprechen und so eine dritte Art rein menschlicher Aktivität gegen sie setzen" (A. Gehlen, a.a.O. 33).

erworben sein muss und niemandem erspart werden kann. Erfahrung ist hier etwas, was zum geschichtlichen Wesen des Menschen gehört" (325).

Erfahrung als Aufgang von Welt weist auf den Bezug von Welt und Mensch hin. In diesen Bezug bin ich als erfahrender hineingestellt, "so dass ich aus und in diesem Bezug derjenige bin, der ich bin, nicht umgekehrt dieser das Resultat irgendwelcher Anstrengungen meinerseits" (326). Der Mensch wird als erfahrender in der Gänze seines Daseins erfasst und verwandelt. Vergangene Erfahrungen sind keineswegs einmal gemachte, vergangen und vorbei, sondern konstruieren vielmehr das Dasein des Menschen. "Der Erfahrende i s t seine gewesenen Erfahrungen" (327).

Aber nicht nur an uns stellen wir eine Veränderung fest, sondern auch an der Welt. Die neue Erfahrung des Einzelnen wird immer auch zu einer neuen Erfahrung des Ganzen in der Welt, denn "was sich uns in der Erfahrung entbirgt, mag es noch so sehr ein Einzelnes sein, es entbirgt sich aus dem Bezugsganzen, das wir unsere Welt nennen. Alle möglichen Erfahrungen werden erfahren als bezogen ins Ganze der Welt und herkommend aus diesem Ganzen" (328).

In diesen drei charakteristischen Merkmalen der Widerfahrnis, der Negativität und der Ganzheit - andere Momente sind in unserem Zusammenhang weniger von Bedeutung - kommen die beiden Phänomene "Erfahrung" und "Tod" in eine erstaunliche Nähe, wenngleich diese Eigenschaften bei beiden Phänomenen auf eine ganz andere Weise sich zeigen.

Der Tod ist - wie wir noch sehen werden - absolute Betroffenheit (329), der der Mensch sich nicht entziehen kann, und die ihn in seiner Ganzheit radikal trifft. Eine gewisse Parallelität zwischen "Erfahrung" und "Tod" mag uns helfen, das dunkle Phänomen des Todes etwas zu erhellen, wenn wir nach ursprünglichen T o d e s erfahrungen fragen. "Erfahrung" und "Tod" drüfen aber nicht identifiziert werden. Der Tod steht auch den ursprünglichsten Erfahrungen quer. Der Tod ist "die äusserste Erfahrung, in der alle Erfahrungen versinken und in der alle Entwürfe beiseite geschoben werden" (330).

---

325) H. G. Gadamer, Wahrheit und Methode 338.
326) G. Pöltner, a.a.O. 23.
327) Ebd.
328) B. Welte, Erfahrung und Geschichte 149. Wenn ein Mensch Liebe mit einem anderen Menschen erfährt, für den sieht die ganze Welt anders aus.
329) Vgl. Kp 3, § 3, 1.
330) B. Welte, Erfahrung und Geschichte 153. Es soll noch auf ein sehr schwieriges Problem aufmerksam gemacht werden, weil es nicht nur für die "Erfahrung" bedeutsam ist, sondern weil Aussagen über den Tod dauernd mit dieser Frage konfrontiert werden. Alles, was uns trifft, und wie immer es uns trifft, drängt zum Wort, will ausgesprochen werden, wenn dieser Drang sich auch verschieden stark meldet, je nach Flachheit oder Tiefe, Defizienz oder Ursprünglichkeit

Doch gilt es zuvor einen Schritt zu machen, nämlich zu fragen, welche Erfahrungen ein solches Sich-Annähern an den Tod ermöglichen. Es scheint aus dem bisherigen Gedankengang klar geworden zu sein, dass es sich nicht um Todeserfahrungen im allgemeinen, um den Tod als objektives Faktum handeln kann (331), sondern dass diese Todeserfahrungen, um die es uns geht, ihre besonderen Züge tragen müssen.

4. "Ursprüngliche Todeserfahrung" als möglicher Weg zur Erhellung des Todes

Wollen wir nach ursprünglichen Erfahrungen suchen, kommt es darauf an, zu klären, was unter ursprünglicher Erfahrung verstanden werden kann. Dabei wird mancher Zug, der im Vorhergehenden schon angeklungen ist, ausdrücklich herausgestrichen werden müssen.

a. Einige Grundzüge ursprünglicher Erfahrung

Da ursprüngliche Erfahrung alle Erwartungen und alle Vorstellungen übertrifft, das Welt- und Selbstverständnis des Menschen in Frage stellt, zeigt sich etwas von der Unverfügbarkeit, etwas von der Unableitbarkeit und Unausweichlichkeit der ursprünglichen Erfahrung. Sie wirft den Menschen um, kommt unvorhersehbar und überraschend. Sie lässt sich nicht auf andere zurückführen oder gar wissenschaftlich erklären. "Ich muss diese Erfahrung in gewissem Sinn rein aus ihr selbst zu verstehen su-

---

der Erfahrung. Und hier zeigt sich ein mühsames Suchen und Sagen, oft nur ein Stottern. Die geläufigen Worte und die Sprache selbst scheinen kaum das fassen zu können, was ausgesagt werden soll. Grosse Dichter und Denker kennen diese Erfahrung nur zu gut und leiden unter diesen Sprachschwierigkeiten oder sind auf der Suche nach einer sehr eigenwilligen Sprache, um ihre Erfahrungen artikulieren zu können. So können Erfahrungen zweifelsohne bis zu einem bestimmten Grad beschrieben, jedoch nicht letztlich durch die Sprache eingeholt werden. Das Wort bleibt eher hinter der gemachten Erfahrung zurück. Doch ist das Wort als ein Verweis der Erfahrung in sich zu nehmen, als Wink der Erfahrung selber und nichts Zweites neben ihr, "sondern sie selbst im Moment des Gewesenseins. Das Wort ist die gewesene Erfahrung" (G. Pöltner, a.a.O. 69). Das Hindrängen zum Wort und das Aussprechen von Erfahrungen zeigen, dass "Erfahrung als solche immer nur offenbar ist als gewesene, ihr Hervorgang als Verwandlung und Betroffenheit, immer nur als bereits geschehen erfahren werden kann" (ebd. 70). Vgl. auch K. Rahner, Gotteserfahrung heute, in: ders., Schriften zur Theologie IX (Einsiedeln 1970) 161-176, bes. 166, wo er auf das Dilemma des Sprechens von Grunderfahrungen aufmerksam macht.
331) Vgl. K. Jaspers, Philosophie II (Berlin 1932) 221.

chen und von ihr aus erst wieder gleichsam neu meine ganze Welt aus ihr aufbauen, aus dem in ihr mich Be-treffenden als dem Grund aller anderen, bisherigen Erfahrungen, die ich von dieser aus neu zu befragen, zu bedenken und zu verstehen habe" (332).

Diese radikale Betroffenheit zeigt, dass eine ursprüngliche Erfahrung immer nur je m e i n e Erfahrung sein kann. Niemand anders kann diese m e i n e Erfahrung abnehmen oder für mich machen. Weiter kann ich eine solche Erfahrung auch durch die beste Schilderung nur in einem beschränkten Masse dem anderen mitteilen. Er kann immer nur einen Teil dessen miterfahren, wovon ich betroffen bin. Die Voraussetzungen des anderen sind grundsätzlich andersartig. Meine Erfahrungen sind durch mein ganzes vergangenes Leben mit seinem Verstehenshorizont, meinen ganzen konkreten Lebensweg, durch meine Familie, Heimat, Volk, Freunde, Landschaft, Sprache, Erziehung und Bildung, weiter durch meine Zukunft, meine Erwartungen, Hoffnungen, Pläne, Aengste und durch alles, was ich im Moment erlebe und tue geprägt (333). Diese unvertretbare Jemeinigkeit der ursprünglichen Erfahrung lässt etwas von der Konkretheit, von der absoluten Radikalität und Totalität solcher Erfahrungen durchblicken (334). Solche ursprüngliche Erfahrung bleibt nicht nur pure Unmittelbarkeit. Wir machen nämlich Erfahrungen ja immer erst dann, wenn wir selbst sie entfalten und befragen. Wir müssen uns aber von allen anders woher kommenden und äusserlichen Deutungen und Erklärungen befreien, um auf die aus solcher Erfahrung von ihr selbst her aufbrechenden Fragen zu achten. Das können Fragen sein, die mich mein Leben lang begleiten, ohne je ganz beantwortet zu werden. "Diese aus der ursprünglichen Erfahrung aufbrechenden und in solcher Vorurteilslosigkeit verfolgten Fragen könnten sich // freilich als solche erweisen, die nirgendwo und nie mehr in diesem Leben in Antworten münden, sondern mich fernerhin ein Leben lang begleiten, mein Denken selbst rein zu einem Weg des Fragens machen, das sich sein Ziel nicht vorweg bestimmen, sich desselben nicht gewiss sein kann - und doch darum ebensowenig vorweg als 'sinn-los' gebrandmarkt werden darf" (335). Darin meldet sich der Wegcharakter ursprünglicher Erfahrung an, in dem sich auch zeigt, dass solche Erfahrung den Menschen verwandelt.

---

332) F. Wiplinger, Der personal verstandene Tod 17.
333) So können Eltern ihren Kindern nicht die schmerzlichen Erfahrungen abnehmen, denn Erfahrungen muss im wesentlichen jeder selber erwerben. Das gleiche gilt auch für das Lernen aus den Erfahrungen der Geschichte (vgl. O.F. Bollnow, Philosophie und Erkenntnis 129/130).
334) Und doch lässt eine solche Jemeinigkeit keinen Subjektivismus oder gar Solipsismus zu, denn letztlich bin ich nicht das Subjekt solcher Erfahrung. Das wird durch den charakteristischen Zug einer radikalen Betroffenheit von der Erfahrung unterstrichen.
335) F. Wiplinger, Der personal verstandene Tod 20/21.

b. Das Fragen nach ursprünglicher Erfahrung des Todes

Fragen wir nach ursprünglichen Todeserfahrungen, nach dem, was es sich mit dem Tod auf sich hat, werden wir einsehen müssen, dass nicht wir es sind, die Fragen stellen, sondern der Tod. Gerade ursprüngliche Todeserfahrung stellt Fragen an unser Leben und an unser Denken. Ja der Tod ist die Frage an unser menschliches Dasein überhaupt. Das heisst, wir werden erst einmal von unseren gewohnten Fragen, was? wie? warum?, von unserem Fragen nach Seiendem absehen müssen, da es uns nicht weiterbringt. Der Tod entzieht sich einem solchen Fragen immer. Der Tod macht uns einen Streich durch die Rechnung. Unser Fragen ist zurückverwiesen auf die ursprüngliche Todeserfahrung, ist angehalten, "erst einmal möglichst unvoreingenommen und vorbehaltlos auf diese zu achten und zu hören, zu sehen, was in und an ihr selbst als noch durch keine wissenschaftliche oder philosophische Theorie verfälschter sich zeigt - wie der Tod selbst in ihr" (336). Diese ursprüngliche Erfahrung muss in ihrer oft grössten Selbstverständlichkeit aufgedeckt und Schritt für Schritt durchbuchstabiert werden. Nur so kann der Tod vielleicht in einigen wenigen Zügen etwas erhellt, etwas verständlicher werden.

Ein Blick in die Philosophie unseres Jahrhunderts lässt zwei verschiedene Wege erkennen, wie sich der Mensch zu ursprünglichen Todeserfahrungen vortastet. Einige Philosophen versuchen aufzuzeigen, dass der Mensch in seinem je eigenen Leben als ein Sein-zum-Tod schon etwas, wie eine ursprüngliche Erfahrung des Todes machen kann, während andere in der Erfahrung des Todes eines geliebten Mitmenschen Ansätze zu solcher ursprünglichen Todeserfahrung gegeben sehen.

Diesen beiden Zugängen zu möglichst ursprünglichen Erfahrungen des Todes soll nun noch etwas weiter nachgegangen werden in der Hoffnung, in ihrer Entfaltung etwas von dem, was Tod heissen kann, aufleuchten lassen zu können.

§ 3. DIE ERFAHRUNG DES JE EIGENEN TODES ALS MOEGLICHKEIT EINER URSPRUENGLICHEN TODESERFAHRUNG

Eine ganze Reihe von Philosophen versuchen den Tod nicht als das irgendeinmal kommende Ende des Lebens zu verstehen, sondern nehmen ihn als ein dauerndes "Sein-zum-Ende" ins Leben hinein. Konkret heisst das: dass schon im Leben etwas von der Nichtigkeit des Todes erfahren wird, die in unserem Leben dauernd "in Schmerz, Krankheit, Alter, Verfall, aber auch in Verlust, Enttäuschung, Untreue, Scheitern,

---

336) Ebd. 22.

Abschied und allen Formen von Entzug, in jeder Entscheidung zwischen Möglichkeiten, sofern sie als Wahl zwischen diesen immer wesentlich ein Ab-scheiden und Absterben von den nicht ergriffenen bedeutet; dass wir ihm ins 'Auge sehen' in unmittelbarer Todesgefahr, -furcht und -angst, aber auch in Sehnsucht und Streben nach End-gültigkeit, Erfülltheit, Dauer von Seligkeit und Glück - und auch im Genuss des flüchtig gewährten Augenblicksglücks, dessen Köstlichkeit gerade in seiner Einmaligkeit und Unwiderbringlichkeit, weil Vergänglichkeit und Todgeweihtheit erfahren wird: Gipfelglück ist Abschiedsglück!" (337). Der Tod ist nicht nur ein einmaliges Ereignis, kein blosses Zu-Ende-sein, das noch aussteht, aber bestimmt eintreten wird. Der Tod ist nach Auffassung dieser Philosophen eine Weise, wie der Mensch zu sein hat. Er kann sich dem Tod gegenüber verhalten. So nimmt das menschliche Dasein den Tod auf sich, der ihn das ganze Leben hindurch wesentlich bestimmt. "In unserem endgültigen Hinscheiden wird nur manifest, was bereits unser ganzes Leben durchherrschte, aber nicht als Gedanke, sondern als reales, dem Leben immanentes Todesgeschehen" (338).

Wenn der Tod im Zusammenhang mit dem Leben verstanden wird, und ein solches "Sterben" als eine Erfahrung des je eigenen Todes angesehen werden darf, ist zu fragen, ob eine solche Erfahrung des Todes eine ursprüngliche Todeserfahrung sei. Ein Verständnis des Todes als ein immanentes Prinzip, als ein Existenzial (was die Schreibweise von Existenzial betrifft, soll schon im Folgenden vom sachlichen Zusammenhang her der Schreibweise M. Heideggers gefolgt werden) scheint nach diesen Philosophen eine ursprüngliche Erfahrung des Todes zu ermöglichen.

Da die meisten heutigen Arbeiten über den Tod auf dem Boden der Erfahrung des je eigenen Todes erwachsen sind - darin zeigt sich, welche Wende diese Gedanken für jedes heutige Todesverständnis eingeleitet haben -, sollen jene Philosophen etwas ausführlicher zu Wort kommen, die diese Erfahrung des je eigenen Todes reflektiert haben. Es lässt sich eine Entwicklung des Gedankens aufzeigen, die schliesslich mit M. Heideggers prägnanter Charakterisierung des Todes als eines Seins-zum-Tode ihren vorläufigen Abschluss und zugleich Höhepunkt fand.

1. Sören Kierkegaard: Der Ernst des Todes und der Tod als inneres Begleitmoment
   des Lebens

Es ist nicht sehr einfach, S. Kierkegaards (339) Verständnis und Einstellung zum Tod aufzuzeigen. Seine Aussagen über den Tod sind nicht zahlreich und oft im Stil von erbaulichen Schriften geschrieben. Sie sind also nicht systematisch oder thematisch dargestellt zu finden. Das heisst aber nicht, dass S. Kierkegaard nicht oft -

---

337) F. Wiplinger, Der personal verstandene Tod 28.
338) V.E. Freiherr von Gebsattel, a.a.O. 397.

und das ist eine weitere Schwierigkeit - über den Tod nachgedacht hat. Sein Leben stand geradezu unter dem Zeichen des Todes, musste er doch miterleben, wie viele seiner Geschwister in jungen Jahren gestorben sind. Er selbst glaubte vor dem 34. Lebensjahr sterben zu müssen. Dauernd sah er sein Leben und sein Tun mit dem Tod konfrontiert. So dürfte sein Verhältnis zum Tod wesentlich von seinen Erlebnissen und seiner Not im Leben bestimmt sein. Der Tod darf auch nicht isoliert gesehen werden von anderen philosophischen Problemen in seinem Werk. Es kann aber auf den Zusammenhang zwischen Tod und Angst, zwischen Tod und Verzweiflung, wie er in "Die Krankheit zum Tode" zum Ausdruck kommt, nur hingewiesen werden, ohne ausführlicher darauf einzugehen (340).

Vor allem zwei bedeutende Momente eines Kierkegaardschen Todesverständnisses sollen wegen ihrer Bedeutung und ihres grossen Einflusses auf spätere Denker kurz angesprochen werden.

a. Der Ernst des Todes

Es mag im ersten Moment erstaunen, wenn S. Kierkegaard "den Tod als einen adäquaten Gegenstand des Ernstes" (341) bezeichnet. Der Mensch denkt nicht gerne an Sterben und Tod. Er wünscht auch zu seiner Zeit einen plötzlichen und raschen Tod. Er stellt zwar weite Betrachtungen über die Rätselhaftigkeit des Todes an, aber das ist nicht Ernst, eher schon "Schmerz" oder "Stimmung" (342). Man drängt den Ge-

---

339) Vgl. S. Kierkegaard, An einem Grab, in: ders., Religiöse Reden, übersetzt von Th. Haecker (München 1950) 141-173; ders., Die Krankheit zum Tode. Eine christliche psychologische Erörterung zur Erbauung und Erweckung, in: ders., Gesammelte Werke, übersetzt von E. Hirsch (Düsseldorf 1954) 24. und 25. Abt.; ders., Der Liebe tun, eines Verstorbenen zu gedenken, in: ders., Gesammelte Werke, übersetzt von H. Gerdes (Düsseldorf 1966) 19. Abt. 378-392.
340) Vgl. dazu W. Anz, Tod und Unsterblichkeit, in: Pro Veritate. Ein theologischer Dialog. Festgabe für Erzbischof Dr. h.c. Lorenz Jaeger (Münster 1963) 262-270.
341) M. Theunissen, Der Begriff Ernst bei Sören Kierkegaard (Freiburg 1958) 140; vgl. S. Kierkegaard, An einem Grab, 143-148.
342) "Stimmung" ist hier verstanden als "das Sichversenken in allgemeine Betrachtung über den Tod. 'Stimmung' ist auch jede Gemütsverfassung, in die der Tod eines anderen versetzt" (ebd. 141). "Stimmung" hat also in unserem Zusammenhang nichts mit der "Gestimmtheit" der Existenzphilosophie zu tun. Das erlaubt ihm auch, so harte Aussagen zu machen, wie: Es mag Wehmut dabei sein, wenn ein Vater sein totes Kind zu Grabe trägt, wenn ein armer ungekannter Mensch ohne Angehörige beerdigt wird, wenn ein junger Mensch stirbt, wenn es die Geliebte ist, "aber, ob es dein Kind war, ob es deine Geliebte, und ob es dein einziger Führer war, es ist doch Stimmung; und ob du gerne selbst in den Tod gehen wolltest für sie, auch das ist Stimmung; und ob du meinst, dass das leichter sei, siehe auch das ist Stimmung" (S. Kierkegaard, An einem Grab 145).

danken an den Tod von sich weg und schiebt den Tod selbst so weit wie möglich aus
dem Leben hinaus. Man möchte leben, als gäbe es keinen Tod, und "wenn er dann
doch kommen muss, so lass ihn rasch und plötzlich kommen, dann ist es ja doch fast
so, als wäre er nicht da" (343). Mit dieser blinden Meinung aber täuscht sich der
Mensch selbst. Deshalb greift S. Kierkegaard auf die Haltung der alten Kirche zurück, die in Gebetform ausdrückt, Gott solle den Menschen vor bösem und schnellem
Tod bewahren, damit der Mensch Zeit habe, sich mit dem Tode zu konfrontieren (344).

Immer wieder umschreibt S. Kierkegaard den Tod für den Menschen, der sich unvoreingenommen sich selber stellt, nicht nur als eine Angelegenheit am Rande oder gar
jenseits der Grenze des menschlichen Daseins, sondern in seinem Ernst. Dieser
Ernst liegt nicht so sehr in der Begebenheit eines Todesfalles, nicht im äusseren Geschehen. Vielmehr vermag der Tod über dieses äussere Erlebnis des Sterbens oder
des Todes hinauszuweisen auf den Ernst, der im Inneren liegt (345). Der Ernst des Todes ist keine äussere Begebenheit, kein gewöhnliches Ereignis. Es gilt also vielmehr,
sich selbst mit dem Tod zusammenzudenken, seinen e i g e n e n Tod zu bedenken.
"Sich selbst tot denken ist der Ernst; Zeuge sein bei eines anderen Tod ist Stimmung" (346). Angesichts des Todes wird ganz deutlich, "dass der Ernst als die
Innerlichkeit des Selbstverhältnisses in einer schlechthin anderen Dimension steht
als jene Stimmung, deren worauf und wovor ein Endliches" (347) ist. Im Bedenken
seines eigenen Todes liegt also der Ernst des Todes (348). "Er negiert den Tod als
Begebenheit, 'die einmal passieren wird', indem er die Scheinferne des 'Einmal'
und damit das abstrakte Fürsich entfernt und den Tod vergegenwärtigt. Er nimmt
das Ereignis des Todes vorweg und denkt sich selbst tot" (349). Es gilt deshalb Abschied zu nehmen von jeder bildlichen Vorstellung des Todes als Knochenmann, von
jeder sentimentalen oder beruhigenden Vorstellung vom Tod als Schlaf oder als

---

343) S. Kierkegaard, Die Tagebücher, in: ders., Gesammelte Werke, übersetzt von
H. Gerdes II (Düsseldorf 1963) 108.
344) Vgl. Evangelisches Kirchengesangbuch Nr. 138; auch 341.
345) Vgl. S. Kierkegaard, An einem Grab: "Der Tod gerade kann lehren, dass der
Ernst im Inneren liegt, im Gedanken, kann lehren, dass es nur ein Sinnesbetrug
ist, wenn leichtsinnig oder schwermütig auf das Aeussere gesehen wird, oder
wenn die Betrachter tiefsinnig über dem Gedanken des Todes an seinen eigenen
Tod zu denken und ihn zu bedenken vergisst" (ebd. 143).
346) Ebd. 145.
347) M. Theunissen, a.a.O. 142.
348) Es sei hier kurz auf den Zusammenhang zwischen Tod - Ernst - Selbst bei
S. Kierkegaard hingewiesen. "Sofern aber der Ernste seinen eigenen Tod bedenkt, verhält er sich zu sich selbst. Er 'versteht sich selbst'. So lenkt der
rechte Gedanke an den Tod keineswegs vom je eigenen Selbst ab, im Gegenteil:
er führt gerade auf es hin und macht auf es aufmerksam. Eben der Tod lehrt
den Menschen, sich selbst aufzusuchen und damit den Ernst an dem einzigen
Ort zu lernen, wo man ihn in Wahrheit lernen kann" (M. Theunissen, a.a.O.143).
349) Ebd.

Nacht (350) oder von jeder allgemeinen abstrakten Vorstellung des Todes (351). Der Ernst des Todes vertut nicht seine Zeit im Rätselraten, deutet nicht den Sinn der Bildersprachen, macht keine Abhandlungen, sondern handelt. Es gibt keine Täuschung, keinen Betrug, denn wenn der Tod einmal da ist, dann ist es endgültig vorbei. Im Leben eines Menschen gibt es viele Entscheidungen, aber keine ist so entscheidend, wie die des Todes. "Wenn er kommt, heisst es: bis hierher, nicht einen Schritt weiter; dann ist abgeschlossen, nicht ein Buchstabe wird hinzugefügt, so ist die Meinung aus, nicht ein Laut mehr soll gehört werden - so ist es vorbei" (352). Alle Aussagen über den Tod kann man in einer einzigen zusammenfassen: jetzt ist's vorbei, die Arbeit bleibt unvollendet, das Wort ungesagt (353). Alles andere, etwa Leiden, Krankheit, Not, kümmerliche Aussichten werden im Hinblick relativ angesehen werden müssen. "Für die abstrakte und unwirkliche Interpretation des Todes als einer vereinzelten Begebenheit hat der Tod kein Verhältnis zum Leben, solange dieses noch Leben ist. Für sie steht das Sein im Tod als Totsein hier, das Sein im Leben als Am-Leben-Sein und Wirklich-sein dort; das Leben// als Auf-den-Tod-hin-Sein kennt sie nicht. In der ernsten Vorwegnahme des Todes aber wird der Tod in das Leben geholt" (354).

b. Der Tod als inneres Begleitmoment des Lebens

Damit ist aber bereits das zweite Moment angesprochen, das in S. Kierkegaards Todesverständnis für uns von Bedeutung ist. Der radikale Ernst des Todes, das Vorwegholen des Todes, zeigt sehr deutlich, dass der Mensch, wenn er den Tod als sein eigenes Los und seine Bestimmung denkt, sagt, "dass er ist, und dass der Tod ist" (355). Das Leben hat selbst den Tod in sich. "Weil aber der Ernst die abstrakte Selbständigkeit des Todes aufhebt, kann das Ist des Todes nicht n e b e n dem Ist des Lebens sein" (356). Der Tod lehrt den Menschen von der Geburt an den Ernst, weil er mit dem Leben verhaftet ist, weil der Tod seine Geschäfte im Leben führt. Diesen Gedanken verdeutlicht S. Kierkegaard im ersten Band seiner Tagebücher mit einem trefflichen Bild: "Es dünkt mich, ich sei ein Galeerensklave, zusammengekettet mit dem Tod, wenn immer das Leben sich rührt, rasselt die Kette und der Tod lässt alles hinwelken - u n d d a s g e s c h i e h t j e d e M i n u t e" (357). Der Tod droht nicht, schwebt nicht wie ein undurchsichtiger Schleier über dem Leben,

---

350) Vgl. S. Kierkegaard, An einem Grab 150 ff.

351) Vgl. ebd. 149/150.

352) Ebd. 149.

353) Vgl. ebd. 148-155.

354) M. Theunissen, a.a.O. 143/144.

355) S. Kierkegaard, An einem Grab 146.

356) M. Theunissen, a.a.O. 144.

357) S. Kierkegaard, Tagebücher, in: ders., Gesammelte Werke, übersetzt von H. Gerdes I (Düsseldorf 1962) 164.

der Tod handelt. Die Axt ist immer schon an die Wurzel des Baumes gelegt (358), wenngleich das Wann des endgültigen Hiebes noch unbestimmt bleibt. Das Bedenken des eigenen Todes ist das Bedenken des eigenen menschlichen und zeitlichen Daseins als Sterblichseins (359), d.h. der Mensch ist sich im Klaren darüber, dass der Tod ihm gewiss ist. Der Zeitpunkt der endgültigen Realisation des Todes bleibt aber ungewiss. Der Tod ist deshalb unbestimmbar, denn einerseits ist er das Gewisseste, andererseits das Einzige, worüber nichts gewiss ist. "Das Gewisse ist, dass die Axt an der Wurzel des Baumes liegt; und wenn einer auch nicht bemerkt, dass der Tod über sein Grab geht und dass die Axt sich bewegt, die Ungewissheit ist doch in jedem Augenblick da, das Ungewisse, wann der Hieb fällt - und der Baum" (360). Die Gewissheit des Todes macht seinen Ernst aus. Die Ungewissheit des Wann ruft ihn dauernd auf, diesen Ernst der Gewissheit im Auge zu behalten, denn sie ist immer möglich (361). Die Gewissheit des "Dass" des Todes und die Ungewissheit des "Wann" des Todes machen demnach zusammen den radikalen Ernst des Todes aus (362).

Der Tod wird so zu einer Wirklichkeit, der der Mensch letztlich nicht ausweichen kann, sondern den Menschen von i n n e n her dauernd mitbestimmt, die ihn zuinnerst trifft. Er ist das Auszeichnende des Menschen, ein unverkennbares Merkmal, wirklich sterben zu können, d.h. der Mensch weiss um seinen sicheren Tod. Dieses Wissen aber führt den Menschen vor sich selbst (363). Dieses Wissen und Bestimmtsein vom Tod zeigt den absoluten Ernst des Phänomens, der wiederum den Menschen ständig zum Nachdenken über seinen eigenen Tod auffordert; zum Verstehen, dass eine Zeit kommt, in der es endgültig vorbei ist. Aber Tod und Aufschub vertragen sich nicht. Gerade dieses stetige Denken an den Tod ist es, das den radikalen Ernst des Todes zeigt. S. Kierkegaard ruft dieses Nachdenken über den Tod unermüdlich in Erinnerung. Nur so kann der Tod in seinem Ernst wachsam machen, dem Leben die rechte Richtung geben. "Indem der Ernste in den Tod blickt und ihn als das Nichts erfährt, geht ihm das Leben als das entscheidende Alles auf. Während der Unernste den Tod als den beruhigenden Schlaf herbeisehnt und in der erschlaffenden Wehmut dieser Betrachtung das Leben selbst im Nebel des Träumens verschwinden lässt, wacht der Ernste aus der Nacht des gemachten Todes in den Tag des Lebens auf" (364). Der Ernst des Lebens ergreift die Möglichkeiten des "Noch heute", lässt keine Zeit verschwenden, macht alle Tage und Stunden unendlich wertvoll, denn in ihnen hat der Mensch noch die Möglichkeit, sein Leben sinnvoll zu gestalten. "Des Ernstes kurzer aber anfeuernder Ruf, gleich dem kurzen des Todes, ist: heute noch.

---

358) Vgl. S. Kierkegaard, An einem Grab 101.
359) Vgl. M. Theunissen, a.a.O. 144.
360) S. Kierkegaard, An einem Grab 164.
361) Vgl. ebd. 155-166.
362) Vgl. M. Theunissen, a.a.O. 144/145.
363) Vgl. B. Casper, Der Tod als menschliches Phänomen - Philosophische und theologische Aspekte, in: Arzt und Christ 15 (1969) 153/154.
364) M. Theunissen, a.a.O. 146.

Denn der Tod im Ernst gibt Lebenskraft, wie nichts anderes, er macht wachsam wie nichts anderes" (365). So gilt es denn, jeden Tag so zu leben, als wäre er der letzte. Das ist auch alles, was S. Kierkegaard über den Tod aussagen will, denn der Tod ist unerklärlich. Der Tod erklärt nichts. "Ob er als die grösste Wohltat kommt oder als das grösste Unglück, ob er mit Jubel begrüsst wird oder mit verzweifeltem Widerstand, davon weiss der Mensch nichts, gar nichts" (366). Gerade diese Unerklärlichkeit dieses Todes aber drängt immer wieder nach einer Erklärung. Die Menschen versuchen, dem Tod die verschiedensten Erklärungen zu geben: Tod als Glück, als Unglück, als Untergang, Verwandlung, Streit, Leiden, Strafe oder der Sünde Sold. Doch ist und bleibt der Tod nach ihm ein Rätsel, das der Mensch nie ergründen wird. Darum ruft S. Kierkegaard auf, mit Erklärungen zurückhaltend zu sein, was bereits ein erstes Zeichen von etwas Ernst sein kann. "Die Unerklärlichkeit ist deshalb nicht eine Aufforderung, Rätsel zu raten, eine Einladung sinnreich zu sein, sondern des Todes ernste Mahnung an den Lebenden: ich brauche keine Erklärung, bedenke du, dass es mit dieser Entscheidung vorbei ist, und dass sie jeden Augenblick da sein kann; sich das zu bedenken ist wohl der Mühe wert für dich" (367).

Mit diesen Gedanken dürfte S. Kierkegaard eine bedeutsame Grundlage für das existenziale Todesverständnis gegeben haben, das in der Folge verschiedene Akzentuierungen erfahren hat.

2. Georg Simmel: Der Tod als apriorische Bestimmung des Menschen

Den Gedanken, dass der Tod nicht am Ende des Lebens als eine furchtbare Katastrophe hereinbreche, sondern das ganze Leben des Menschen von innen her bestimme, greift G. Simmel (368) auf und leitet dadurch - so kann man wohl sagen - eine bedeutsame Wende im philosophischen Denken über den Tod ein. "Simmel sieht im Tod nicht nur wie Kierkegaard und Rilke eine im Menschen von Anfang an vorhandene immer wachsende Macht, sondern das Formprinzip des Lebens selbst" (369). Der bedeutsame Wandel, den G. Simmel mit seinem Todesverständnis eingeleitet hat, wird erst recht bewusst, wenn man bedenkt, wie sehr er sich von traditionellen Vorstel-

365) S. Kierkegaard, An einem Grab 153.
366) Ebd. 167.
367) Ebd. 171; vgl. ebd. 166-173.
368) Vgl. G. Simmel, Lebensanschauung. Vier metaphysische Kapitel (Leipzig 1918) 99-153; ders., Zur Metaphysik des Todes, in: H. Landmann (Hg.), Brücke und Tür. Essays des Philosophen zur Geschichte, Religion, Kunst und Gesellschaft (Stuttgart 1957) 29-87; ders., Rembrandt. Ein kunstphilosophischer Versuch (München 1925) 89-100.
369) M. Schmaus, Katholische Dogmatik IV, 2 (^{5}1959) 332.

lungen abwendet, die den Tod als Trennung von Leib und Seele, als Untergang alles
Lebendigen, als Ende der Lebensbahn oder als noch ausstehendes Ereignis interpretieren.

Es mag zu seinem ausgewogenen Todesverständnis beigetragen haben, zu wissen,
als er sein bedeutsamstes Werk "Lebensanschauung" schrieb, unheilbar an Krebs
erkrankt zu sein. "Als er sich unheilbar krank fühlte, fragte er seinen Arzt: Wie
lange habe ich noch zu leben? Er müsse es wissen, denn er habe noch sein wichtig-
stes Buch unter Dach und Fach zu bringen. Der Arzt sagte ihm die Wahrheit und
Simmel zog sich zurück und schrieb noch die 'Lebensanschauung'. Seinem Tod sah
er entgegen wie ein antiker Philosoph. 'Ich warte auf das delische Schiff', schrieb
er einem Freund" (370).

a. Ausgangspunkt: Der Tod als Preis einer differenzierten Individuation

Am Ausgangspunkt seiner Ueberlegungen zu Tod und Unsterblichkeit steht die Frage,
warum das höchste Lebewesen, der Mensch, sterben müsse, während das niedrig-
ste, die einzellige Amöbe, den Tod gar nicht zu kennen scheint? Warum hat der
Mensch den Eindruck, dass der "grössere" Mensch sterblicher sei als der unbedeu-
tendere (371)?. Für die Beantwortung dieser Frage spielt für G. Simmel der Gedanke der Individualisierung des Menschen eine nicht unbedeutende Rolle.

Schon in der Biologie zeigt sich eine stets abnehmende Wiederholbarkeit der Wesen
in dem Masse, wie die Struktur des Wesens komplizierter wird. Dementsprechend
verhält es sich auch mit der Möglichkeit des Todes, d.h. "erst mit derjenigen Zusammenfassung von Zellen zu einer Einheit, die eine individuelle Gestalt ermöglicht, (je mehr Elemente, desto grösser die Chance der morphologischen Individualisierung!), ist auch der Tod gegeben" (372). G. Simmel führt den Gedankengang auf
einer weiteren Ebene fort. Ein individuelles Wesen durchformt den vom Leben vorgegebenen Weltstoff durch ein persönliches Apriori oder eine in ihrem Inneren er-
zeugte Gestaltungskraft zu einem Einzigartigen, sich von allen anderen Durchschnitts-
wesen Unterscheidenden. Stoff und Form also (373) verbinden sich miteinander, und

---

370) K. Gassen/M. Landmann (Hg.), Buch des Dankes an Georg Simmel. Briefe,
Erinnerungen, Bibliographie. Zu seinem 100. Geburtstag am 1. März 1958
(Berlin 1958) 13.
371) Aehnliche Gedanken finden sich bei Goethe, der zwar von der Unsterblichkeit
überzeugt ist, jedoch die Weise von der Grösse der Persönlichkeit abhängig
macht. Vgl. G. Simmel, Lebensanschauung 129 ff; auch ders., Goethe (Leipzig
1923) 142-170; vgl. zu Goethes Todes- und Unsterblichkeitsvorstellungen
F. Koch, Goethes Stellung zu Tod und Unsterblichkeit (Weimar 1932).
372) G. Simmel, Lebensanschauung 131.
373) Stoff und Form sind für G. Simmel entscheidende Kategorien. Der Weltstoff
nimmt durch die Form Gestalt an, d.h. die Form ist Grenze, d.h. wiederum,
"sie ist das Ding selbst und zugleich das Aufhören des Dinges, der Bezirk, in
dem das Sein und das Nichtmehrsein des Dinges Eines sind" (ebd. 99).

je mehr sie das tun, je unauflöslicher sie sich zusammenfinden, umso individueller drückt sich das Wesen aus, umso individueller ist es (374). Daraus wächst die Vorstellung, mit dem individuelleren Wesen gehe mehr verloren, als mit dem weniger individuellen. Und ein weiteres ergibt sich: die Individualisierung eines Wesens, die Fortschritt und Höhe der Entwicklung bedeutet, ist zugleich Grund und Träger der Vergänglichkeit und Sterblichkeit. "Nur das Individuum stirbt vollständig; mit dem absoluten Individuum wäre etwas absolut zu Ende - womit nur der reinste und radikalste Ausdruck dessen gewonnen ist, was sich auf der physiologischen Stufe andeutet: dass die Komplizierung und Differenzierung der Wesen den Entwicklungsweg anzeigt, auf dem sie, von der prinzipiellen Unsterblichkeit der Einzelligen her, zum Tode gelangen; dass, wie ein Biologe sich ausdrückt, der Tod der Preis ist, den wir für die Höhe differenzieller Entwicklung zahlen müssen" (375).

Je individueller der Mensch ist, desto sterblicher ist er; je einziger, umso definitiver ist sein Tod, oder besser noch mit G. Simmels eigenen Worten: "Wer aber einzig ist, wessen Form mit ihm vergeht, der allein stirbt sozusagen definitiv: in der Tiefe der Individualität als solcher ist das Verhängnis des Todes verankert" (376). Die Individualisierung ist der Grund der Sterblichkeit. Das ist zwar keine Antwort auf das metaphysische Problem des Todes - das weiss G. Simmel -, jedoch führt diese Annahme zu einem tieferen ontologischen Verständnis des Wesens des Todes (377).

---

374) Dem gegenüber hat das individuelle Wesen ein Leben, "das nicht völlig s e i n e s ist, das nicht recht die Form der Seinheit hat, denn zu dem Possessivum gehört ein Besitzer, eine Person" (ebd. 133).

375) Ebd. 134. G. Simmel versucht, diesen Gedanken noch einmal von einer anderen Seite her zu erklären. Er denkt die materielle Substanz der Zeit nach unvergänglich und schon ungeformt als einzig. Die Form nun - ebenfalls für sich genommen - ist von vornherein der Zeit entrückt und auch einzig, denn eine Mehrmaligkeit einer reinen Form wäre widersinnig. "Dieselbe unzerstörbare Materie kann durch unendlich viele Formen wandeln, dieselbe unveränderliche Form sich an unendlich vielen Materienstücken realisieren. Indem so Stoff und Form, jedes an sich unzerstörbar, gegeneinander verschiebbar sind, bilden sie die zerstörbaren Einzeldinge; denn Zerstörung heisst doch, dass eine Verbundenheit von Stoff und Form sich löst" (ebd. 135). Der Grad der Zerstörung richtet sich nach der Enge der Verbundenheit von Stoff und Form. Individuell können wir deshalb ein Wesen nennen, in dem sich die Form "ein einziges Stück // Materie auserwählt hat, um mit ihm eine Wirklichkeit zu bilden, nach deren Zerstörung sie sich zu keiner Realisierung mehr herbeilässt" (ebd. 135/136). Darum ist der Verlust bei der Zerstörung individueller Wesen umso grösser und der Tod einschneidender, als bei weniger individuell geprägten Wesen. Eine Uebertragung dieses Gedankens auf das Seelische scheint ohne weiteres einzuleuchten.

376) G. Simmel, Rembrandt 98; vgl. auch ders., Lebensanschauung 137. Wo er sagt, dass die Individualität "im absoluten Masse ist, wo die ewige Form sich nur an diesem Stück Lebensmaterie verwirklicht, verzeitlicht, verstofflicht hat, da be-

b. Die Einwände gegen herkömmliche Todesvorstellungen

Diese Verbindung zwischen Individualisierung und Tod verlangt notwendigerweise eine Ablehnung herkömmlicher Vorstellungen vom Tod. Ist das Leben der Menschen eine fortdauernde Ich-findung, eine stetige Formgebung des Weltstoffes durch den Menschen, eine "Herausbildung der Ichform, die Kristallisation des individuellen Gesetzes" (378), wird fortlaufend etwas vom Menschen geboren, dann kann der Tod nicht als ein einmaliges, von aussen hereinbrechendes Ereignis, als "ein Schicksal, das an irgendeiner Stelle unseres Lebensweges auf uns gewartet hat" (379), verstanden werden. In diesem herkömmlichen Verständnis bekommt der Tod den Charakter des Grausigen und Beklagenswerten, gegen den der Mensch sich entweder heroisch aufbäumt oder resignierend unterwirft.

Es gilt deshalb Abschied zu nehmen von der Vorstellung des Todes als Parze, die in einem bestimmten Moment den Lebensfaden abschneidet "als setzte der Tod dem Leben seine Grenze in demselben Sinn, in dem der unorganische Körper dadurch räumlich zu Ende ist, dass ein anderer, mit dem er von sich aus gar nichts zu tun hat, sich gegen ihn schiebt und ihm seine Form - als 'Aufhören' seines Seins - bestimmt" (380).

c. Der Tod als apriorische Bestimmung

Stattdessen weist G. Simmel auf die Immanenz des Todes im Leben hin. Es scheint ihm zweifellos, "dass der Tod von vornherein dem Leben e i n w o h n t. Zwar gelangt er zu makroskopischer Sichtbarkeit, sozusagen zur Alleinherrschaft erst in jenem

---

deutet der Untergang des Gesamtbildes den unwiderruflichen Abschied der Form von der Wirklichkeit". Vgl. auch P. Landsberg, Die Erfahrung des Todes 16; P. Landsberg macht ebenfalls auf den Zusammenhang von Individualisation und Todeserfahrung aufmerksam: "Das Bewusstsein vom Tode geht gleichen Schritt mit der menschlichen Individualisierung, das will heissen, mit dem Auftreten einzigartiger Individualitäten, die sich von einem persönlichen Zentrum her formen".

377) Vgl. H.U. v.Balthasar, Apokalypse III, 232.
378) Ebd.
379) G. Simmel, Rembrandt 91.
380) G. Simmel, Lebensanschauung 100. Darin unterscheidet sich der unorganische Körper ja gerade vom organischen, da dieser sich seine Gestalt von innen her selbst geben kann ("er hört auf zu wachsen, wenn die mit ihm geborenen Formkräfte an ihre Grenze gekommen sind; und dauernd bestimmen diese die besondere Art seines Umfanges" (ebd. 99), während jenem seine Form von aussen her bestimmt wird (er hört auf, wo ein anderer anfängt, durch molekulare, chemische oder physikalische Einflüsse. Man denke nur, wie sich die Form eines Felsen durch Verwitterung verändern kann).

einen Augenblick. Aber das Leben würde von der Geburt an und in jedem seiner Momente und Querschnitte ein anderes sein, wenn wir nicht stürben" (281). Durch das Sterben bekommt das Leben erst eine Form. Der Tod bleibt kein zufälliges Schicksal, sondern eine stetige Wirklichkeit in unserem Leben, "ist Färbung und Formung des Lebens, ohne die das Leben, das wir haben, unausdenkbar verwandelt wäre" (382). Der Tod wird als ein Element ins Leben hineingenommen, "ist von vornherein ein character indelebilis des Lebens. Darum ist hier auch sozusagen gar nicht viel von ihm herzumachen, er ist eben von unserem ersten Tage an in uns, nicht als eine abstrakte Möglichkeit, die sich irgendwann einmal verwirklichen wird, sondern als das einfache konkrete So-Sein unseres Lebens, wenngleich seine Form und gleichsam sein Mass sehr wechselnde sind und erst im letzten Augenblick keine Täuschung mehr zulassen" (383). In jedem Augenblick des Lebens sind die Menschen sterbende, und der Tod formt das Leben nicht erst in der Todesstunde, sondern ist ein formales Moment des Lebens, das alle seine Inhalte mitgestaltet. Der Tod ist der Gestalter des Lebens: diesen Gedanken sieht G. Simmel auch empirisch erwiesen, wenn er an die Anpassung alles Lebens denkt, d.h. alle Pläne und Aktionen hält der Mensch "in denjenigen Ausmassen, die innerhalb eines todbegrenzten Lebens proportioniert sind" (384). Wüsste nämlich der Mensch genau das Wann des Todes, stünde er unter einem unerträglichen Druck, diese und jene angefangene Tat oder Arbeit noch beenden zu müssen oder viele grosse Leistungen fielen ganz aus. Das Zugleich von Gewissheit und Ungewissheit lässt den Tod vordergründig als ein "Ausserhalb" erscheinen, das aber in Wirklichkeit ein "Innerhalb" des Lebens ist, das jeden Augenblick dieses Lebens gestaltet. Es kann deshalb gesagt werden, jeder Schritt des menschlichen Lebens sei nicht nur ein Zugehen auf den Tod im zeitlichen Sinn, sondern werde von ihm "positiv und apriori geformt" (385). Die Menschen kennen aber oft genug nicht diese ihre Bestimmung, sondern versuchen von ihr zu fliehen, ohne ihr jemals entkommen zu können. Sie sind wie solche, die auf einem

---

381) G. Simmel, Rembrandt 90. Dem widerspricht auch nicht, dass das Leben eine Zeit lang aufwärtsschreitet, sozusagen "immer lebendigeres Leben" (G. Simmel, Lebensanschauung 100) wird. Es steht im Gesamtzusammenhang, der auf den Tod hinläuft. G. Simmel sieht sich von Biologen bestätigt: "indem der Stoffwechsel der Lebenssubstanz aus Assimilation und Dissimilation besteht und Wachstum das Ueberwiegen jener über diese voraussetzt, hat man schon bald aus der Geburt eine entschieden sinkende Assimilation beobachtet, d.h. obgleich sie noch immer zum Hervorbringen der Wachstumserscheinung zureicht, so wird sie relativ doch schon während der Wachstumsperiode immer geringer, und jener Zellenpigmentierung, besonders im Zentralnervensystem, die als spezifische Altersveränderung gilt, beginnt schon in früher Jugend" (ebd. 101).
382) G. Simmel, Rembrandt 90. Vgl. auch ders., Lebensanschauung 102: "er formt unser Leben nicht erst in der Todesstunde, sondern er ist ein formales Moment unseres Lebens, das alle seine Inhalte färbt".
383) Ebd. 91.
384) G. Simmel, Lebensanschauung 103.
385) Ebd. 110.

Schiff in der seinem Lauf entgegengesetzten Richtung schreiten: "indem sie nach Süden gehen, wird der Boden, auf dem sie es tun, mit ihnen selbst nach Norden getragen" (386).

d. Der Ansatz zu G. Simmels Unsterblichkeitsvorstellung

Die anfänglich aufgezeigte Individualität als eine hohe Verwirklichung menschlichen Wesens kann aber nach G. Simmel noch nicht eine Höchstform des Lebens sein. Das Leben weist wesensmässig über sich hinaus, will mehr als es im Moment ist (387). Selbst der Tod widerspricht nicht dieser Tatsache, sondern veranschaulicht sie sogar. "Der Tod erst ermöglicht dem zufälligen, vergänglichen Lebensstrom, seine Inhalte als ein Unvergängliches zu entheben, und damit dem Leben, sich an der inneren Todesschranke seiner Eigentlichkeit bewusst zu werden" (388). Und hier liegt der Ansatz zu einer Forderung nach Unsterblichkeit: das Herausheben dessen, was unvergänglich ist.

---

386) Ebd. G. Simmel ist der Meinung, dass das Christentum dem Tod diese Lebenseinhaftung nehme, da im Hinblick auf das ewige Leben, das Leben nur auf seine positiven Momente gestellt sei, und das, was der Tod dem Leben antun könne nur das Aeussere betreffe, "ja nur dasjenige, was schon von vornherein nicht unser eigentliches Leben" sei (ebd. 107), und hat so seinen Stachel auch für dieses Leben und nicht nur für das jenseitige, verloren. Dazu komme noch die Ueberbetonung der Wichtigkeit, des T o d e s m o m e n t e s. Nach G. Simmel fordert das Leben aber den Tod. Diese Notwendigkeit des Todes beweist er mit Hegels Dialektik. Jedes Etwas fordere seinen Gegensatz und komme eben darin zu seinem höchsten Sinn. Viele unserer wesentlichen Da-//seinsbestimmungen ordnen sich zu Gegensatzpaaren, sodass der eine Begriff seinen Sinn erst an der Korrelation mit dem anderen findet: das Gute und das Böse, das Männliche und das Weibliche, das Verdienst und die Schuld, der Fortschritt und der Stillstand und unzähliges andere. Die Relativität des einen findet Grenze und Form an der des anderen" (G. Simmel, Rembrandt 91/92). Beide können aber von einem absoluten Sinne umfasst sein, denn der Gegensatz von Thesis und Antithesis soll nach Hegel in einer Synthesis aufgehoben werden. Vielleicht - so folgert G. Simmel - sind dann Leben und Tod, auch wenn sie sich logisch und physisch auszuschliessen scheinen, doch nur relative Gegensätze, die vom Leben im absoluten Sinne umgriffen sind, das von diesen Gegensätzen nicht mehr betroffen ist (vgl. G. Simmel, Lebensanschauung 111 ff).

387) Vgl. G. Simmel, Lebensanschauung 119 ff. "Aus diesem Hinausreichen des Lebensprozesses über jeden einzelnen seiner angebbaren Inhalte entsteht das allgemeine Gefühl einer Unendlichkeit der Seele, das sich mit ihrer Sterblichkeit nicht vertragen will" (ebd. 120).

388) H.U. v.Balthasar, Apokalypse III, 233.

G. Simmel weist auf eine von allen Inhalten des Bewusstseins unabhängig sich entwickelnde Kontinuität des Ich hin. Es handelt sich um dasjenige, was wir eigentlich von vornherein sind und doch wieder im vollen Sinne noch nicht sind. Zeit unseres Lebens sind wir bestrebt, unser Ich immer reiner von den - zufälligen - Inhalten, an die es gebunden scheint, zu lösen. Der Sinn des Unsterblichkeitsgedankens liegt für G. Simmel darin, "dass das Ich seine Lösung von der Zufälligkeit der einzelnen Inhalte ganz vollbringen könnte" (389), d.h. während des Lebens erlebt der Mensch immer Objekte. Das Ich kann sich zwar im Laufe der Jahre davon abheben, zeigt sich als das Unveränderliche und Durchschlagende, aber es bleibt doch damit verbunden. Es bleibt eine grosse Sehnsucht, die Zufälligkeiten im Leben zu überwinden, eine Sehnsucht nach dem Ich, das alle einzelnen Inhalte überlebt (390). Das Ich erlebt nichts mehr, bezieht sich nicht mehr auf einen ausserhalb von ihr sich findenden Inhalt, hat sich von aller Zweiheit der Daseinselemente befreit, vermag nur an sich zu existieren. "Wo an Unsterblichkeit geglaubt wird und jeder materiale Inhalt, der sie zum Zweck diene, abgelehnt wird, - sei es als das ethisch nicht hinreichend Tiefe, sei es als das schlechthin Unwissbare -, wo sozusagen die reine Form der Unsterblichkeit gesucht wird, da wird der Tod wohl als die Grenze erscheinen, jenseits deren alle angebbaren Einzelinhalte des Lebens vom Ich abfallen und wo sein Sein // oder sein Prozess ein blosses Sich-selbst-gehören, eine reine Bestimmung durch sich selbst ist" (391), d.h. jenseitiges Leben hat keinen Gegenstand mehr, hat sich

---

389) G. Simmel, Lebensanschauung 117.
390) Vgl. ebd. 117. Demgegenüber unterscheidet sich die religiöse Unsterblichkeit, die sich anders versteht. Die Seele will Seligkeit, Gottesanschauung, Weiterexistieren, d.h. sie will etwas haben.
391) Ebd. 117/118. Diese Unsterblichkeit ist nicht leicht zu verstehen. Das liegt aber darin begründet, dass wir sie als ein Leben der Seele über den Tod hinaus vorstellen, was ein Anthropomorphismus ist, denn was sollte den Ausschlag geben, das Leben als einzige Form des Existierens der Seele sich vorzustellen. Es mag noch andere Formen geben. "Die Seele kann ohne den Körper nicht leben, aber sie kann vielleicht jenseits der spezifischen Form Leben existieren" (ebd. 119). Deshalb dürfen Unsterblichkeit und ewiges Leben nicht identifiziert werden. G. Simmel gibt allerdings zu, dass dieser Gedanke reine Spekulation sei, meint diese aber rechtfertigen zu müssen, da der Gedanke der Seele, die sich aus der Organisiertheit der Materie erhebt, ebenfalls ein spekulativer Gedanke sei. Im Zusammenhang mit der Unsterblichkeit der Seele beschäftigt G. Simmel das Problem: soll eine Seele, die zu einem bestimmten Augenblick angefangen hat, nach dem Tode unendlich weiterexistieren. Das kann er nicht verstehen und sieht darin einen Widerspruch. Er sieht diesen allerdings gelöst, wenn er eine Seelenwanderung annimmt. "Logisch wie metaphysisch hebt sich dieser Widerspruch, sobald man als das Korrelat der Unvergänglichkeit der Seele ihre Unentstandenheit anerkennt" (ebd. 139). Mit der Annahme einer Seelenwanderung muss die Seele nicht mehr einen Sprung aus der Ordnung der Dinge in eine völlig heterogene Welt machen, sondern das Leben des Menschen ist ein kleiner Ausschnitt aus einer ewigen Existenz, die so in unzählige verschiedene, individuelle Existenzen aufgeteilt ist.

auf reine Funktion zurückgezogen, ist blosses Selbst oder wie J. Wach sagt, "durch das empirische leuchtet das transzendentale Ich. Jenes vergeht, dieses besteht" (392).

Es ist nicht sehr einfach, diese Gedanken G. Simmels zu beurteilen, da der Simmelsche Todesbegriff in einem Zwiespalt zwischen Biologismus und Idealismus steht. Dazu mag die Wende im Denken des Todes, die G. Simmel herbeigeführt hat, beigetragen haben. Als Wendepunkt dieses Todesdenkens ist es noch nicht ganz gelungen, in dieser Beziehung eine klare Stellung durchzuhalten. So neigt G. Simmel einerseits mit seiner einseitig-biologischen Todeslehre zur Lebensphilosophie hin, was sein Verständnis des Todes als Auflösung der Gestalt zeigt. Andererseits besteht eine Nähe zum Idealismus, der den Tod als "schöpferische Negation, als Aufreissen der Muschel, um die Perle zu retten, Tod als Anreiz der Unsterblichkeit, schliesslich als Pulsschlag des ewigen Lebens" zeigt (393). Man wird wohl der Meinung M. Heideggers (394) sich anschliessen dürfen, wenn er G. Simmel vorwirft, zuwenig zwischen biologisch-ontischer und ontologischer Problematik unterschieden zu haben.

Doch hat G. Simmel einen entscheidenden Schritt in der Problematik des Todes getan, indem er sich von einer mechanistisch verstandenen Parzenvorstellung, von einer ständig über dem Leben schwebenden finsteren Macht absetzt und den Tod als formales Element ins Leben hineinnimmt. Damit beginnt aber eine Rationalisierung des Todes, die den schmerzlichen Charakter, wie er noch bei S. Kierkegaard anzutreffen ist, beinahe eliminiert. "Die Rationalisierung gelingt nur auf Kosten der Realistik des Todes. Denn das ist ja der Sinn aller Rationalisierungen: sich gegen das allzu Realistische zu sichern" (395). Diese Ueberlegungen G. Simmels über den Tod werden schliesslich ihren Höhepunkt bei M. Heidegger erreichen.

3. Max Scheler: Die innere Todesgewissheit

Haben S. Kierkegaard und G. Simmel den Tod als immanentes Prinzip des Lebens in den Mittelpunkt der Diskussion gebracht, so geht M. Scheler über diese hinaus, indem er versucht das implizite Todeswissen zu thematisieren. Er macht als erster dieses dem Menschen eigene Todesbewusstsein zum Gegenstand des Nachdenkens. Damit nimmt er ein Ergebnis, zu dem auch M. Heidegger in seiner existenzialen Analyse gekommen ist, vorweg. Da aber M. Schelers Gedanken zum Tod erst in

---

392) J. Wach, Das Problem des Todes in der Philosophie unserer Zeit, in: Philosophie und Geschichte 49 (Tübingen 1934) 37.
393) H.U. v.Balthasar, Apokalypse III, 234.
394) Vgl. M. Heidegger, Sein und Zeit 249, Anmerkung 1.
395) E. Przywara, Crucis Mysterium. Das christliche Heute (Paderborn 1939) 400.

seinem Nachlass veröffentlicht worden sind (396), und zuvor M. Heideggers Todesanalyse mit ähnlichen Ergebnissen grosse Verbreitung gefunden hat, bleiben die Gedanken M. Schelers meist unbeachtet und sollen gerade deshalb hier kurz vorgestellt
werden (397).

a. Das Sinken des Glaubens an das Fortleben des Menschen als Folge der Leugnung des Todes

M. Scheler konstatiert in den letzten Jahrhunderten ein Schwinden des Glaubens an
die Unsterblichkeit des Menschen. Er meint, bestimmte Symptome für ein wachsendes Sinken des Glaubens an die Unsterblichkeit bei den westeuropäischen Kulturvöl-
kern feststellen zu können. Diese Feststellung regt ihn an, den Gründen dieses Sinkens nachzugehen.

Es ist für ihn klar, dass ein solcher Glaube an das Fortleben des Menschen nach
dem Tod nicht auf empirischen Beweisen ruhen kann, und das Sinken des Unsterblichkeitsglaubens nicht durch den Fortschritt der Wissenschaften (398) allein begrün-

---

396) M. Scheler, Tod und Fortleben, in: ders., Schriften aus dem Nachlass I (Bern
^{2}1957) 9-64.
397) Es ist nicht sehr einfach, M. Schelers Todesverständnis zu eruieren, da nur
recht wenige Arbeiten über den Tod veröffentlicht sind. In "Der Formalismus
in der Ethik und die materiale Wertethik. Neuer Versuch der Grundlegung eines
ethischen Personalismus" (Bern ^{4}1954) weist M. Scheler in Fussnoten (Seite 316,
327 und 563) auf einen Vortrag "Die Idee des Todes und das Fortleben" hin, der
aber offenbar nie veröffentlicht worden ist. In den vorgefundenen Manuskripten
finden sich Vorarbeiten für eine grössere Arbeit über den Tod aus den Jahren
1911-1914, die im ersten Band seiner Schriften aus dem Nachlass im Aufsatz
"Tod und Fortleben" zusammengestellt worden sind. Das ist auch das einzige
grössere Zeugnis M. Schelers über sein Todesverständnis, das unserer kurzen
Darstellung zugrundeliegt.
398) So wäre es nach M. Scheler ein Irrtum, das Sinken des Unsterblichkeitsglaubens
darin zu suchen, "dass Immanuel Kant die Unsterblichkeitsbeweise der rationalistischen Metaphysik des 18. Jahrhunderts als irrig und unschlüssig aufdeckte;
oder daraus, dass die Gehirnanatomie und Gehirnphysiologie in Verbindung mit
der Psychologie eine so geartete Abhängigkeit des seelischen Geschehens vom
Nervensystem aufgedeckt habe, dass der Schluss // notwendig geworden sei, es
höre mit der Zerstörung des Gehirns auch das seelische Geschehen auf; oder
dass die Psychologie die Einheit und Einfachheit des Ich widerlegt und es als ein
teilbares, abnehmendes und wachsendes Komplexionsphänomen von Empfindungen
und Trieben aufgedeckt habe, wie Mach in seiner 'Analyse der Empfindungen'
meint, wenn er sagt, dass mit dem Aufgeben der nach ihm unbegründeten Annahme eines besonderen Icherlebnisses auch die Unsterblichkeit 'unrettbar' sei"
(ebd. 12/13).

det ist. Das stärkte nur das Vorurteil, den Glauben mit wissenschaftlichen Beweisen stehen oder fallen zu lassen. Die philosophischen Beweise wollten nach M. Scheler im Prinzip die immer mehr verblassenden, unmittelbaren Intuitionen von der Unsterblichkeit und die unreflektierten Lebenserfahrungen davon nachträglich rechtfertigen (399). Ein Suchen nach Gründen des Sinkens dieses Glaubens muss sich weniger von Fragen leiten lassen, ob der Mensch fortexistiere, welches Schicksal dem Menschen widerfahre, sondern verweist vielmehr auf das Verhältnis des modernen Menschen zu seinem Leben und zu seinem Tod (400), oder wie M. Scheler das formuliert: "Der moderne Mensch glaubt in dem Masse und so weit nicht mehr an ein Fortleben und an eine Ueberwindung des Todes im Fortleben, als er seinen Tod nicht mehr anschaulich vor sich sieht - also er nicht mehr 'angesichts des Todes lebt'; oder schärfer gesagt, als er die fortwährend in unserem Bewusstsein gegenwärtige i n t u i t i v e T a t s a c h e , dass uns der Tod gewiss ist, durch seine Lebensweise und Beschäftigungsart aus der klaren Zone seines Bewusstseins z u r ü c k - d r ä n g t , bis nur ein bloss u r t e i l s mässiges Wissen, er werde sterben, zurückbleibt. Wo aber der Tod selbst in dieser unmittelbaren Form nicht gegeben ist, wo sein Herankommen nur als ein dann und wann auftauchendes und urteilsmässiges Wissen gegeben ist, d a m u s s a u c h d i e I d e e e i n e r U e b e r w i n d u n g d e s T o d e s i m F o r t l e b e n v e r b l a s s e n " (401).

Der moderne Mensch leugnet also im Grunde den Kern und das Wesen des Todes (402). Diese Feststellung regt M. Scheler an, einige Gedanken über den Tod selbst anzustellen.

b. Ungenügende Weisen eines Todesverständnisses

Bevor M. Scheler seinen eigenen Ansatz zu einem Todesverständnis einbringen kann, muss er vor allem zwei Vorstellungen des Todes ablehnen, die seiner Meinung nach nicht den Kern des Todes treffen. Sehr verbreitet ist die Auffassung - und sie liegt auf den ersten Blick recht nahe -, dass unser Todeswissen ein Ergebnis der äusseren Beobachtung und alltäglich zu machenden Erfahrungen des Todes bei anderen Menschen sei (403). Dieses auf empirischen Erfahrungen beruhende Wissen vom Tod kann zwar eine sehr hohe Wahrscheinlichkeit des Todes der Lebewesen begründen, jedoch keine Gewissheit, erst recht nicht eine Gewissheit vom eigenen Tod. Ein Mensch, der nie gesehen hätte, wie Lebendiges stirbt, hätte folglich kein Wissen vom Tod. "Die für mich erfahrbar sterben, sind immer nur 'einige' oder auch 'viele' andere. Höchstwahrscheinlich ereilt dann auch der Tod sie 'alle' - aber als

---

399) Vgl. ebd. 13.
400) Vgl. ebd. 15.
401) Ebd.
402) Vgl. ebd.
403) Vgl. ebd. 16.

a n d e r e " (404). Der Tod wird zu einem empirischen - aus verschiedenen einzelnen Fällen induzierten - Gattungsbegriff, den M. Scheler entschieden ablehnt, denn der Mensch weiss nach ihm auf jeden Fall um sein Sterben, wäre er auch das einzige Lebewesen auf der Welt und hätte er nie das Sterben anderer Menschen gesehen oder miterlebt.

Ein zweiter Ansatz geht von bestimmten Beobachtungen am eigenen Leben aus, die dem Menschen das Aufhören der Lebensprozesse nahelegen können (405): die Erfahrung des Alterns, des Nachlassens der Kräfte, Erlebnisse von Krankheit, oder auch Schlaf und Traum. Weisen diese alltäglichen Phänomene letztlich nicht auf ein nahendes Ende hin? Der Mensch "braucht gleichsam nur die Richtung der Kurve, die ihm jeder dieser Erfahrungen des Alterns, der Krankheit, des Schlafes gibt, auszuziehen, um an ihrem Endpunkt gleichsam die Idee des Todes zu finden" (406). Aber auch diese Vorstellungen reichen nicht aus, um dem Tod näher zu kommen. Nicht erst im Vergleichen von verschiedenen Lebensphasen liegt die Gewissheit des Todes, "sondern sie liegt schon in j e d e r noch so kleinen 'Lebensphase' und ihrer Erfahrungs s t r u k t u r " (407).

Diese beiden Weisen eines Todesverständnisses zeigen ihr Ungenügen darin, dass sie nicht das explizite Todeswissen t h e m a t i s c h zur Sprache bringen. Ihr Todesbegriff ist entweder durch einen Analogieschluss oder durch ein Schlussverfahren gewonnen und nicht in einer unmittelbaren und unbedingten Gewissheit gegeben (408). Diese intuitive Gewissheit des Todes aber aufzuzeigen ist das Anliegen M. Schelers. Dazu versucht er das je e i g e n e Todesbewusstsein philosophisch (409) näher zu betrachten.

---

404) E. Ströcker, Der Tod im Denken Max Schelers 78.
405) Vgl. M. Scheler, Tod und Fortleben 16.
406) Ebd.
407) Ebd.
408) Vgl. E. Ströcker, a.a.O. 78.
409) Unter philosophisch versteht M. Scheler die intuitive Philosophie, die viele Elemente aufzuweisen vermag, die von sensualistischen und rationalistischen Theorien völlig übersehen werden. "So sehen wir deutlich, dass uns in einem Dinge der natürlichen Wahrnehmung weit m e h r gegeben ist als eine Komplexion von Sinnesempfindungen und deren Verknüpfung und einer darauf gebauten Erwartungsintention, unter gewissen wechselnden Bedingungen neue Empfindungen zu erleben - wenn wir sehen, dass der hier bezeichnete Tatbestand im Grunde nur bei pathologischen Ausfallserscheinungen vorliegt, wo der Betreffende z.B. das Ding nur wie ein hohles, unwirkliches Gehäuse erblickt; und wo er nicht - wie der Normale - darum erwartet, die andere Seite des Dinges im Herumgehen zu sehen, weil er das Ding für wirklich hält (mit Einschluss seiner anderen Seite), sondern auch schon die Existenz der anderen Seite ihm zum Inhalt einer blossen Erwartung wird" (M. Scheler, Tod und Fortleben 17).

c. M. Schelers Neuansatz: Das Leben als ein Prozess mit einer ganz bestimmten Richtung

M. Scheler setzt bei einer phänomenologischen Betrachtung des Lebens an. Biologisches Leben zeigt sich dem Menschen auf zwei verschiedene Weisen: "als eine Gruppe eigenartiger F o r m - und B e w e g u n g s p h ä n o m e n e in der ä u s s e r e n W a h r n e h m u n g von Menschen, Tieren, Pflanzen u n d als ein in einer besonderen B e w u s s t s e i n s a r t gegebener P r o z e s s " (410) am eigenen Leib. Diesem eigenartigen Prozess geht M. Scheler weiter nach und weist auf, dass der Prozess in j e d e m M o m e n t seines Ablaufes eine eigentümliche Form und Struktur besitzt, die zu seinem Wesen gehört und die für alle Lebewesen dieselbe sein muss. Diese Struktur gilt es aufzuhellen, indem sie aus allem sie verdeckenden, individuellen Beiwerk befreit wird. Dann vermag sie aufzuzeigen, dass in dieser Struktur das Wesen des Todes enthalten ist, und der Tod nicht erst am Ende des Prozesses steht. "Am Ende steht dann nur die mehr oder weniger z u f ä l l i g e R e a l i s i e r u n g dieses 'Wesens' 'Tod' (411)", d.h. "der Tod ist ein A p r i o r i für alle beobachtende, induktive Erfahrung von dem wechselnden Gehalt eines jeden realen Lebensprozesses" (412).

Will man also nach dem Tod fragen, ist dieses Strukturganze eines lebendigen Prozesses näher zu betrachten und beschreibend zu analysieren. Die Struktur des Lebensprozesses sowohl in seiner Ganzheit, als auch in einer beliebigen Phase enthält drei eigenartige Erstreckungen: unmittelbares Gegenwärtigsein, Vergangensein und Zukünftigsein. Diesen Erstreckungen entsprechen auch drei Aktarten: unmittelbares Wahrnehmen, unmittelbares Erinnern und unmittelbares Erwarten (413). Der Gesamtgehalt der Erstreckungen verteilt sich nicht auf einzelne Teile der objektiven Zeit (in der objektiven Zeit findet sich nichts von der Struktur des Lebendigen), sondern er ist in jedem einzelnen Zeitpunkt vorhanden. Da der Gesamtgehalt aus Vergangenheit, Gegenwart und Zukunft besteht, hat jeder dieser Teile einen Umfang und in diese Umfänge verteilt sich der Gesamtgehalt eines in der objektiven Zeit Erlebten (414). Er nimmt mit der Entwicklung des Menschen zu. Im Fortschreiten des Lebensprozesses findet sich nun eine ständige Neuverteilung dieses Gesamtgehaltes. Die Menge des Erlebenkönnens verringert sich ständig, während die Menge des Vergangenheitsgehaltes stets wächst. In dieser dauernden Neuverteilung wird

---

410) Ebd. 18.
411) Ebd.
412) Ebd.
413) Diese Akte sind völlig verschieden von mittelbaren Wahrnehmungen, Erinnerungen und Erwartungen, Schlüssen, Reproduktionen oder Assoziationen. "Dass wir Vergangenheit haben, dass wir Zukunft haben, das wird nicht erschlossen oder nur auf Grund symbolischer Funktionen sog. 'Erwartungsbilder' oder 'Erinnerungsbilder', die primär in dem 'Gegenwärtigsein' enthalten wären, bloss geurteilt; sondern wir erleben und sehen in jedem unmittelbaren Moment unseres Lebensprozesses 'etwas enteilen' und 'etwas herankommen'" (ebd. 19).
414) Vgl. ebd. 19/20.

eine charakteristische Richtung sichtbar. "Mit jedem Stück Leben, das gelebt ist und als gelebt in seiner unmittelbaren Nachwirkung gegeben ist, v e r e n g e r t sich fühlbar dieser S p i e l r a u m des noch erlebbaren Lebens. Der Spielraum seines Leben-könnens nimmt ab an Reichtum und Fülle, und der Druck der unmittelbaren Nachwirksamkeit wird g r ö s s e r" (415). Und gerade in diesem Erlebnis der bestimmten Richtung des Wechsels begegnet dem Menschen das Erlebnis der Todes-richtung. Der Umfang der Zukunfterstreckung ist dann zu null geworden. Der Tod ist eingetreten. Wann auch immer dieses Erlebnis der Todesrichtung bewusst wird - und das kann subjektiv sehr verschieden sein -, das Erlebnis ist da.

Die ständige Zunahme des Vergangenen und die ständige Abnahme des Zukünftigen ist ein Grundphänomen des Alterns, eines Alterns, das den sonstigen gewöhnlichen Beobachtungen des alltäglichen Alterns immer schon vorgegeben ist und zugrunde-liegt. In dem s o verstandenen Altern (416) kann also die Todesrichtung erlebt wer-den. Tod ist dann der absolute Grenzpunkt, dem der Lebende alternd entgegengeht. So ergibt sich die Grundlage für das Bewusstsein des je eigenen Todes allein in die-sem "Erlebnis der stetigen Aufzehrung des erlebbaren, als zukünftig gegebenen Lebens durch gelebtes Leben und seine wachsende Nachwirksamkeit" (417).

d. Der Tod als innere Erfahrung

Aus dieser Analyse der Struktur des Lebens ergibt sich für die Todesproblematik folgendes: das Wissen vom Tod kann nicht empirischer Bestandteil der äusseren Erfahrung sein, da der Tod zu jener Struktur gehört, in der allein jegliches Leben gegeben ist. Es ist also kein immer weitergehender, unabgeschlossener Prozess. "Altern und Tod sind in i h r e m W e s e n i n t u i t i v e r s c h a u t und prinzipiell erschaubar an jeder gerade gegenwärtigen Verteilung des Gesamtgehaltes meines Lebensprozesses. Mein Wissen vom eigenen Tod ist deshalb intuitives Wissen, ent-stammend der Wesenserfassung meiner eigenen Wesensstruktur: und die Gewissheit meines Todes bedarf mithin keinerlei Bestätigung an irgendeinem äusseren Beobach-tungsmaterial, sondern sie kommt mir unmittelbar aus der Erfahrung jener Struktur selbst und ist darum von undurchstreichbarer Evidenz" (418). Dann ist der Tod nicht mehr ein grauenhaftes Zerschmettertwerden des Lebewesens, ein plötzliches Ueber-wältigtwerden des Menschen, sondern er ist als das absolute Vergehen, das in kei-ner Weise mehr ein Entstehen ermöglicht, immer noch eine T a t des Lebewesens.

Zusammenfassend kann M. Scheler sagen: "Der wirkliche Tod stellt sich immer nur als eine nach Zeitpunkt und Art ihres Eintretens unvorhergesehene Bestätigung

---

415) Ebd. 20.
416) Vgl. ebd. 21.
417) E. Ströcker, a.a.O. 79.
418) Ebd. 80.

einer intuitiven Gewissheit dar, die ein Element alles Erlebens ist. In der Form dieser Gewissheit steht der Tod nicht am realen Ende des Lebens, oder wäre nur eine auf die Erfahrung an anderen Wesen gegründete Erwartung dieses Endes, sondern er begleitet das ganze Leben als ein Bestandteil aller seiner Momente" (419).

Wenn die intuitive Todesgewissheit auch ein konstantes Element des Lebens ist, muss sie dennoch nicht immer in der gleichen Klarheit und Deutlichkeit gegeben sein. Es kann zu verschiedener Zeit, bei verschiedenen Menschen und Menschengruppen, verschiedene Deutungen und Auffassungen des Todesphänomens geben; es kann sogar vorkommen, dass in einer ganzen Epoche diese Todesgewissheit verdunkelt ist. In einer solchen Zeit meint M. Scheler zu leben. Eine Ursache der Verdunkelung des Todes ist das Verdrängen der Todesidee (420).

e. Der Versuch einer fragmentarischen Antwort auf die Frage des Fortlebens nach dem Tod

Abschliessend soll die anfängliche Fragestellung M. Schelers wieder aufgegriffen werden, um eine mögliche Antwort auf die Frage nach dem Fortleben zu geben. Ein Sprechen und Glauben an ein Fortleben nach dem Tod wird nach ihm erst sinnvoll, wenn der Mensch "angesichts des Todes lebt".

Als Vorbedingung zu einer Antwort sieht er es als wichtig an, scharf zwischen unmittelbarem Erleben des Lebens und der Welt in ihrem puren Was und allem gegenständlichen Sein (421) zu unterscheiden. Diese Scheidung ermöglicht, eine tiefe Grunderfahrung zu machen. Die geistige Person (422) vermag nämlich in jedem

---

419) M. Scheler, Tod und Fortleben 26. Diese intuitive Todesgewissheit ist ganz klar von einem Todesahnen zu unterscheiden. Todesangst und Vorfühlen des Todes sind nur zufällige, sich stets wechselnde Erfahrungen und Regungen verschiedener Menschen zu verschiedenen Zeitpunkten. Die intuitive Todesgewissheit liegt tiefer als solche Regungen und ist von all diesen Affekten unabhängig (vgl. ebd.). "Ob Liebe oder Sehnen, ob Furcht oder Angst, ob Entsetzen oder ruhiges Erwarten es ist, mit dem wir auf den Tod reagieren, ob wir mehr unter dem Eindruck der Vergänglichkeit und Flüchtigkeit oder der Daseinsfülle und Daseinsbreite das Ganze unseres Lebens auffassen, das alles ist hier sekundär und hängt von der besonderen Organisation und der Geschichte der betreffenden Menschen ab" (ebd.).
420) Vgl. ebd. 27 ff. Vgl. weiter Exkurs: Wird der Tod verdrängt?
421) Vgl. M. Scheler, Tod und Fortleben 42.
422) Um M. Schelers philosophischen Ansatz eines Glaubens an ein Fortleben nach dem Tod richtig zu verstehen, muss geklärt werden, was er unter "Person" versteht. Da es aber zu weit führen würde, sein Personverständnis hier abzuhandeln, seien nur ein paar ganz wenige Anmerkungen dazu gemacht. Es inte-

ihrer geistigen Akte (Wahrnehmen, Erinnern, Erwarten, Wollen, Fühlen) über ihre
raumzeitlichen Grenzen hinauszuschwingen, und "die Mengen der Gehalte jener Akte

---

ressiert in unserem Zusammenhang vor allem das Verhältnis von Leib und Per-
son. M. Scheler hat dieses Verhältnis hauptsächlich in: Der Formalismus 381 ff;
Tod und Fortleben; "Die Stellung des Menschen im Kosmos" (München 1947, er-
schienen 1927), abgehandelt.
"Person" ist für M. Scheler nicht ein Kollektiv der einzelnen Akte des Menschen.
Dann würde auch sie mit dem Tod zerfallen. Gehört es auch zu ihrem Wesen, in
Akten zu sein und zu existieren, so erschöpft sie sich nie in diesen oder in der
Summe mehrerer Akte. Kann man nur einen Akt eines Menschen erkennen, ist
die Existenz einer Person für M. Scheler gesichert. Eine Nicht-Existenz einer
Person müsste bewiesen werden. Dazu kommt, dass die Akte einer Person nicht
einfach Folgen oder Anwendungen biologischer Gesetzmässigkeiten sind - diese
würden mit dem Lebensprozess aufhören. Gibt es "eine a u t o n o m e geistige
Gesetzlichkeit, die mit der vitalen Gesetzlichkeit durch kein Band des Wesens -
sondern nur de facto - verknüpft ist, so ist solange anzunehmen, dass auch die
geistigen Akte sich weiter und weiter vollziehen, wenn die Lebensgesetze den
Tod des Organismus fordern, als kein in der Person selbst liegender innerer
Grund, oder der Eingriff einer auch der Person überlegenen Macht ihrer Existenz ein Ende setzt" (M. Scheler, Tod und Fortleben 59). Die Person des konkreten Aktwesens bleibt von ihrem Leib und seiner Trieborganisation unabhängig (vgl. B. Lorscheid, Das Leibphänomen. Eine systematische Darbietung der
Schelerschen Wesensschau des Leiblichen in Gegenüberstellung zu leibontologischen Auffassungen der Gegenwartsphilosophie (Bonn 1962) 101 ff), und damit
kann sie völlig unabhängig von der Leiberfahrung etwas tun (z.B. ein Verspre-
chen geben). Die Person ist aber nicht nur vom Leib unabhängig, sie kann auch
über den Leib verfügen, über ihn "Herrschaft" ausüben (vgl. ebd. 102; vgl.
M. Scheler, Der Formalismus 485 f). Diese Leibunabhängigkeit und dieses
Verfügen über den Leib gründet in einer grundsätzlichen Leibüberlegenheit der
Person über den Zerfall des Leibes, was sich darin zeigt, dass die Akte einer
Person über die Grenze des Leibes hinausschwingen (vgl. M. Scheler, Tod und
Fortleben 42 ff; B. Lorscheid, Das Leibphänomen 105 ff; ders., Max Schelers
Phänomenologie des Psychischen (Bonn 1957) 31 ff). "Sehe, fasse, schaue ich
es nicht direkt von Angesicht zu Angesicht, dass ich ein Wesen bin, das seines
Körpers Meister ist, das Herr und König ist, in der Wüste der toten 'Dinge' -
'bin' ich nicht eben dies in diesem meinem Erleben, in ihm selbst also aufge-
richtet; und sehe, fasse, schaue ich nicht in jedem meiner Brüder eine Person
als Zentrum einer ganzen Welt, die hinter den paar Sinnesfetzchen liegt, die mir
jetzt in Auge und Hand fallen - ein Etwas, das sich im Tiefsten erstreckt, die
zu erschöpfen meine Liebe und mein Verstehen nie und nie gross genug sein
kann: wie sollte ich dann - wie sollte dieser Bruder dann das nicht überdauern
können, was da Tod heisst?" (M. Scheler, Tod und Fortleben 61). Diese Leibüberlegenheit zeigt sich besonders im Akt des Sterbens und deutet so auf ein
Fortleben der Person hin. Die Sonderstellung des Menschen dem Leib gegenüber

(sind) immer g r ö s s e r als die Mengen der ihnen entsprechenden Leibzustände"
(423). Das, was in einer Wahrnehmung eines Dinges gegeben ist, deckt sich niemals
mit dem, was Seh-, Riech-, Tastinhalte und frühere Vorstellungen bieten. Ihr Gehalt ist unendlich reicher und übersteigt all das, was in den Sinneserfahrungen gegeben ist (424). Es zeigt sich ein charakteristischer, unreduzierbarer 'Ueberschuss'
der geistigen Personvollzüge über die Leibzustände" (425). Wenn es auch zum Wesen eines persönlichen Geistes dazugehört, in seinen Akten über die Grenzen des
Leibes und seiner Situationen "hinauszuschiessen", kann die Frage gestellt werden,
was gehört dann zum Wesen der Person, wenn im Sterben der Leib aufhört, zu sein?
M. Scheler antwortet darauf: "Es gehört dann zum Wesen der Person genau das näm-
liche, was zu ihrem Wesen gehörte, als der Mensch lebte - nichts Neues also -:
dass so, wie sich während des Lebens ihre Akte 'hinausschwangen' über die Leibzustände, sich nun sie selbst auch //hinausschwinge über ihres Leibes Zerfall. Und
nur dieses Schwingen, dieses F o r t - und H i n a u s s c h w i n g e n , dieser dynamische
Actus, der zu ihrem Wesen gehört - er allein wird und muss im Sterben das volle
Erleben und S e i n der Person sein. Das heisst nicht, sie habe dann nur die Intention
oder gar die Erwartung eines Fortlebens. Das wäre eine Platitüde; und viele Menschen - alle, die an ein Fortleben nicht glauben - haben diese Erwartung durchaus
nicht. Es heisst: die Person e r l e b e s i c h h i e r s e l b s t n o c h f o r t l e b e n d .
Oder einfacher: sie erlebe für ihr S e i n , was sie während des Lebens bereits evi-

---

findet ihren Grund darin, dass sie - darin vom Tier sich absetzend - fähig ist,
den Leib zu vergegenständlichen, d.h. ein Leibbewusstsein, ein geistiges Akt-
zentrum besitzt, das selbst nicht wiederum Teil dieser Welt ist (vgl. B. Lorscheid, Das Leibphänomen 110 ff). Zusammenfassend lässt sich sagen: "So eng
die Person mit der Welt als ihrem Sachkorrelat verknüpft ist, so eng sie mit
deren sachlichen Teilkorrelat, den eigenen Leib durch jenes Band verknüpft ist,
das sich in den Worten 'mein Leib' ausdrückt und sich darin manifestiert, dass
sie ihren Leib in äusserer und innerer Wahrnehmung als ein und dasselbe Etwas erlebt, so bleibt doch voll und ganz jene i n t e n t i o n a l e D i s t a n z bestehen, durch die ihr der Leib als Gegenstandsbereich gegeben ist und in der letztlich auch die Leibunabhängigkeit der Person, ihre Willensmächtigkeit über den
Leib, ihre Leibüberlegenheit und ihre Existenz-Erhabenheit über den Leibes-
zerfall begründet sind" (ebd. 113).

423) M. Scheler, Tod und Fortleben 43.
424) Die Wissenschaft sieht solche Zusammenhänge nicht, "denn nicht, was der
Geist, was die Welt, was die Person i s t , was Sehen, E r i n n e r n , Mitfühlen ist,
die W e s e n h e i t e n von all dem sucht sie zu ergründen, sondern etwas ganz
anderes: Ihr Ziel ist, das Gegebene eindeutig zu ordnen, und zwar so zu ordnen,
dass wenigstens in der Idee die Sachen beherrschbar und lenkbar und vorsehe-
bar werden" (ebd. 46). Und in dieser Intention interessieren sie sich nicht für
die Wesenheiten und Wesenszusammenhänge und das ist für das alltägliche Leben von wesentlicher Bedeutung.
425) J. Splett, Konturen der Freiheit. Zum christlichen Sprechen vom Menschen
(Frankfurt 1974) 132.

dent für ihre A k t e und deren Gehalt erlebte: U n a b h ä n g i g k e i t i h r e s S e i n s
v o m L e i b e " (426). Diese Erfahrung des Ueberschusses der geistigen Akte über
den Leib ist das Fundament für die verschiedensten Ausprägungen des Glaubens an
ein Fortleben. Ein solcher kann nur dort seine volle Ausgestaltung finden, wo der
Mensch "angesichts des Todes lebt" (427).

Mehr als ein solches Hinausschwingen kann der Philosoph nicht nachweisen. Hier
scheint er an eine Grenze gekommen zu sein. Die Auffassung, die Person lebe nach
dem Tod weiter, ist Glaube (428). Nach M. Scheler sogar nur "purer Glaube" (429).

---

426) Ebd. 46/47. Es wird die Frage auftauchen, was M. Scheler unter Leib versteht.
   Leib ist nicht der organische, nur äusserlich wahrnehmbare Körper, "sondern
   eine psychophysisch indifferente phänomenale Gegebenheit" (ebd. 48). Darum
   ist es eine Wesenseinsicht, dass "z u e i n e r P e r s o n e i n L e i b g e h ö r t"
   (ebd. 49). Soll die geistige Person den Tod überdauern, dann dürfte auch ein
   Leib in diesem Sinne gewiss sein, denn auch im Jenseits gelten nach M. Scheler
   Wesenszusammenhänge.
427) M. Scheler unterscheidet von einer solchen philosophischen Voraussetzung des
   Glaubens an ein Fortleben die Ewigkeit des Geistes. Auch wenn der Mensch klar
   die Erfahrung der Richtung auf den Tod hin macht und sich dessen bewusst ist,
   also "angesichts des Todes lebt", vollzieht er Akte, die von dieser Todeserfahrung unabhängig sind (z.B. ich denke 2 x 2 = 4. Ein solcher Satz ist unabhängig von meinem Leben). Mein Geist berührt in solchen Akten "ein Reich, eine
   S p h ä r e v o n z e i t l o s e n u n d e w i g e n S i n n e i n h e i t e n" (ebd. 39). Ein
   Gleiches können wir auch in Akten des Fühlens, der Liebe, des Hasses feststellen. Aber eine Fortdauer der geistigen Person darf aus dieser Lehre nicht folgen.
428) "Existiert sie n i c h t fort - ich werde es nie wissen können. Existiert sie fort -
   ich werde es nie wissen können. Dieser Schwung allein muss noch nach Gesetzen
   ihres Wesens unmittelbares Erleben sein; er gehört zu ihrer S e l b s t e r f a h -
   r u n g. Aber ich g l a u b e es, dass sie f o r t e x i s t i e r t - da ich keinen Grund
   habe, das Gegenteil anzunehmen, und die Wesensbedingungen für das, was ich
   glaube, evident erfüllt sind" (ebd. 47).
429) Vgl. ebd. 49; vgl. dazu J. Splett, Konturen der Freiheit 137/138. J. Splett
   meint auch, dass es um Glauben geht, jedoch meint er, dass es nicht einfach
   "purer" Glaube sei. "Mit 'Glaube' wird hier, im philosophischen Sinn eine Ge-
   samtinterpretation von Fakten gemeint, die als G e s a m tdeutung sich nicht
   gänzlich aus diesen Fakten allein als deren einzig mögliche Interpretation begründen kann; er ist also eine Deutung, in die konstitutiv E n t s c h e i d u n g mit
   eingeht" ...// Philosophische Anthropologie aber "darf sich nicht sprachlos
   machen lassen. So besteht sie auch in diesem hermeneutischen Konflikt ... darauf, dass hier nicht etwa 'Fakten gegen Mythos' stehen, sondern eine Fakten-
   Deutung gegen eine Deutung anderer Art, damit gegen ein anderes Selbstverständnis von Deutung. Nicht also 'Wissen' und 'Glauben' stehen sich hier gegenüber, sondern ... Glaube und Glaube. Was monologisch (ob metaphysisch oder

M. Scheler hat den Tod - und das ist seine eigene Leistung -, nicht als ein von aussen hereinbrechendes Ereignis verstanden, sondern als "ein von innen her bestimmtes Aufhören eines Prozesses" (430). Deshalb kann nur nach dem Tod gefragt und
eine philosophisch befriedigende Antwort gegeben werden, wenn er mit dem Leben
zusammen als ein inneres Strukturelement des Lebens gedacht wird. Aber nicht nur
diese ontologische Endlichkeit hat er entdeckt, sondern hat vielleicht zum ersten Mal
in der neueren Philosophiegeschichte diese Endlichkeit positiv gewertet. "Was Scheler über Simmel hinaus für eine existentielle Eschatologie erobert hat, ist zweifellos
die in phänomenologischer Analyse gewonnene Wesenseinsicht in die Todesstruktur
als H o r i z o n t   a l l e s   Lebens: 'Der Tod ist ein A p r i o r i '" (431).

Es lässt sich jedoch fragen, ob M. Scheler bei der intuitiven "Schau" der Todesgewissheit stehen bleiben muss, ob es nicht bestimmte Wesenszüge gäbe, die sich weiter beschreiben lassen? Es ist auch nicht klar, wie diese Todesgewissheit zu verstehen ist. Wir wissen nur, dass es sie gibt, nicht aber, was sie ist. Das Wissen
von der Todesnotwendigkeit und der Tod als Faktum werden durch M. Scheler in
eine "gefährliche" Nähe gebracht. Die Grenze der Identifikation zwischen Todesgewissheit und konkretem Tod wird fliessend. Hat es nicht in der Geschichte immer
schon eine solche Gewissheit gegeben, die nur in anderen Vorstellungen, Bildern und
Gestalten ihren Ausdruck fand?

Das Problematische am Tod wird leicht überspielt, wenn seine evidente Gewissheit
so stark betont wird. Lassen sich Sterben als Bestätigung eines Gewissheitsanspru-
ches und Sterben als ein unausweichliches Endenmüssen vereinbaren? Das Individuelle und Faktische in M. Schelers Todesanalyse bleibt doch weitgehend ausgeklammert.
Neben der - sicherlich richtigen, abstrakten Gewissheit müsste auch das konkrete
"Verhalten-zu" und "Begegnen-mit" dem Tod stärker berücksichtigt werden, gerade
auch, um seiner Forderung nach dem je eigenen Tod gerecht zu werden. Ist nicht
dieses abstrakte Reden vom Tod wieder ein erneuter Ansatz zu einer Flucht vor ihm?

Es zeigt sich die Begrenztheit des Schelerschen Ansatzes, wenn er in der Gefahr
steht, "Altern" und "Sterben" beim Menschen gleichzusetzen. "Sterben" ist doch ein
spezifisch menschliches Ereignis, während "Altern" ein biologisches ist. Dazu
kommt noch, dass M. Scheler eher das Phänomen des Alterns beschreibt, und weniger das des Todes. Gelangt er nicht zum Tod, indem er die Spur des Prozesses des
Alterns weiter zu seinem Ende denkt? Der Tod aber dürfte doch etwas ganz anderes
sein, "als die Idee einer äussersten Grenze dieser individuellen biologischen Entwicklung" (432).

---

wissenschaftlich) Sicherheit heisst, wird in einem dialogischen Denkansatz zu
Gewissheit; zeitüberhobene Ewigkeit zeigt sich als Zukunft einer das Vergangene wahrenden Treue; Bewiesensein heisst hier: überzeugend bezeugt sein"
(ebd.).
430) E. Ströcker, a.a.O. 81.
431) H.U. v.Balthasar, Apokalypse III, 239.
432) P. Landsberg, a.a.O. 13.

Hat S. Kierkegaard auf den Ernst und das Wissen um die Gewissheit des je eigenen Todes, auf die Aufnahme des Todes in das eigene Leben und auf das Verhältnis des Menschen zu seinem eigenen Tod aufmerksam gemacht; hat G. Simmel den Tod in die Bestimmung des Lebens miteinbezogen und den Gedanken der Ganzheit des Daseins durch den begrenzenden und formenden Tod angedeutet, und hat M. Scheler die ontologische Endlichkeit des Lebens aufgedeckt, so wurde mit diesen Hinweisen eine neue Epoche eines philosophischen Todesverständnisses eingeleitet, als deren Hauptvertreter wohl M. Heidegger (433) angesprochen werden darf. Seine Philosophie - und in unserem Fall sein Todesverständnis - haben in der Philosophie und Theologie grossen Einfluss gefunden (434). Um das Neue im Todesverständnis

---

433) Umfassender als das hier geschehen kann, setzen sich folgende Arbeiten und Beiträge mit dem Todesverständnis M. Heideggers auseinander: H.U. v.Balthasar, Apokalypse III, 193-315; J. Choron, Der Tod im abendländischen Denken 239-249; J.M. Demske, Sein, Mensch und Tod. Das Todesproblem bei Martin Heidegger (Freiburg 1963); F.W. von Herrmann, Die Selbstinterpretation Martin Heideggers (Meisenheim 1964); K. Lehmann, Der Tod bei Heidegger und Jaspers (Heidelberg 1938); K. Lehmann, Vom Ursprung und Sinn der Seinsfrage im Denken Martin Heideggers. Versuch einer Ortsbestimmung LXVIII (Diss. phil., Rom 1962); F.J. v.Rintelen, Philosophie der Endlichkeit; A. Sternberger, Der verstandene Tod. Eine Untersuchung zu Martin Heideggers Existenzialontologie (Leipzig 1934); J. Wach, Das Problem des Todes in der Philosophie unserer Zeit 39-48.

434) Vgl. R. Berlinger, Das Nichts und der Tod; L. Boros, Mysterium mortis; E. Fink, Metaphysik und Tod; A. Metzger, Freiheit und Tod; A. Peters, Der Tod in der neueren theologischen Anthropologie; K. Rahner, Zur Theologie des Todes; G. Schunack, Das hermeneutische Problem des Todes; O. Semmelroth, Der Tod - wird er erlitten oder getan? Selbstverständlich ist der Einfluss des Heideggerschen Denkens weit grösser, und es müssten sehr viele Namen aufgezählt werden; es seien hier aber nur jene Namen genannt, die spezifisch den Einfluss M. Heideggers auf das Problem des Todes erkennen lassen. Wenn es auch nicht möglich ist, genaue Abhängigkeitsverhältnisse aufzuzeigen, so ist wohl anzunehmen, das S. Kierkegaard, G. Simmel - M. Schelers Gedanken zum Tod wird M. Heidegger zur Zeit der Niederschrift von "Sein und Zeit" noch nicht gekannt haben - einen gewissen Einfluss auf das Denken M. Heideggers ausgeübt haben dürften. A. Sternberger meint, auch Impulse F. Nietzsches zu erkennen, wenn er glaubt zeigen zu können, dass in der Analyse des "Sein zum Tode" besonders die Begriffe "übernehmen" und "vorlaufen" auf F. Nietzsches Amor fati verweisen, wenn er auf einen möglichen Zusammenhang zwischen "eigentlicher" Existenz und F. Nietzsches "Uebermenschen" hinweist; wenn er den Begriff "Freiheit zum Tod" nicht ohne F. Nietzsches Einfluss zu denken vermag. Es gilt aber zu fragen, ob M. Heidegger damals F. Nietzsche

M. Heideggers deutlich herausstellen zu können, seien der Heideggerschen Todesauffassung einige wenige, aber bedeutungsvolle Züge des klassisch-abendländischen Todesverständnisses entgegengestellt. J.M. Demske gelingt es, die Hauptzüge der beiden Todesverständnisse in kurzer, prägnanter Form herauszustellen und den grossen Wandel im Denken vom Tod recht gut zu skizzieren.

Die Ergebnisse der klassischen Todesphilosophie lassen sich in vier Punkten so zusammenfassen:

"1. Der Tod ist eine Trennung der Seele vom Leibe. Er wird dementsprechend am Modell der Auflösung eines Zusammengesetzten in seine Bestandteile bzw. am Modell der c o r r u p t i o aufgefasst.

2. Als ein Fall der c o r r u p t i o wird der Tod des Menschen vom Untergang des natürlich Lebendigen überhaupt her gedacht. So sagt Sokrates vom Entstehen und Vergehen des Menschen: 'Betrachte es nur nicht allein an Menschen, ... wenn du es innewerden willst, sondern auch an den Tieren insgesamt und den Pflanzen' (748; 70 d).

3. Der Tod ist ein Geschehnis, das der Lebensbahn ein Ende setzt. Er begrenzt die Zeitlinie des Lebens und bringt sie zum vorgezeichneten Abschluss.

---

so gut gekannt hat, sodass wesentliche Begriffe seiner Todesanalyse von ihm beeinflusst werden konnten (vgl. A. Sternberger, a.a.O. 110-128).
Weiter mögen Ausdrücke, wie "Aushalten der Möglichkeit", "eigener Tod", die Unterscheidung zweier verschiedener Arten des Sterbens (des alltäglichen, fabrikmässigen und des eigenen schweren Sterbens an R.M. Rilke erinnern. Vgl. "Die Aufzeichnungen des Malte Laurids Brigge": "Jetzt wird in 559 Betten gestorben. Natürlich fabrikmässig" ... Wer gibt in dieser Situation "noch etwas für einen gut ausgearbeiteten Tod? Niemand. Sogar die Reichen, die es sich doch leisten könnten, ausführlich zu sterben, fangen an, nachlässig und gleichgültig zu werden; der Wunsch, einen eigenen Tod zu haben, wird immer seltener. Eine Weile noch, und er wird eben so selten sein wie das eigene Leben ... Früher wusste man (oder vielleicht man ahnte es), dass man den Tod in sich hatte, wie die Frucht den Kern" (R.M. Rilke, Werke in 3 Bänden III (Frankfurt 1966) 113/114/115). Oder:
"O Herr, gieb jedem seinen eigenen Tod,
Das Sterben, das aus jenem Leben geht,
Darin er Liebe hatte, Sinn und Not ...
Denn wir sind nur die Schale und das Blatt.
Der grosse Tod, den jeder in sich hat,
Das ist die Frucht, um die sich alles dreht" (ebd. I, 103).
Sicherlich mag der eine oder andere Gedanke dieser Denker wertvolle Gesichtspunkte für die Seinsphilosophie M. Heideggers und für seine Todesanalyse abgegeben haben, jedoch gilt es bei einem Denker, wie es M. Heidegger ist, grösste Vorsicht walten zu lassen, direkte Abhängigkeiten nachweisen zu wollen.

4. Diese Sicht blickt vorwärts auf den Tod als ein noch ausstehendes Künftiges und erhebt natürlicherweise die Frage: Was wird nach dem Tode sein?" (435).

Ein völlig anderer Standpunkt und ein neues methodisches Vorgehen lassen M. Heidegger diesen Ergebnissen einer klassischen Todesphilosophie Punkt für Punkt widersprechen:

"1. Der Mensch wird nicht in seinem substantiellen Zusammengesetztsein, sondern in der unmittelbar erscheinenden Einheit seiner Struktur gesehen. Dementsprechend trennt der Tod nicht, sondern er fasst den Menschen in seiner Ganzheit zusammen. Er ist die äusserste Möglichkeit der Existenz, die alle anderen Möglichkeiten umspannt.

2. Der Tod wird nicht metaphysisch, sondern phänomenologisch gedacht, d.i. nicht nach dem Modell eines natürlichen Vorganges, sondern als ein im menschlichen Verstehen sich Zeigendes. Als Sein zum Tode wird der Mensch nicht in dem betrachtet, was er mit Tieren und Pflanzen gemein hat, sondern in dem, was ihm allein eigen ist.

3. Der Tod ist nicht ein Ereignis, welches das Leben beendet, sondern eine existenzial-ontologische Bestimmung der Existenz, bzw. des Lebens selbst. Er geschieht nicht am Ende der Zeitlinie des Menschenlebens, sondern ist immer und immer schon als ein Konstitutivum der Existenz anwesend.

4. Diese Sicht des Todes vollzieht sich 'nach rückwärts', d.i. vom Tode zurück in das Leben hinein. Als die äusserste Möglichkeit des Daseins ist der Tod eine Bestimmung der Existenz, die in jedem Vollzug der Existenz mitschwingt; da er so ins Leben hinein zurückwirkt, wird nicht gefragt, was nach dem Tode sei" (436).

Diese thesenartigen Aussagen über das Heideggersche Todesverständnis sollen im Folgenden noch etwas verdeutlicht werden, um in ihrer grossen Bedeutung erkannt zu werden.

a. Der weitere philosophische Horizont der Todesanalyse

Soll nach dem Todesverständnis M. Heideggers gefragt werden, kann angesichts dessen, dass dieses mit anderen philosophischen Problemen von Dasein und Sein engstens in Verbindung gebracht werden muss, nicht davon abgesehen werden, in wenigen Strichen den weiteren philosophischen Horizont der Todesanalyse zu skizzieren. Da es in diesem Kapitel wesentlich um die Suche nach einem Weg einer An-

---

435) J. Demske, a.a.O. 15.
436) Ebd. 16.

näherung an den Tod gehen soll, und eine solche Möglichkeit die Erfahrung des je eigenen Todes zu sein scheint, mag es hier erlaubt sein, unser Augenmerk hauptsächlich auf die Todesanalyse zu richten, wie sie M. Heidegger in "Sein und Zeit" entfaltet (437).

Aufgabe und Ziel von "Sein und Zeit" ist es, einen Weg aufzuzeigen, der es erlaubt, die seit Plato und Aristoteles nicht mehr thematisch behandelte Frage nach dem Sein neu zu stellen (438). Die Frage, der das Hauptinteresse M. Heideggers in seinem ganzen Werk gilt, lautet also: Was ist der Sinn von Sein? (439). Zugang zum Sein aber bietet dem so Fragenden das Seiende. Nur im Seienden, kann sich Sein zeigen. Ein exemplarisches, vor allen anderen Seienden einen seinsmässigen Vorrang habendes Seiendes ist der Mensch. Er allein "hat" nicht nur Sein, sondern kann es auch verstehen, kann sich zu ihm verhalten. In ihm zeigt sich das Sein als "da". "Er ist das 'Da' des Seins" (440). Er ist demnach als Dasein zu verstehen. Eine Analyse des menschlichen Daseins kann den Weg zur Frage nach dem Sein eröffnen. "'Sein und Zeit' ist demnach eine Daseinsanalyse im Dienste der Ausarbeitung der Seinsfrage" (441).

Gehen wir noch einen Schritt weiter und fragen, welche Rolle spielt die Todesanalyse in diesem Zusammenhang der Seins- und Daseinsanalyse, so müssen wir davon aus-

---

437) Dabei gilt es klar zu sehen, dass eine zweifache Gefahr besteht, die sich mit einer solchen Intention nicht vermeiden lässt: 1. kann die Todesanalyse in "Sein und Zeit" eine einseitige Betonung finden und 2. können die späteren Schriften nicht berücksichtigt werden. Es kann höchstens noch auf den Wandel innerhalb des Heideggerschen Todesverständnisses hingewiesen werden.

438) Vgl. M. Heidegger, Sein und Zeit 2. M. Heidegger stellt zu Beginn seines Werkes fest, dass die Frage nach dem Sein heute in Vergessenheit geraten ist. Diese Frage hat einst "das Forschen von Plato und Aristoteles in Atem gehalten, um freilich auch von da an zu verstummen - als thematische Frage wirklicher Untersuchung" (ebd.).

439) Vgl. ebd. 1. Um der Frage nach dem Sein heute erneut nachgehen zu können, ist M. Heidegger gezwungen, eine neue sehr eigenwillige Begrifflichkeit zu schaffen, die es erlaubt, das, was er sagen will auszudrücken. Sollen seine Gedanken zum Tod in aller Kürze dargestellt werden, sei es erlaubt, eng seinem Wortlaut zu folgen, da sonst viele differenzierende Begriffsanalysen vorausgehen müssten.

440) J. Demske, a.a.O. 22. Vgl. auch O. Pöggeler: "Unter Dasein versteht Heidegger den Menschen als das Da, als den Ort der Offenheit des Seins" (O. Pöggeler, Sein als Ereignis - Martin Heidegger zum 26. September 1959, in: Zeitschrift für philosophische Forschung 13 (1959) 608).

441) J. Demske, a.a.O. 23. Es gilt für ein richtiges Verständnis von "Sein und Zeit" deutlich im Auge zu behalten, dass dieses Werk M. Heideggers kein abgeschlossenes ist und die breiten Raum einnehmende Daseinsanalyse im Hinblick auf die Seinsfrage zu sehen ist.

gehen, dass M. Heidegger die Grundverfassung dieses einzigartigen Daseins das In-der-Welt-sein bezeichnet und zwar als "Sorge". In der Entfaltung dieser "Sorge" als Sich-vorweg-schon-sein-in-(der-Welt) als Sein-bei(innerweltlich begegnendem Seienden)" (442) enthüllen sich die drei wichtigsten Merkmale des Seins des Daseins: 1. die Existenz im "Sich-vorweg", d.h. ein Seiendes "existiert", wenn es ihm je um sein eigenes Sein geht, das ihm nicht bloss gegeben, sondern immer auch "aufgegeben" ist, d.h. weiter das Dasein ist immer schon "nach vorne" gestreckt, immer "über sich hinaus", ist immer ein S e i n -können, ein M ö g l i c h -sein (443); 2. die Faktizität im "Schon-sein-in", d.h. indem das Dasein immer "seine Stimmungen" hat, kommt es auf sich selbst zurück, findet es sich selbst immer schon daseiend vor, zeigt sich das reine "Dass" der Existenz. Und dieses "Dass es ist" nennt M. Heidegger die "G e w o r f e n h e i t dieses Seienden in sein Da, so zwar, dass es als In-der-Welt-sein das Da ist" (444); und 3. das Verfallen im "Sein-bei", d.h. das Dasein existiert in seiner Geworfenheit nicht isoliert, sondern "in-der-Welt", geht in der Welt auf, ist "bei" vor- und zu-handenen Seiendem und "verfällt" so an das "Man". Es erhebt sich nun die Frage: ist in diesen drei Charakteren des Daseins, dieses auch in seiner Ganzheit erfasst und wenn nicht - und das ist hier der Fall (445) - so steht doch die Aufgabe bevor, das Dasein nicht in einzelnen Momenten, sondern in seiner möglichen Eigentlichkeit und Ganzheit zu betrachten (446). Die Struktur der Sorge zeigt also, dass im Dasein immer noch etwas aussteht, solange es ist. "Im Wesen der Grundverfassung des Daseins liegt demnach eine s t ä n d i g e U n a b g e s c h l o s s e n h e i t" (447), und so erwächst die Aufgabe, das Dasein als Ganzes zu fassen. "Die Unganzheit bedeutet einen Ausstand an Seinkönnen" (448). Zu dem, was dem Dasein immer aussteht, gehört das "Ende" selbst.

---

442) M. Heidegger, Sein und Zeit 192; vgl. ebd. 249.
443) Vgl. ebd. 41-45; 142-145; 191-196.
444) Ebd. 135; vgl. 134-140.
445) Vgl. ebd. 231-237.
446) Vgl. ebd. 233.
447) Ebd. 236.
448) Ebd. Auf die Problematik des Begriffs "Ganzheit" des Daseins macht K. Lehmann in seiner sehr umfangreichen Arbeit "Vom Ursprung und Sinn der Seinsfrage im Denken Martin Heideggers" aufmerksam (vgl. ebd. 624 ff; bes. 637-646).
Die in der "Sorge" entfalteten drei Charakteren des Geworfenseins, der Faktizität und des Verfallens können nur eine "formale" Ganzheit des Daseins konstituieren und es bleibt zugleich die Gefahr zurück, "das Sein des Daseins als 'Sorge' festzulegen im Sinne einer Definition eines Vorhandenen" (ebd. 638, dort "festzulegen" gesperrt). Und doch bleibt die Frage stehen, wie kann das Dasein ganz sein. Wenn nicht allzu schnell der Begriff der "Ganzheit" angebracht ist wegen seiner "abschlusshaften und verschliessenden Tendenz" (ebd. 639), die an ihm haftet, gilt es nach K. Lehmann in "Sein und Zeit" vorerst nach dem Ganzseinkönnen zu fragen, um dann die Frage nach dem Ganzs e i n zu stellen. Es zeigt sich die Frage nach der Ganzheit als eine vielfältige (vgl. Näheres ebd. 637-646).

Und dieses Ende des In-der-Welt-seins ist der Tod. "Das Zu-Ende-sein des Daseins im Tode und somit des Ganzseins dieses Seienden wird aber nur phänomenal angemessen in die Erörterung des möglichen Ganz s e i n s einbezogen werden können, wenn ein ontologisch zureichender, das heisst e x i s t e n z i a l e r Begriff des Todes gewonnen ist. Daseinsmässig aber i s t der Tod nur in einem existenziellen S e i n z u m T o d e. Die existenziale Struktur dieses Seins erweist sich als die ontologische Verfassung des Ganzseinkönnens des Daseins. Das ganze existierende Dasein lässt sich demnach in die existenziale Vorhabe bringen" (449). Da nun der Tod das Ende des Daseins ist, bekommt M. Heideggers Todesanalyse eine grosse Bedeutung für die Frage nach dem Ganzseinkönnen, da der Tod als Grenze des Daseins als Ganzes bestimmt, da "die Grenze selbst also zum Seinkönnen gehört" (450), ist die Frage nach dem Ganzseinkönnen möglich. Es wird also gefragt, "wie für mich als Dasein ein Nicht-mehr-sein-können bedeutsam wird und wie das Noch-nicht-sein in existenzialer Absicht interpretiert werden muss" (451).

b. Der Tod des Anderen als unzureichender Weg, das Dasein als Ganzes zu umfassen

Die Frage nach der Möglichkeit, das ganze Dasein zu erfassen, verlangt nach einer Antwort. Wenn das Dasein als Seiendes seine Gänze nicht erreichen kann (452), und hat das Dasein diese Gänze erreicht, dieser Gewinn aber zugleich "zum Verlust des In-der-Welt-seins schlechthin" (453) wird, muss gesagt werden, dass dieser Uebergang nicht vom Dasein "bezüglich seiner Selbst" (454) erfahren und verstanden werden kann.

Und doch scheint es eine Möglichkeit zu geben, die die "Beendigung des Daseins" (455) objektiv zugänglich zu machen vorgibt: der Tod anderer. Gewiss kann der Tod eines anderen Daseins eine Erfahrung vom Tode ermöglichen, kann aber letztlich nicht für eine Analyse der Daseinsganzheit einen Beitrag leisten, da er nicht die ontologische Struktur des Todes als Ganzsein-können des Daseins aufzuzeigen vermag. Das eigentliche Zuendegekommensein des Todes kann nicht miterfahren werden.

Zweifellos ist auch das Dasein des anderen "mit seiner im Tode erreichten Gänze ein Nichtmehrdasein im Sinne des Nicht-mehr-in-der-Welt-seins" (456). Jedoch

---

449) Ebd. 234.
450) K. Lehmann, Vom Ursprung und Sinn der Seinsfrage 651.
451) Ebd.
452) "Wenn die Existenz das Sein des Daseins bestimmt und ihr Wesen mitkonstituiert wird durch das Seinkönnen, dann muss das Dasein, solange es existiert, seinkönnend je etwas n o c h n i c h t s e i n" (M. Heidegger, Sein und Zeit 233).
453) Ebd. 236.
454) Ebd. 237.
455) Ebd.
456) Ebd. 238.

146

bleibt im Tode des anderen der Seinsverlust als solcher unzugänglich, da sein Nicht-mehr-in-der-Welt-sein doch noch Sein "im Sinne des Nur-noch-vorhandenseins eines begegnenden Körperdinges" (457) ist (458). Im Tod des anderen zeigt sich so zwar auch ein Verlust, aber weniger ein Seinsverlust; vielmehr ein solcher, den die Hinterbliebenen erfahren (459). Der eigentliche Seinsverlust, wie ihn der Sterbende erfährt, wird nicht erfahren werden können (460), wir können höchstens dabei sein.

Der Hinweis auf die Möglichkeit einer Ganzheitsanalyse des Daseins anhand des Todes eines anderen beruht auf einer falschen Voraussetzung, der Meinung nämlich: das Dasein könne beliebig "durch anderes ersetzt werden" und das, "was am eigenen Dasein unerfahrbar bleibt" (461), werde am fremden zugänglich. In der Tat kennt der Alltag eine solche Vertretbarkeit in den verschiedensten Formen, ja sie gehört sogar als "Konstitutivum zum Mitein-//ander" (462). Sie muss aber in dem Moment versagen, wenn es um eine Vertretung im Sterben geht. Jemand kann zwar f ü r einen anderen in einer bestimmten Angelegenheit sterben, aber "k e i n e r   k a n n d e m   A n d e r e n   s e i n   S t e r b e n   a b n e h m e n" (463). Der Tod ist - wie das Sein immer je meines ist - auch immer der je meine (464). "Und zwar bedeutet er eine eigentümliche Seinsmöglichkeit, darin es um das Sein des je eigenen Daseins schlechthin geht. Am Sterben zeigt sich, dass der Tod ontologisch durch Jemeinigkeit und Existenz konstituiert wird" (465).

----

457) Ebd.
458) "Am Sterben der Anderen kann das merkwürdige Seinsphänomen erfahren werden, das sich als Umschlag eines Seienden aus der Seinsart des Daseins (bzw. des Lebens) zum Nichtmehrdasein bestimmen lässt. Das E n d e des Seienden qua Dasein ist der A n f a n g dieses Seienden qua Vorhandenes" (ebd.).
459) Vgl. ebd. 239.
460) A. Sternberger drückt das so aus: "E s   b l e i b t   s o m i t   a m   S t e r b e n   A n d e - r e r   d a s   W e s e n t l i c h e   u n z u g ä n g l i c h, ein dunkler Kern, - das Sterben des Sterbenden selber, der 'Seinsverlust, den der Sterbende erleidet' oder schliesslich auch das 'Zu-Ende-kommen'" (a.a.O. 58).
461) M. Heidegger, Sein und Zeit 239.
462) Vgl. ebd. 239/240.
463) Ebd. 240.
464) Vgl. ebd. 41 ff.
465) Ebd. 240. Wenn auch der Tod des anderen nach M. Heidegger nicht die Ganzheit der Daseinsanalyse garantieren kann, so ist er doch als existenziales Phänomen angezeigt (vgl. ebd.). Daraus folgt, dass für eine Analyse des Todes nur die Möglichkeit bleibt, "dieses Phänomen entweder auf einen rein e x i - s t e n z i a l e n Begriff zu bringen oder aber auf sein ontologisches Verständnis zu verzichten" (ebd. 240). Und zweitens kann auf eine wichtige Differenzierung hingewiesen werden, dass das "Aus-der-Welt-gehen des D a s e i n s im Sinne des Sterbens unterschieden werden muss von einem Aus-der-Welt-gehen des Nur-lebenden" (ebd.).

Bei diesem Ansatz bleibt das Phänomen des Todes selbst also verborgen und das Wesen des Sterbens des Sterbenden selber der "Seinsverlust", den der Sterbende erleidet, unzugänglich (466).

c. Der Tod als existenziale Bestimmung des Daseins

Als was muss der Tod, der dem Dasein sein Ganzseinkönnen verbürgen soll, verstanden werden? Offenbar ist er nicht ein Ereignis, das als Zukünftiges einmal eintreten wird. Ist das Dasein, solange es ist, immer Unganzheit, die erst mit dem Tod ihr Ende findet, und kann dieses Ende nicht einfach als ein äusserstes Nochnicht, also als Ausstand (467) angesehen werden, ist kein "Zu-Ende-sein des Daseins", sondern das mit dem Tod gemeinte Ende ist vielmehr ein "S e i n z u m E n d e dieses Seienden", also eine "Weise zu sein, die das Dasein übernimmt, so-

---

466) Vgl. J. Cedrins, Gedanken über den Tod in der Existenzphilosophie (Diss. phil., Bonn 1949) 41. In diesem Zusammenhang darf auch darauf aufmerksam gemacht werden, dass K. Jaspers ebenfalls betont, dass der Tod als objektives Faktum nicht schon eine Grenzsituation ist. Als Allgemeines ist das Problem des Todes nicht zu fassen. "Es ist nicht so: es gibt den Tod nicht als allgemein in der Grenzsituation, sondern allgemein ist er nur als objektives Faktum" (K. Jaspers, Philosophie II, 221). Es kann zwar der Tod des Nächsten, der für mich allein und einzig war, zu einer Grenzsituation werden, aber "selbst dann bleibt die entscheidende Grenzsituation doch mein Tod als meiner, als dieser einzige, gar nicht objektive, nicht im Allgemeinen gewusste" (ebd. 222).

467) Ausstand ist hier gemeint als "Nochnichtbeisammensein des Zusammengehörigen" (M. Heidegger, Sein und Zeit 242; vgl. ebd. 247 ff). Auch bringt das Bild etwa vom Mond, an dem das letzte Viertel noch aussteht uns nicht näher an das hier gemeinte Ende heran. Der Mond ist immer als Ganzes vorhanden und das Noch-nicht bezieht sich auf das wahrnehmende Erfassen. Selbst die reifende Frucht, die das Noch-nicht in ihr eigenes Sein hineingenommen und zu ihrem Konstitutivum gemacht hat, kann in ihrer Reife nicht mit dem Ende des Todes gleichgesetzt werden und fordert eine genauere Bestimmung des Endes. "Reife der Frucht und menschlicher Tod decken sich soweit miteinander, als sie beide in begrenzter Bedeutung je schon ihr Noch-nicht sind. Dennoch bedeutet das nicht zugleich, dass Reife als 'Ende' und Tod als 'Ende' sich auch hier in ihrer ontologischen Endstruktur decken. In der Reife vollendet sich die Frucht, aber in gleicher Bedeutung können wir nicht von dem Tod sprechen, zu dem das Dasein kommt. Wenn auch das Dasein mit dem Tode seinen Gang vollendet, so ist damit doch nicht gesagt, dass es alle seine eigentümlichen Möglichkeiten erschöpft hat ... Seine Reife kann das Dasein auch schon vor dem Tode erreichen und sogar überschreiten. Zum grössten Teil aber endet es in der Unvollendung, denn auch unvollendetes Dasein endet" (J. Cedrins, a.a.O. 49).

bald es ist" (468), so zeigt sich, dass das Phänomen des Todes als Sein zum Ende nur aus der Grundverfassung des Daseins gedeutet werden kann, da der Tod auch zum Sein des Daseins gehört.

Das Zu-Ende-sein ist kein Ausstand, sondern eher ein Bevorstand, und zwar in dem Sinne, dass der Tod eine Möglichkeit ist, die das Dasein selbst zu übernehmen hat. Der Tod als die eigenste Möglichkeit drückt sich in der Unvertretbarkeit aus. Der Tod betrifft die Existenz da, wo sie nicht mehr mit anderen ist, betrifft meine Existenz dort, wo ich allein bin. "Mit dem Tod steht sich das Dasein selbst in seinem e i g e n s t e n Seinkönnen bevor" (469), ist allen Bezügen des Sein-bei und Sein-mit und den Möglichkeiten des In-der-Welt-seins entzogen, völlig auf sein eigenes Sein verwiesen und damit auch u n b e z ü g l i c h e Möglichkeit, d.h. das Dasein hat sich im Existieren herausgeholt aus dem Aufgegangensein in den entworfenen, aufgeschlossenen Bezügen des Mitseins mit anderen, um dies aus dem Vollzug des eigensten Seinkönnens, d.h. des unverschlossenen Sichverhaltens zum je eigenen Tod aufzuschliessen. So wird das Sein-zum-Ende verständlicher als Sein zu der ausgezeichneten, äussersten Möglichkeit des Daseins.

Diese ausgezeichnete Möglichkeit des Daseins wird aber nicht nachträglich eingeholt, sondern es ist, sobald es existiert, in diese Möglichkeit "geworfen". Dieses dadurch auch In-den-Tod-Geworfensein enthüllt sich in der Angst als Grundbefindlichkeit des Daseins (470). Das Sein zum Ende gehört also wesentlich zur Geworfenheit des Daseins hinzu (471).

Das eigenste Sein zum Ende zeigt zwar an, dass das Dasein, solange es lebt, stirbt, und doch ist der Tod oft verdeckt, weil das Dasein als geworfene Existenz immer auch bei Seiendem existiert, in der Welt aufgeht, "verfällt" und "in diesem verfallenden Sein-bei ... meldet sich die Flucht aus der Unheimlichkeit, das heisst jetzt vor dem eigensten Sein zum Tode" (472).

d. Das alltägliche Sein zum Tode als Eröffnung eines Zugangs zum eigentlichen Sein zum Tode

Eine Analyse des Todes muss - wie dies auch bei anderen Phänomenen der Fall ist - nach M. Heidegger da ansetzen, wo sich das Dasein zeigt, und zwar in seiner durchschnittlichen Alltäglichkeit. "An dieser sollen nicht beliebige und // zufällige, son-

---

468) M. Heidegger, Sein und Zeit 245.
469) Ebd. 250.
470) Vgl. ebd. 184-191.
471) Vgl. ebd. 251.
472) Ebd. 252.

dern wesenhafte Strukturen herausgestellt werden, die in jeder Seinsart des faktischen Daseins sich als seinsbestimmte durchhalten" (473).

Im Alltag begegnet der Tod als "Todesfall", als ein "bekanntes innerweltlich vorkommendes Ereignis" (474), als ein völlig normales, nicht weiter fragwürdiges,
selbstverständliches und unauffälliges Geschehen, das sich so ausdrückt: "man
stirbt am Ende auch einmal, aber zunächst bleibt man sehr unbetroffen" (475).
"Man stirbt" will heissen: es ist immer der andere, der stirbt, nur nicht ich und
verdeckt dadurch, dass das Sterben "wesenhaft unvertretbar das meine ist" (476).
Der Sterbende soll sogar getröstet werden, indem ihm eingeredet wird: er werde
dem Tod entgehen. "Mit der verfallenden Flucht v o r dem Tode bezeugt aber die
Alltäglichkeit des Daseins, dass auch das Man selbst je schon als S e i n z u m
T o d e bestimmt ist, auch dann, wenn es sich nicht ausdrücklich in einem 'Denken
an den Tod' bewegt" (477). Diese alltägliche Erfahrung des Todes kann nicht zu einem von M. Heidegger intendierten existenzialen Todesverständnis führen. Das alltägliche Sein zum Tode spielt aber eine wichtige Rolle, denn in der Aussage: "man
stirbt auch einmal, aber vorläufig noch nicht" kündet sich eine tiefere Gewissheit
des Todes an, die jedoch von seiner alltäglichen Verdecktheit erst befreit werden
muss (478). Das alltägliche Sein zum Tode, besser die alltägliche Flucht vor dem
Tod ist aber so angelegt, "dass immer im Fliehen das Geflohene, im Verdecken
das Verdeckte gerade eben noch zum Vorschein kommt und analytisch entdeckt
werden kann" (479). So kann das alltäglich verfallende Fliehen vor dem Tod als ein

---

473) Ebd. 16/17.
474) Ebd. 253.
475) Ebd.
476) Ebd.
477) Ebd. 254. Gewisse Parallelen finden sich auch bei G. Simmel. Wenn auch der
    Tod jedes Leben bestimmt, so wird doch Erwerb, Genuss, Arbeit und Ruhe, jedes natürliche Verhalten bewusste oder unbewusste Flucht vor dem Tod. Vgl.
    G. Simmel, Lebensanschauung 110.
478) Diese verdeckte Gewissheit beruht auf der täglichen Erfahrung des Sterbens
    anderer. Der Tod ist eine unleugbare Erfahrungstatsache. Er ist empirisch gewiss und eine solche Gewissheit bleibt immer hinter der höchsten Gewissheit
    zurück. "Man sagt: es ist gewiss, dass 'der' Tod kommt. Man sagt es, und
    das Man übersieht, dass, um des Todes gewiss sein zu können, je das eigene
    Dasein selbst seines eigensten, unbezüglichsten Seinkönnens gewiss sein muss"
    (M. Heidegger, Sein und Zeit 257).
479) A. Sternberger, a.a.O. 87. J.M. Demske drückt denselben Gedanken so aus:
    "Das, wovor der Mensch in der alltäglichen Gewissheit des Todes flieht, // ist
    gerade der T o d, insofern dieser die eigenste Möglichkeit s e i n e s e i g e n e n
    Seins ist; sonst wäre die Flucht sinnlos. Der Mensch ist demnach von innen
    her des Todes gewiss; er kennt den Tod, insofern dieser sein eigenes Sein betrifft, ja er ist des Todes ebenso gewiss, wie seines eigenen In-der-Welt-seins,
    dessen Kehrseite der Tod ist" (J.M. Demske, a.a.O. 34/35).

"uneigentliches Sein zum Tode" (480) auf ein faktisches und ständiges Sterben, das "sich in seinem Sein zum Tode immer schon so oder so entschieden" (481) hat, hinweisen.

"So enthüllt die Flucht vor dem Tode gerade das, was sie verdecken will: dass Dasein nämlich nicht bloss eine empirische, sondern eine innerliche existenziale Todesgewissheit hat" (482).

Die Flucht vor diesem gewissen Tod macht noch auf ein Moment des existenzialen Begriffes des Todes aufmerksam: er bleibt nämlich hinsichtlich des Wann unbestimmt. Er kann in jedem Augenblick möglich sein.

Die bisherige Analyse hat folgende Elemente ergeben: "Der Tod als Ende des Daseins ist die eigenste, unbezüglichste, gewisse und als solche unbestimmte, unüberholbare // Möglichkeit des Daseins. Der Tod ist als das Ende des Daseins im Sein des Seienden zu seinem Ende" (483).

e. Der existenziale Entwurf

In der Analyse des uneigentlichen Seins zum Tode kam auch zum Ausdruck was das eigentliche Sein zum Tode nicht ist. Bedenkt man das, was zum existenzialen Todesbegriff gesagt wurde mit, "muss sich der existenziale Bau eines eigentlichen Seins zum Tode entwerfen lassen" (484).

Unter Entwurf versteht M. Heidegger "die existenziale Seinsverfassung des Spielraums des faktischen Seinkönnens" (485), d.h. als Dasein hat dieses sich selbst entworfen und entwirft sich immerfort und begibt sich so in seine Eigentlichkeit. Das Dasein als Entwurf "enthüllt, deckt auf, d.h. erschliesst sein Seinkönnen" (486). Der "Entwurf" gehört also zur existenzialen Struktur des Verstehens, d.h. das Verstehen hat Entwurfscharakter. "Dasein versteht sich immer schon und immer noch, solange es ist, aus Möglichkeiten. Der Entwurfscharakter des Verstehens besagt ferner, dass dieses das, woraufhin es entwirft, die Möglichkeit, selbst nicht thematisch erfasst. Solches Erfassen benimmt dem Entworfenen gerade seinen Möglichkeitscharakter, zieht es herab zu einem gegebenen, gemeinten Bestand, während der Entwurf im Werfen die Möglichkeit als Möglichkeit sich vorwirft und als solche sein

---

480) M. Heidegger, Sein und Zeit 259.
481) Ebd.
482) J.M. Demske, a.a.O. 35.
483) M. Heidegger, Sein und Zeit 258/259 (dort gesperrt).
484) Ebd. 260.
485) Ebd. 145.
486) K. Lehmann, Vom Ursprung und Sinn der Seinsfrage 548.

lässt. ... Das Verstehen ist, als Entwerfen, die Seinsart des Daseins, in der es seine Möglichkeiten als Möglichkeiten i s t " (487). Und wenn die Möglichkeiten des Daseins die Seinsweisen sind, in denen Dasein jeweils existiert, es selbst zu sein vermag und aus denen es sich versteht, kann in diesem Sinn auch das Dasein als eigentliches Sein zum Tode im Vorlaufen als eigenste Möglichkeit, d.h. als die Möglichkeit der Möglichkeit entwerfend verstanden werden.

Der existenziale Entwurf muss sich an den Strukturen des existenzialen Begriffs des Todes orientieren, der als ein Existenzial, als eine Möglichkeit des Daseins zu seinem eigenen Ganzseinkönnen aufgezeigt wird.

Das e i g e n t l i c h e Sein zum Tode kann vor der eigensten Möglichkeit nicht mehr ausweichen, sondern muss als ein Sein zu einer ausgezeichneten Möglichkeit des Daseins selbst charakterisiert werden (488). Dieses kann aber nicht als ein besorgendes Aussein auf eine Verwirklichung verstanden werden, da der Tod eine "Seinsmöglichkeit des Daseins" ist und nicht ein Vorhandenes, sondern die Möglichkeit muss "ungeschwächt a l s M ö g l i c h k e i t verstanden, a l s M ö g l i c h k e i t ausgebildet und im Verhalten zu ihr a l s M ö g l i c h k e i t a u s g e h a l t e n werden" (489). Ein solches Sein zur eigentlichen Möglichkeit nennt M. Heidegger ein "V o r l a u f e n i n d i e M ö g l i c h k e i t" (490), sodass das Sein zum Tod als "Vorlaufen in ein Seinkönnen d e s Seienden, dessen Seinsart das Vorlaufen selbst ist" (491), charakterisiert werden kann. In diesem Vorlaufen, das A. Sternberger als "das präzise Kontrastbild zum 'Fliehen' als Weglaufen" (492) sieht, enthüllt sich dieses Seinkönnen als eigenstes, äusserstes Seinkönnen, "das heisst als Möglichkeit e i g e n t l i c h e r E x i s t e n z " (493).

Was heisst das anderes, als dass hier das Motiv des Uebernehmens der je eigenen Daseinsmöglichkeit des Daseins wiederauftritt. Dieses Vorlaufen in die eigenste Möglichkeit des Daseins und dieses verstehende Aushalten dieser Möglichkeit kann die ontologische Struktur als die "e i g e n s t e , u n b e z ü g l i c h e , g e w i s s e u n d a l s s o l c h e u n b e s t i m m t e , u n ü b e r h o l b a r e // M ö g l i c h k e i t d e s D a s e i n s" (494) erhellen.

Dieses Vorlaufen wird dadurch verdeutlicht, "indem die einzelnen Bestimmungen des existenzialen Begriffs des Todes in das Vorlaufen selbst aufgenommen werden" (495).

---

487) M. Heidegger, Sein und Zeit 145.
488) Vgl. ebd. 260/261.
489) Ebd. 261.
490) Ebd. 262.
491) Ebd.
492) A. Sternberger, a.a.O. 91.
493) M. Heidegger, Sein und Zeit 263.
494) Ebd. 258/259.
495) K. Lehmann, Vom Ursprung und Sinn der Seinsfrage 656.

Der Tod als Vorlaufen in die e i g e n s t e Möglichkeit des Daseins enthüllt dem Dasein die Uneigentlichkeit der Alltäglichkeit. Es wird der Herrschaft des "man" entrissen und kann sich aus der Verlorenheit dieses "man" zurückholen. Das Sein zur eigensten Möglichkeit erschliesst dem Dasein sein eigenstes Seinkönnen, darin es um das Sein des Daseins geht. In dieser Möglichkeit geht es um das In-der-Weltsein schlechthin. Das Dasein hat also das Seinkönnen, indem es um das eigenste Sein geht, nur von ihm selbst her zu übernehmen. Alle Bezüge des Sein-bei, des Sein-mit im Modus des Besorgens (im Bezug auf die begegnenden Seienden) und der Fürsorge (im Mitsein mit anderen) sind abgebrochen. Das Dasein steht in absoluter Vereinzelung, wenn es um dieses eigenste Seinkönnen geht. "Dasein kann nur dann e i g e n t l i c h e s s e l b s t sein, wenn es sich von ihm selbst her dazu ermöglicht" (496).

Als die eigenste, unbezügliche Möglichkeit ist dieses Vorlaufen u n ü b e r h o l b a r . Der Tod ist das allerletzte Ereignis, das Ende auch der Ereignisse, hinter dem nichts mehr folgen kann. Keine Zeit bleibt übrig; es gibt kein Nachher. Der Tod macht das Dasein ganz. Er ist die äusserste unüberholbare Grenze. Der Tod als die unüberholbare Möglichkeit setzt alle anderen Möglichkeiten an ihren richtigen Platz, "nämlich als Möglichkeiten, die der allerletzten Möglichkeit des Todes vorgelagert sind, die vom Ende her bestimmt, d.i. e n d l i c h e Möglichkeiten sind, welche sich vor der unüberholbaren Möglichkeit des Todes als nur vor-läufige überholbar erweisen" (497). Das Vorlaufen in den Tod weicht gerade dieser Unüberholbarkeit nicht aus, "sondern gibt sich f r e i f ü r sie" (498), und wird dadurch frei von der Verlorenheit zufälliger anderer Möglichkeiten.

Weiter ist die eigenste, unbezügliche und unüberholbare Möglichkeit g e w i s s . Das bedeutet nicht ein dauerndes Denken an den Tod, das eine trübselige Stimmung zur Folge hätte, oder ein Schluss aufgrund der Feststellung von vielen Todesfällen. Die Gewissheit des Todes durchstimmt alle Möglichkeiten des menschlichen Daseins. Erst das Vorlaufen in die eigenste Möglichkeit zeigt, dass jedes Verdecken, Fliehen, Verharmlosen den wahren Charakter des Todes nicht erkennt, sondern dass dem Dasein der Tod von der eigensten Wesensstruktur her gewiss erscheint (499).

Die eigenste, unbezügliche, unüberholbare und gewisse Möglichkeit ist schliesslich hinsichtlich ihrer Gewissheit u n b e s t i m m t . Wenn das Dasein auch mit Bestimmtheit des Todes gewiss sein kann, so bleibt das Wann des Todes im Dunkeln, kann nicht bestimmt werden. Das führt zu einer dauernden Bedrohung und Ungesichertheit. "Das eigentliche Sein zum Tode muss diese Bedrohung aushalten, ja es muss sie sogar durch das immer wachsende Verstehen ausbilden" (500). Dieses Aushalten

---

496) M. Heidegger, Sein und Zeit 263.
497) J.M. Demske, a.a.O. 38.
498) M. Heidegger, Sein und Zeit 264.
499) Vgl. E. Fink, a.a.O. 19 ff; 29 ff.
500) J.M. Demske, a.a.O. 40.

wird durch die Grundbefindlichkeit der Angst möglich, die dem Dasein sein radikales "Unzuhause" zeigt. In der Angst "befindet sich das Dasein v o r dem Nichts der möglichen Unmöglichkeit seiner Existenz" (501). So gehört auch die Angst wesentlich zur Struktur des vorlaufenden Seins zum Tod. "Das Sein zum Tode ist wesenhaft Angst" (502).

M. Heidegger versucht abschliessend in seiner Todesanalyse, den Tod als existenzial-ontologischer Entwurf folgendermassen zusammenzufassen: "Das Vorlaufen enthüllt dem Dasein die Verlorenheit in das Man-selbst und bringt es vor die Möglichkeit, auf die besorgende Fürsorge primär ungestützt, es selbst zu sein, selbst aber in der leidenschaftlichen, von den Illusionen des Man gelösten, faktischen, ihrer selbst gewissen und sich ängstenden Freiheit zum Tode" (503).

Damit ist die ontologische Möglichkeit des eigentlichen Ganzseinkönnens aufgezeigt und M. Heidegger stellt die Frage, ob es im Dasein ein Phänomen gebe, das dieses existenzial entworfene Sein zum Tode als existenziell vollziehbar erscheinen lässt.

---

501) M. Heidegger, Sein und Zeit 266.
502) Ebd.
503) Ebd. (dort gesperrt). In acht Punkten versucht J.M. Demske diese dichte Formulierung kurz auf das bisher Gesagte hin zu erhellen.
"(1) 'Das Vorlaufen enthüllt ... die Verlorenheit in das Man-selbst', indem es nämlich den Tod als die e i g e n s t e Möglichkeit des Daseins erschliesst;
(2) 'und bringt es vor die Möglichkeit, auf die besorgende Fürsorge primär ungestützt, es selbst zu sein', indem es den Tod als die u n b e z ü g l i c h e Möglichkeit erschliesst, worin alles besorgende Sein-bei und fürsorgende Sein-mit versagt, so dass Dasein sich von sich selbst her übernehmen muss;
(3) 'selbst aber in der leidenschaftlichen', d.i. in der sich selbst seiner eigensten, unbezüglichen und u n ü b e r h o l b a r e n Möglichkeit rücksichtslos hingebenden;
(4) 'von den Illusionen des Man gelösten', d.i. von der öffentlichen Ausgelegtheit des uneigentlichen Seins zum Tode ins eigentliche Verstehen des Todes als seiner e i g e n s t e n Möglichkeit befreiten;
(5) 'faktischen', d.i. seinem im Vorlaufen durch die A n g s t erschlossenen Geworfenheitscharakter entsprechenden;
(6) 'ihrer selbst gewissen', d.i. im Vorlaufen die G e w i s s h e i t des Todes und damit seines eigensten Seins als Ganzheit vergewissert habenden;
(7) 'und sich ängstenden', insofern wegen der U n b e s t i m m t h e i t des Wann des Todes die Angst zum eigentlichen Sein zum Tode wesenhaft gehört, bzw. das Vorlaufen in der Grundbefindlichkeit der Angst geschieht;
(8) 'Freiheit zum Tode', indem das Vorlaufen es dem Dasein ermöglicht, sich frei zu geben für das, was es ist, nämlich das end-liche zum Tode u n ü b e r - h o l b a r bestimmte In-der-Welt-sein" (J.M. Demske, a.a.O. 41).

f. Der ontisch-existenzielle Vollzug

M. Heidegger vermag ein solches Phänomen aufzuzeigen, das das Dasein aus der Verlorenheit an das "Man" zurückholen und das eigentliche Ganzseinkönnen des Daseins als existenzielle Möglichkeit aufzeigen kann: das Gewissen. Unter Gewissen versteht er nicht das, was gewöhnlich unter Gewissen verstanden wird. Es ist für ihn kein Seelenvermögen oder eine Fähigkeit des menschlichen Geistes oder eine Tatsache im Bewusstseinsleben, sondern vielmehr ein Existenzial (504). Das Dasein ist in seiner Verfallenheit an seine Uneigentlichkeit a n -gerufen und zugleich a u f - gerufen zur eigentlichen Existenz, in der sich das Dasein in und aus seinen eigenen Möglichkeiten versteht. Das Gewissen also "gibt keine Kenntnis über Begebenheiten" (505), sondern ruft immer auf z u etwas. "Der Gewissensruf hat den Charakter des A n r u f s des Daseins auf sein eigenstes Selbstseinkönnen und das in der Weise des Aufrufs zum eigensten Schuldigsein" (506). M. Heidegger begreift den Begriff "Schuld" nicht im moralischen Sinn oder als Mangel, sondern als formale Idee. Er definiert deshalb Schuld als "Grundsein für ein durch ein Nicht bestimmtes Sein - das heisst G r u n d s e i n e i n e r N i c h t i g k e i t" (507). Und dieses "verschwiegene, angstbereite Sichentwerfen auf das eigenste Schuldigsein" (508) ist das richtige Hören des Rufes des Gewissens, was M. Heidegger die Entschlossenheit nennt. Sie bringt das Dasein auf sein eigenes Sein zurück.

Will diese Entschlossenheit der ermöglichende Grund der Eigentlichkeit sein, dann muss sie sich auf die ganze wesentliche Struktur des Daseins beziehen. Wieder kommt deshalb der Tod als die äusserste Möglichkeit des Daseins in den Blick. Die Entschlossenheit ist nur voll und eigentlich gegeben, wenn sie das Schuldigsein übernimmt, wenn sie ein das Schuldigsein des Daseins übernehmendes Sein zum Tode ist (509). "Die Entschlossenheit wird deshalb erst a l s v o r l a u f e n d e ein ursprüngliches Sein zum eigensten Seinkönnen des Daseins. Das 'kann' des Schuldigseinskönnens versteht die Entschlossenheit erst, wenn sie sich als Sein zum Tode 'qualifiziert'" (510). Wenn die Entschlossenheit einmal in ihrem Vorlaufen die äusserste Möglichkeit eingeholt hat, kann sie nicht mehr überboten werden. Dann bringt sie "das e i g e n t l i c h e S e i n z u m T o d e i n s i c h a l s d i e m ö g l i c h e e x i s t e n z i e l l e M o d a l i t ä t i h r e r e i g e n e n E i g e n t l i c h k e i t" (511). Die Verbindung des Vorlaufens und der Entschlossenheit bietet das eigentliche Ganzsein-

---

504) "Das existenzial verstandene Gewissen ruft ständig im Dasein, nicht auf die lärmende, geschäftige, zweideutige Weise des Man, sondern still, unzweideutig und ohne Anhalt für die Neugier" (J.M. Demske, a.a.O. 45).
505) M. Heidegger, Sein und Zeit 280.
506) Ebd. 269.
507) Ebd. 283. Vgl. ebd. 280-289.
508) Ebd. 297 (bei M. Heidegger gesperrt).
509) Vgl. J.M. Demske, a.a.O. 48.
510) M. Heidegger, Sein und Zeit 306.
511) Ebd.

können des Daseins (durch das Vorlaufen existenzial strukturiert und durch die Entschlossenheit existenziell bezeugt).

Dies zusammenfassend können wir mit O. Pöggeler sagen: "Das Dasein ist jeweils ganz, indem es immer neu vorläuft in den Tod. Es ist eigentlich, indem es in der Entschlossenheit dem Ruf des Gewissens folgt. Die Sorge ist in ihrer Eigentlichkeit vorlaufende Entschlossenheit. Als Sich-vorweg-schon-sein-in-der-Welt ist sie ein Zukünftigsein, das vorläuft in den Tod, so aber auf sich zurückkommt und entschlossen 'die Schuld' des Schon-sein-in-der-Welt übernimmt. Im entschlossenen Vorlaufen in den Tod kommt das Dasein aus seiner Zukünftigkeit auf seine Gewesenheit zurück; so ist es das, was es je schon war, e i g e n t l i c h " (512).

g. Der Tod als der Ort der Bekundung der Verborgenheit des Seins

Konnte der Tod in "Sein und Zeit" als Existenzial des Daseins herausgearbeitet werden, so sind wir unserem Ziel etwas näher gekommen, aufzuzeigen, dass der Tod ein dem Menschen immanentes Prinzip ist. Im späteren Schrifttum M. Heideggers wird diese existenziale Bestimmung des Todes beibehalten, auch wenn der Todesbegriff verschiedene Akzentuierungen erhält. Es sollen hier einige wenige Beispiele abschliessend angeführt werden, da so besser ein Eindruck geboten werden kann, welchen Wandel M. Heideggers Todesauffassung durchgemacht hat, in dem es deutlich wird, dass die das Denken M. Heideggers leitende Frage die nach dem Sein ist.

Es kann aber in unserem Zusammenhang nicht möglich sein, die weiteren Schriften M. Heideggers ausführlich auf das Todesproblem hin zu untersuchen. Vielmehr müssen wir uns mit einigen wenigen Hinweisen begnügen, ohne diese zu interpretieren, zumal auf die ausführliche Arbeit von J. M. Demske, Sein, Mensch und Tod verwiesen werden kann, die diesen Akzentsetzungen genauer nachgeht und sie aus dem Gesamthorizont des Heideggerschen Denkens zu erläutern sucht. In "Einführung in die Metaphysik" wird der Tod als die existenziale Struktur des Daseins dargestellt, aber nicht bloss im Dasein, sondern im Bezug des Daseins zum Sein verankert. Im Kampf zwischen dem Dasein als dem "Gewalttätigen" und dem Sein als dem "Ueberwältigenden" muss das Dasein zerbrechen. Das Sein zum Tod tritt nun als Sein zum Zerbrechen auf. "Die Notwendigkeit des Zerbrechens kann aber nur bestehen, insofern das, was zerbrechen muss, in ein solches Dasein genötigt wird. Der Mensch ist aber in ein solches Dasein genötigt, in die Not solchen Seins geworfen, weil das Ueberwältigende als solches waltend zu erscheinen, die Stätte der Offenheit für es b r a u c h t . Von dieser durch das Sein selbst ernötigten Not her verstanden, eröffnet sich uns erst das Wesen des Menschseins. Da-sein des geschichtlichen Menschen heisst: Gesetzt-sein als die Bresche, in die die Uebergewalt des Seins erscheinend hineinbricht, damit diese Bresche selbst am Sein zerbricht" (513).

---

512) O. Pöggeler, Der Denkweg Martin Heideggers (Pfullingen 1963) 61.
513) M. Heidegger, Einführung in die Metaphysik (Tübingen 1953) 124; vgl. J. M. Demske, a.a.O. 76-119.

In weiteren Schriften tritt M. Heidegger der Meinung entgegen, der Mensch von heute lebe unter einer grossen Todesbedrohtheit von aussen (514). Er aber sieht eine tiefere, ontologische Todesgefahr. "Nicht die vielberedete Atombombe ist als diese besondere Tötungsmaschinerie das Tödliche. Was den Menschen längst schon mit dem Tod und zwar mit demjenigen seines Wesens bedroht, ist das Unbedingte des blossen Wollens im Sinne des vorsätzlich Sichdurchsetzens in allen" (515). Der Mensch wurde im Zeitalter der Technik zum unbegrenzten Herrn über das Seiende, zum Verehrer der Technik, die über den Tod zu verfügen scheint, und gerät so gerade in Abhängigkeit von ihr (516). So wird er zum "Menschen" ohne Menschenwesen, was M. Heidegger auch "Heimatlosigkeit" (517) oder "Verlust der Bodenständigkeit" (518) nennt. Demgegenüber gilt es, den Tod "positiv" zu denken, und zwar als zum Sein gehörig. "Der Tod und das Reich der Toten gehören als die andere Seite zum Ganzen des Seienden. Dieser Bereich ist 'der andere Bezug', d.h. die andere Seite des ganzen Bezuges des Offenen" (519). Der Tod ist ein "wesentlicher Zeuge der Untergeordnetheit des Menschen dem Sein gegenüber und als solcher eine ausgezeichnete Stelle des möglichen Durchbruchs zum Sein selbst" (520). Der Tod ist es, "der die Sterblichen in ihrem Wesen anrührt und sie so auf den Weg zur anderen Seite des Lebens und so in das Ganze des reinen Bezuges setzt. Der Tod versammelt so in das Ganze des schon Gesetzten, in das Positum des ganzen Bezuges. Als diese Versammlung des Setzens ist er das Ge-setz, so wie das Gebirg die Versammlung der Berge in das Ganze ihres Gezüges ist. Dort, wo das Gesetz uns anrührt, ist innerhalb des weitesten Umkreises die Stelle, in die wir das umgewendete Schutzlossein positiv in das Ganze des Seienden einlassen können. Das so gewendete Schutzlossein birgt uns schliesslich ausserhalb von Schutz in das Offene" (521).

Wir sehen, im Seinsdenken spielt der Tod eine grosse Rolle, da er eine Stelle des Druchbruchs des Menschen zum Sein markiert.

Es seien abschliessend nur noch ein paar Wendungen zitiert, die andeuten sollen, welch verschiedene weitere Akzentuierungen der Tod im Denken M. Heideggers einnehmen kann. "Der Tod ist der S c h r e i n d e s N i c h t s ... Der Tod birgt als der Schrein des Nichts das Wesende des Seins in sich. Der Tod ist als der Schrein des Nichts das G e b i r g d e s S e i n s " (522) oder "Die Sterblichen sind, wie sie sind,

514) Vgl. J.M. Demske, a.a.O. 120-151.
515) M. Heidegger, Wozu Dichter? in: Holzwege (Frankfurt [2]1952) 271.
516) Vgl. M. Heidegger, Gelassenheit (Pfullingen 1959) 15-26.
517) Vgl. M. Heidegger, Brief über den "Humanismus", in: ders., Wegmarken (Frankfurt 1967) 168.
518) Vgl. M. Heidegger, Gelassenheit 16.
519) M. Heidegger, Wozu Dichter? 279.
520) J.M. Demske, a.a.O. 151.
521) M. Heidegger, Wozu Dichter? 280.
522) M. Heidegger, Das Ding, in: ders., Vorträge und Aufsätze (Pfullingen 1954) 177 (Sperrung von mir).

als die Sterblichen, wesend im Gebirg des Seins. Sie sind das wesende Verhältnis zum Sein als Sein" (523); "... das Wesen der Sterblichen (ist) in die Achtsamkeit auf das Geheiss gerufen ..., das sie in den Tod kommen heisst. Er ist als äusserste Möglichkeit des sterblichen Daseins nicht Ende des Möglichen, sondern das höchste Gebirg (das versammelnde Bergen) des Geheimnisses der rufenden Entbergung" (524). "Der Tod ist die noch ungedachte Massgabe des Unermesslichen, d.h. des höchsten Spiels, in das der Mensch irdisch gebracht, auf das er gesetzt ist" (525).

Es sei abschliessend F.W. von Hermann zitiert, der die weitere Entwicklung des Todesgedankens nach "Sein und Zeit" so charakterisiert: "Die Geworfenheit in das verstehende Sein zum Tode verwandelt sich in das vom Sein eröffnete Offenstehen für das Walten der Verborgenheit des Seins. Indem Heidegger die Verschlossenheit des Todes in die Verborgenheit des Seins zurückdenkt, wird sie primär zu einer Struktur (!) des Seins. Weil aber zur Verborgenheit des Seins gehört, dass sie sich im Dasein bekundet, und zwar als Unentborgenheit, die das Dasein im Verstehen seines Todes erfährt, ist der Tod zugleich eine existenziale Bestimmung des Daseins. Der Tod bleibt auch im Uebergang vom existenzialen zum eksistenzialen Ansatz die 'äusserste Möglichkeit des Daseins', die das höchste an Lichtung des Seins vermag'" (526).

M. Heideggers Todesanalyse kommt eine grosse Bedeutung für das heutige Denken über den Tod zu. Wie kaum zuvor jemand vermag er das Spezifische am menschlichen Tod herauszustreichen. Der Mensch allein ist im Gegensatz zu allen anderen Lebewesen fähig und entschlossen, sich nichts mehr vorzumachen, das alltägliche "man stirbt auch einmal" zu hinterfragen und dem Ernst des Todes bewusst ins Auge zu sehen. Der Mensch allein weiss um seine Sterblichkeit als eine existenziale Bestimmung, kann sich zu ihr verhalten, und sie lässt sein ganzes Leben zu einem Sterben werden, zu einem Sterben im Sinne eines "Seins zum Tod".

Es gilt aber deutlich zu sehen, dass M. Heidegger mit seiner Todesanalyse kein anthropologisches Interesse verfolgt, sondern diese steht im Horizont seiner universalen Seinsfrage. Das mag auch die Abstraktheit der Analyse begründen und lässt einen solchen Entwurf von seinem hypothetischen und experimentierenden Charakter her in seiner Einseitigkeit verstehen (527). Doch besteht in einem solchen Entwurf,

523) Ebd.
524) M. Heidegger, Moira (Parmenides VIII, 34-41), in: ders., Vorträge und Aufsätze 256.
525) M. Heidegger, Satz vom Grund (Pfullingen 1957) 187; vgl. zu diesen Zitaten eine Interpretation von J.M. Demske, a.a.O. 152-182.
526) F.W. von Herrmann, a.a.O. 152.
527) Es kann sich hier in keinster Weise um eine Auseinandersetzung mit dem Todesverständnis M. Heideggers handeln. Eine Kritik müsste vom Gesamtentwurf von "Sein und Zeit" ausgehen und bedürfte deshalb weit differenzierterer Untersuchungen, als das hier zu leisten ist. Vergleiche dazu die vielen kritischen Fragen,

der das Ganzseinkönnen des Daseins ontologisch aufzuweisen sucht, leicht die Gefahr einer ungeschichtlichen Sicht des Todes. Er wird vielmehr als eine "Umgrenzung des Seins des Daseins", dazu sich das Ganzseinkönnen "aus dem Grund seines eigenen Seins gefordert und ermächtigt sieht" (528), verstanden. Die einzelnen Möglichkeiten des Daseins müssen zurückgelassen werden zugunsten der äussersten, unüberholbaren Möglichkeit, worin sich doch wohl der ungeschichtliche Charakter des Todesbegriffs andeuten dürfte. Zeigt sich der Tod nicht eher als einmalige Konstruktion, wenn die vorangehenden, konkreten Möglichkeiten in ihrer Bedeutung entwertet werden?

Wie komme ich überhaupt zu einer solchen vorlaufenden Entschlossenheit, mir jetzt schon das Aeusserste des Daseins vorgeben zu lassen? Die eben erwähnten, vorangehenden Möglichkeiten dürften in ihr übersprungen werden. Setzte ich mich in dieser vorlaufenden Entschlossenheit nicht wieder ausserhalb meiner Endlichkeit und meiner Sterblichkeit?

Der Mensch ist aber doch wohl in seinem Alltag überfordert oder gar völlig unfähig, immerwährend in einem solchen Vorlaufen zu leben. Ein solches Vorlaufen in den Tod kann nur in ganz wenigen, grossen Stunden im Leben gelingen.

M. Heideggers Konzeption von der dauernden Gegenwart des Todes im menschlichen Dasein mag zuwenig den abschliessenden und konkreten Tod unserer persönlichen End-Zeit berücksichtigen. "Man kann geradezu von einer Depotenzierung des eigentlichen Todes sprechen" (529). Wird in M. Heideggers Todesanalyse wirklich der Tod analysiert? (530).'"Tod" und "Ende" haben in dieser Analyse wohl nicht mehr viel zu tun mit einem Todesbegriff, den der unbefangene Leser mitbringt (531).

---

die K. Lehmann an die Todesanalyse stellt und zwar von seiner ins Détail gehenden Arbeit her (vgl. K. Lehmann, Vom Ursprung und Sinn der Seinfrage 671-681).

528) Ebd. 675.
529) V.E. Freiherr von Gebsattel, a.a.O. 402.
530) Vgl. ebd. 674.
531) Löst sich das Dasein durch die Uebernahme seiner selbst als Sein zum Tode nicht von allen anderen Seienden, allen anderen Menschen und Mächten und kann sich nur in der Unbezüglichkeit des Todes eigentlich verstehen? Ist das Dasein im Sein zum Tod nicht völlig auf sich gestellt, "dass es völlig allein, in sich selbst abgeschlossen, selbst genügsam, ja a b s o l u t gesetzt ist" (J.M. Demske, a.a.O. 64)? Wird der Tod nicht durch die völlige Ontologisierung verharmlost, sodass in diesem verstandenen Tod, der fremde und unbezügliche Charakter des Todes eingebüsst wird? Eine Auseinandersetzung mit solchen von A. Sternberger (a.a.O. 30-31 und 66-67; 81; 85; 133) gestellten Fragen wagt J.M. Demske (a.a.O. 64-73) und beantwortet sie in den etwas differenzierteren Gedankengängen meist zugunsten M. Heideggers. Er kommt so zu M. Heidegger gerechterwerdenden Antworten, wobei er die Doppeldeutigkeit mancher Begriffe im Blick behalten kann.

Die Betonung der entweltlichten Jemeinigkeit des Todes dürfte sehr leicht in die Versuchung geraten, als reine Subjektivität verstanden zu werden.

Will M. Heidegger die ontologische Struktur des Daseins ontisch begründen, ergibt sich dann nicht eine Spannung zwischen dem Ontischen und dem Ontologischen, die sich am stärksten in der Analyse des Todes zeigt? Trägt diese Spannung nicht die Möglichkeit eines Missverständnisses vieler Begriffe und gibt sie nicht jedem Element des existenzialen Begriffs des Todes seine Problematik? (532).

Droht nicht auch die Gefahr, das Dasein nicht mehr vom Gesichtspunkt der fundamentalontologischen Aufgabe her zu verstehen, und unterliegen dieser Gefahr nicht besonders Tod, Gewissen, Schuld und Entschlossenheit?

Wie all diese Fragen - und es wären noch viele zu stellen - andeuten, zeigen sich gerade in der Todesanalyse die auch sonst in "Sein und Zeit" im Hintergrund mitschwingenden Probleme am deutlichsten.

Doch mag man auch sehen, dass ein Denken, das sich in solcher Weise vom herkömmlichen Todesverständnis unterscheidet, seine neue Begrifflichkeit, die notgedrungen teilweise noch undifferenziert oder zweideutig verbleibt, erst schaffen muss und das vermindert in keiner Weise die ungeheure Bedeutung dieser Todesanalyse für unser Denken - auch wenn sie nicht überwertet werden darf. Der Tod ist, so darf man wohl sagen, durch diese Gedankengänge "in einer Weise ernst und gewichtig geworden, dass er nicht mehr so leicht übersprungen werden kann" (533).

Auf diese dargestellten philosophischen Gedankengänge zurückblickend, können wir eine Verinnerlichung des Todes feststellen, die in M. Heideggers "Sein und Zeit" zweifelsohne ihren bisherigen Höhepunkt erfahren hat. Es lässt sich aber fragen, ob in dieser Interiorisierung des Todes nicht urchristliches Gedankengut nachwirkt, das in der von der christlichen Theologie geprägten Anthropologie mitgesehen worden ist.

Sind nicht erste Ansätze einer Verinnerlichung des Todes bei Paulus zu finden, wenn er davon spricht, dass das ganze Leben des Christen ein dauerndes Mitsterben mit Christus ist (534)? "Allzeit tragen wir das Sterben an unserem Leibe umher, damit

---

532) K. Lehmann weist auf diese Problematik hin: "So enthält schliesslich jedes Moment im existenzialen Begriff und Entwurf des Todes seine Problematik: als eigenste Möglichkeit wird leicht die willkürliche Individualität hineingelesen; als unbezügliche Möglichkeit kann man ihr die Reduktion auf das nackte und isolierte Ich vorwerfen; als unbestimmte Möglichkeit wird sie gerade als Flucht gedeutet vor dem konkreten Ernst des Todes und unüberholbare Möglichkeit wird als ungeschichtlicher Standpunkt verstanden" (K. Lehmann, Vom Ursprung und Sinn der Seinsfrage 676).
533) H. U. v. Balthasar, Apokalypse III, 240.
534) Vgl. Röm 14, 7 ff; Gal 2, 19; 2 Kor 4, 10.

auch das Leben Jesu an unserem Leibe offenbar werde. Ständig nämlich werden wir, während wir am Leben sind, dem Tod überantwortet um Jesu willen, damit auch das Leben Jesu sich offenbare an unserem sterblichen Fleische. Mithin wirkt in uns der Tod, in euch jedoch das Leben" (535).

Augustinus greift diese Gedanken des Paulus auf und führt sie etwas weiter, wenn er fragt, ob das Leben wirklich ein Leben oder ein immerwährender Tod sei. Der Mensch ist für ihn schliesslich ein unaufhörlich Sterbender (536).

Immer wieder im Laufe der Geschichte treffen wir diesen Gedanken der Sterblichkeit des Menschen an, sei es, weil der Mensch sich auf sein wahres Wesen besinnen soll (537), sei es, weil die christliche Antwort auf den Tod (Gott ist der Herr über Leben und Tod) nach und nach durch das wachsende "Selbstbewusstsein" des Menschen ins Wanken kam (538). Auf verschiedene Art streichen Martin Luther (539) und Angelus Silesius (540) noch einmal den christlichen Aspekt dieses Gedankens heraus, und S. Kierkegaard vermag ihn in seiner Philosophie, die eine epochemachende Wendung mit sich gebracht haben dürfte, einzubauen, wenn er das bestimmte Verhältnis des Einzelnen zu seinem eigenen Tod in seiner Bedeutung vor eine allgemeine und objektive Betrachtung des Todes stellt. Zeigt nicht der von uns dargestellte Weg der Interiorisierung des Todes, dass G. Simmel, M. Scheler und M. Heidegger diesen ursprünglich christlichen Gedanken in einer säkularisierten Form für ihr Todesverständnis aufgenommen haben? (541). Die Frage soll stehen bleiben. Eine Antwort bedürfte vieler kleiner Analysen, die hier nicht erwartet werden können.

---

535) 2 Kor 4, 10-12.
536) Vgl. Augustinus, De Civitate Dei XIII, 9-12: "Denn in demselben Augenblick, in dem jemand in dieses sterbliche Leben eintritt, fängt der Tod an, sich vorzubereiten".
537) So etwa der St. Galler Mönch Notker Balbulus (830-912) in einer lateinischen Antiphon: "media in vita in morte sumus" (zitiert nach J. Choron, a.a.O. 297).
538) Vgl. Der Ackermann aus Böhmen: "Weistu nicht, so wisse, das als balde ein mensche geboren wirt, so hat es den leikauf getrunken, das er sterben soll" (J. Saaz, Der Ackermann von Böhmen, herausgegeben von G. Jungbluth I (Heidelberg 1969) 89.
539) Vgl. M. Luther, Predigt am Tage Mariä Heimsuchung, in: Weimarer Ausgabe 11, 141, 22: "Mitten im Leben (sind wir) im Tod. Kehr's um: mitten im Tod sind wir im Leben. So spricht, so glaubt der Christ".
540) Vgl. Angelus Silesius, Cherubinischer Wandersmann, herausgegeben von G. Ellinger (Halle 1895) II, 30, 31:
"Ich glaube keinen Tod: Sterb' ich gleich alle Stunden,
so hab ich jedes Mal ein besser Leben funden.
Ich sterb' und lebe Gott: wil ich ihm ewig leben
so muss ich ewig auch fuer ihn den Geist aufgeben".
541) Vgl. M. Heideggers Anmerkung (1) in Sein und Zeit 249.

§ 4. DER TOD DES GELIEBTEN MITMENSCHEN ALS URSPRUENGLICHE ERFAHRUNG DES TODES

Solch aufgezeigte Todeserfahrung am je eigenen Tod vermag einige Momente einer ursprünglichen Todeserfahrung aufzuzeigen: Unausweichlichkeit, Unüberholbarkeit, Einsamkeit, Betroffenheit. Es zeigen sich also Momente am Tod, die sich beschreiben lassen, die es ermöglichen, wenigstens etwas über den Tod auszusagen.

In jüngerer Zeit gibt es einige Philosophen, die einen anderen Weg versuchen, zu ursprünglichen Todeserfahrungen vorzudringen. Sie fragen sich, ob nicht in einem eigentlichen Mit-sein - nicht in einem Mit-sein im Heideggerschen Sinne des Verfallens - der Tod ursprünglich erfahren werden könne, d.h. "in der personalen Liebe, in der wir dem anderen gerade nicht um irgend etwas anderen (um einer 'Sache' willen), sondern einzig um seiner selbst willen verbunden sind, in der er überhaupt nicht mehr bloss neutral 'der Andere', nicht mehr 'er' ist, sondern ein Du - genauer: in der du-selbst in deiner unverwechselbaren und unvertretbaren Einmaligkeit gemeint bist -, aus und in der es aber auch überhaupt erst ein Ich gibt, genauer: ich als von dir geliebter ich-selbst bin, noch genauer: aus und in der wir erst wir-selbst sind und uns als selbst erfahren, zugleich, damit dieses unser Gegenüber, die Gegenwart und Offenheit des einen für den Anderen als unser wahres Selbst-sein, den Sinn dieses Seins" (542). Man kann erahnen, dass diese Erfahrung des Todes, als

---

542) F. Wiplinger, Der personal verstandene Tod 32. Zum ersten Mal findet sich dieser Gedanke - ziemlich unsystematisch dargestellt - in den Werken Gabriel Marcels: G. Marcel, Geheimnis des Seins (Wien 1952) 464-486, bes. 475 ff; ders., Gegenwart und Unsterblichkeit (Frankfurt 1961) 285-305, bes. 297 ff; ders., Tod und Unsterblichkeit, in: ders., Auf der Suche nach Wahrheit und Gerechtigkeit (Frankfurt 1964) 66-86, bes. 77 ff. Vgl. des weiteren Hinweise, in: ders., Tragische Weisheit zur gegenwärtigen Situation des Menschen (Wien 1974) 131-144. F. Wiplinger greift den Gedanken G. Marcels auf und versucht ihm ein etwas reflektierteres Fundament zu geben, was ihn auch veranlasst, sich da und dort von G. Marcel abzusetzen.
Ebenfalls den Tod des geliebten anderen nimmt auch P. Landsberg zum Ausgangspunkt seiner Reflexionen über den Tod. "Im selben Masse, in dem wir uns individualisieren, bemerken wir die persönliche Einzigartigkeit der anderen. In der persönlichen Liebe rühren wir an diese Einzigartigkeit, in ihren unaussprechlichen Dasein und dem wirkenden Kerne, der ihren wesentlichen und unaufhebbaren Unterschied auch von uns selber ausmacht. Der Tod eines Menschen, den wir mit solcher Liebe lieben und als eigenartig und unersetzlich wahrnehmen, vermag uns etwas Entscheidendes zu sagen und lässt uns die Region der biologischen Tatsachen überschreiten. Der Tod des Nächsten: das ist unendlich viel mehr als der Tod des Anderen im allgemeinen. Da wo in Liebe die Person selbst uns gegeben ist, da allein, aber da mit innerer Notwendigkeit, berühren wir das ontologische Problem ihrer Beziehungen // zum Tode. Das einzige Mittel aber, aus einer erlebten Erfahrung für das philosophische Be-

jene am geliebten Du gemachte, eine grundlegend andere ist, als die des am je eigenen Tod erfahrene. Der Tod eines geliebten Mitmenschen lässt im Menschen eine Welt zusammenbrechen, trifft ihn bis in sein Innerstes, in seinem Selbstsein, wirft ihn um oder verwandelt ihn grundsätzlich. Auch in einer solchen Todeserfahrung lassen sich wesentliche Züge ursprünglicher Erfahrung zeigen. Versuchen wir jetzt den Gedanken der Erfahrung des Todes im Tod des geliebten Menschen etwas zu entfalten, und zwar indem die beiden Hauptvertreter zu Worte kommen sollen: Gabriel Marcel und Fridolin Wiplinger.

---

wusstsein alles das zu gewinnen, was sie an Wahrheit enthält, ist, sie in der Erinnerung wiederzuleben. Dies unvermeidliche Verfahren zum Aufweis gewisser Sachverhalte menschlicher Existenz nennen wir 'Wiederholen'" (a.a.O. 21/22). In der Diskussion um eine möglichst ursprüngliche Erfahrung wird von beiden Seiten (sowohl von denen, die im je eigenen Tod eine ursprüngliche Todeserfahrung, wie auch von denen, die eine solche im Tod eines geliebten Menschen machen wollen) jeweils die andere Position für unfähig gehalten, zu einer solchen ursprünglichen Todeserfahrung vorzudringen. Beide werfen einander vor, dass immer noch eine Flucht möglich sei, oder das Wesentliche der Todeserfahrung verfehlt werde. Vermittelnde Stellungen nehmen E. Fink, a.a.O. 36/37, und O.F. Bollnow, Der Tod des anderen Menschen, in: Universitas 19 (1964) 1257-1264 ein. E. Finks Versuch kann jedoch nicht befriedigen, da er eine ungenügende Auffassung von Person mitbringt, d.h. da er das Personal-Dialogische vermissen lässt: "Der Tod ist ebensosehr Fremdtod wie Eigentod, ist ein innerzeitliches Phänomen und ist das Zeit-Ende. Das eine Mal vermögen wir ihn im Horizont der Zeit zu sehen, das andere Mal hebt er die Zeit auf. Der Fremdtod begegnet uns als den Ueberlebenden als Vorkommnis der sozialen Welt, der Lauf der Zeit hält nicht inne, das Leben verlangt, wie man sagt, wieder sein Recht. Mit trauerndem Gedanken hängen wir dem Abgeschiedenen nach, ehren sein Andenken, pflegen sein Grab. Sein Tod war kein 'Weltuntergang', - nur ein Individuum ist verschwunden. Der Tod des Anderen konstituiert keine äusserste Grenzsituation. Mit meinem Ueberleben überhole ich jeweils seinen Tod und bleibe in weiterlaufenden Bezügen zu Mitmenschen und umweltlichen Dingen. Der Eigentod kommt auf den Sterbenden zu, er gerät in eine 'Einsamkeit', wo keine Hilfe, kein Beistand, keine Stimme ihn mehr erreicht. Alle Brücken brechen. Sonst war das Leben ein vielgestaltiges Teilen von gemeinsamen Möglichkeiten mit auswechselbaren Rollen; einer konnte für den anderen einspringen, ihm eine Arbeit abnehmen, ihm helfen, die Zeit zu vertreiben. Geschäfte sind vertretbar. Sterben muss jeder allein, der Boden der Koexistenz trägt nicht mehr. Der auf uns zukommende Tod lässt keinen mehr aus dem Griff, meint unverwechselbar diesen bestimmten Einzelnen" (a.a.O. 37). Wesentlich ernsthafter scheint der Versuch O.F. Bollnows zu sein, wenn er den Tod des Anderen auch als Seinsverlust versteht. Der Tod des Anderen ist, "wenn auch in einer ganz anderen Form, als ein echter Seinsverlust zu begreifen, wenn auch nicht als ein Verlust 'des' Seins im Sinne des Daseins, sondern als Verlust an Sein, als ein innerer Wesens- und Substanzverlust" (O.F. Bollnow, Der Tod des anderen Menschen 1259).

1. Gabriel Marcel: Der Tod des geliebten Mitmenschen

Der Tod ist für G. Marcel (543) eine Erfahrung, die sein ganzes Leben und sein ganzes Denken geprägt hat. Das mag seine Wurzeln darin haben, dass er in seinem Leben verschiedene, sehr schmerzliche Erfahrungen mit dem Tod machen musste. Das muss beachtet werden, soll das Todesverständnis G. Marcels richtig eingeschätzt werden.

Einmal wurde für ihn der plötzliche Tod seiner Mutter zu einem sein Leben bestimmenden Erlebnis: Das entscheidende Kindheitserlebnis war nämlich der Tod seiner Mutter, die er im Verlauf von wenigen Stunden verloren hat, als er vier Jahre alt war. Dieses Ereignis brachte es mit sich, dass er von seiner Grossmutter mütterlicherseits und der Schwester seiner Mutter, die zwei Jahre nach dem Tod seiner Mutter seinen Vater geheiratet hat, erzogen wurde. So war er schon in seiner frühesten Jugend nicht nur vom Tod der am nächsten stehenden Person erschüttert, sondern auch durch die Zerrüttung, die er nach sich zog (544). Diese Aussage zeigt ein wichtiges Moment seines Todesverständnisses auf. Der Tod seiner Mutter wurde deshalb so für sein Leben bestimmend, weil zwischen ihm und seiner Mutter eine tiefe Wesensverwandtschaft und unlösliche Verbundenheit bestand, die auch durch den Tod nicht gelöst werden konnte, sondern auf eine höhere Ebene transzendiert wurde.

---

543) Der Tod spielt für G. Marcel eine grosse Rolle. Es gibt kaum ein Problem, das er in seinen Vorträgen, philosophischen Abhandlungen und Aufsätzen, in seinen Dramen und Notizen behandelt, das nicht mehr oder weniger auch auf das Problem des Todes hinzuweisen scheint. Man erinnere nur an den engen Zusammenhang von Tod und Unsterblichkeit, Tod und Hoffnung, Tod und Treue, Sein und Haben. Da G. Marcel kein systematischer Denker ist, der über bestimmte Probleme eine umfassende Abhandlung schreibt, schon gar nicht über den Tod, sondern immer wieder versucht, von anderen, neuen Gesichtspunkten und Problemstellungen her das Phänomen des Todes zu betrachten, ergeben sich für eine Darstellung erhebliche Schwierigkeiten (vgl. auch die Ausführungen zu den methodischen Schwierigkeiten einer Darstellung des Marcelschen Philosophierens, auf die V. Berning, Das Wagnis der Treue. Gabriel Marcels Weg einer konkreten Philosophie des Schöpferischen. Mit einem Geleitbrief von Gabriel Marcel (Freiburg 1973) aufmerksam macht, bes. 18).

544) Vgl. G. Marcel, Gegenwart und Unsterblichkeit 286/287: "Was mich betrifft, so ist es durchaus möglich, dass diese Bilder für mich nur deshalb diesen ausgesprochen zur Verzweiflung treibenden Wert haben, weil sie in meiner Person ein Wesen packen, das in frühester // Kindheit durch den Tod des Nächsten ein Trauma erhalten hat: ich meine hier das Hinscheiden meiner Mutter, die ich verloren habe, als ich noch nicht ganz vier Jahre alt war. Ich stelle ohne Zögern fest, dass sich mein Leben schlechthin - und auch mein geistiges Leben - unter dem Zeichen des Todes des Nächsten entwickelt hat".

Noch einmal wurde er mit dem Tod und dem Tod-Liebe-Verhältnis als junger Mensch während des Krieges konfrontiert, wo er bei einer Auskunftsstelle des Roten Kreuzes arbeitete und ungezählten Menschen mitteilen musste, dass ihr Vater, Ehemann oder Sohn gefallen war. Bei der Beschäftigung mit all den auf den ersten Blick nichtssagenden Fragebogen und Karteikarten und in Begegnung mit den Menschen, denen er Auskunft gab, ging ihm die "datenmässig unfassbare, nur im erschütternden Schweigen der Ehrfurcht vernehmbare Wirklichkeit eines Geschehens auf, das Verbindungen zerriss, Entwicklungen abbrach, Hoffnungen zerstörte und den Glanz der Möglichkeiten verlöschte" (545).

Die Erfahrung, wie wenig ihm der hinter den Angaben verborgene Mensch bedeutete, liess ihm aufgehen, dass die wahre Wirklichkeit des Menschen, seine Lebensgehalte auf diese Weise nicht erreicht werden können, sondern erst in einem persönlichen Verhältnis, von Mensch zu Mensch deutlich hervortreten. Diese Erfahrung wurde schliesslich zu einem entscheidenden Moment für sein Denken (546).

Durch diese Begegnungen mit dem Tod hat sich sein ganzes Leben unter dem Zeichen des Todes des geliebten Menschen entwickelt (547). Er versucht auch das Problem des Todes unter dem Gesichtspunkt der Liebe zwischen den Menschen zu betrachten (548).

a. Gabriel Marcels Ausgangspunkt: Eine Welt ohne Liebe als Welt des Todes

In diesen Voraussetzungen deutet sich schon an, dass es G. Marcel nicht darum geht, eine Ontologie des Todes (549) zu begründen, sondern vielmehr darum, Einstellungen zum Tod zu bedenken. Dabei zeigt sich eine Eigenart seines Philosophierens. Er möchte nämlich gemachte Erfahrungen durch ein vernunftmässiges Durchdringen aus ihrem Dunkel und Unbestimmten herausheben (550).

---

545) L. Gabriel, Zur Seinsphilosophie Gabriel Marcels, in: G. Marcel, Geheimnis des Seins (Wien 1952) 514.
546) Vgl. ebd. 515.
547) Vgl. G. Marcel, Gegenwart und Unsterblichkeit 287.
548) G. Marcel begibt sich mit diesem Versuch auf Neuland. Es gibt vor ihm kaum einen philosophischen Versuch, der den Tod hauptsächlich unter diesem Aspekt des geliebten Menschen behandelt hätte; vgl. G. Marcel, Tragische Weisheit 144.
549) Es wäre ein aussichtsloses Unternehmen, da sich nach G. Marcel die beiden Wörter "Ontologie" und "Tod" widersprechen. Vgl. dazu G. Marcel, Geheimnis des Seins 464.
550) Vgl. G. Marcel, Gegenwart und Unsterblichkeit 290: "Unter diesen Umständen besteht, infolge einer Art von neuer Mäeutik, die Aufgabe des Philosophen darin, die Implikationen des denkenden Lebens, ich möchte lieber sagen des gläubigen Lebens, im Licht der Reflexion auftauchen zu lassen, die gewöhnlich in einem Halbdunkel bleiben, aus dem uns das Bewusstsein nicht ziehen kann".

Will man heute einige Gedanken über Tod anstellen, dann darf nach G. Marcel der Tod des Menschen nicht isoliert betrachtet, sondern muss auf dem Hintergrund der menschlichen Situation gesehen werden (551). Jeder Mensch hat Stunden, in denen er angesichts seiner Situation und der Situation der Welt dem Verzweifeln nahe ist (552). In einer enthumanisierten Welt liegt die Möglichkeit des Verzweifelns besonders nahe. Das menschliche Leben wird heute immer weniger respektiert. Die Freiheit scheint bedroht zu sein. Der Mensch wird mehr und mehr als Maschine angesehen. Das Leben wird auf eine irdische Existenz reduziert und scheint keinen Wert mehr zu haben. Kurz: unsere zeitgenössische Welt ist dem "Tode ausgeliefert" (553), d.h. "nicht fähig der bannenden Gewalt des Todes Widerstand zu leisten, die er auf jeden übt, der ihn für das letzte Wort hält" (554). Die menschliche Situation zeigt sich illusionslos in unbarmherziger Klarheit, neigt zu tragischem Pessimismus. "In diesem tragischen Klima, in dem das Gesicht des Menschen seine Würde verloren hat - denn er wird weniger als ein Wesen, denn als eine Maschine betrachtet - stellt sich das Problem des Todes" (555).

In einer Welt der reinen Technik wären auch die intersubjektiven Beziehungen verschwunden und selbst der Tod hörte auf, ein Geheimnis zu sein, ja er würde zu einer Zerstörung irgend eines Gerätes erniedrigt (556). Jedoch so liebeleer ist nach G. Marcel unsere Welt noch nicht. Und deshalb will er sich dem Geheimnis des Todes stellen (557). Er versucht diesem Geheimnis vom Glauben her sich zu nähern, nicht von einem Glauben, der billige pseudoreligiöse Tröstungen verspricht, sondern von einem lebendigen Glauben an Christus (558). Von diesem Standpunkt des Glaubens

---

551) Hier wird zu beachten sein, dass G. Marcel bei der Umschreibung der Welt-situation und des Menschen von den Erlebnissen des Krieges stark beeindruckt ist. Das heisst aber nicht, dass einige grundsätzliche Züge gültig sind auch für eine heutige menschliche Situation.
552) Vgl. G. Marcel, Gegenwart und Unsterblichkeit 285. G. Marcel hat diese menschliche Situation als "von der Verzweiflung umzingelt" bezeichnet (ebd.).
553) Vgl. G. Marcel, Geheimnis des Seins 468.
554) Ebd. In harten Worten - wohl die grausigen Geschehnisse des Krieges noch vor Augen - beschreibt er die Situation eines zu einer Maschine entwürdigten Menschen (vgl. ebd. 466-468; vgl. ders., Gegenwart und Unsterblichkeit 285 ff).
555) M.M. Davy, Gabriel Marcel. Ein wandernder Philosoph (Frankfurt 1964) 292. Vgl. auch G. Marcel, Geheimnis des Seins 468: "Die allgemeine Verbreitung der Sklaverei in welcher Form immer - die Formen sind ungleichmässig entmenscht, doch liegt auf der Hand, dass die totalitären Staaten nicht das Monopol innehaben - ist zweifellos der hervorstechendste Zug einer so dem Todes ausgelieferten Welt!"
556) Vgl. G. Marcel, Geheimnis des Seins 470.
557) Für ihn ist der Tod noch ein Geheimnis, denn noch gibt es in der Welt Liebe (die Todesfrage muss ja nach ihm auf der Ebene der Liebe gestellt werden), noch sind auch in einer Welt, in der die Technik immer mehr überhand nimmt, nicht alle intersubjektiven Bezüge verschwunden.
558) Vgl. M.M. Davy, Gabriel Marcel 294.

aus will er zwei irrtümliche Vorstellungen vom Tod abweisen: 1. eine spiritistische, die dem Tod seinen gebotenen Ernst nimmt und zu hoffnungsloser Verzweiflung führen kann; 2. eine schwere Folgen mit sich bringende Vorstellung von der Endgültigkeit des Todes (559). G. Marcel möchte zwischen diesen beiden Irrtümern einen gangbaren Weg suchen.

Wenn G. Marcel den Tod auch hauptsächlich unter dem Aspekt der Liebe zum anderen Menschen behandelt, so heisst das nicht, dass er sich mit dem "Eigentod", wie ihn M. Heidegger und J.P. Sartre propagieren, nicht auseindersetzt. Im Gegenteil - in Auseinandersetzung mit diesen beiden Philosophen hat er seinen eigenen Weg finden können.

b. Die Auseinandersetzung mit der Auffassung vom je eigenen Tod als ursprüngliche Todeserfahrung

Wenn eines nach G. Marcel in unserem Leben gewiss ist, dann ist es die menschliche Bestimmtheit: ich werde sterben, ich kann dem Tod nicht entweichen. "Allein der Tod, insofern er mich einmal erwartet, ist nicht problematisch. Das reicht aus, damit er mir sich aufdrängt wie ein Fixstern im allgemeinen Schimmern der Möglichkeiten. Aber diesen Tod kann ich nur gedanklich überschreiten und ihn mir nur unter der Bedingung als verstrichen vorstellen, dass ich mich an die Stelle eines anderen setze, der mich überleben wird und für den das, was ich meinen Tod nenne, sein Tod ist" (560). Werde ich mir dieser Unterstellung bewusst, wird mir klar: ich kann meinen Tod nicht umgehen, er liegt eigentlich über mir (561). "Der Gedanke an unseren Tod, d.h. an das einzige zukünftige Ereignis, das wir als gewiss ansehen können, kann auf uns eine derartige Faszination ausüben, dass er unser ganzes Erfahrungsfeld überschattet, all unsere Freuden auslöscht, all unsere Initiativen lähmt" (562).

Wenn M. Heidegger den Tod als "Sein zum Tode", als eine Konstante des Daseins bestimmt, so meint G. Marcel aber, diese Auffassung kritisieren zu müssen. Ein-

---

559) Vgl. G. Marcel, Geheimnis des Seins 464 ff. "Und der ärgerliche Irrtum, dessen sich ein gewisser Spiritismus schuldig macht, besteht zweifelsohne darin, dem Tode diesen Ernst zu weigern, ihn des zumindest scheinbar endgültigen Wertes zu entkleiden, die, Ernst wie Wert, ein Tragisches begründen, ohne das unser Menschenleben nichts wären als ein Marionettenspiel. Ein Spiegelgleicher, zudem viel ernsterer Irrtum, der schwere Folgen nach sich zieht, ist der Lehrsatz von der Endgültigkeit des Todes ..., denn in diesem Irrtum - der in seinem Ursprung mehr // ist als ein Irrtum: eine Sünde - wurzeln die allerschwersten Uebel, an denen die heutige Menschheit krankt" (ebd. 464/465).
560) G. Marcel, Tragische Weisheit 137; vgl. ders., Schöpferische Treue (München 1961) 136 f.
561) Vgl. G. Marcel, Schöpferische Treue 137.
562) Ebd. 165.

mal wirke dieses "zu" - betrachtet man es genauer - zweideutig. "So wird man im Wort Z u die Strenge der unabwendbaren Verurteilung ... mithören oder nicht. Und wenn man diese Verurteilung im Z u vernimmt, so kann sie sich unversehens ihres ethisch-religiösen Sinnes entleeren. Dann fällt man in die Welt des Gesetzes zurück, das heisst aber auch: man verlässt das Existentielle, um zu der Betrachtung einer Natur zurückzukehren, in der der Mensch nur ein Teil wäre. Nur bleibt die Frage bestehen, o b ich nicht, sobald ich 'Ich' sage, mich nicht gewissermassen der Natur entfremde?" (563). Wenn ich mich als Subjekt und nicht als Objekt gedachter Leib sehe, kann ich nicht eindeutig mein Verhältnis zu meinem Tode bestimmen (564). Ich muss doch gerade dieses Verhältnis herstellen. Das glaubt G. Marcel an der Beziehung zum Tod des anderen verdeutlichen zu können.

Weiter besteht bei M. Heideggers "Sein zum Tode" die Gefahr eines bewussten oder unbewussten Solipsismus (565), weil der Tod des anderen als ein Ereignis angesehen wird, dem ich nur beiwohne und der nicht auch "mein Tod" ist. Er hat die Bedeutsamkeit einer tiefgehenden Betrachtungsweise des Todes eines geliebten Menschen unendlich unterschätzt.

Noch einen dritten Grund findet G. Marcel gegen M. Heideggers Konzeption vom eigenen Tod. Mein Verhältnis zu meinem Tod muss letztlich unbestimmt bleiben. Darin liegt die Gefahr, dass er verdrängt werden kann. "Aber diese Betäubung wird in dem Augenblick unwirksam, in dem ich mich am Tod des Anderen gegenübersehe, sofern er tatsächlich ein Du für mich war. Ein Band ist in unerträglicher Weise zerrissen, andererseits aber doch nicht zerrissen, denn selbst im Riss bleibe ich, und zwar noch stärker als zuvor, dem Wesen, das mir fehlt, verbunden. Das Unerträgliche ist gerade dieser Widerspruch. Es liegt darin ein Aergernis, das auf die gesamte Wirklichkeit den schimpflichen Schatten der Absurdität wirft" (566). Diesem Tod des geliebten Menschen haben M. Heidegger - und auch J.P. Sartre - nach Meinung G. Marcels zu wenig Aufmerksamkeit geschenkt.

---

563) G. Marcel, Auf der Suche nach Wahrheit und Gerechtigkeit 73; vgl. auch ders., Tragische Weisheit 133 ff, wo sich G. Marcel mit dem Heideggerschen Todesverständnis auseinandersetzt.
564) Das folgt daraus, weil die Beziehung zwischen dem "Ich" und meinem Leib ebenfalls nicht eindeutig bestimmbar ist. "Wir dürfen aber nicht übersehen, dass es sich aus einem tiefen Grunde so verhält: nämlich weil auch die Beziehung zwischen dem "Ich" und dem, was ich meinen Leib nenne, nicht eindeutig bestimmbar ist: es ist ja gerade meine Sache, dieses Verhältnis herzustellen" (G. Marcel, Auf der Suche nach Wahrheit und Gerechtigkeit 73).
565) Vgl. ebd. 77.
566) G. Marcel, Tod und Unsterblichkeit 81.

c. Die Bedeutung des Todes des anderen Menschen

Für G. Marcel ist der Tod des anderen Menschen wesentlicher und tragischer als mein eigener Tod. Um dieser Aussage gerecht zu werden, müssen erst zwei grundlegende Vorbemerkungen gemacht werden: 1. Es gehört zu mir als Mensch, zu dem, was ich bin, unter anderen zu sein (567). Dieser einfache auf den ersten Blick so selbstverständliche Satz, entbirgt sich wesentlich komplexer, wenn man ihn genauer und differenzierter betrachtet. Zwei Momente sind in ihm enthalten: Das Unter-Sein und die anderen. "Bestimmte Wesen bilden für mich eine Umgebung (in der Familie, im Beruf, und so fort), die mich dauernd ernährt und ohne die ich buchstäblich verloren bin. Andere Wesen unterhalten mit mir Beziehungen, die ich als alltäglich bezeichnen könnte (meine Liferanten, ein Omnibusschaffner und so fort), schliesslich bleibt die Zahl derer, die für mich nur Vorübergehende sind, denen ich hie und da begegne, und die für mich genau so sind, als ob sie gar nicht wären. In diesem letzten Falle ist das Wort 'unter' in unserer Behauptung seiner existentiellen Bedeutung entleert. Nehme ich nun den Fall des Wortes 'der Andere' oder 'die Anderen' in diesen Stufen des 'unter-Anderen-Seins', so stelle ich fest, dass es nicht immer dieselbe Bedeutung trägt" (568). Ein Tod kann mich also je nach dem Masse und der Beziehung verschieden treffen. 2. Eine weitere wichtige Tatsache hilft die Marcelsche Todesauffassung besser zu verstehen. Ich bin nämlich mit dem geliebten Toten ein Stück Leben, ein Stück Weg gemeinsam gegangen und jetzt muss ich allein weiter gehen, nachdem ich vielleicht nur noch einen letzten Eindruck von dem geliebten Menschen festhalten konnte (569).

Nie so deutlich hat sich G. Marcel ausgedrückt, wie auf dem Descartes-Kongress 1937, als ihm Léon Brunschvicg vorwarf, er (G. Marcel) messe seinem eigenen Tod mehr Bedeutung zu als er dem seinen. G. Marcel antwortete mit der seither weltbekannten Formel: "Was zählt, ist weder mein Tod noch der Ihre, sondern der Tod dessen, den wir lieben" (570). So stürzt einen "das Wissen um den Tod - nicht um den eigenen Tod, nicht um den anonymen Tod als ein Stück statistisch erfassten

---

567) Vgl. ebd. 74.

568) Ebd.

569) Diese beiden Aspekte spielen nicht nur für das Todesverständnis eine grosse Rolle, sondern auch für das Weiterleben der Menschen. "Das Wort 'überleben' // hat nur dann eine reale Bedeutung, wenn es sich um meine Verwandten oder um Menschen handelt, die zu mir in etwa der Beziehung stehen, die mich an meine Lehrer, meine Schüler oder an diejenigen bindet, mit denen zusammen ich mich in einem bestimmten Bereich etwas zu schaffen bemühe. Bei Wesen, denen ich in dieser Weise verbunden bin, kann es unter Umständen sinnvoll sein zu sagen, dass ich überlebe" (ebd. 74/75). In vollerem Sinne kann ich das sagen, wenn mich Bande der Liebe, der Freundschaft und Vertrautheit mit einem Menschen verbinden.

570) G. Marcel, Gegenwart und Unsterblichkeit 287; vgl. auch ders., Tragische Weisheit 144.

Naturgeschehens, sondern das Wissen um den Tod des Nächsten" (571) in tiefen Schmerz. Das Problem des Todes stellt sich nur in seiner Radikalität für ein geliebtes Wesen. So ist nicht der Tod als solcher ein Problem, sondern das einzig wirkliche Problem besteht in dem Konflikt Tod - Liebe. Und der Tod des geliebten Menschen, mit dem ich in wirklicher existentieller Kommunikation lebe, ist dann ein einschneidender Bruch. Unwiderruflich bleibe ich zurück.

Diese Verbindung von Tod und Liebe prägt alles, was G. Marcel über den Tod auszusagen hat. "Ist in mir eine unerschütterliche Gewissheit vorhanden, so die, dass eine Welt, die von der Liebe verlassen ist, im Tod versinken muss, dass aber auch dort, wo die Liebe fortdauert, wo sie über alles triumphiert, was sie entwürdigen will, der Tod endgültig besiegelt wird" (572). So sind die einzig wirklichen Toten nur die, die wir nicht lieben. In dieser Aussage zeigt sich, in welcher Richtung bei G. Marcel das Fortleben nach dem Tode zu verstehen ist.

Ist auch der Tod durch die Liebe relativiert, denn ich kann nicht lieben, ohne die Unsterblichkeit dessen zu wollen, den ich liebe (573), so heisst das nicht, G. Marcel überspiele die Schwere und Ernsthaftigkeit des Todes. Eine Freundschaft oder eine Liebe bleibt radikal abgebrochen, aber ich sorge mich weiter um das Los des geliebten Toten. So kann der Tod eines anderen unerträglich sein, auch wenn der Mensch auf die Unzerstörbarkeit des Geliebten hofft. Tod und Hoffnung auf das Fortleben des anderen hängen sehr nahe zusammen. Es gilt deshalb, in kurzen Zügen die Richtung anzuzeigen, wie G. Marcel dieses Weiterleben des geliebten Menschen denkt.

d. G. Marcels Verneinung des Todes

Spielte im Verständnis des Todes die Liebe die entscheidende Rolle, so auch in seinen Vorstellungen vom Weiterleben des Menschen (574). "In den Tod eines Menschen einwilligen heisst in gewisser Weise, es dem Tod ausliefern" (575). Deshalb muss - und das ist für G. Marcel eine in seinem Leben immer stärker werdende Ueberzeugung - der Tod abgelehnt werden. Es darf nicht eine Verneinung bleiben, die sich mit dem Tod früher oder später abfindet, sondern eine aktive Verneinung des Todes, in der zugleich Trotz und Frömmigkeit beteiligt sind, d.h. die Verneinung "ist eine Frömmigkeit, die durch diese Weise unseres Eingefügtseins in die Welt gern die Figur eines Trotzes annimmt. Die Welt scheint mir zynisch zu versichern, dass ein

---

571) C. Schmid, Gabriel Marcel. Vier Ansprachen anlässlich der Verleihung des Friedenspreises des deutschen Buchhandels (Frankfurt 1964) 29.
572) G. Marcel, Gegenwart und Unsterblichkeit 287.
573) Vgl. J. Choron, a.a.O. 268.
574) Von diesem Ausgangspunkt her ist es selbstverständlich, dass das "Jenseits" im Marcelschen Sinn nicht ein "anderer Ort" sein kann, in den der Mensch nach dem Tode eintritt (vgl. G. Marcel, Geheimnis des Seins 477).
575) G. Marcel, Homo viator (Düsseldorf 1949) 205.

zärtlich geliebtes Wesen nicht mehr auf seinen Listen steht, dass es gestrichen ist aus der allgemeinen Buchführung - ich aber behaupte, dass es trotzdem existiert, dass es gar nicht nichtexistieren kann" (576). Dieser dem Tod entgegengebrachte Widerstand kann nur aus der Liebe zu einem anderen Menschen erwachsen. "Einen Menschen lieben heisst sagen: du wirst nicht sterben" (577).

Eine solche Auffassung vom Fortleben des Menschen nach dem Tode beruht nicht so sehr auf einer Gegenwart, im Sinne eines objektiven, materialen Daseins, sondern vielmehr auf dem, was G. Marcel als "Intersubjektivität" versteht. Intersubjektivität ist dabei nicht "als eine Uebertragung zu interpretieren, die sich auf einen bestimmten objektiven Inhalt bezieht, der von denen unabhängig ist, die ihn übermitteln" (578). "Die Intersubjektivität ist wesentlich Oeffnen, Offensein ..., die Tatsache, zusammen im Licht zu sein" (579).

Die Beziehung zwischen "Du" und "Ich" ist die wechselseitige Teilnahme des "Wir", das aber kein abgeschlossenes, exklusives "Wir" ist, sondern ein für andere offenes. "Es gibt eine Universalität des personalen Verhaltens, von der sich niemand ausschliessen darf" (580).

In dieser Ueberzeugung, dass das geliebte Wesen nicht der Zerstörung anheim gegeben wird, wenn das Problem des Todes auf seiner eigentlichen Ebene gesehen wird, verliert es seine schreckliche Maske, kann er nicht mehr nur als ein Uebel angesehen werden, wird er zur Schwelle zu einer neuen Dimension, kann er also als eine neue Geburt betrachtet werden (581). L i e b e w i l l U n s t e r b l i c h k e i t" (582).

---

576) Ebd. 207.
577) G. Marcel, Geheimnis des Seins 472 f. Einen Menschen lieben heisst also nicht nur, ihn so wie er vor mir steht, als ein Objekt - das er immer auch ist - zu lieben, sondern ihn als ein Du lieben, als ein Du, das den Objekten entzogen ist. Meine Liebe meint also das, wodurch dieses Wesen wirklich Wesen ist.
578) G. Marcel, Gegenwart und Unsterblichkeit 297.
579) Ebd. 297/298.
580) V. Berning, a.a.O. 320.
581) Vgl. M.M. Davy, Gabriel Marcel 302. Nach G. Marcel ist es die Hoffnung, die ein solches Denken ermöglicht, die er vom Wünschen, das immer ein Wünschen von etwas ist, das immer auch egozentrisch ausgerichtet ist, unterscheidet. Hoffnung ist nie egozentrisch, sondern immer Hoffnung für uns. Die Hoffnung ist niemals der wollende Zustand, der mit einem "ich möchte gern, dass ..." ausgedrückt werden kann. Sie begreift eine prophetische Gewissheit ein, die wirklich ihre Ausrüstung ist und die den Menschen daran hindert, sich aufzulösen, aber auch abzudanken oder zu entarten (vgl. G. Marcel, Gegenwart und Unsterblichkeit 288).
582) V. Berning, a.a.O. 178. Vgl. G. Marcel, Tragische Weisheit 143.

Mit seinen Gedanken zum Verhältnis zwischen Tod und Liebe hat G. Marcel bisher kaum beachtete (583) Gesichtspunkte eröffnen können. Er trägt nicht nur einer all-täglichen Erfahrung des Menschen Rechnung, indem er diese zu reflektieren - wenn auch noch stotternd - versucht, sondern er zeigt die Richtung auf, in der ein mögli-cher Weg zu ursprünglichen Erfahrungen des Todes liegen könnte.

2. Fridolin Wiplinger: Die personal-dialogische Todeserfahrung als Selbsterfahrung

F. Wiplinger greift diesen Marcelschen Ansatz der Erfahrung des Todes eines gelieb-ten Menschen positiv auf und meint darin eine Chance geboten, zu einer möglichst ur-sprünglichen Todeserfahrung vordringen zu können.

Er geht von der Annahme aus, dass solche ursprünglichen Erfahrungen meist verbor-gen dem Menschen gegeben sind. Sie müssen deshalb erst von all den Verschüttungen des Alltags befreit werden. Es kommt ihm vor allem darauf an, "diese möglichst in ihrer unverfälschten Ursprünglichkeit freizulegen und sich unvoreingenommen nur an das zu halten, was sich und wie es sich in ihr selbst eben a l s Erfahrung zeigt - d.h. nicht in der empirischen Einstellung eines 'objektiven' Beobachters -, es auch nicht mit irgendwelchen Deutungen, Auskünften, Kenntnissen usw. zu verwechseln, die nicht aus eigener Erfahrung stammen oder nie aus dieser nachvollzogen wurden, vielleicht nie nachvollziehbar sind" (584).

a. Die Erfahrung des Todes eines geliebten Menschen als ursprüngliche Todes-erfahrung

Ursprüngliche Erfahrung des Todes machen wir nach F. Wiplinger nicht so sehr in der Erfahrung des je eigenen Todes, denn der Endgültigkeit des Abschiedes und der Gewissheit des eigenen Todes kann auf die raffiniertesten und vielfältigsten Weisen ausgewichen werden (585). Ursprüngliche Erfahrung des Todes machen wir nicht dort, wo wir ein langes und leidvolles Sterben miterleben können. Eine solche Er-fahrung "machen wir in voller Reinheit und Schärfe eher dann, wenn wir unvermutet

---

583) "In diesem Punkt stelle ich mich übrigens nicht nur ganz radikal gegen Heideg-ger und Sartre, sondern auch gegen die meisten Philosophen der Vergangenheit. Eine bemerkenswerte Ausnahme muss hervorgehoben werden - wie so oft han-delt es sich um Schelling, den Autor der aussergewöhnlichen und profunden Schrift C l a r a , die nach dem Tod seiner Frau entstanden ist" (G. Marcel, Tragische Weisheit 144).
584) F. Wiplinger, Der personal verstandene Tod 40.
585) Vgl. F. Wiplingers Kritik am je eigenen Tod ebd. 28-31.

die Nachricht vom Tod eines geliebten Menschen empfangen, mit ihr vielleicht die Gewissheit, // selbst seinen Leichnam nie mehr zu sehen, vielleicht auch nie den Ort seines Todes, nie etwas von dessen näheren Umständen zu erfahren - wenn uns nur die Botschaft zuteil wird, dass der Mensch, den wir lieben 'nicht mehr ist', dass er tot ist, wenn wir also einzig und allein, rein seinen Tod erfahren. Ein Brief, ein Telegramm, ein Telephonanruf sagt es mir, fährt wie ein Blitz aus heiterem Lebenshimmel auf mich nieder" (586). Ein solches Erlebnis für sich ist noch keine ursprüngliche Todeserfahrung. Erst ein nachträgliches Reflektieren wird das eine oder andere Moment ursprünglicher Todeserfahrung pointierter erscheinen lassen:

Fassungslosigkeit: Gedanken wie, "das darf nicht wahr sein"; "das gibt es doch nicht"; "das kann nicht sein - und doch" tauchen auf. "Im Tod des geliebten Menschen erfahre ich meinen eigenen, mit ihm werde ich mir selbst entzogen. Eine Weile, vielleicht nur für den Blitzesaugenblick jenes ersten Eintreffens der Nachricht, werde ich mit hinein- und hinabgerissen in seinen Tod, erfahre ich den Verlust jeglichen Halts am Leben, am Sein, absolute Haltlosigkeit, das Nichten des Nichts" (587).

Es kann sich etwas von der Gewissheit, dass ich ein Stück weit mit dem geliebten Menschen mitgestorben bin, zeigen: Ich mache die Erfahrung, dass ich mir mit dir entzogen bin, und darin besteht die Erfahrung des Todes überhaupt. "Tod ist Trennung von dem, den wir lieben" (588). Die Einmaligkeit und Unersetzbarkeit des anderen und unserer - uns verbindenden Liebe leuchten eindrücklich auf: "Durch ihn wird mir erst offenbar, wie sehr wir 'ein Herz' waren und 'ein Leben' lebten, zugleich aber auch, dass dies echte, tiefste Seinserfahrung von ontologischer nicht bloss psychologischer Relevanz ist" (589).

Mit der Endgültigkeit des Todes eines geliebten Menschen rückt noch einmal seine ganze Liebe zu mir und meine Liebe zu ihm und sein ganzes Leben in mein Bewusstsein. Es fällt die endgültige Entscheidung über unser gemeinsames Leben. "In dieser Entscheidung wird es allererst ernst mit meiner Todeserfahrung, mit deinem und meinem Tod und Leben zumal, über deinen Tod hinaus. In ihr 'mache' ich allererst seine Erfahrung, in der mir durch ihn in ihr aufgetragenen Entscheidung: über Sinn oder Absurdität deines Todes und damit unseres Lebens der Liebe, damit meines, unseres Selbstseins und alles Seins überhaupt, - weil darüber, ob wir durch deinen Tod endgültig und für immer getrennt werden, oder ob nur eine Verwandlung unseres leibhaftigen Mitseins begonnen hat" (590). Der Tod des geliebten Menschen verweist in dieser einzigartigen Situation auf mein Selbst-Sein als ein Mit-Sein, in der ich mit dir tot bin und doch weiterlebe.

---

586) Ebd. 43/44.
587) Ebd. 44.
588) Ebd. 45.
589) Ebd.
590) Ebd. 48.

Der Tod zeigt sich als eine grosse Frage, in der alles mir fragwürdig wird: Mensch, Welt, Sein, Sinn, mein eigenes Selbst-Sein, der Sinn unseres Mit-Seins (591).

b. Das philosophische Fundament: Selbst-Sein als Mit-Sein

Um eine ursprüngliche Todeserfahrung im Tode des geliebten Mitmenschen besser zu verstehen, soll nach der philosophischen Grundlage, auf der eine solche Erfahrung ermöglicht wird, gefragt werden.

F. Wiplinger stellt die These auf: "Das (Selbst-) Sein von Person kann einzig erfahren und verstanden werden, wo, wann und insofern ein Mensch einem anderen als unverwechselbar einmaligem Du begegnet, gegenüber-steht und -lebt - weder bloss als einem Individuum der allgemeinen biologisch oder wie sonst immer gefassten Gattung Mensch, noch auch als einem Glied der Gesellschaft, das durch seine bestimmte Funktion und Rolle in dieser in seinem Sein 'definiert' ist, noch auch als solchem irgendeiner Klasse, Gruppe, Gemeinschaft, auch nicht als solchen von Familie, Kirche, Gemeinde usw. - nur wenn er sich selbst wie ihn selbst ganz und gar aus solcher Gegenwart für-einander, als in und aus diesem Gegenüber da-seiend, dieses eben als beider Selbst-Sein (das ihnen als eines mit-einander, darum als Mitsein zukommt!) erfährt und versteht" (592). In der personalen Liebe ist der Mitmensch in seiner einmaligen Beziehung zu mir nicht mehr als ein anderer, sondern wird zu einem Du. Natürlich sind auch die anderen sozialen Bezüge von einer interpersonalen Beziehung getragen, aber die vollendetste findet sich in der personalen Liebe, in der personales Selbst-sein erfahrbar und verstehbar wird. Nur in dieser personalen Liebe ist der Mensch Person (593). Diese Liebe ist der Sinn von Person-sein als Da-sein, als Mit-sein, d.h. als Für-einander-offen-sein, als Für-einander-sein. Das Dasein der Person ist nicht als physikalisch-räumlich zu verstehen, sondern "in personaler Liebe ist wohl jedem z.B. die schlichte Erfahrung vertraut, dass der von ihm geliebte Mensch in einer unerhört intensiven Weise gegenwärtig sein kann, obgleich er physisch-räumlich weit entfernt und ein physisch-körperlich-sinnlicher Kontakt, sogar eine unmittelbare Kommunika- // tion unmöglich ist - während zugleich die physisch-räumlich nahen Menschen für ihn überhaupt nicht 'da' und gegenwärtig sind; oder auch die konträre: dass wir 'gedankenverloren' bei ihm sitzen - und er plötzlich mahnt: 'bleib da ...'" (594). Ebenfalls darf dieses Dasein der Person nicht mit Realität oder Wirklichkeit im Sinne von Vorhandenheit von Seiendem verwechselt werden, sondern sie ist vielmehr im Sinne von "Offen-sein, Offenbarkeit, Offenheit meiner selbst dir selbst gegenüber und umgekehrt" (595),

---

591) Vgl. Augustinus, Confessiones IV, 4, wo er diese Erfahrung nach dem Tod seines besten Freundes beklagt: "Ich war mir selbst zu einer grossen Frage geworden".
592) F. Wiplinger, Der personal verstandene Tod 55.
593) Vgl. ebd. 55 ff.
594) Ebd. 58/59. Vgl. G. Marcel, Gegenwart und Unsterblichkeit 296.
595) F. Wiplinger, Der personal verstandene Tod 62.

zu verstehen. Auch jeder possesssive Charakter muss im personalen Mit-sein entfallen, da ich sonst den anderen um meiner selbstwillen und nicht um seiner selbstwillen liebe. Hier gilt es den Unterschied zwischen possessiver und oblativer Liebe in Erinnerung zu rufen (596). In der nichtbesitzen-wollenden, sondern schenkenden Liebe verstehe ich mich "ganz von dir her und auf dich hin, als angerufen von oder aus dir, mich in meinem Selbst-vollzug als und aus dem 'um deinetwillen', dieses als Bedingung seiner Möglichkeit und seinen Ursprung" (597). Wo ich mich also ganz vom anderen her erfahre, wo ich mich zugleich für den anderen ganz "hingebe", erfahre ich mich aus dem Gegenüber als Ich-Selbst, werde ich erst Ich-Selbst. Die Leibhaftigkeit der personalen Gegenwart beschränkt sich nicht auf die Sinnlichkeit, Körperlichkeit, die Materialität. Sein Leib wird nicht erfahren wie ein Bild oder Objekt, sondern in dieser Leibhaftigkeit bist du ganz konkret da, als der, der du bist: in deiner Heiterkeit, Traurigkeit, Zorn, Gelassenheit, Besinnlichkeit usw. Ich brauche nicht erst von einzelnen, z.B. Körperbewegungen oder Geräuschen zu dir vorzudringen (598). "Vielmehr: je weniger da überhaupt rein sinnliche oder gar physiologisch-körperliche Gegebenheiten sich bemerkbar machen, je mehr diese zurücktreten, also überhaupt das Materielle verschwindet, umso mittelbarer, reiner, offener bist du selbst da" (599). Diese personale Leibhaftigkeit ist nicht objektiv feststellbar, sondern nur im personalen Gegenüber als Anruf auf Entsprechung, als Erwiderung, als Antwort. Von diesem personalen Gegenüber kann ich dann radikal auch meine eigene Leibhaftigkeit als personal-dialogische und zeitlich-welthaft-geschichtliche erfahren.

c. Personales Mitsein als Grundentscheidung des Lebens

Leibhaftiges Mitsein zeigt sich immer im Vollzug als Tat, als Aufgabe der Freiheit. Dieses Tun muss aber nicht als empirisch konstatierbare Aktion angesehen werden. Es gibt auch ein schweigendes Bei-dir-sein (600). Es ist vielmehr eine Offenheit, die immer wieder neu werden muss, die nie allein von mir vollbracht werden kann, die immer auch auf das Gegenüber verweist. Was zählt, ist - und das gilt seit Aristoteles - das letzte Ziel des menschlichen Handelns das Worumwillen des Tuns. "Entscheidend ist hier vielmehr einerseits, dass dieses höchste und letzte Worumwillen menschlichen Tuns, darin des menschlichen Selbstvollzugs überhaupt, e i n e Möglichkeit der Freiheit ist, des Bejahens und Ergreifens oder des Ver-

596) Vgl. G. Marcel, Gegenwart und Unsterblichkeit 292 ff.
597) F. Wiplinger, Der personal verstandene Tod 64.
598) Vgl. ebd. 68 ff.
599) F. Wiplinger, Der personal verstandene Tod 70. Vergleiche ältere, stark geprägte Persönlichkeiten, die trotz andauerndem Verfall des Leibes und einer dauernden Abnahme der Bewegungsmöglichkeiten eben gerade als Person eine ungeheure Ausdruckskraft haben und auch in ihrer Abwesenheit "gegenwärtig" sind.
600) Vgl. F. Wiplinger, Todeserfahrung als Selbsterfahrung 295.

neinens und Versäumens - wie andererseits, dass es zumindest im personalen Mit-//
sein zuletzt n i c h t diesen oder jenen b e s t i m m t e n I n h a l t haben kann, nicht irgendeine 'Sache' ist, um die, oder ein 'höchster Wert', um den es geht, sondern rein
als die Möglichkeiten erfahren wird, in jedem konkreten Einzelvollzug wie in allen
und im Ganzen, zuletzt im (und als) Grund unseres Daseins dessen G r u n d e n t -
s c h e i d u n g zu vollbringen: ob alles zuletzt im Grunde u m d e i n e t w i l l e n, d.h.
in personaler L i e b e, oder u m m e i n e t w i l l e n, d.h. aus S e l b s t s u c h t geschieht, die als End- und Höchstziel ergriffen unweigerlich zuletzt zur Verachtung,
ja zum (ebenfalls personalen, weil dich in deiner Einmaligkeit meinenden) H a s s
werden muss" (601). Eine solche Grundentscheidung ist nicht ein einmaliger Akt,
sondern zieht sich durch das ganze Leben - durch einzelne Entscheidungsanstösse,
-konflikte, -situationen vorangetrieben - hindurch. "Solange diese Entscheidung sich
nicht bis in den Tod bewährt hat, ist darum Person noch nicht wirklich (verwirklicht)" (602). Von i h r her werden auch die Mittel, die Möglichkeiten, die Situation
bestimmt.

Das Selbst-sein der Person als Mi t -sein ist also "ein g e s c h e h e n d e s, s i c h
z e i t l i c h - g e s c h i c h t l i c h d u r c h u n s e r g a n z e s L e b e n h i n d u r c h erst
verwirklichendes und vollendendes. Es 'ist' selbst als Geschehen, E r e i g n i s u n d
G e s c h i c h t e u n s e r e s M i t - u n d F ü r - e i n a n d e r - l e b e n s" (603). Wir werden
auf die noch ausstehende Ganzheit und Endgültigkeit des personalen Vollzugs verwie-
sen. Ganzheit ist hier nicht als Summierung vieler Einzeltaten zur Lebenstat verstanden, auch nicht der zeitliche Ablauf zwischen Gegenwart und Tod, sondern "jeder, auch der unscheinbarste Vollzug - auch die flüchtigste Empfindung oder Stimmung -, geschieht hier, ist und wird verstanden in einem n a c h V e r g a n g e n h e i t
u n d Z u k u n f t z u m a l d i m e n s i o n i e r t e n Z e i t h o r i z o n t, den jedoch keineswegs die bedeutungsleere, neutrale Messzeit, den vielmehr der M i t - S e i n s - V o l l -
z u g s e l b s t j e u n d j e b i l d e t" (604). Die Ganzheit des personalen Mit-seins zeigt
sich als Gegenwart von "Gewesensein" und "Vorwegsein". Es ist deshalb zu fragen,
in welchem Sinne ist das Sterben aus dem Ganzheitsanspruch des Mit-seins als Entscheidungstat des Lebens zu verstehen? (605). Solange noch Zukunft vor mir steht -
solange das Ende noch nicht eingetreten ist, ist keine Entscheidungstat festgelegt.
Erst der Tod erscheint als "E n d - g ü l t i g k e i t" allen Tuns, aller Entscheidungen,
als Ende aller Möglichkeiten und damit als Endgültigkeit jeder Grundentscheidung.
Die "Unbedingtheit ist ihr Wissen, sie selbst aber - dies dürfen wir nicht mehr vergessen! - der Sinn von Sein personalen Mit-seins, somit von Person, die aus und
in diesem als solche ist" (606). Die Verwirklichung in dieser Unbedingtheit der
Grundentscheidung des Worumwillen (um deinetwillen) bedeutet auch die Unbedingt-

601) F. Wiplinger, Der personal verstandene Tod 76/77.
602) H.U. v.Balthasar, Theodramatik I, 363.
603) F. Wiplinger, Der personal verstandene Tod 80.
604) F. Wiplinger, Todeserfahrung als Selbsterfahrung 296.
605) Vgl. ebd. 297.
606) F. Wiplinger, Der personal verstandene Tod 92.

heit unseres Selbst-Seins und Mit-Seins, d.h. es vollendet sich im Tod als Lebensopfer. Ein solcher Tod als personal verstandener ist keine Selbstvernichtung, sondern Selbstvollendung (607). Das personale Selbst-Sein ist erst dann voll realisiert, erfüllt, wenn es auch seinen Tod in Liebe anzunehmen vermag. Das aber bleibt schliesslich Geheimnis. Zugleich wird die Grundentscheidung der personalen Liebe in ihrer Ganzheit und Unbedingtheit das Nicht des Todes transzendieren (608).

Schon in diesen wenigen Gedankengängen zeigt es sich, wie weitreichend die Impulse G. Marcels und F. Wiplingers sein können. Ganz neue Aspekte und Probleme, die lange nicht genügend ihre Beachtung gefunden haben, kommen ins Blickfeld.

Sowohl G. Marcel wie F. Wiplinger versuchen eine Betrachtung des Todes auf einer phänomenologischen Ebene. Es mag aber die Frage gestellt werden, ob sich der Tod und die Frage nach dem Sinn von Tod zureichend nur mit rein "deskriptiver Methodik" (609) begreifen lässt.

Es besteht weiter leicht die Gefahr, dass die Frage nach dem Tod in der Erfahrung des Todes am geliebten Du etwas zu idealistisch gestellt wird, und der Tod in dieser Sicht der Realität der alltäglich zu machenden Todeserfahrung widerspricht. Die Alltäglichkeit des Mitseins dürfte gegen eine solche personale Todeserfahrung sprechen, die nur wenige Menschen jeweils erfahren können, will sie eine ursprüngliche Erfahrung sein.

Wird nicht die Grenze zwischen ursprünglicher Erfahrung des Todes im Tod des geliebten Menschen und Erfahrungen von momentaner Wehmut und Stimmung als psychologisch zu erklärende Momente unscharf, und werden diese verschiedenen Ebenen nicht leicht verwechselt?

---

607) Vgl. ebd.
608) Wenn der Tod auch höchste Erfüllung und Vollendung des personalen Selbstseins als personales Mit-sein sein kann, und wenn "eher E r f ü l l u n g , V o l l e n d u n g und H e i m k e h r (in unseren Wesensursprung) ist denn Zerstörung und Vernichtung - so sehr geht doch eben mit d i e s e r E r f a h r u n g d e s T o d e s a l s e i n e s U e b e r g a n g s z u g l e i c h d i e a l s e i n e s r a d i k a l e n B r u c h s und e i n e r N o t w e n d i g k e i t w i d e r W i l l e n zusammen, eines b i t t e r e n V e r h ä n g n i s s e s , dem wir auch in der innigsten L i e b e noch entrinnen möchten, ja das wir zugleich sogar und gerade auch von ihr selbst her als S c h m a c h und F l u c h , als ihren W i d e r s i n n empfinden, gegen den wir protestieren: weil er T r e n n u n g bedeutet, wo sie selbst doch mindestens ebenso wesentlich wie E n d g ü l t i g k e i t und U n b e d i n g t h e i t auch innigste E i n h e i t und beständigste Dauer verlangt" (ebd. 94), und die Bitterkeit des eben so erscheinenden Todes des geliebten Menschen leuchtet erst recht in seiner ganzen Schärfe auf, und die Absurdität und der Widersinn muss ausgehalten werden.
609) H. Holz, Philosophische Gedanken über den Tod, in: Neue Zeitschrift für Systematische Theologie und Religionsphilosophie 13 (1971) 140.

Schliesslich, wenn ein Mitmensch in der Liebe nicht dem Tod verfallen soll, wie ist eine solche geheimnisvolle Existenz und Gegenwart über den Tod hinaus zu denken? Beide Philosophen geben darauf keine zufriedenstellende Antwort, die in der absurden Situation des Todes eines geliebten Menschen helfende Dienste leisten könnte.

Sicher wird mit dem Moment des Selbst-seins als Mitsein in der personalen Liebe eine gewisse Dialektik hineingebracht. Einerseits verschärft sich durch die intersubjektive Liebe das Problem des Todes, denn es bleibt ein Verlust; andererseits wird der Tod durch die Liebe relativiert, denn lieben heisst, du sollst nicht sterben. Diese Dialektik aber könnte dem philosophischen und theologischen Reden von Unsterblichkeit und Auferstehung der Toten neue Impulse geben, und ein oberflächliches und vorschnelles, einseitiges Relativieren des Todes verhindern helfen.

§ 5. ZUSAMMENFASSUNG

In diesem zweiten Kapitel galt es, einen möglichen Zugang zum Phänomen des Todes zu suchen. Dabei sollten weniger die differenzierten Ansätze eines mehr spekulativen Denkens vom Tod weitergeführt, als vielmehr eine Annäherung an das Phänomen des Todes versucht werden, indem der Frage nachgegangen wird, ob es überhaupt einen phänomenologischen Zugang zum Tod gibt? Ein solcher Versuch kann manch einen Aspekt in den Vordergrund stellen, der bisher nur wenig Beachtung fand.

1. Als ein erstes Ergebnis wird festzuhalten sein - und darin zeigt sich zugleich die bedeutungsvolle Wende im philosophischen Nachdenken über den Tod in der gegenwärtigen Philosophie -, dass nicht der Mediziner, auch nicht der Sterbende nach dem Tod zu befragen sind, sondern - und das scheint beinahe paradox zu sein - dass es das Leben selbst ist, das die Instanz darstellt, die sich nach dem Tod befragen lässt.

2. Deshalb gilt es, neben alltäglichen und allgemeinen Todeserfahrungen auch Grunderfahrungen des Lebens aufzuspüren, die in ursprünglicher Weise etwas von dem erfahren lassen, was Tod heissen kann. Zu solchen möglichst ursprünglichen Erfahrungen des Todes ist Schritt für Schritt vorzudringen, um diese von den alltäglichen Verdeckungen zu befreien. Diese lassen sich beschreiben und eröffnen einen grundsätzlich möglichen Zugang zum Tod, der das dunkle Phänomen ein klein wenig enträtseln hilft.

3. Zwei Wege bieten sich an, zu solchen ursprünglichen Todeserfahrungen vorzustossen: Der eine Weg versteht den Tod nicht mehr als am Ende des Lebens sich ereignender, urplötzlicher Abbruch des Lebens, sondern als eine Grundbefindlichkeit des menschlichen Daseins.

Ursprüngliche Erfahrung des Todes ist dann im je eigenen Tod, im je eigenen "Sein zum Tod" zu machen (vgl. S. Kierkegaard, G. Simmel, M. Scheler und M. Heidegger).

Den anderen Weg gehen G. Marcel und F. Wiplinger, indem sie den Tod des anderen geliebten Menschen, mit dem das Ich engstens verbunden ist, als eine solche ursprüngliche Todeserfahrung darstellen, da ein solcher Tod den Menschen in seinem Selbstsein als Mitsein zutiefst treffen kann.

3. KAPITEL

DER VERSUCH EINER PHAENOMENANALYSE DES MENSCHLICHEN TODES

Schien es schon sehr schwer zu sein, einen phänomenologischen Zugang zum DASS des Todes zu finden, nicht zu einem allgemeinen, mir nichts sagenden und mich nicht betreffenden DASS des Todes, dem ich ausweichen und entfliehen kann, sondern zu einem DASS, das mich auf eine ursprüngliche Art und Weise trifft, so scheint es auf den ersten Blick gar vollkommen unmöglich zu sein, über das WAS des Todes etwas aussagen zu wagen.

§ 1. DIE MOEGLICHKEIT EINER PHAENOMENANALYSE

Dieser Annahme widerspricht vordergründig der alltägliche Sprachgebrauch mit seinen ungezählten verschiedenen Worten, Spruchwahrheiten oder Bildern, hinter denen doch etwas mehr verborgen zu stecken scheint als nur ein faktisches Dass des Todes: Knochenmann (610), Schnitter Tod, Parzenschnitt, mörderischer Würger, unversöhnlicher Widersacher, Ende, Untergang, Uebergang, Verwandlung, Schrecknis, Widerfahrnis, letzter Feind; Unterwelt, Hades; Tod als Nacht, der Bruder des Schlafes, Ausblasen des Lebenslichtes, Leiden, letzter Streit, Strafe, der Sünde Sold, Rückkehr zum Staub; Auflösung, dunkler Schatten, Bevorstand, Entleerung und Verohnmächtigung des Menschen, Tat des Menschen, höchste Vollendung; Jäger, der dem Menschen hinterhältig nachstellt und ihn zur Strecke bringt. Vom Toten sprechen wir in ebenfalls so vielen Bildern: er ist von uns gegangen, hat uns verlassen, ist abgeschieden; seine Uhr ist abgelaufen, sein letztes Stündchen hat geschlagen. Er hat das Leben verloren, die Seele ausgehaucht, hat Gott die Seele zurückgegeben, segnet das Zeitliche, wird abberufen, schloss die Augen für immer; er ist in die ewige Ruhe und Heimat zurückgekehrt, sein Lebenslicht ist erloschen. Diese und noch viele andere Bilder zeugen vom Phantasiereichtum des Menschen, das Wesen des Todes zu umschreiben, sich den Tod bildlich vorzustellen. Ebenso ist auf die verschiedensten Darstellungen des Todes in der Kunst und in der Dichtung hinzuweisen (611). Dabei spielen mythische Vorstellungen eine nicht unbedeutende Rolle. Es

---

610) J. Schuhmacher, Der Tod als Knochenmann, in: Medizinische Klinik 60 (1965) 1599.
611) Vgl. K. Bergmann, Der Tod im Spiegel der Sprache. Eine sprachliche Allerseelenbetrachtung, in: Westermanns Monatshefte 68 (1923/1924) 260-264; G.K. Frank, Zeitgenosse Tod (Stuttgart 1971) 9-18; R. Leuenberger, a.a.O. 40 ff.

scheint mit Hilfe des Mythos leichter den Tod darzustellen als mit der Wissenschaft. Wollen alle diese Ausdrucksformen nur auf das Dass des Todes hinweisen, ohne nicht auch etwas vom "Wesen" des Todes mitauszusagen? Die meisten Worte und Bilder vom Tod stammen allerdings aus einer früheren Zeit mit einem anderen Todesverständnis. Sie waren Versuche, über den Tod mehr als nur ein blosses brutales Dass auszusagen (612). Oft spiegeln sie uralte philosophische und religiöse Anschauungen und Vorstellungen des Menschen über den Tod wieder, sind von nachhaltigen Traditionen beeinflusst, sind stark von bestimmten biblischen Vorstellungen des Todes geprägt - gerade die Bibel hat für den säkularisierten Sprachgebrauch des Todes eine weit grössere Bedeutung, als man gemeinhin anzunehmen glaubt.

Nicht selten wird der Vorgang des Todes nach seinen äusseren Merkmalen, so wie der Mensch sie wahrnimmt, beschrieben. Die Grenze solcher Bilder und Namen ist deutlich zu sehen. Ein Bild bleibt einseitig, weil es sehr oft nur einen bestimmten Aspekt auszudrücken im Stande ist und einen verdinglichenden Charakter hat. Dadurch wird es nur selten der dynamischen Macht des Todes gerecht oder verdeckt gar als beschönigende Darstellung des "mysterium brutum" das wahre Gesicht des Todes.

Alle diese Vorstellungen mögen eindrückliche Ausdrucksformen verschiedener Zeiten sein, erliegen aber der Gefahr, einerseits in ihren erschreckenden und drastischen Ausgestaltungen moralisch-imperativischen Charakter zu bekommen, andererseits in ihren beinahe mythisch anmutenden Bildern das absurde Gesicht des Todes zu verdecken, abzuschwächen oder gar zu verfälschen.

Viele der genannten Bilder täuschen vor, objektivierend etwas über das Wesen des Todes auszusagen. Sie wirken vielleicht gerade deshalb nachhaltig bis in unsere Zeit hinein und prägen nur zu oft das Verständnis des Todes auch des modernen Menschen (613).

Wird der Tod in der heutigen Philosophie nicht mehr dinghaft verstanden als eine von aussen hereinbrechende Macht, sondern als ein das Leben des Menschen mitbestimmendes und mitformendes Konstitutivum, dann wird zu fragen sein, ob das nachgewiesene Dass des Todes auch Hinweise über das Was geben kann?

Tatsächlich scheinen die verschiedenen Ansätze eines Zuganges zum Phänomen des Todes - werden sie nicht nur gegen einander ausgespielt - erste Dienste leisten zu

---

612) Sie können durchaus so etwas wie eine sich wandelnde Geschichte des Todesverständnisses andeuten. Vergleiche die wenigen Ausführungen zu dieser Geschichte des Verständnisses des Todes in der Einleitung zu Beginn der Arbeit; auch F. Hillig, Stilwandel des christlichen Sterbens, in: Geist und Leben 35 (1962) 324-334.
613) Vgl. W. Fuchs, Todesbilder in der modernen Gesellschaft. W. Fuchs zeigt die Relikte solcher Bilder im heutigen Denken auf.

können. Sie vermögen aus der Vielschichtigkeit und Komplexität des Todes auf einige bleibende Momente hinzuweisen, die sich beschreiben lassen. Damit ist aber das Fundament für eine Phänomenanalyse gegeben.

Beim Versuch einer solchen Analyse mag leicht der Eindruck entstehen, es könnten nur allgemein bekannte Banalitäten beschrieben und nur wenig neue Gesichtspunkte aufgedeckt werden. Aber gerade das Allbekannte, das Selbstverständliche hat es gelegentlich am nötigsten - nötiger als etwas Spektakuläres, das ohnehin zum Staunen oder Nachdenken anregt -, neu bedacht zu werden. Vielleicht wird in einer solchen Beschreibung das alltäglich Erfahrene und Erlebte unter einem neuen Gesichtspunkt gesehen und vermag dadurch dem besseren Verständnis des Todes dienen. Es kann sich also - das soll ausdrücklich noch einmal betont werden - nicht um Wesensaussagen über den Tod handeln. Jedoch verweist vielleicht das eine oder andere der angeführten Phänomene auf tiefere Schichten des Todes und sollte deshalb wesentlich ernster genommen werden. Zumindest können sie ein besseres, realistischeres, auch menschlicheres (d.h. immer auch unzureichendes) Verständnis des Todes ermöglichen.

Wollen wir zu einigen wenigen Dimensionen (614) des Todes vorstossen, soll das in drei Schritten geschehen:
1. soll in einer Art Fundamentalanalyse der Weg aufgezeigt werden, wie alltäglich erfahrene Endlichkeit die totale Fraglichkeit des Menschen eröffnen kann, in der sich ein wesentliches und fundamentales Moment am Tod zeigt.
2. sollen einige einzelne Züge bedacht werden, soweit sie sich in der Erfahrung des je eigenen Todes und im Tod des geliebten Mitmenschen erkennen und näher beschreiben lassen.
3. soll auf drei, all diesen Aussagen zugrundeliegende, kaum mehr begrifflich aussagbare Phänomene einer "tieferen Schicht" des Todes hingewiesen werden.

---

614) Es kann bei einem solchen Versuch einer Phänomenanalyse des Todes nicht darum gehen, eine möglichst umfassende Zusammenschau vieler einzelner Eigenschaften und Aspekte des Todes zusammenzutragen. Der Tod wird letztlich von jedem anders erlebt und erfahren, je nachdem, wie tief ihn der Tod dieses Menschen oder sein eigenes Sterben trifft. Jeder wird dadurch andere Aspekte des Todes deutlicher sehen und meinen, darin etwas vom "Wesen" des Todes erahnen zu können.

§ 2. DIE AUFGIPFELUNG DER ENDLICHKEIT IM TOD ALS HINWEIS AUF DEN TOD ALS DIE FRAGE AN DEN MENSCHEN

Soll der Tod als Inbegriff der Endlichkeit (615) und Fraglichkeit des Menschen um- schrieben werden, ist dies nur möglich in einer schrittweisen Annäherung, indem versucht wird, einige typische Situationen des Menschen aufzuzeigen, in denen er sich seiner Endlichkeit besonders bewusst wird.

1. Die Erfahrung von Endlichkeit im faktischen In-der-Welt-sein

Nicht erst in sogenannten Grenzsituationen oder in höchster Todesgefahr wird sich der Mensch seiner Grenzen bewusst, sondern schon in seinem alltäglichen Leben kann er - achtet er darauf - immer wieder so etwas wie menschliche Endlichkeit und Unzulänglichkeit erfahren (616). Als ein erstes zeigt sich, dass der Mensch in all seiner unendlichen Offenheit und unstillbaren Dynamik ein begrenzter ist. Er kann immer nur e i n e Möglichkeit wählen und muss viele andere potentielle Chancen an sich vorbeiziehen lassen.

Er muss sich in seinem Handeln, in seinem Vermögen und Können als begrenzt er- kennen. Niemand kann alles wissen, niemand kann alles tun, kann alles verwirkli-

---

615) Der Begriff der "Endlichkeit" ist vieldeutig. So ist er z.B. in der heutigen Exi- stenz- und Existentialphilosophie zu einem festgeprägten Begriff im Sinne reiner Diesseitigkeit geworden. Er zeigt sich in seiner Unfähigkeit, jede Transzendenz- dimension zu erreichen, vielleicht als ein Extrem eines Säkularisierungsprozes- ses der biblischen Begriffe der "Geschöpflichkeit" und "Kreatürlichkeit". Endlichkeit soll hier aber vielmehr im Sinne von Begrenztheit und Unzulänglich- keit, im Sinne von Erfahrung von "Nicht ..." verstanden werden. Vgl. F.J. von Rintelen, a.a.O. F.J. von Rintelen ging damals der Frage nach, ob eine Philosophie der reinen Endlichkeit überhaupt möglich sei. Er zeigt ihre Aporien auf, weist auf innerweltliche Versuche der Transzendenz hin und gibt einen positiven Ausblick, indem er auf das Ungenügen einer Hingabe an die reine Endlichkeit hinweist; H. Rombach, Endlichkeit und Wahrheit. Versuch einer Deutung des Grundproblems der Philosophie im 17. und 18. Jahrhundert (Frei- burg 1955). H. Rombach weist auf die Vielschichtigkeit des Begriffs "Endlichkeit" hin und macht einige bedeutsame Differenzierungen: Endlichkeit als Begrenztheit, Endlichkeit als Nichtigkeit, als Selbstverhalten, als Faktizität, als Intimität; W. Becker, Endlichkeit, in: H. Krings/H.M. Baumgartner/Chr. Wild (Hg.), Handbuch philosophischer Grundbegriffe. Studienausgabe II (München 1973) 337- 348; G. Knapp, Mensch und Krankheit (Stuttgart 1970) 129-168.
616) Vgl. B. Welte, Im Spielfeld von Endlichkeit und Unendlichkeit. Gedanken zur Deutung des menschlichen Daseins (Frankfurt 1971) 21-30.

chen, was er sich vorstellt, was er sich vorgenommen hat (617). Auch wenn der
Mensch immer wieder versucht, diese Grenzen zu überwinden, und wenn es gerade
heute den Eindruck macht, als wüsste und könnte er immer mehr und mehr (618),
so zeigt sich zuvor auch niemals die menschliche Unbeholfenheit (619) und Endlichkeit so deutlich wie heute (620).

Der Mensch stösst aber nicht nur im Beherrschen und Bestimmen seiner Welt dauernd auf Grenzen, sondern findet sich immer auch von seiner Welt her bestimmt,
erfährt sein In-der-Welt-sein. Im In- und Mit-der-Welt-Sein stösst der Mensch un-
ablässig auf die Grenze des Daseins und damit auch auf den Tod. Jeder Baum, jeder
Tisch, jede Wand bringt die Grenze des menschlichen Daseins zum Bewusstsein.
"Jedes Ding veranschaulicht dir ausserdem, was es selbst bedeutet, auch deine
Grenze und das mit einer Unerbittlichkeit, die dich der Grenze überhaupt, der absoluten Grenze deines Daseins entgegentreibt, der absoluten Möglichkeit, auch nicht
dasein zu können" (621).

Er ist immer schon eingenommen von ganz bestimmten Möglichkeiten, ist in eine bestimmte geschichtliche Situation oder soziales und familiäres Milieu eingebunden,
mag er auch noch so sehr diesen seinen Lebensraum erweitern.

Weiter ist der Mensch immer nur er selbst, kann niemals ein anderer sein und "in
diesem Punkte konzentriert sich, unscheinbar zwar, aber gleichwohl in äusserster
Schärfe alles, was an Endlichkeit in allen Entfaltungsbereichen // des Menschen angetroffen werden kann. In diesem Punkte fällt die Endlichkeit mit dem Selbst des Daseins selber zusammen" (622).

---

617) Das gilt nicht nur für den einzelnen Menschen, sondern auch für eine Gruppe,
im weiteren Sinn für die ganze Menschheit.
618) Vgl. die noch vor wenigen Jahren als kaum denkbaren Möglichkeiten der Technik
(die Landung des Menschen auf dem Mond sei als Beispiel stellvertretend für unzählige andere grossartige Errungenschaften genannt) oder die ungeheuren Fortschritte in der Medizin (Verpflanzung von Herzen), um nur zwei beeindruckende
Zeugnisse zu nennen.
619) "In der grossen Entfaltung der menschlichen Macht kommt immer auch gross
und entscheidend zum Vorschein, wie wenig der Mensch eigentlich vermag" (ebd.
24; vgl. zu der Erfahrung der Endlichkeit in Können und Wissen ebd. 23/24).
620) Es sei wiederum stellvertretend für unzählige Beispiele nur an die ungeheure
Unbeholfenheit der Menschen angesichts des Hungers in der Welt erinnert.
621) V.E. Freiherr von Gebsattel, a.a.O. 405.
622) B. Welte, Im Spielfeld 27/28.

Der Mensch erfährt bei all seinem Planen und Tun sein Unvermögen. Er möchte gerne dieses Ziel erreichen, jenes Projekt verwirklichen, seinem eigenen Entwurf von sich selbst nachkommen, aber er stösst auf die Grenzen des Nicht-erreichen-könnens, muss feststellen, nicht richtig geplant, die falschen Mittel eingesetzt, bestimmte Umstände nicht vorausgesehen, seine eigenen Kräfte überfordert zu haben. Da zeigt sich ein Hiatus zwischen dem Selbstentwurf des Menschen und dessen Realisation. Er muss in seinem Leben die schmerzliche Erfahrung der Kluft zwischen Anspruch und Erfüllung machen, und das konfrontiert ihn mit seinem Scheitern. Der Mensch ist nie fertig, ist sich selbst stets aufgegeben. Weil es diese beständige Aufgabe gibt, ist auch die Möglichkeit des Sich-Verfehlens gegeben. Er kann im tiefsten schuldig werden, wenn er eine ihm gestellte oder übernehmbare Aufgabe grundsätzlich nicht annimmt und sich verweigert. Diesen Riss und diese Gespaltenheit hat Paulus radikal erfahren, wenn er sagt: "Ich tue nämlich nicht das Gute, das ich will, vielmehr was ich nicht will, das Böse, das tue ich. Wenn ich aber das tue, was ich nicht will, dann führe nicht mehr ich es aus, sondern die in mir wohnende Sünde"(623).

Weiter ist der Mensch immer wieder versucht, Grosses zu leisten, die Welt zu verbessern, Gutes zu ermöglichen und, obgleich er sich bemüht, muss er ständig sein eigenes Versagen der Welt, den Menschen, sich selbst gegenüber, seine eigene Fehler- und Sündhaftigkeit vor Augen führen. Dauernd bekommt er zu wissen, "dass überall in solchen Bereichen nie das ganz Reine, das ganz Wahre, das ganz Erhabene, das ganz Unbedingte gelingt, auch nicht für die kurze Zeit, die dem wirkenden Dasein beschieden ist" (624). Im Nichtigsein, im Nichtsein, im "Zu Ende des ..." zeigt sich die Macht der Unzulänglichkeit über das Wollen und Handeln des Menschen, "gegen die nichts zu machen ist und gegen die nichts verfängt und die, indem sie dem Dasein sein Ende und seine Endlichkeit zu erfahren gibt, sich als die unendliche Uebermacht erweist" (625). Die Nichtigkeit des Daseins äussert sich in der Schuld. Sie bringt ein Nicht in all sein Vorhaben, sie verneint das Wollen dessen, was er soll. Die Schuld umfasst den ganzen Bereich des Seins des Daseins. Alle Weltbezüge, in denen sich der Mensch entfaltet, alle Menschen, mit denen er in Verbindung steht, sind von diesem Schuldigsein, vom Unvermögen des Menschen betroffen. "Was der Schuldige in die Hand nehmen mag, welchen kommunikativen Bezug er beklommenen Herzens wagen mag: alles ist für ihn eingetaucht in die zwielichtige Atmosphäre des Schuldigseins. Der Spielbereich der Schuld ist so gross, wie der Spielbereich des Daseins. Die Schuld umfängt das Ganze, weil sie den Anfang, das anfängliche Sein des Daseins, umfängt und durchstimmt. Die Schuld bringt für den Menschen zum Vorschein und spricht // ihm zu, dass mit seinem Sein von Anfang und im Ganzen etwas anders geworden ist" (626). Wenn die Schuld eine totale Bestimmung des Da-

---

623) Röm 7, 19-20.
624) B. Welte, Im Spielfeld 80.
625) Ebd. 100.
626) B. Welte, Heilsverständnis. Philosophische Untersuchung einiger Voraussetzungen zum Verständnis des Christentums (Freiburg 1966) 146/147.

seins ist, stellt sie dem Menschen auf eine sehr eindringliche Weise seine Endlichkeit vor Augen. Weil der Mensch das stets erfährt, ist er geneigt, diese Endlich-
keitserscheinung im Schuldigsein zu verniedlichen, wegzuschieben, sie nicht für
wahr zu halten (627).

3. Die Endlichkeit als das Grundgefühl unserer Zeit

Noch auf einer anderen Ebene (628) erlebt der Mensch heute Endlichkeit wie selten
zuvor als Grundgefühl menschlichen In-der-Welt-seins und seiner Lebenshaltung,
das seinen Einfluss bis ins Denken und Handeln des Menschen ausübt und seinen Nie-
derschlag in der Philosophie findet.

Hatte der Mensch früher ein geschlossenes Weltbild, erkannte er in der Welt eine
überhöhende, metaphysische Ordnung, waren Harmonie und Ordnung zu den grossen,
unaufgebbaren Werten zu rechnen, fand der Mensch in Gott seine höchste Erfüllung,
so wird heute der Mensch nicht "mehr mythisch in idealistischen Bildern, nicht
mehr religiös aus der Kindschaft Gottes, nicht mehr rational aus einem Sinngefüge,
nicht mehr programmatisch aus den Ergebnissen seines Schaffens verstanden" (629).
Der heutige Mensch findet nur noch schwer Zugang zum Unbedingten, Bindenden,
Absoluten, lässt sehr oft keine metaphysischen und transzendenten Bezüge mehr gelten. An die Stelle solcher Werte sind viel mehr Unvollendbarkeit, Begrenztheit, Vergänglichkeit, Geschichtlichkeit, Ungeborgenheit, Nichtigkeit, Hilflosigkeit, Disharmonie (630), Endlichkeit der Welt, des Menschen und seines Tuns getreten.

---

627) Vgl. ebd. 142: "'DU'! I c h habe damit nichts zu tun! Mich geht das nichts an!
'Das Befremdliche, gerade weil es sich in der Nähe des Daseins erhob, wird
weggeschoben. So kommt die Schuld wiederum nicht dazu, sich als 'je meine',
als je meine Möglichkeit, mir, dem Dasein zu zeigen'".
628) Vgl. F.J. von Rintelen, Philosophie der Endlichkeit. F.J. von Rintelen will
sich in der kritischen Darstellung einer "Philosophie der Endlichkeit" nicht allein vom existenzphilosophischen und existential-ontologischen Anliegen ein-
schränken lassen.
629) Ebd. 46.
630) An Hand der Feststellung des Disharmonischen in der Welt, soll stellvertretend
für die anderen feststellbaren Tatbestände dargelegt werden, wo sich diese Disharmonie konkret feststellen lässt, und wie sie sich bis in den Alltag hinein aus-
wirkt. Disharmonie drückt sich besonders deutlich in zwei, die Grundhaltungen
des Menschen einer Zeit bestimmenden Phänomenen aus: in der Kunst und in der
Musik.
In der Kunst lässt sich eine Zerklüftung (eine solche lässt sich schon ansatzmäs-
sig bei V. van Gogh und den Expressionisten feststellen, vgl. die Kunstwerke aus
der Hand von P. Picasso) des objektiven Inhaltes aufweisen, die bis zu abstrakter

Selbst in der Philosophie machen sich Richtungen breit, die nicht mehr aus dem Denken, sondern aus der Stimmung (631) heraus zu verstehen sind (632). Ein paar Beispiele seien hier kurz angeführt, die zeigen können, auf was für einem Hintergrund heutiges Denken zu verstehen ist, und die auf eine Grundtendenz des heutigen Gegenwartsverständnisses hindeuten.

Einmal lässt sich eine entpersönlichende Versachlichung feststellen, die einen Menschen "ohne innere Existenz" hervorruft (633) und ihn "entleert", ihn seiner Gefühle und Werte beraubt und nur noch als Mechanismus oder auswechselbare Maschine versteht. Untergang der Persönlichkeit, Anpassung, Vermassung, Durchschnittlichkeit und Alltäglichkeit (634) sind die Folgen.

Weiter kann eine innere Aushöhlung des Menschen, die ihn keine grossen Ideen, Gedanken und Werke entstehen lässt, festgestellt werden. Diese zeigt sich in "einer lauen verblasenen Gleichgültigkeit gegenüber Wesentlicherem, das im Geschehen des Alltags verdorrt. So gewinnt nur das Brauchbare, sowie menschlich Unwichtiges grösste Anerkennung und Wesentliches zerrinnt. Um so mehr drängt sich die 'Langeweile', die Oede mit ihrem Zeitvertreib in den Vordergrund, weil kein Eindruck ganz mitnimmt und im Letzten alles in der Gleichgültigkeit untergeht" (635).

Der Mensch will keine Verantwortung mehr tragen und neigt zur Unechtheit, Unwahrhaftigkeit, ja zur Verlogenheit. Er verliert sein wahres Antlitz. Er redet sich etwas ein, schaltet schliesslich selbst seine Geistigkeit aus. Von hier aus ist es dann kein grosser Schritt mehr dazu, sich der blossen Triebhaftigkeit zu überlassen, in der das eigentliche Humanum verloren geht (636).

Kunst führen kann. Doch lassen sich gerade in der Kunst Anzeichen nachweisen, die auf eine Ueberwindung dieser völligen Destruktion hindeuten (vgl. ebd. 105-107).
Ein gleiches lässt sich in der Musik feststellen. "Wie steht es mit der heutigen Musik?" frägt F.J. von Rintelen und antwortet: "Hier entdecken wir die gleiche Bewegung fort vom Fassbaren, Gefügten. Sie ist an sich schon subjektiv, abstrakt, fast gegenstandslos und rhythmisch, darum das besondere und vielleicht einzige Bindeglied der gegenwärtigen Menschen" (ebd. 106).

631) Vgl. ebd. 126.
632) Vgl. die verschiedenen Richtungen in der Philosophie, in der die reine Endlichkeit vertreten wird, zu deren Vertretern in mehr oder weniger grossem Masse grosse Namen gehören: S. Kierkegaard, R.M. Rilke, F. Nietzsche, K. Jaspers, M. Heidegger.
633) Vgl. ebd. 148.
634) Vgl. M. Heideggers Analysen des "Man" (Sein und Zeit 216 ff); des "Geredes" (ebd. 167 ff); des "Verfallens" (ebd. 175 ff); vgl. F.J. von Rintelen, a.a.O. 147-153.
635) Ebd. 152.
636) Vgl. ebd. 154.

All diese Phänomene - und es gäbe noch viele (637) -, die den Menschen auf die reine Diesseitigkeit, auf die reine Aktivität, auf Dynamismus und Disharmonie als Basis des gemeinsamen Empfindens, auf seine Unvollendetheit und Verfallenheit beschränken, verweisen auf ein tieferes Grundgefühl unserer Zeit, das sich in der kaum zu fassenden, jedoch dauernd anwesenden Angst vor dem Nichts äussert, der Endlichkeit des menschlichen Vermögens und Tuns (638).

4. Der Tod als äusserster Horizont der Erfahrung der Endlichkeit des Menschen

Zeigt sich in all diesen verschiedenen Erfahrungen von Endlichkeit jeweils ein offenes oder verdecktes "Nicht", so lässt dieses "Nicht" der menschlichen Endlichkeit und Unzulänglichkeit in der Reflexion durchaus so etwas erahnen, was das "Nicht des Todes" als Grenze und Ende des Menschen bedeuten kann. Der Mensch kann sich aber immer noch zu seinem Sein verhalten; im Tod wird auch diese Möglichkeit genommen. "Darum ist der Tod, der uns am Ende unserer Tage erwartet, doch noch ein anderes 'Nicht' als jenes, das durch die Fragmenthaftigkeit und Zeitlichkeit, durch unser Versagen und unsere Ohnmacht ständig in uns und um uns ist. Der 'erste Tod', der Tod im Leben, kommt mit dem 'zweiten Tod', dem Tod, der das Leben beendet, darin überein, dass beide unser Nichtsein widerfahren lassen. Sie unterscheiden sich aber insofern, als der erste Tod uns noch Möglichkeiten lässt, der zweite keine. Daher ist der zweite die Radikalisierung des ersten. Er ist, wie man mit Recht gesagt hat, der absolute Ernstfall" (639). Gerade in der konkreten Realisation des Todes eröffnet sich doch ein äusserster und totaler Horizont, "in dem die Endlichkeit des Ganzen des Daseins und aller seiner Entfaltungen zumal in einem einzigen Augenblick umfangen und verschlungen wird" (640), indem dem Menschen seine Endlichkeit am deutlichsten vor Augen geführt wird. Im Tod findet sozusagen eine Aufgipfelung der Endlichkeit statt. Er ist der Inbegriff der Endlichkeit des menschlichen Daseins schlechthin, da sich in ihm das Ende, das Nicht schmerzlichst zeigt, weil er dem menschlichen Dasein ein definitives Ende setzt und den ganzen Menschen verfallen und sterben lässt. Im Tod wird die Macht der Endlichkeit (641) manifest, er zeigt, dass dem Sein des

---

637) Es sei hier nur noch kurz an die Krankheit erinnert, in der letztlich immer die Möglichkeit des Todes mitgegeben ist. Krankheit mag in radikaler Form auf menschliche Bedrohtheit, Todesverfallenheit, kurz auf die Endlichkeit des Menschen hinzuweisen.
638) Vgl. z.B. S. Kierkegaard, Die Krankheit zum Tode: "Tief, tief drinnen, zu allerinnerst in des Glücks heimlichster Verborgenheit, da wohnt auch hier die Angst, welche die Verzweiflung ist". (Vgl. auch M. Heidegger, Sein und Zeit 182).
639) G. Scherer, a.a.O. 73.
640) B. Welte, Im Spielfeld 28.
641) Vgl. ebd.

Menschen ein Nichtsein einwohnt, oder wie F.J. von Rintelen sagt: die "Endlichkeit findet nun ihre stärkste Bekräftigung durch den unerbitterlichen Tod, der immer schon da ist und die Grundverfassung des Daseins darstellt" (642). Ist der Tod als "Sein zum Tode" verstanden, dann manifestiert er sich als Höchstmass der Endlichkeit in der alltäglichen Erfahrung der Begrenztheit in allen endlichen Lebenswirklichkeiten, in ihrer Hinfälligkeit und Vergänglichkeit (643). "So durch und durch, von innen nach aussen, von aussen nach innen im innersten Punkt und im totalsten und äussersten Umfangen, ist das In-der-Welt-sein von Endlichkeit bestimmt und durchdrungen" (644). Der Tod erweist sich somit am radikalsten als die Endlichkeit des Menschen, denn "gerade in ihm wird uns die volle Hinfälligkeit eigenen Daseins offenkundig" (645).

5. Die Erfahrung von Endlichkeit und Tod als Anlass zu radikalem Fragen

Stellt schon jede Erfahrung von Endlichkeit - mag sie noch so klein sein - Fragen an den Menschen, ja wird mit der Tiefe der Endlichkeitserfahrung der Mensch selber in Frage gestellt, dann erst recht der Tod, sei es der eigene oder der des geliebten Menschen, als äusserste Aufgipfelung dieser Endlichkeit in unterschiedlichem Masse, je nach dem der Tod den Menschen trifft, Fragen an ihn. Warum? Was hat das für einen Sinn, wenn der Mensch vor die "Möglichkeit des Nichts der eigenen Existenz" (646) gestellt wird? Hat das Leben noch einen Sinn, wenn am Schluss doch der Tod triumphiert? Hat Welt und menschliches Dasein noch Sinn, wenn das Ende Untergang ist statt Vollendung und Erfüllung? Mein Tun, mein Leben wird in Frage gestellt. Wozu noch? Lohnt es sich noch? Ja, ich selber werde durch Endlichkeitserfahrungen, erst recht durch den Tod radikal in Frage gestellt. Schliesslich kann ich selbst mir zur Frage werden (647). Fragen aber haben immer etwas gefährliches

---

642) F.J. von Rintelen, a.a.O. 39; vgl. auch G. Scherer, a.a.O. 73: "Diese wesenhafte Endlichkeit kulminiert im Tod".
643) Vgl. ebd. 39.
644) B. Welte, Im Spielfeld 29.
645) F.J. von Rintelen, a.a.O. 65. Vgl. W. Weischedel, Der Gott der Philosophen. Grundlegung einer philosophischen Theologie im Zeitalter des Nihilismus II (Darmstadt 1972) 191: "Die auch vordem schon gemachte Erfahrung der Vergänglichkeit alles Seienden erhält nun ihre eigentliche Schärfe, und dies so sehr, dass am Ende Tod und Vergänglichkeit als der Grundzug des Seienden im ganzen erscheinen".
646) W. Weischedel, Der Gott der Philosophen II, 191.
647) Wohl kaum einer hat das so deutlich beschrieben wie Augustinus, als er die Erfahrung des Todes seines Freundes machen musste. "Vom Schmerz darüber ward es finster in meinem Herzen, und was ich ansah, war alles nur Tod. Die

an sich. Die Radikalität des Fragens hat nämlich einen tödlichen Ernst. "Wer sich
ihr verschrieben hat, steht immer in der Nähe zum Untergang im Verlieren seiner
selbst" (648). Fragen macht alles fraglich, auch das eigene Selbst.

6. Die Fraglichkeit als wesentliche Erfahrung des Todes

Der denkende Mensch bleibt aber nicht einfach beim radikalen Fragen stehen. Vielmehr drängt es ihn, nochmals einen Schritt tiefer vorzudringen und sucht nach dem,
was all diese Fragen auslöst. Offensichtlich muss hinter solcher Frageerfahrung
noch eine ursprünglichere Erfahrung liegen, die alles, auch den Menschen selbst,
fraglich werden lässt (649). Das hinter all diesen Fragen Verborgene und sie Aus-
lösende darf wohl vorsichtig F r a g l i c h k e i t genannt werden, die ursprünglich erfahren wird und als solche Fragen und In-Frage-gestellt-sein ermöglicht. Diese werden also nur durch eine vorausgehende Erfahrung der radikalen Fraglichkeit heraus-
gefordert (650), was W. Weischedel "die genuine Vorsituation des radikalen Fragens"
(651) nennt (652).

Heimat war mir Qual, wunders unselig das Vaterhaus, und alles, was ich gemeinsam mit ihm erlebt hatte, war ohne ihn verwandelt zu grenzenloser Pein.
Ueberall suchten ihn meine Augen, und er zeigte sich nicht. Und ich hasste alles,
weil es ihn nicht barg und nichts von allem mir noch sagen konnte: 'sieh, bald
kommt er', so wie es ehemals gewesen, wenn er eine Weile nicht zugegen war.
I c h   w a r   m i r   s e l b s t   z u r   g r o s s e n   F r a g e   g e w o r d e n, und ich nahm
meine Seele ins Verhör, warum sie traurig sei und mich so sehr verstöre, und
sie wusste mir nichts zu sagen. Und wenn ich ihr sagte: 'Hoffe auf Gott', so gab
sie billig kein Gehör: denn wirklicher und besser war der Mensch, mit dem sie
den liebsten verloren hatte als der Truggott, auf den zu bauen sie geheissen war.
Einzig das Weinen war mir süss, und es war an meines Freundes Statt gefolgt,
als die Wonne meines Herzens" (Augustinus, Confessiones IV, 4, 9; Sperrung
von mir).

648) W. Weischedel, Der Gott der Philosophen II, 178.
649) "Wer danach fragt, was das für ein Ding ist, das da vor ihm liegt, dem ist die-
    ses Ding fraglich geworden. Wer danach fragt, welchen Beruf er ergreifen soll,
    dem ist die Gestaltung seines Lebens fraglich geworden" (ebd. II, 186).
650) Vgl. ebd. II, 185 ff, bes. 186/187.
651) Ebd. II, 187; vgl. auch G. Pöltner, a.a.O. 81/82.
652) W. Müller-Lauter will dieser These W. Weischedels von der Vorgängigkeit der
    Fraglichkeit eine umgekehrte entgegensetzen, dass das Fragen erst die Fraglich-
    keit konstruiere. Er kann diese aber nicht eigentlich nachweisen; vgl. dazu
    W. Müller-Lauter, Zarathustras Schatten hat lange Beine, in: J. Salaquarda
    (Hg.), Philosophische Theologie im Schatten des Nihilismus (Berlin 1971) 88-112,

Eine Erfahrung der radikalen Fraglichkeit wird auf das eindrücklichste im Tod gemacht, in dem das ganze menschliche Dasein, die ganze Wirklichkeit der Welt fraglich wird. Die Erfahrung von Tod und Vergänglichkeit ist also "unmittelbar als diese Erfahrung genommen und vor aller Theorie über den Tod und Untergang, eine genuine Erfahrung der Fraglichkeit des menschlichen Daseins und der Wirklichkeit als ganzer; der Fraglichkeit als radikaler" (653). Bin ich im Fragen nach Seiendem, als Fragender in die Frage gestellt, und werde ich mir in meiner Gänze fraglich (654), dann ist mein Dasein als Fraglichsein die Weise, wie es die Ursprungsfrage gibt. Das Unüberholbare ist der Tod und somit der Ursprung meiner Fraglichkeit. Wo ich mir ganz fraglich werde, bin ich vom Tod, der die Frage selber ist, in eben diese Frage gestellt. "Als unüberholbare und unverfügbare erweist sich die Ursprungsfrage als die Todes-frage. Wo ich in der Gänze meines Daseins mir fraglich werde, solcherart die Grundverfasstheit meines Selbst-seins ursprünglich sich erschliesst, dort bin ich von meinem Tod, der die Frage selber ist, in eben diese gestellt. Die Erfahrung meiner bleibenden Fraglichkeit wäre dann die einzige Erfahrung, die ich mit meinem Tod machen kann, mein unüberholbares Fraglichsein wäre mein Sterblichsein. Was es heissen könne, ein Sterblicher zu sein, wäre demnach von dem her zu verstehen, was es heissen könnte, nach dem Ursprung des Fragens zu fragen, d.h. ursprünglich zu fragen. Freilich ist nur dort mein Sterblichsein erfahren, wo die Fraglichkeit auch als bleibende vernommen wird, wird überall dort dem Tod ausgewichen, wo die schlechthinnige // Unüberholbarkeit in eine bloss vorläufige umgedeutet wird, wobei

---

bes. 108: "Weischedels These von der Vorgängigkeit der Fraglichkeit vor dem Fragen lässt sich eine andere entgegenstellen: dass das Fragen allererst die Fraglichkeit konstituiere. Unter 'Fragen' verstehe ich das Fraglichmachen von Besonderem, nicht etwa die formulierte Frage, die nichts anderes ist als das Ausdrücklichwerden des Fraglichmachens. Die Fraglichkeit reicht dann immer so weit wie die vorgängige Fraglichmachung. Erfahrung totaler Fraglichkeit ist demzufolge überhaupt nur möglich, wenn das Fragen zu sich selbst zurückkehrt, 'radikal' geworden ist" (ebd. 108). Vgl. eine kurze Auseinandersetzung W. Weischedels mit der These von W. Müller-Lauter, in: W. Weischedel, Der Gott der Philosophen II, 187, Anmerkung 1.

653) Ebd. II. 191.

654) G. Pöltner umschreibt die Fraglichkeit kurz folgendermassen: "Wenn ich mich mit einem Schlag in die Fraglichkeit versetzt finde, so werden mir darin nicht vergangene Taten und Untaten, keine angestellten Ueberlegungen, nicht die Zweckmässigkeit oder Nutzlosigkeit irgendwelcher Handlungen und Entschlüsse, nicht einzelne Vollzüge fraglich, sondern ich zur Gänze. Die hier zu erörternde Frage betrifft mich in der Gänze meines Daseins. In ihr entgleitet mir nicht nur 'meine Vergangenheit' und das, was ich 'augenblicklich' tue, sondern auch meine Zukunft. Nichts meiner selbst lässt die Frage unberührt, sie stellt mich ganz in sie. In ihr komme ich allererst vor mich selbst, d.h. in ihr wird die Grundverfasstheit meines Daseins als Zumal von Dasein-müssen und Dasein-können offenbar, wobei Dasein heisst: als Erfahrender in der gemeinsamen, sprachlich-geschichtlichen Erfahrung sein" (G. Pöltner, a.a.O. 78).

in eins der Tod in ein noch nicht eingetroffenes Ereignis oder vielleicht überhaupt nicht erfahrbares Vorkommnis verkehrt und gerade so noch immer als ein erfahrbares Et-was - wenn schon nicht für mich selbst, so doch für die anderen - angesetzt wird" (655). Der Tod hält uns also in die allumfassende Fraglichkeit, und, uns selber als fragliche erfahrend, beginnen wir zu fragen, was es mit allem auf sich habe, wenn es letztlich zerbricht. Eine jede Erfahrung von Endlichkeit, die Fragen an den Menschen oder ihn selbst in Frage stellt, kann etwas von jener radikalen Fraglichkeit aufdecken, in der etwas vom Tod erfahren werden kann. In solchen, mitten im Leben und im Alltag gewonnenen Erfahrungen kann so etwas wie ein Vorgeschmack des Todes gemacht werden.

Die alle Dimensionen des Lebens dauernd prägende Erfahrung von Endlichkeit, zumal in seiner höchsten Form im Tod, eröffnet dem nachdenkenden Menschen jene radikale Fraglichkeit, die wir wohl vorsichtig als eine erste, grundlegende Charakterisierung des Todes nennen dürfen. Diese bleibt eine dauernde, da nicht der Mensch gelegentlich Fragen an den Tod stellt, sondern der Tod stets den Menschen in seinem In-Frage-gestellt-sein in die Fraglichkeit hineinhält.

Damit ist aber bereits mehr als nur ein blosses Dass des Todes ausgesagt. Im Folgenden soll nun versucht werden, einige Züge dieses in der radikalen Fraglichkeit sich ankündigenden Mehr des Todes zu beschreiben. Die Ergebnisse der verschiedenen Zugangsweisen zum Tod und die wenigen Ueberlegungen dieser Fundamentalanalyse dürften dazu den Rahmen bilden.

§ 3. DIE PHAENOMENOLOGISCHE BESCHREIBUNG EINIGER EINZELNER MOMENTE DES TODES

Will ein Versuch einer phänomenanalytischen Beschreibung einiger ins Auge springender Momente am Tod eine anfängliche Undurchsichtigkeit des Todes etwas erhellen - um mehr kann es sich gar nicht handeln, da das Wesen des Todes für den noch lebenden Menschen immer entzogen bleibt - gilt es, sich an dem Phänomen Tod zu orientieren, um zuzusehen, was sich an ihm und von ihm her aufzeigen lässt.

Es ist eine alltägliche - vielleicht oft gar nicht recht bewusste - Erfahrung des Menschen, dass das eigene Leben unweigerlich einem Ende zuläuft. Mit dem eingetrete-

---

655) G. Pöltner, a.a.O. 82/83.

nen Tod des anderen Menschen hat das Leben aufgehört, und zwar unwiderruflich (656). Zwei Aspekte des Aufhörens des menschlichen Lebens lassen sich aufzeigen: 1. Der Mensch hört im Tod einmal als biologisches Lebewesen auf, zu sein. 2. Der Mensch lässt sich aber nicht nur als ein naturwissenschaftlich zu definierendes Wesen einfangen, sondern es kommen weitere Dimensionen des Personalen und Geistigen hinzu. Und so wird zu fragen sein, was der Tod für den Menschen als ein personal-geistiges Wesen heisst.

1. Der Tod als Aufhören des biologischen Lebens

Bis in die heutige Zeit gibt es in der Geistesgeschichte die vielfältigsten Versuche, das dualistische Menschenverständnis zu überwinden und die Einheit des Menschen nachzuweisen. Ein Blick auf das bisherige Todesverständnis zeigt jedoch, dass der Mensch vorwiegend als ein geistiges Wesen verstanden und der naturale Aspekt des Menschen unterbewertet wird. Aehnliche dualistische Tendenzen lassen sich auch in der Medizin feststellen - freilich mit gerade umgekehrten Vorzeichen, da in den medizinischen Versuchen der naturhafte Bereich im Vordergrund steht (657).

Wird aber der Körper in der neuesten Anthropologie nicht mehr als ein Objekt, als ein für sich funktionierender Organismus verstanden, und versucht man, hinter die Aufspaltung in Subjekt und Objekt zurückzugehen, wird man das Subjekt in seiner unauflöslichen Verbindung mit der Welt sehen, in der "E i n h e i t   d e s   I n - d e r - W e l t - s e i n s" (658), wie sie sich in dem Verständnis von der L e i b l i c h k e i t des Menschen zeigt (659). Der Mensch existiert "in der Einheit seiner beseelten Leiblichkeit in seiner Welt"; er ist "also nicht aus Körper und Seele zusammengesetzt" (660).

---

656) S. Kierkegaard hat unaufhaltsam auf dieses endgültige, unwiderrufliche Ende des Lebens, das den Ernst des Todes ausmacht, aufmerksam gemacht; vgl. ders., An einem Grab 141 ff.
657) Vgl. P. Christian, Medizinische und philosophische Anthropologie, in: W. Altmann u.a. (Hg.), Handbuch der Allgemeinen Pathologie I (Berlin 1968) 262: "Die gegenständlichen Betrachtungsweisen der objektivierenden Wissenschaften haben mit Biologie und Psychologie, Pathologie und Psychopathologie, mit Typenforschung und Konstitutionslehren, auch mit der Psychoanalyse eine I n v e n t a r i - s i e r u n g des Menschen vorgenommen. Sie treffen ihn aber damit nur als Funktionsganzes und nicht den Sinn und Wert der unteilbaren Einheit der menschlichen Existenz".
658) Ebd. 264; vgl. ebd. 262-265.
659) Vgl. auch B. Welte, Leiblichkeit als Hinweis auf das Heil in Christus, in: ders., Auf der Spur des Ewigen. Philosophische Abhandlungen über verschiedene Gegenstände der Religion und der Theologie (Freiburg 1965) 83-112.
660) P. Christian, a.a.O. 235.

Wird der Mensch also in seiner Leiblichkeit verstanden, darf die Bedeutung des Körpers nicht abgewertet werden (661).

Das hat auch Folgen für ein Verständnis des Todes des Menschen, der nicht nur einen Teil des Menschen betrifft (den Körper), sondern eine ganzheitliche Dimension hat.

Eine Phänomenanalyse muss deshalb auch den naturalen Aspekt des Todes in seiner spezifisch menschlichen Eigenart gebührend berücksichtigen.

Auf die Frage, was der Tod des Menschen ist, wird man eine erste Antwort von den Medizinern erwarten. Jedoch ergeben sich auch für den Arzt wesentlich grössere Schwierigkeiten, das genauer zu bestimmen, was er als Tod bezeichnet, als es oberflächlich betrachtet scheint.

Die Naturwissenschaftler versuchen, experimentell die Entstehung des Lebens zu klären. Was aber weiss die Naturwissenschaft vom Tod? Was vermag sie auszusagen? Oder zeigt sich auch hier die Ohnmacht des Menschen vor dem Tod? Es lässt sich tatsächlich auch von den Naturwissenschaften nicht sehr viel über den Tod aussagen.

Sollen im Folgenden einige medizinische Ergebnisse angeführt werden, kann es sich in Ermangelung genauerer medizinischer Kenntnisse nicht um eine differenzierte Beurteilung oder eine kritische Auseinandersetzung mit den zum Teil schwierigen Problemen der Medizin handeln. Vielmehr sollen einige Richtungshinweise gegeben werden, wie in der gegenwärtigen medizinischen Literatur der Tod verstanden wird. So bereitet es schon erheblich Schwierigkeiten festzustellen, wann der Tod endgültig eingetreten ist. Diese Frage kann nicht abgelöst von vielen anderen Umständen - der Todesursache oder den Vorgängen beim Sterben (662) - einer einigermassen befriedigenden Antwort angenähert werden.

Es zeigt sich, der Tod kann auch in der Medizin nicht isoliert als ein von aussen hereinbrechendes Ereignis am Ende des Lebens, nicht losgelöst vom Leben betrachtet werden. Er ist vielmehr eine besonders eindrückliche Phase eines länger dauernden Geschehens, eines Prozesses, dessen Stoffwechselvorgänge nur noch in eine bestimmte Richtung ablaufen, in dem die stofflichen Geschehensabläufe grundsätzlich irreversibel sind (663). Wenn aber die Grenze zwischen Leben und Tod fliessend ist, bereitet das genauere Bestimmen des definitiven Endes erhebliche Schwierigkeiten, denn sichere Anzeichen zeigen sich erst eine Weile nach dem Eintritt des Todes.

Gibt es aber nicht ganz deutliche Anzeichen, anhand derer der Arzt sagen kann, jetzt ist der Tod des Menschen eingetreten? Die klassische Medizin kannte vier Eintritts-

---

661) Vgl. H. Plügge, Der Mensch und sein Leib (Tübingen 1967) 37.
662) Vgl. W. Doerr, a.a.O. 56.
663) Vgl. ebd. 56/57.

pforten des Todes: Gehirn, Herz, Lunge, Kreislauf. Wenn eines dieser Organe aussetze, war man der Meinung - und die Erfahrung bestätigte das - würden auch alle anderen derart in Mitleidenschaft gezogen und so geschädigt, dass nicht mehr gut zu machende Schäden eintraten, und der Tod notwendigerweise folgen musste (664).

Damit ist vom Tod der Menschen schon viel ausgesagt. Meist zeigen sich neben diesen zentralen Vorgängen auch Vorboten des Todes: "Verwesungsgeruch in der Ausatemluft; die Facies hippocratica mit der sich scharf profilierenden Nase, dem halboffenen Mund, dem // Herabsinken der Augenlider; unwillkürlicher Abgang von Urin und Kot; kalter Schweiss und Totenblässe der Haut. Die wichtigen Funktionen von Kreislauf und Atmung sind schwer geschädigt. Der Puls ist unregelmässig und kaum mehr fühlbar. Sein Ansteigen bei gleichzeitig absinkender Temperatur ist stets ein schlechtes Vorzeichen. Die Atmung wird oberflächlich und unregelmässig, oft periodisch mit tiefen Atemzügen wechselnd (Cheyne-Stofe'sches Atmen). Der Schleim, der nicht mehr ausgehustet wird, verursacht rasselnde Geräusche. Die Tastempfindung beginnt zu schwinden. Die Hände bewegen sich unkoordiniert, wie wenn Flocken auf der Bettdecke aufgelesen würden. Häufig, aber durchaus nicht immer, beginnen zunächst die rationalen, dann die sensitiven, die animalischen und schliesslich die vegetativen Funktionen zu erlöschen. Delirien können mit Zuständen völliger geistiger Klarheit wechseln. Bei manchen Herzleiden und bestimmten Vergiftungen kann ein Erstickungsgefühl dem Tode vorangehen, doch ist dies nicht sehr häufig. Die meisten Kranken sterben ohne klares Bewusstsein. Die Unruhe und das Stöhnen der Sterbenden sind auf reflektorisch bedingte Vorgänge zurückzuführen, ohne schmerzhaft empfunden zu werden" (665). Es herrscht vielfach noch die Meinung, der Mensch müsste einen schrecklichen Todeskampf durchmachen, wenn der Sterbende unruhig sich wälzt oder schreit. Doch dürfte es ein gesichertes Ergebnis medizinischer Forschung sein, dass die Agonie ein Vorgang ist, der sich in Bewusstlosigkeit oder weitgehender Bewusstseinstrübung abspielt. "Das, was als 'Kampf' imponiert, sind eher biologische Mechanismen, die mit einer persönlichen Auseinandersetzung dieses Menschen nichts mehr zu tun haben. Vor diesem Stadium gibt es - vorwiegend bei Erkrankungen, die Atmung oder Herztätigkeit behindern - Zustände schwerer biologisch-somatisch entstandener Angst, und es ist eine wichtige Aufgabe, hier zu helfen, aber im Stadium der Agonie ist der Tod schon eher ein 'gnädiger' Tod" (666).

Wenn der Tod ein fliessender Prozess ist, erscheint es ein schwieriges Unternehmen zu sein, die Abgrenzung von Leben und Tod festlegen zu wollen. So können Atemstillstand, Verlust der Herztätigkeit und Puls, eine zyanotisch, blasse und empfindliche Haut, trübe Hornhaut, weite Pupillen, erschlaffte Muskeln, Eintritt der Totenstarre

---

664) Eine gute Zusammenfassung dieser Zusammenhänge gibt W. Doerr, a.a.O. 67/68.
665) A. Faller, a.a.O. 260/261; vgl. auch W. Doerr, a.a.O. 63/64; H. Schaefer, a.a.O. 20 ff.
666) H. Müller-Fahlbusch, Sterben und Tod aus ärztlicher Sicht. Thematische Darstellung, in: K.H. Bloching, Tod (Mainz 1973) 45.

für sich allein nicht absolut sichere Kennzeichen des biologischen Todes sein. Als wesentlich sicherer gelten der Zerfall der Gewebe, wenn nach einigen Stunden die Totenflecke sichtbar werden, die Haut einzutrocknen beginnt, die Lippen ein pergamentartiges Aussehen bekommen, die Bauchhaut grünlich sich verfärbt, der Leib durch Fäulnisgase aufgetrieben wird, wenn nach vier bis sechs Jahren nur mehr ein Knochengerüst übrig bleibt (667). Ein einzelnes zuverlässiges Kennzeichen für den eingetretenen Tod gibt es auch heute noch nicht, obwohl zahlreiche "Todesproben" entwickelt worden sind (mit der Federprobe will man die schwache Atmung feststellen, bei der Spiegelprobe beschlägt der Wasserdampf der ausgeatmeten Luft den Spiegel, eine ins Herz gestochene Nadel zeigt keine Bewegung mehr) (668). Die bisher sichersten Zeichen sind das Aufhören der elektrischen Erregbarkeit der Nerven und Muskeln oder das Ausbleiben der Aktionsströme des Gehirns (Enzephalogramm) und des Herzens (Elektrokardiogramm).

Man könnte als Ergebnis festhalten: gibt es auch nicht ein einzelnes sicheres Zeichen für den eingetretenen Tod, so können heute doch relativ leicht und mit grosser Wahrscheinlichkeit die Symptome des Todes festgestellt werden. Doch bieten sich gerade in den letzten Jahrzehnten den Medizinern grosse Schwierigkeiten - die Situation hat sich auf dem Gebiet der Medizin inzwischen grundlegend geändert (vor allem durch die Möglichkeit von Organtransplantationen, Herz- und Gehirnstromkurven geben genauere, sicherere Auskunft, wie nie zuvor. Doch heisst die Nullinie noch nicht, dass einzelne Organe den Tod des Gesamtorganismus überleben können). Galten der Stillstand des Herzens, das Aufhören der Atmung, die Zerstörung des Gehirns doch als sehr sichere Todeszeichen (669), so haben die technischen Fortschritte der Medizin viele neue Möglichkeiten geschaffen, den Stillstand etwa von Herz und Atmung reparabel zu machen. Die Frage, wann der Mensch tot ist, musste erneut gestellt werden. Aus dieser Verlegenheit half eine kurze und auf den ersten Blick einsichtige These: Tot ist ein Mensch, wenn sein Gehirn tot ist. "Es kam nur noch darauf an, wie man den Gehirntod rasch und sicher feststellen könne, und dementsprechend geht die Hauptdiskussion darum, ob ein Null- EEG von 3h oder 12h Tod bedeute. Mit einer solchen rein definitorischen Bestimmung des Todes werden weitere bedeutungsvolle Probleme gestellt" (670). Aufgrund der Ueberbewertung methodischer Fortschritte, aber auch Schwierigkeiten, hat man vergessen, was man festzustellen hat, damit man sagen kann, ein Mensch sei jetzt tot. Angesichts raffiniertester, medizinischer Methoden fangen die Mediziner und Biologen an zu fragen, ob die Naturwissenschaften überhaupt fähig seien, den Tod des Menschen zu definieren? Trifft denn eine Definition wie z.B. "Gehirntod = Menschentod" (671) das ganze Ereignis des Todes?

---

667) Vgl. A. Faller, a.a.O. 261.
668) Vgl. ebd. 262.
669) Vgl. H. Kuhlendahl, a.a.O. 90/91.
670) R. Kautzky, a.a.O. 130.
671) Eine solche These würde beinhalten, dass es eine Rangordnung der einzelnen Organe gibt, "indem man sagt, wenn die Niere oder das Herz tot ist, ist der Mensch nicht tot, wenn aber das Gehirn tot ist, bedeutet das den Tod des Men-

Spitzen wir die Problematik, wie sie sich heute in den Naturwissenschaften zeigt, noch zu. Durch die wissenschaftlichen Fortschritte, durch ausgeklügelte Methoden und durch die in den letzten Jahren erreichten Möglichkeiten der Medizin kann der Tod oft hinausgeschoben, abgewendet, aber auch das Sterben unendlich verlängert werden (672). Oft kann zwar das organische Leben erhalten werden, ohne dass der Mensch als Person wieder "lebendig" wird (z.B. durch Herz-Lungenmaschine usw.). Der verbissene, und doch letztlich vergebliche Kampf gegen den Tod führt zu einem verlängerten und nur zu oft unmenschlichen Sterben. Darin zeigt sich heute noch deutlicher: die Grenze zwischen Leben und Tod ist fliessend geworden. Es genügt nicht mehr, nur möglichst genau feststellen zu wollen, wann sich mehr oder weniger sichere Zeichen des Todes ankündigen. Biologen und Mediziner versuchen, den Tod in seiner Beziehung zum Leben zu sehen und ihn vom naturwissenschaftlich definierten Begriff des Lebens her zu bestimmen. Die Frage nach dem Tod wird zur Frage nach dem Leben.

Versuchte der Mensch schon seit Jahrhunderten wissenschaftlich zu bestimmen, was Leben heisst, so ist es ihm erst in den letzten Jahrzehnten gelungen, durch Ergebnisse der Molekularbiologie, molekularen Genetik und durch die Denkweise der Kybernetik eine Antwort - auch wenn nur in Umrissen - auf die Frage, was Leben sei, zu geben. Man lernte die Bestandteile der Lebewesen chemisch und physikalisch zu beschreiben: "Lebewesen bestehen ja nicht einfach aus einer bestimmten Menge von Molekülen, sondern sie nehmen ständig Stoffe auf, formen sie in andere um, verändern damit ihre eigene Substanz, und geben schliesslich weitere Stoffe als Abfallstoffe wieder ab" (673). So kann man das Leben im Prinzip physikalisch verständlich machen und formulieren: "Das Leben ist eine Systemeigenschaft hochgeordneter physikalischer Systeme. Die Systembeziehungen sind einerseits physikalisch und

---

schen" (ebd.). Das soll nicht heissen, dass dem Gehirn in seiner Kompliziertheit in Bau und Funktion nicht eine besondere Rolle zukommt, jedoch muss beachtet werden, dass den bedeutenden Funktionen des Gehirns durchaus im ganzen Organismus die des Blutkreislaufes oder der Hormone zur Seite stehen, oder wenn das Gehirn eine grundlegende Rolle für ein gesellschaftliches Zusammenleben spielt, dann darf nicht vergessen werden, dass andere Organe dafür lebenswichtige Voraussetzungen schaffen. Oder spielt es heute diese dominierende Rolle, weil es bisher nicht ersetzbar war? Angesichts dieser Schwierigkeiten lässt es sich nicht allzu sehr erstaunen, wenn es selbst in der medizinischen Wissenschaft auch zu dieser Definition keine eindeutige Zustimmung gibt, da sie ja nur einen Teil von Lebensträgern treffen würde. Der Mensch sei erst dann tot, wenn ein endgültiger Stillstand des strukturerhaltenden Stoffwechsels eingetreten ist, wenn alle Organe abgestorben sind.

672) Vgl. H. Kuhlendahl, a.a.O. 93.
673) O. v.Helversen, a.a.O. 142. Es sei auf die Ergebnisse der grossen Kleinarbeit der Biochemie nur hingewiesen, ohne sie hier weiter ins einzelne zu verfolgen. Dazu sei auf den Aufsatz von O. v.Helversen, Leben und Tod als biologische Phänomene, aufmerksam gemacht, der kurz einige Ergebnisse zusammenfasst.

chemisch, andererseits mathematisch-informations-theoretisch beschreibbar" (674). Um diese Definition zu verstehen, soll in aller Kürze skizziert werden, was hier unter System zu verstehen ist. Ein System finden wir vor, wenn eine Anzahl von Dingen zueinander in vielen funktionalen Beziehungen stehen. Auf verschiedenste und komplizierteste Weise und in vielen "Stufen sind in den Lebewesen immer wieder Systeme zu neuen Systemen höherer Ordnung zusammengesetzt. Erst das Gesamtsystem erleben wir dann als Pflanze, Tier oder Mensch" (675). So gehören zum Leben des Menschen zahlreiche Systembeziehungen zwischen den Zellen, die diese wiederum zu Organen zusammentreten lassen und Beziehungen zwischen den Organen, die diese zum Organismus vereinen. "Das Organ lebt auf einem anderen Integrationsniveau als der Organismus" (676). Es ist ein fliessender Uebergang in der Integrationshöhe der biologischen Systeme festzustellen und somit lassen sich keine definierten Grenzen zwischen den verschiedenen Integrationshöhen der lebenden Systeme, noch zwischen Leben und Tod bei Systemen einer festen Integrationshöhe ziehen (677). Beim Tod werden die verschiedenen Integrations-Ebenen - oder System-Ebenen - Schritt für Schritt zerstört. Tod ist die schrittweise Desintegration eines lebenden // Systems" (678).

Wenn der Biologe in gründlicher wissenschaftlicher Arbeit versucht hat, Leben und Tod zu erklären, so bleibt die Frage einer Grenzziehung zwischen Leben und Tod nicht in erster Linie eine Frage an die Natur, sondern ist zu einer Frage der Definition geworden, die festlegen soll, welches Integrationsniveau wir noch menschliches Leben nennen und was nicht mehr. Auch diese Wissenschaftler (679) fragen: ist der Tod des Menschen damit umschrieben? Ist der menschliche Tod nicht mehr als ein rein biologisches Ereignis, mehr als eine Beschreibung naturwissenschaftlicher Abläufe und Prozesse? Nur zu oft stand "die moderne Medizin in der grossen Versuchung: 'human' (wie sie sich nennt) a l l e s Menschenmögliche für den Menschen zu tun, g e g e n den Tod zu kämpfen, den Tod-Kranken vor dem Sterben zu schützen. Aber, wie oft geschieht das, mitten in allem 'selbst-losen' Aufwand, gerade n i c h t um des Menschen willen, sondern aus dem Egoismus technisch-medizinischer Selbstbehauptung heraus? 'Wir wollen einmal sehen, wie weit wir es mit unserem instrumentalisierten Wissen bringen! Wie weit unsere Macht über das Leben g e g e n den Tod reicht!' So wird das Leben dem Tod maschinell abgerungen in der Erhaltung einer biologischen Minimal-Existenz. In Wirklichkeit ist dieser humanistische Egoismus, der sich 'ganz' auf das 'Leben' konzentriert, leicht zu durchschauen, da er letztlich den Todkranken verzweckt, ihn als Material seiner eigenen Selbstbestätigung missbraucht und nicht zuletzt selbst unter dem Gesetz des Toten steht, nämlich: des Geldes" (680).

---

674) Ebd. 144, (dort gesperrt).
675) Ebd.
676) Ebd. 145, (dort gesperrt).
677) Vgl. ebd.
678) Ebd. 146/147, (dort gesperrt).
679) R. Kautzky; O. v.Helversen; E. Emminger.
680) F. Ulrich, Leben in der Einheit 24.

Darf der Mensch nur als ein Naturwesen angesehen werden, wenn es um seinen Tod geht? Sie alle kommen in der Feststellung überein, dass der "Mensch in seiner komplexen Einheit von Leib und Seele mit seinem ganzen L e b e n niemals durch die Naturwissenschaft allein voll erfassbar sein wird" (681). Was ist es aber - lässt sich fragen -, was den Menschen an einer solchen positivistischen Bestimmung seines Todes unbefriedigt lässt, obwohl wir doch sonst mit Recht auf die wissenschaftliche Vernunft vertrauen? "Es ist unsere persönliche existentielle Erfahrung, mag sie auf einer falschen oder richtigen Programmierung beruhen. Sie revoltiert gegen di ese Sicht des Menschen und dementsprechend auch seines Todes. Es ist die innerere, wenn auch immer wieder von Zweifeln angenagte Ueberzeugung, dass trotz der zugestandenen Geschlossenheit des positivistischen Weltbildes die Münze noch eine andere Seite oder wie Thornton Wilder noch besser vergleicht, der Teppich nicht nur die Unterseite hat, die wir sehen, während wir das eigentliche Muster nur ahnen können. Es ist die Ueberzeugung, dass Determination nicht Freiheit ausschliesst, dass der Mensch kein nackter Affe und der Tod nicht nur Hoffnungslosigkeit ist" (682). Der Mensch wird nicht mehr n u r als rein biologisches Wesen angesehen, denn auch seine personal-geistige Seite, die wesentlich zum Menschen mitgehört, muss berücksichtigt werden.

Dabei kann die interessante Feststellung gemacht werden, dass die Anerkennung des geistig-personalen Aspektes des Menschen in dieselbe Richtung weist, in die eine naturwissenschaftliche Todesdefinition auch weist. Denn gerade in dem, was den Menschen als geistig-personales Wesen charakterisiert: etwa begriffliches Denken, Sprache, Bewusstsein, Möglichkeit zur Freude oder Trauer, spielt das Gehirn doch eine überragende Bedeutung. Durch die Berücksichtigung des geistigen Aspektes des Menschen erhält die These: "Gehirntod = Menschentod" über ihre rein biologische und organische Bedeutung hinaus eine weitere Bedeutung, sodass durchaus von einer Annäherungslösung: "Gehirntod = Menschentod" gesprochen werden kann.

Aus den medizinischen Forschungsergebnissen lässt sich das Fazit ziehen: die Organe des Menschen sind zu einer bestimmten Zeit verbraucht (683), der Mensch muss sterben. Leben und Tod sind demnach als Korrellate anzusehen. Das Leben läuft unwiderruflich dem Tod entgegen. So könnte Leben als das Gesamte der Kräfte, die sich gegen den Tod wehren, bezeichnet werden (684). In diesem spannungsgeladenen Verhältnis von Leben und Tod kommt dem Tod aber eine bedeutungsvolle und beherrschende Rolle zu, denn trotz aller Erfolge, den Tod immer weiter zurückzudrängen, wird das individuelle Leben, wie es sich beim Menschen ausgeprägt hat, zu Ende gehen. Mit all diesen Ausführungen ist noch keineswegs eine zufriedenstellende Lösung auf das Todesproblem gerade für den Menschen gegeben.

---

681) E. Emminger, a.a.O. 40.
682) R. Kautzky, a.a.O. 134.
683) Das Herz z.B. ist nun einmal nach 2 bis 3 Milliarden Stössen verbraucht; vgl. J. Jllies, a.a.O. 85.
684) Vgl. N.A. Luyten, Zum Problem des Todes im Spannungsfeld zwischen Naturwissenschaft und Theologie, in: Schweizer Rundschau 66 (1967) 149.

Das Ergebnis der biologischen und medizinischen Forschungsarbeit lässt sich also folgendermassen zusammenfassen: Die Naturwissenschaften wissen zweifellos sehr viel über den Tod zu berichten - auch wenn es ihnen bisher noch nicht gelungen ist, ein absolut sicheres Todesmerkmal zu finden. Sie wissen um den Auf- und Abbau der Zellen. Sie wissen, welche Zentren des Menschen besonders gefährdet sind, und dass Verletzungen an ihnen recht bald zum Tode führen können. Sie liefern zahlreiche Kriterien, um den Tod festzustellen, und sie haben gelernt, das Leben in seinen che-mischen und physikalischen Abläufen zu beschreiben. Sie versuchen alles, was sie über den Tod wissen und erforschen, genauestens zu beobachten und festzuhalten. Von einem "Todesproblem" aber wissen die Naturwissenschaften nicht sehr viel. Für sie ist der Tod des Menschen nur zu oft ein reines Faktum, das man mit wissen-schaftlichen Methoden untersuchen kann. Er wird nur in seiner Objektivation gesehen. Jegliches persönliches Betroffensein, jede Gefühlsreaktion, jegliche tiefere Frage nach dem Sinn des Todes werden geflissentlich ausgeklammert, in der Angst, diese könnten die Wissenschaftlichkeit der Untersuchungen in Frage stellen. Erst zaghaft scheinen einzelne Naturwissenschaftler darauf hinzuweisen, dass in der Bestimmung des menschlichen Todes eine positivistische Wissenschaftlichkeit letztlich versagen muss, da sie auf das "Problem des Todes" nichts zu antworten weiss. Hier kommen weitere Dimensionen ins Spiel.

2. Das Aufhören des personal-menschlichen Lebens

Der Tod des Menschen ist - das zeigen besonders Erfahrungen des Todes eines gelieb-ten Menschen - kein mechanischer Prozess, sodass der abgestorbene Mechanismus durch einen anderen ersetzt werden könnte. Der Mensch ist nicht nur Naturwesen, sondern auch Person. Deshalb kommt ihm und seinem Tod Einzigartigkeit zu. Die-ser Mensch als Person hört mit dem Ende der vitalen Ordnung des Organismus auch auf zu existieren. Die "enge Verkettung zwischen einem Ereignis der vitalen Ordnung und einem Verschwinden der geistigen Person ist den Augen unseres Geistes wahr-nehmbar geworden" (685). Damit kündet sich etwas von der weiteren Problematik des Todes an, die nicht allein im Aufhören des organischen Funktionierens begründet ist. "Allein der Anblick des Leichnams sagt uns nicht nur, dass hier der // vitale Ge-samtprozess, der einem Individuum der Gattung Mensch zugeordnet ist, an sein Ende gelangt ist; er lehrt uns auch zugleich, ist die Kategorie der Person uns einmal auf-gegangen, dass der persönliche Geist sich in diesem Leibe nicht mehr realisieren kann. In den offenen Augen eines Verstorbenen bemerken wir nicht nur das Ende sei-nes Lebens, sondern ebensowohl das 'Verschwinden' der dem lebendigen Gesicht aus-drucksmässig innewohnenden geistigen Person. Wir s e h e n aber selbst noch dies, dass diese Person nicht mehr gegenwärtig sein k a n n , weil jenes andere, der indi-

685) P. Landsberg, a.a.O. 24.

viduelle Lebensprozess, nicht mehr statt hat. Das Leben im leiblichen Sinn des Wortes zeigt, indem es endet, dass es die Grundlage der Gegenwärtigkeit ist für die Verwirklichung des persönlichen Geistes im Gesamt des irdischen Menschen" (686). Der Mensch lebt nie als einzelner, isoliert für sich existierend, vor sich hin, sondern ist in ein grosses Gefüge von Beziehungen zur Welt und zu Mitmenschen hineinverflochten. Eine jede ist einzigartig, von seiner Persönlichkeit geprägt und von keinem anderen Menschen vertretbar. Mit dem Aufhören des biologischen Lebens, hören alle diese geistigen und personalen Beziehungen auf.

Jeder Kontakt zur Umwelt und zur Welt im weiteren Sinne bricht nach und nach oder ganz plötzlich ab. Neue Bezüge können nicht mehr geschaffen werden. Nicht ein einziges Wort kann mehr ausgesprochen, nicht eine begonnene Tat mehr beendet werden. Er kann einen grossen "Betriebsmechanismus", der um ihm läuft, nicht mehr wahrnehmen. Er erwidert keine Liebe mehr. Er kann nicht mit den Hinterbliebenen mehr weinen und trauern, kann sie nicht einmal mehr trösten. Es ist vorbei. Endgültig haben alle Möglichkeiten, mit den Menschen in Kontakt zu treten, aufgehört. Für immer. Viele Unternehmungen und Vorhaben werden jäh abgebrochen. Pläne können nicht mehr realisiert werden. Nichts kann der Mensch mehr an der Welt verändern, nichts Neues mehr schaffen. Das Angefangene bleibt unvollendet zurück, das Versäumte kann nicht eingeholt, die Schuld nicht gutgemacht werden. Das alles gehört der Vergangenheit an, gehört zur toten Person, einmalig und unwiderruflich. Er lebt nicht mehr auf der Welt, nicht mehr in ihr und mit ihr. Alles, was zurückbleibt, ist ein grosser fragmentischer - gelungener oder misslungener - Versuch auf der Welt zu leben, d.h. sich in ihr zurechtzufinden, einzurichten, sie zu verändern; ein Versuch, der mit dem Tod vorbei ist und endgültig aufhört.

Das geistig-aktive Leben des Menschen ist zerfallen. Er ist nicht mehr in der Lage, seinen geistigen Interessen nachzugehen, sich schöpferisch zu entfalten. Er kann nicht mehr seine Gedanken den Menschen und der Welt mitteilen und sich mit ihnen auseinandersetzen, kann nicht mehr seine Gefühle zeigen und sich artikulieren. Keine Besinnung, keine Aktivität, keine Freude, keine Trauer, keine Verzweiflung, kein Trost, keinen Neuanfang, keine Schuld ist mehr möglich. Der Tod ist die Grenze all dieser Möglichkeiten des Lebens.

Im Tod zeigt sich ein Aufhören eines gemeinsamen personal-dialogischen Lebens. Jede Beziehung zum Mitmenschen bricht ab, jede gemeinsame Wegstrecke, die der Mensch im Leben mit einem Anderen gegangen ist, gehört der Vergangenheit an. All

---

686) Ebd. 24/25. Aehnliche Ansätze finden sich auch - und gerade in Veröffentlichungen der letzten Jahre - bei Aerzten, Medizinern und Biologen. Wenn auch vieles unartikuliert bleibt, so machen sie doch darauf aufmerksam, dass menschliches Leben nicht nur als naturwissenschaftliches Phänomen zu sehen, sondern eben auch als menschliches Problem zu beachten ist. Vgl. E. Emminger, a.a.O.; V.E. Freiherr von Gebsattel, a.a.O.; O. v.Helversen, a.a.O.; R. Kautzky, a.a.O., u.a.

das Mitsein mit anderen Menschen hört im Tode radikal auf. Er kann sich mit keinem Menschen mehr unterhalten, kann nicht mehr mit einem anderen in einem geistigen und gefühlsmässigen Austausch stehen und am anderen Menschen zum vollen Menschsein kommen. Er kann nicht mehr einem Freund ein Freund sein, nicht mehr dem Partner als Partner begegnen. Im Tod hört der Mensch auf, seiner Liebe eine leibhafte Gestalt zu geben. Es ist ein endgültiges Aufhören vom gemeinsamen Leben der Liebe. In der Endgültigkeit des Aufhörens fällt die letzte Entscheidung über das gemeinsame Leben. Das Aufhören des personalen Lebens verweist den Zurückgebliebenen auf das Leben des toten Menschen und lässt es noch einmal mit aller Schärfe vor Augen kommen, "ja stellt mir dieses und ihn selbst erst in höchster Innigkeit zu, lässt allererst offenbar werden, was unser gemeinsames Leben und Sein (unser Mit-einander-sein, Mit-sein) war — wie ja schon jeder Abschied in diesem Leben selbst (auch von Dingen, Orten, Zeiten) merkwürdigerweise das Verabschiedete uns allererst in seinem tiefsten Wesen offenbart" (687). Das "nie wieder" des Aufhörens des interpersonalen Lebens bereitet Schmerz und Leid. Es verweist unweigerlich auf die letzte Begegnung mit dem noch Lebenden. Die Erinnerung an seine Stimme, seinen Blick, seine Gebärden, ja sein ganzes Leben zeigen die Radikalität dieses Aufhörens des gemeinsam gegangenen Lebensweges. "Ihn nicht mehr sehen, hören, berühren, keine greifbare Gewissheit haben, dass er weiterbesteht, dass er mich sieht und hört, macht dies alles den Tod nicht abstossend" (688).

Aber nicht nur auf das Leben des Toten weist das Aufhören des Menschen hin, sondern auch auf mein Allein-zurückgelassen-sein. Die Beziehungen zum anderen werden abgebrochen. Der Zurückgebliebene steht allein da. Sein Leben kann sich nicht mehr in Auseinandersetzung mit dem anderen entfalten. Will er sich nicht in eine Isoliertheit, und somit in die Gefahr des Abkapselns und der Verzweiflung begeben, muss er neue Beziehungen zu neuen Menschen schaffen. Auch der Tote scheint in eine Einsamkeit zurückgelassen zu sein, die sich wohl nicht beschreiben lassen wird, ausser, dass keine Hilfe, kein Beistand, keine Stimme ihn mehr erreicht. "Alle Brücken brechen. Sonst war das Leben ein vielgestaltiges Teilen von gemeinsamen Möglichkeiten mit auswechselbaren Rollen; einer konnte für den anderen einspringen, ihm die Arbeit abnehmen, ihm helfen, die Zeit zu vertreiben. Geschäfte sind vertretbar. Sterben muss jeder allein, der Boden der Koexistenz trägt nicht mehr. Der auf uns zu-kommende Tod lässt keinen mehr aus dem erwählenden Griff, meint unverwechselbar diesen bestimmten Einzelnen. Nie wohl werden wir schärfer unserer Einzelnheit inne als in der einsamen Situation des Sterbens, - wenn wir uns allen bisher tragenden Bezügen abstürzen und die Lebensgemeinschaft in einer gemeinsam geteilten 'Welt' sich wie in einen ausdehnungslosen Punkt zusammenzieht. Keine Zeit liegt mehr vor, der Vorrat ist aufgebraucht, man hört auf, Zeitgenosse von Mitmenschen zu sein. Die anderen haben noch Zeit vor sich, eine unbestimmte Menge, der Sterbende hat nichts mehr: weder künftigen Raum, noch künftige Zeit. Der Tod ist

687) F. Wiplinger, Der personal verstandene Tod 47.
688) R. Troisfontaines, a.a.O. 168.

ihm die äusserste aller Daseinsmöglichkeiten, die grundsätzlich un-überholbar ist. Hinter dieser äussersten Möglichkeit ist Nichts" (689).

Es lässt sich also nur soviel sagen: der Mensch geht immer allein, je auf seine spezifische Art und Weise, mit seinem Leben dem Tod, dem endgültigen Aufhören des biologisch-vegetativen und personal-geistigen Lebens entgegen. Er ist das "Ende unserer Kreatürlichkeit, unserer so zerbrechlichen Gestalt. Er ist das Ende der uns zugeordneten, mehr oder weniger geregelten Funktionen und Leistungen in der Auseinandersetzung mit der Umwelt, unseres Wahrnehmens und Handelns, unseres Wissens und Denkens. Tod ist Auflösung der Strukturen, Verwesung, Rückfall in das Chaos der Materie, aus der wir erschaffen sind. Der Tod ist auch das Ende unserer ärztlichen Bemühungen, das Ende, das uns im letzten Ernst auf die Grenzen aller unserer Möglichkeiten hinweist" (690).

Wenn der Tod dem Leben ein radikales, unaufhebbares Ende setzt, gibt er damit dem ganzen Leben seine Bestimmung. Indem das Leben des Menschen dem Ende entgegenläuft, erhält es sein Gesicht. "Das Leben kommt durch den Tod zu seinem Abschluss, aber es erhält durch den Abschluss zugleich seine Bestimmung. Der Tod determiniert; er setzt dem Leben die Grenze und, Grenze setzend, gibt er ihm Mass. Der Tod bestimmt das Leben" (691). Der Tod als Aufhören des Lebens eröffnet eine tiefe Spannung, da Ende ein Zweifaches besagt: 1. Tod ist radikaler Abbruch des Lebens und 2. Tod ist Vollendung. Keines dieser Merkmale darf verabsolutiert werden, sodass es den anderen Aspekt in sich aufsaugt. Die Spannung muss stehen bleiben und darf nicht harmonisiert werden, sondern gehört zum Tod als Aufhören des organischen und personalen Lebens.

1. Der Tod ist als Aufhören des Lebens immer ein dem Menschen aufgezwungenes Ende oder ein vorzeitiger Abbruch des Lebens. Er zerreisst eine Verbundenheit des Menschen mit der Welt, mit den Mitmenschen, mit dem eigenen Leib (692). Deshalb ist ein jeder Tod als Abbruch etwas Schreckliches, etwas Grausames und Bitteres und darin zeigt sich etwas von Absurdität und Brutalität. Es entsteht ein Bruch, der nicht wieder zu überbrücken ist, der immer zwischen dem toten und dem lebenden Menschen bestehen bleibt. Als Abbruch erzeugt der Tod "jenen Schmerz, den wir beim Denken // an unser Hinscheiden befürchten und den wir beim Heimgang unserer Freunde empfinden" (693). Das Aufhören als Abbruch ist eine absurde Urkontradiktion, weil er als ein Widerspruch zu positivem und negativem Denken erscheint, der die Ohnmächtigkeit des Menschen eindringlich zu zeigen vermag.

2. Der Tod ist nicht ein Phänomen unter anderen Phänomenen und Ereignissen im Leben eines Menschen, sondern er ist sozusagen das "Ganzheitsphänomen". Er um-

689) E. Fink, a.a.O. 37.
690) R. Siebeck, a.a.O. 37.
691) A. Metzger, a.a.O. 2.
692) Vgl. R. Troisfontaines, a.a.O. 11/12.
693) Ebd.

greift das ganze Leben und alle Aktivitäten des Menschen und nicht nur den letzten Augenblick des Daseins. Er umfasst alles. Das mag vielleicht auch der Grund sein, warum am Grab nochmals das ganze Leben eines Menschen erzählt wird. "So ist der Tod wie das Ende der Musik: ganz ist sie erst in ihrem Ende da, wenn ihr letzter Ton verklungen ist, wenn sie ganz hinweg und vorüber ist" (694). Er überschreitet sogar jede mögliche Grenze mit der Macht seiner Bedeutsamkeit. Er transzendiert jedes Ende, sodass der Mensch mit ihm an kein Ende mehr kommen kann. Das Leben wird erst durch den Tod in seiner Ganzheit sichtbar und findet darin seine Vollendung.

Es gibt Menschen, für die ist der Tod die Vollendung eines erfüllten Lebens. Im Tod findet ihr Lebenswerk einen geglückten Abschluss. Solche Menschen - und die Erfahrung bestätigt dies -, die ihr Ziel erreicht haben, können durchaus den Tod herbeiwünschen als Ende (Abbruch) und zugleich als Vollendung ihres Lebens.

Dieses Ende als Vollendung darf aber nicht überbewertet werden. Es ist immer in Relation zum Ende als ein schmerzliches Aufhören des Menschen zu sehen und umgekehrt. "Dieser positiven Seite des Endes müssen wir jedenfalls Rechnung tragen, mag es auch nicht die einzige oder die sichtbarste sein" (695).

3. Der Tod als ein Nicht-mehr-in-der-Welt-sein des Menschen

Implizit mit dem Verständnis des Todes als Aufhören des organischen, geistigen und personalen Lebens leuchtet ein weiteres Moment am Tode auf: das Nicht-mehr-in-der-Welt-sein des Menschen.

B. Welte weist auf die besondere Weise des menschlichen In-der-Welt-seins hin (696). Der Mensch begegnet uns als lebendiger und nicht als ein Objekt unter anderen Objekten. Dieses Lebendigsein des menschlichen Daseins zeigt sich in Beziehungen zu anderen Menschen, im Ueber-sich-hinausgehen auf etwas anderes: ich sehe etwas, ich denke etwas, ich will etwas; oder der Mensch wird von etwas bestimmt, von etwas erfüllt, von etwas bedroht oder verlassen. Dieses etwas, dieses andere oder diese anderen gehören offensichtlich als Konstitutivum zum Lebendigsein des Menschen hinzu (697). Dieses lebendige Dasein zeigt sich als ein Leben, "das als ein in sich helles und durch sich selbst vollzogenes wie ein Lichtkreis sich ständig ins andere seiner ausbreitet, ein unaufhörliches und vielgestaltiges sich Beziehen und sich bezogen wissen aufs andere, welches Sichbeziehen und Sichbezogenwissen durch und durch

---

694) B. Welte, Heilsverständnis 129.
695) R. Troisfontaines, a.a.O. 11.
696) Vgl. B. Welte, Im Spielfeld 11-17.
697) Vgl. ebd. 13.

vom Leben des 'ich bin' erfüllt und getragen ist" (698). Wo aber dieses andere, dieses etwas keine Rolle mehr spielt, wo die Beziehungen und Verhältnisse abbrechen, wo das Ueber-sich-hinaus-gehen-können aufhört, da schwindet Leben dahin, wird das lebendige Dasein zunichte, tritt der Tod ein. Wo diese vielseitigen Beziehungen abgebrochen sind, hat der Mensch die Welt des lebendigen Daseins, die Daseinskreise, Lebensringe und Denkformen, in die er sich eingewohnt hat, verlassen (699). Er ist nicht mehr unter den Mitgliedern der Familie. Er fehlt und wird vermisst. Das kann schmerzlich und ein echter Verlust sein, hat er sich doch ein Leben lang für die anderen eingesetzt, mit ihnen Sorgen getragen oder sich an grossen Ereignissen gefreut. Er wurde von den anderen geliebt, konnte und durfte vielleicht im Schosse der Familie immer wieder so etwas wie Geborgenheit und Wohlwollen finden. Diesen engsten und vertrautesten Raum hat der Tote verlassen und kehrt nie wieder in ihn zurück.

Der Mensch geht aus dem Kreis seiner Freunde in den Tod. Auf ihn konnte man sich verlassen, ihm konnte man sich anvertrauen, mit ihm hat man manche Pläne entworfen und auch verwirklicht. Er gehörte zu meiner Welt, ist ein Stück weit einen gemeinsamen Weg gegangen, ist ein Stück von mir selber geworden. Doch im Tod ist er nicht mehr da. Er ist aus dem Lebensfeld verschwunden, lebt nicht mehr in meiner Welt. Das löst Widerstand und Schmerz im Zurückgebliebenen aus.

Der Mensch hat im Tod die Geschichte der Welt verlassen. Er wurde in eine bestimmte Zeit hineingeboren und ist in einer bestimmten geschichtlichen Situation gross geworden. Sie hat ihn geprägt und er hat sie bestimmt. Vielleicht sind es gar keine grossen Taten, die ihn bekannt machten, und im Rahmen der Weltgeschichte ist er bedeutungslos geblieben. Sicher aber hat er seine eigene Lebensgeschichte geformt. Deshalb hat er eine einzigartige Geschichte, die nicht mehr auszulöschen ist. Und aus diesem Gesamten von Weltgeschichte und persönlicher Lebensgeschichte und ihrer gegenseitigen Verstrickung tritt der Mensch in den Tod, d.h. er gestaltet seine Geschichte seines Lebens, seiner Welt nicht mehr mit, nie mehr. Vielleicht erscheint ihm seine Geschichte erfüllt und sinnvoll gewesen zu sein, vielleicht bleibt sie als ein grosser Versuch, der oft misslungen ist, als Fragment zurück; vielleicht ist sie gar gescheitert. Alle Bande, die er im Leben geknüpft hat, sind zerrissen. Er ist in seiner Einzigartigkeit als Lebendiger von der Welt verschwunden und bleibt höchstens noch in guten oder weniger guten Erinnerungen mehr oder weniger lange Zeit im Bewusstsein der Menschen und wird eines Tages vergessen sein, oder - hat er weltbewegende, grosse Dinge geschaffen, weist sein Werk auf ihn hin, aber nicht mehr als Lebendigen. Er bleibt tot.

698) Ebd. 14.
699) Vgl. F. Ulrich, Leben in der Einheit 30.

4. Der Tod als Offenbarer des Negativen

All die bisher versuchten Aussagen vom Tod als ein Aufhören des Lebens dürften bereits auf einen negativen Grundton, ein rätselhaftes Nichts, das den Menschen bedroht, hinweisen. Eine natürliche Seinsgewissheit wird in Frage gestellt (700). Der Tod eines Mitmenschen zeigt nicht nur, dass er nicht mehr da ist, sondern dass es unweigerlich auch mit meinem Leben dem Ende entgegengehen muss. "Der Tod hat für uns zunächst den Charakter der Vernichtung. Wir fassen ihn als Untergang, als Wegschwinden und Verschwinden, als ein unwiderrufliches 'Aufhören' unseres Seins" (701). Es zeigt sich also ein durchgängig negativer Charakter des Todes.

a. Der Tod als Verneinung des "positiven" Lebensinhaltes

Um die Negativität des Todes voll ausschöpfen zu können, muss aufgezeigt werden, dass Sein und Nichts engstens zusammenhängen (702). Ein "Nicht", ein "Weniger" kann nur von einer Positivität, von etwas, was man zuvor als gegeben voraussetzt, ausgesagt werden. Was ist aber die Positivität, dessen Negativität der Tod ist, anderes als das Sein? Ein Blick in den alltäglichen Sprachgebrauch zeigt bereits deutlich, "wie sehr das Leben mit positiven, der Tod mit negativen Vorzeichen erscheint" (703). Das Leben wird in sich schon als sinnvoller Vorgang verstanden; der Tod nicht. Das Leben wird mit Begriffen beschrieben wie Organisation, Zweckmässigkeit, Ordnung; der Tod jedoch als Zerstörung, Auseinanderbrechen der dem Leben eigenen Organisation.

Dem Menschen geht es weiter immer um das Sein und nicht um das Nicht-sein, ja nicht nur um das Sein im Allgemeinen, sondern um das Ganzsein und um erfülltes Sein.

Erst von einem solchen positiven Seinsverständnis des Menschen aus kann der Tod als Negativität, kann die Schwere des Nicht-mehr-daseins, kann die Bedeutung des Nicht-mehr des Todes in seiner Tiefe verstanden werden. Alles, was der Mensch war, was zu ihm gehörte, alle Möglichkeiten, alle Erinnerungen, all das Glück, all die Enttäuschung, die ganze Vergangenheit ist nicht mehr, und die weiten Möglichkeiten der Zukunft werden nie mehr realisiert werden können. Dieses Nicht-mehr

---

700) "Die Ontologie, welche die Lebenden gebrauchen, die sie für ihre Zwecke und Geschäfte ausgebildet haben, wird in Frage gestellt durch den Abgeschiedenen, der als unbegreifliche Macht die Gemeinschaft der Menschen am oberweltlichen Tage beunruhigt, ihren Seinsbegriffen und Seinsvorstellungen sich entzieht - und doch eine Macht bleibt" (E. Fink, a.a.O. 43).
701) Ebd.
702) Vgl. ebd.
703) N.A. Luyten, a.a.O. 149.

drückt dem menschlichen Dasein den Stempel der Einmaligkeit auf. "Jeder Moment in unserem Dasein bekommt von daher, dass er im vorneherein vom Tode betroffen ist, den Charakter der Endgültigkeit" (704). Die Negativität des Todes drückt sich deshalb im Nie-mehr aus. Sie befreit die Positivität des Lebens und des Daseins von allen Verdeckungen und "nie tritt darum das, worum es je und immer geht, dieser Nerv und dieses bewegende Agens alles menschlichen Daseins, so entscheidend hervor, nie wird so offenbar, um was es uns von unserem Wesen her geht, als dort, wo der Tod im Ernst sich meldet und uns ganz bedroht" (705). Was ist es aber für ein Nichts, das im Tod den positiven Sinnentwurf des Menschen als Vernichtung in Frage stellt? Ist es ein Nichts, wie wir es aus der Erscheinungswelt kennen?

Beim negativen Charakter des menschlichen Todes handelt es sich um ein völlig anderes Nichts, als wir das von der Grenze oder der Beraubung am Seienden her kennen (706). Er ist ein ungewöhnliches, unbekanntes und unvertrautes Nichts. Es ist vielmehr eine "Leere", "welche nicht raumhaft, nicht zeithaft, überhaupt kein Feld des Anwesens und des Erscheinens ist" (707), auch wenn der Mensch immer wieder geneigt ist, diese raum- und zeithaft bildlich vorzustellen, oder sich vor ihr ständig auf der Flucht befindet. Die Macht des Todes durchherrscht das ganze Dasein des Menschen, all das Tun und Lassen, Kämpfen und Lieben, Arbeiten und Spielen; das ganze Menschenleben ist von einem Wissen um Vergänglichkeit, Sterblichkeit, Brüchigkeit und im radikalsten Sinn vom Tod geprägt und darin zeigt sich das eigenartig zu fassende "Nichts". Jeder Mensch kann dieses Nichts erahnen und erfahren, auch wenn es heute in der Zeit der Superlative und der Geschäftigkeit des Lebens oft genug untergeht.

Die Negativität des Todes spitzt sich noch zu - es sei hier zur Verdeutlichung ein Sprung ins theologische Denken erlaubt -, wenn gedacht wird, dass von der Bestimmung des Menschen zum Heil her der Tod das Schlechthin-nicht-sein-sollende ist. In diesem Widerspruch tut sich die ganze Negativität des Todes am deutlichsten auf. Der Gegensatz zwischen realer Faktizität des Todes und dem Nicht-sein-sollen des Todes ist es, das ihn schmerzlich erfahren lässt. "Um dieses negativ unendlich bedeutsamen Widerspruchs willen ist der Tod ein Schmerz. Nicht primär wegen der phy-//sischen Leiden, die zu ihm hinzugeleiten pflegen. Der Schmerz liegt in dem Tod als Ende, er ist darum nicht physischer, sondern geistiger Natur: es ist das Leiden des Widerstreits gegen das am meisten Geistige im Menschen, den Wesensbezug seines Daseins auf Sein, auf Fülle des Seins, auf Heil" (708).

---

704) B. Welte, Heilsverständnis 130; vgl. ebd. 129-132.
705) Ebd. 131.
706) Vgl. E. Fink, a.a.O. 44.
707) Ebd. 46.
708) B. Welte, Heilsverständnis 131/132. Diesen negativen Zug des Todes im Schmerz hält auch O. Semmelroth fest: "Der Tod wird auch als schmerzliches Ereignis erlitten, als Bestimmung, gegen die sich alles im Menschen wehrt und die auch das beglückteste Leben immer noch mit einem Schatten verdunkelt" (O. Semmelroth, Der Tod - wird er erlitten oder getan? 14).

b. Der Tod als Verlust

Das Nicht-mehr-dasein des Menschen macht ein Fehlen, einen Mangel, einen Verlust offenkundig. Verlust für wen? Was heisst das? M. Heidegger (709) sieht zweifellos etwas Richtiges, wenn er den im Sterben des Mitmenschen erfahrenen Verlust von dem an sich selbst erfahrenen Seinsverlust abhebt. Doch ist der Tod des anderen Menschen, "wenn auch in einer ganz anderen Form, als ein echter Seinsverlust zu begreifen, wenn auch nicht als Verlust 'des' Seins im Sinne des Daseins, sondern als Verlust an Sein, als ein innerer Wesens- und Substanzverlust" (710).

Beim Tode eines mir lieben Menschen ist deshalb das Miterleben der Todesstunde und das Sehen des Toten gar nicht so wichtig. Das unmittelbare Dabeisein hat lediglich eine steigernde Wirkung, die den Verlust deutlicher zum Bewusstsein bringt. Dem aber, was dieser Verlust selbst ausmacht, kann nichts hinzugefügt werden.

Fragen wir uns jetzt aber, was diese negative Erfahrung des Verlustes bedeutet.

Verschiedene Differenzierungen im Grade des Verlustes lassen sich feststellen, wenn man der Bedeutung des Wortes näher nachgeht. So kann ich etwas verlieren, was ich besessen habe; ich vermisse es, vielleicht kann ich es wiederfinden; oder es wird mir etwas entrissen, etwa Hab und Gut. Diesen Verlust - mag er auch schmerzhaft sein - kann ich wieder ersetzen. Aber schon da muss wohl bereits ein Unterschied in der Bewertung gemacht werden, je nachdem ich zu einem Ding eine einmalige Beziehung habe oder nicht; ob er eine nicht zu schliessende Lücke zurücklässt, oder ob sie wieder geschlossen werden kann.

Weiter gibt es schwerwiegende Verluste in meinem Dasein. Ich kann Gliedmassen, oder Organe verlieren, die meine Lebensmöglichkeiten erheblich beschneiden, die mich weit mehr treffen als ein Verlust in meiner Habe.

Von allen diesen grösseren und kleineren Verlusten unterscheidet sich der Verlust, der mich beim Tod eines mir nahestehenden Mitmenschen trifft. "Hier wird nicht erst die Existenz in ihrer ganzen Schärfe hervorgetrieben, sondern die Existenz wird in ihrer Intensität geschwächt. Der Verlust eines nahen Menschen ist nicht ein Verlust innerhalb der Welt, sondern ein Verlust an Welt überhaupt und damit ein

---

709) M. Heidegger, Sein und Zeit 237 ff.
710) O.F. Bollnow, Der Tod des Anderen 1259. Verlust und Schmerz, die der Mensch beim Tode eines anderen erfährt, sind nicht mit der Teilnahme an seinem Sterben zu verwechseln. Diese ist ein Mitleiden, ein Mitfühlen, das er auch beim Tode eines fremden Menschen erfährt. Es ist ein Mitfühlen mit dem Leiden jeglichen Lebens. Ebenso ist vom Empfinden eines Verlustes das Erschrecken beim Tod des anderen Menschen zu unterscheiden, das weniger den Tod des anderen betrifft als vielmehr eine allgemeine Mahnung des Todes ist.

Verlust an der eigenen Substanz dessen, der den Verlust erleidet. Und insofern rührt der Verlust des nahen Menschen unmittelbar an die eigene Existenz. Er bedeutet einen echten Seinsverlust" (711). Die Welt und der Mensch werden verändert, verarmen. Der gemeinsam aufgebaute Lebensraum ist zusammengebrochen. Die Erlebnismöglichkeiten sind kleiner geworden, die Welt um ihn ist unwohnlich, öde und leer; der Mensch ist einsam und weltlos geworden.

Man kann sagen, mein Tod ist ein Verlust meiner Möglichkeiten, meines Lebens, meines Daseins, ein Verlust des Seins überhaupt, aber auch der Tod des nahen Menschen wird ebenfalls ein Seinsverlust, zwar nicht ein Verlust des eigenen Lebens, aber ein Verlust am eigenen Leben, und deshalb ist der Tod des nahen Menschen immer auch ein Stück des eigenen Todes (712).

Eine Folge solchen Verlustes ist bittere Vereinsamung und unerträgliche Einsamkeit sowohl für den Menschen, der gestorben ist, wie auch für den, der zurückbleibt.

c. Das Versinken in die anonyme Gleichheit

Der sein Leben beendende Mensch versuchte, seinem ganzen Leben eine individuelle Gestalt zu geben, hat sich selbst in Taten und Werken gesetzt oder diese Selbstsetzung ist misslungen. Vielleicht ist er eine eigene, selbständige Persönlichkeit geworden. Auf jeden Fall stand er so, wie er war, als einzigartiger im Leben. Für die Lebenden "besagt der Tote das beendete Wegschwinden aus der Vereinzelung: Ein Mensch hört auf, dieses ganz bestimmte und sich in Taten und Werken bestimmende 'Selbst' zu sein. Jeder Lebende unterscheidet sich von jedem anderen Lebenden nicht bloss durch den äusserlichen Umriss seiner körperlichen Gestalt, durch seinen Leib, durch die reelle Getrenntheit des eigenen leiblichen Organismus von anderen Dingen und Organismen, sondern wesentlicher durch den reinen Selbstbezug, die Selbstsetzung und Selbstbehauptung. Im Tode vergeht und verschwindet das Erscheinungsbild solcher Selbstbehauptung. Der Einzelne hört auf, seine Einzelheit und sein Eigentum festzuhalten und zu verteidigen, - er gibt den Geist, das Wissen und den Willen, vor allem den Willen auf, er selbst zu sein. Er scheidet ab, entgeht dem Reich der Unterschiede, entzieht sich ins Wesenlose, in ein rätselhaftes 'Nichts'" (713). Keine Unterschiede sind also mehr festzustellen: vielleicht war er "hochstehend", vielleicht je-

---

711) Ebd. 1263.
712) Einen ähnlichen Schluss dürfte man wohl auch aus den Gedankengängen F. Wiplingers ziehen, wenn er Selbstsein als Mitsein aufzuweisen versucht. Vgl. auch P. Landsberg, a.a.O. 28: "Meine Gemeinschaft mit dieser Person scheint zerbrochen: aber diese Gemeinschaft war in gewissem Masse i c h s e l b s t , und in eben diesem Masse dringt der Tod in das Innere meiner eigenen Existenz ein und wird eben dadurch unmittelbar spürbar" und zeigt sich als Verlust an meiner Welt, an Sein überhaupt.
713) E. Fink, a.a.O. 50.

doch ein "Niedriger", "Beleidigter". Doch all diesen Unterschieden steht die absolute Gleichheit des Menschen im Tod entgegen. Da gibt es keine berühmten Namen,
keine Unterschiede, keine Abstände und keine Rangordnungen mehr. Der Reiche ist
so arm wie der Arme. Es gibt keine Herrscher und keine Unterdrückten mehr. "Wäre auch des Lebenden Verschiedenheit so gross, wie einer sie denken mag, der Tod
macht ihn gleich mit dem, der unkenntlich war durch seine Verschiedenheit" (714).
Im Tode ist der Mensch an ein Ende gekommen, nicht an ein vollendetes Ende nur
im positiven Sinn, sondern an ein Ende, wo alles fehlt, alles mangelt, alles aussteht. Wie diese Gleichheit aussieht, lässt sich nicht beschreiben. "Soll man deutlicher reden von dieser Gleichheit, so kann es nur geschehen, indem man die Ver-
schiedenheiten des Lebens aufzählt und diese in der Gleichheit des Todes aufhebt"
(715). Der nicht mehr lebende Mensch hat seine Einzigartigkeit, seine Individualität,
seine Selbstverwirklichung abgestossen. Die Gleichheit besteht in der Vernichtung.
Er wird in eine äusserste Ohnmacht gedrängt. Die ungeheure Macht des Todes
sprengt die menschliche Kraft, lässt kein Handeln, kein Sichsetzen, kein Durch-
setzen des Menschen mehr zu. Er ist ein "wesenloser Schatten", der nur noch im
Gedächtnis der Menschen für eine Zeit lebt. Eine "schattenhafte Ohnmacht des Abgeschiedenen ist als solche eine Macht, die nicht 'geheuer' ist, deren Fremdheit
und Unbegreiflichkeit die Lebenden verstört, aufs tiefste beunruhigt, alle ihre Sicherheiten und Seinsgewissheiten unterläuft und erschüttert" (716). Solche Ohnmacht im
Tod macht unendlich einsam, losgelöst von Mensch und Welt.

d. Der Tod in seiner Brutalität

Als ein weiteres Moment, das sich im Tod ankündigt, darf seine schmerzlichste
Brutalität genannt sein, gegen die sich sowohl der Sterbende als auch der zurückgebliebene Mensch vergeblich aufbäumt. In ihr zeigt sich das passive Erleidenmüssen
des Todes, das sich in seinem gewaltsamen und katastrophischen Charakter äussert.
Seine Wurzeln dürften im naturalen Aspekt des Menschen und des Todes liegen. Es
erscheint im Tod ein sinnwidriger Einschnitt, etwas Naturwidriges und deshalb so
Erschreckendes. Er trennt, was von Natur aus verbunden sein müsste, ist Untergang dessen, was auf das Leben hin ausgerichtet ist, ist das schlimmste Uebel, das
dem Menschen als Lebendem begegnen kann: die Zerstörung des Menschen. "Das
Bittere, das m a l u m , das Nicht-sein-sollende des menschlichen Sterbens liegt
aber nicht allein und vielleicht nicht einmal primär in dem Schmerz und der Angst,
die damit über den Menschen kommen, sondern vor allem in der letzten Unstimmig-
keit, die der Tod für den Erkennenden, nach dem Sinn des Daseins fragenden Verstand bedeutet, für den Menschen als geistige // Person. Die äusserste Bitterkeit
des Todes erfährt der Erkennende erst darin, dass er sich im Recht weiss, zu sagen,

---

714) S. Kierkegaard, An einem Grab 156.
715) Ebd. 155; vgl. die vielen Beispiele, die S. Kierkegaard zur Illustration anführt
     ebd. 155-162.
716) E. Fink, a.a.O. 49.

'der ganze Stand der Dinge', auf Grund dessen der Mensch sterben muss, sei 'nicht in Ordnung'" (717).

Um die Brutalität des Todes etwas näher zu umschreiben, mag es erlaubt sein, einen besonders typischen Fall des Todes ins Auge zu fassen, an dem der Tod in seinem vollen brutalen Charakter besonders deutlich zum Ausdruck kommt: der Tod eines mir nahe stehenden Menschen, der plötzlich und unerwartet stirbt. Die Nachricht des Todes des geliebten Menschen trifft mich zutiefst. "Aufzucken, Einschlag, nie gekannter Schmerz, Lähmung, halt-loser Sturz in grundlose Tiefe, Betäubung, Finsternis ..." (718). Ich kann es nicht fassen. Das kann und darf doch einfach nicht wahr sein. Ich fühle mich fremd in dieser Welt, ja sie wird mir zur Todeswelt (719).

Augustinus hat die ganze Brutalität des Todes beim Tode seines Freundes intensiv erfahren. "Ich meinte schon, er (der Tod) werde jählings alle Menschen verschlingen, da er ihn hatte verschlingen können. ... Ich wunderte mich, dass die übrigen Sterblichen noch lebten, da doch er, den ich geliebt hatte, als könnte er nie sterben, gestorben war, und mehr noch wunderte ich mich, dass ich selbst, da ich doch ein zweiter Er gewesen, noch lebte, nun, da er tot war" (720).

Der Tod zeigt sich in seinem endgültigen Aus, endgültigen Vorbei, in seinem schmerzlichen Nie-wieder. Die Bande zu seinem geliebtesten Menschen sind zerrissen und zwar für immer. Darin drängt sich erneut die Einmaligkeit, Einzigartigkeit und Unersetzbarkeit des verstorbenen Menschen ins Bewusstsein, die den Tod als brutaler Einbruch in das menschliche Leben nur noch verschärft.

Nicht nur im Tod des anderen geliebten Menschen zeigt sich etwas von der Brutalität des Todes, sondern schon im Leben als einem immerwährenden Sterben kündigt sie sich in seiner Nichtigkeit an: im Schmerz über einen Verlust, Versagen oder Scheitern; in der Krankheit, die den Menschen viele Möglichkeiten seiner Entfaltung beraubt; im Alter, das den Menschen seiner Vergänglichkeit in immer kleinere Lebensbereiche zurückwirft (bis er letztlich nur noch an sein Bett geheftet ist); in der Enttäuschung, wo sich eine Erwartung nicht erfüllt; in der Untreue, wo ein zugesagtes Wort gebrochen wird; im Scheitern, wo der Mensch dauernd an seine Grenzen stösst; im Abschied, wo ein gemeinsamer Lebensweg zu Ende geht; in jeder Entscheidung zwischen Möglichkeiten, sofern sie als Wahl zwischen diesen immer ein Abscheiden und Absterben von den nichtergriffenen Möglichkeiten bedeutet (721). All diese Situationen müssen in ihrem innersten Ernst durchdacht und in ihrer Ernsthaftigkeit stehen gelassen werden, damit etwas von dem erfahren werden kann, was es heisst, dass sich in diesen Lebenssituationen die Realisierung des Todes in seiner unabwend-

717) J. Pieper, Tod und Unsterblichkeit 82/83.
718) F. Wiplinger, Der personal verstandene Tod 44.
719) Ebd. 43-46.
720) Augustinus, Confessiones IV, 6.
721) Vgl. F. Wiplinger, Der personal verstandene Tod 28.

baren Bitterkeit und Brutalität ankündigt. Es lässt sich im Bedenken dieser Situationen von der Tragik etwas erahnen, die der Tod mit sich bringt. Der brutale Charakter zeigt sich in verstärkter Form dem fragenden Menschen, der keine Antwort auf den unerwarteten Tod des geliebten oder den allzu frühen Tod eines jungen Menschen zu geben vermag. In seiner Plötzlichkeit kann der Tod in aller Schärfe den Menschen mit seiner kaum zu fassenden Sinnlosigkeit und Absurdität konfrontieren. Die Welt, in der er lebte; das Leben, das er liebte; die Liebe, die er schenkte; sein ganzes Dasein scheint sinnlos geworden zu sein. Viele Ziele, die aus dem Inneren erwachten, und der Versuch, sie zu erreichen, machen das Dasein des Menschen sinnvoll und als solches erfreulich und wünschenswert. "Unser Dasein wird nämlich offenbar in unserem Alltagerleben weitestgehend von uns als sinnvoll erlebt. Normalerweise scheint uns alles, was wir tun und worum wir uns mühen im Leben, Sinn zu haben" (722). Im alltäglichen Versuch, diese sinnvollen Zielsetzungen zu erreichen, tritt der Tod als die Grenze auf und raubt den Sinn des menschlichen Tuns und Daseins und lässt ihn in absolute Bedeutungslosigkeit zurückverfallen.

Wenn wir uns alle dieser unverrückbaren Grenze nähern, so leuchtet ihre Absurdität und Sinnlosigkeit doch nirgends so stark auf, wie wenn der Tod urplötzlich kommt, völlig unerwartet. Das hat Goethe sehr deutlich gesehen, wenn er zum Tode der Grossherzogin von Weimar zu Eckmann schrieb: "Der Tod ist doch etwas Seltsames, dass man ihn, unerachtet aller Erfahrung ... nicht für möglich hält, und er immer als etwas Unglaubliches und Unerwartetes eintritt. Er ist gewissermassen eine Unmöglichkeit, die plötzlich zur Wirklichkeit wird" (723). Aber nicht nur das plötzliche Eintreten macht ihn furchtbar, "sondern mehr noch, dass wir verlernt haben, seine Plötzlichkeit jederzeit in Rechnung zu stellen" (724).

5. Der Tod in seiner positiven Bedeutung

Im Tod erlebt der Mensch seine radikale Ungesichertheit, seine kreatürliche Begrenztheit und Nichtigkeit. Doch wäre es allzu einseitig, fassten wir nur in einer negativen Beschreibung und nicht auch die - freilich oft in den Hintergrund gedrängte oder von der Negativität absorbierte - positive Bedeutung des Todes ins Auge. Die positiven Aspekte bleiben allermeist im Dunkeln und unausgesprochen. Die Negativität rückt deutlicher und einschneidender ins Auge. Darum wird nicht selten der Tod relativiert, zu etwas Banalem gemacht. Wird aber nicht darin auch das Leben banalisiert? Der Tod gibt dem Leben seinen echten Wert, und darin zeigt sich etwas Positives. "Eine Existenz, die vom Tod nichts wissen will, ist paradoxerweise eine

722) H. Reiner, Der Sinn unseres Daseins (Tübingen [2]1964) 17.
723) Zitiert aus O. Kauders, Der Todesgedanke in der Neurose und in der Psychose, in: Der Nervenarzt 7 (1934) 290.
724) R. Leuenberger, a.a.O. 125.

Existenz, die von sich selbst nichts wissen will. Der Versuch, den Tod unter dem immer höher werdenden Haufen der innerweltlichen Hoffnungen zu begraben, ist zum vornherein zum Scheitern verurteilt" (725).

Bereits die Tatsache, dass Menschen in hohem Alter das Gefühl haben, ihr Leben sei erfüllt, sie hätten ihr Lebenswerk abgeschlossen, und sich nach einem guten Tode sehnen, den sie als Erfüllung ihres Lebens erwarten, lässt den Tod nicht nur in reiner Nichtigkeit betrachten.

Weitere Ueberlegungen zeigen die positiven Aspekte des Todes und ihre bedeutende Rolle für unser Leben auf. Der Mensch als endliches Geschöpf der Natur lebt in einer raumzeithaften Welt, und gerade darin erlebt er sich in seiner Zeitverfallenheit und Vergänglichkeit. Gehen wir dem Problem der Zeit etwas nach, wird sich aufzeigen lassen, wie eng es mit dem Todesproblem verbunden ist. Dem Problemkreis Tod - Zeit werden sich zwei Aspekte für unseren Zusammenhang abgewinnen lassen: einen negativen: der Tod setzt der Zeit ein Ende, und einen positiven: der Tod macht die Zeit des Lebens unendlich wertvoll.

Erinnern wir uns daran, dass der Tod ein Aufhören des Lebens ist, dann ist damit nicht nur der Inhalt des Lebens gemeint, sondern auch seine zeitliche Dauer. Der Mensch ist wie kein anderes Lebewesen ein Seiendes, das sich zur Zeit verhalten kann; im Horizont der Zeit um den Tod weiss und dieses Wissen interpretiert, sich mit ihm denkerisch auseinandersetzt oder ihm in diesem Horizont der Zeit ausweicht. Will der Mensch sich mit dem Tod auseinandersetzen, so muss er dies auch mit dem Problem der Zeit tun.

Die Zeit ist allen bekannt. "Wir sind mit der Zeit vertraut, halten uns in ihr auf, sie ist gleichsam unser Lebensmedium ... Wir verbrauchen Zeit für die vielfältigen Geschäfte des Lebens, wir nutzen oder vertreiben sie ... Wir kommen darin vor, jeder nur eine Weile, deren Ausmass er nicht kennt. Wir treiben mit in ihrem Gang, werden mitgerissen von ihrem Fluss, - sind zusammen mit unabsehbar vielen Ereignissen, Begebenheiten, Vorgängen. Wir teilen uns in gemeinsame Zeitumstände, sind einander Zeitgenossen, werden irgendwann geboren und enden irgendwann im Tod. Doch niemals stehen wir der Zeit so gegenüber, wie irgendwelchen fremden Dingen. Wir vermögen es nicht, uns in einen Abstand zur Zeit zu bringen, solange wir leben. Wir bleiben von der Zeit umfangen, sind ihre Gefangenen ... Wir sind in die Zeit versetzt, ohne allezeit in ihr bleiben zu können. Endlich ist die Weile, die wir irdisch-zeithaft sind. Wir kommen und gehen, wachsen auf und welken, steigen und fallen im Bogengang des Lebens, nehmen zu und schwinden, entstehen und vergehen. Der Lebensweg jedes Menschen, auch der ganzer Völker und Kulturen läuft in der Zeit.

---

725) J. Alfaro, Die innerweltlichen Hoffnungen und die christliche Hoffnung, in: Concilium 6 (1970) 626-631.

Doch sind wir nicht einfachhin nur in der Zeit, wir verhalten uns immer auch zur Zeit als solcher. Wir kommen in ihr nicht bloss vor wie Stein oder Welle, nicht wie Pflanze oder Tier. Wir hoffen und planen, denken voraus und zurück, überschwingen verstehend den flüchtigen Augenblick ins Vergangene und Künftige, wir wissen in der Zeit um Zeit ... Wir sind vergänglicher noch als Eintagsfliege oder // Schmetterling, weil wir die dunkle Strömung sehen, die uns fortreisst" (726). Wir leben mit der Zeit, gehen mit ihr um, scheinen sie zu kennen. Sie aber zeigt sich in ihrer Zweideutigkeit und Gespanntheit. Sie bleibt gerade dadurch, indem sie vergeht. Bleiben und Vergehen der Zeit sind gleichzeitig. Ist es aber noch möglich und sinnvoll zu arbeiten, zu planen, wenn sich leise das Ende der Zeit meldet, und dauernd dem Menschen seine Endlichkeit, seine Vergänglichkeit und Gefährdetheit zeigt? Gewiss setzt der Tod der Lebenszeit des Menschen ein unverrückbares Ende. Dieses ist aber nicht einfach ein dem Menschen vorgesetztes, sondern es zeichnet den Menschen aus, um das Ende seiner Zeit zu wissen und sich zum Tod verhalten zu können.

Muss es aber nur ein Negativum sein, wenn der Tod der Lebenszeit ein Ende setzt? Ginge die Zeit unseres Lebens ewig weiter, würde sich unser Leben in einer ungeheuren Langeweile und Leere dahinziehen. Wir hätten nicht die Kraft, etwas zu planen, zu vollenden, zu lieben. Gelähmt müssten wir unser Leben über uns ergehen lassen, ohne etwas neu anzufangen; allerdings auch ohne Anstrengung und dauerndes Sicheinsetzen für eine Sache oder einen Menschen. Der Tod macht durch sein - wenn auch noch unbestimmtes - Setzen eines Endes das Leben und die Zeit des Lebens unendlich wertvoll. "Der Tod bewirkt ja selbst Teuerung der Zeit im Verhältnis zum Sterblichen; wer hat nicht gehört, wie ein Tag, zuweilen eine Stunde, hinaufgeschraubt wurde im Preis, wenn der Sterbende mit dem Tode feilschte; wer hat nicht gehört, wie ein Tag, zuweilen eine Stunde, unendlichen Wert bekam, weil der Tod die Zeit kostbar machte! Das vermag der Tod, aber der Ernste vermag mit dem Gedanken des Todes Teuerung zu bewirken, so dass das Jahr und der Tag unendlichen Wert bekommen" (727). Wir wissen, dass wir nicht unbegrenzt Zeit haben, um etwas hervorzubringen. Wir können nur so zu überragenden Leistungen kommen, wenn wir das Ende als den Horizont des Lebens sehen. Nur so sind immer wieder neue Versuche, immer wieder andere Experimente ermöglicht. Nur so kann sich künstlerisches Schaffen stets steigern - nur im Angesicht des Todes.

---

726) E. Fink, a.a.O. 11/12. Es gibt über diesen allgemeinen Zeitbegriff hinaus noch ein differenzierteres Denken über die Zeit. Das zeigt sich, wenn man nicht einfach von der Zeit spricht, sondern von mehreren Zeiten: der Naturzeit, die den Charakter rhythmischer Wiederkehr hat (Gestirne, Jahreszeiten) oder die Geschichtszeit, die diese dauernde Wiederkehr des Gleichen nicht mehr kennt, die "vielmehr durch die Einmaligkeit menschlicher Tat, der Entscheidung und der Freiheitsaktion, durch eine nicht umkehrbare Gerichtetheit gezeichnet" ist (ebd. 12). Weiter unterscheidet der Mensch zwischen "objektiver" und subjektiver" Zeit; "Zeit selbst" und "Zeitbewusstsein"; Zeit und Zeitmessung; Zeit und Ewigkeit.

727) S. Kierkegaard, An einem Grab 154.

Ohne Tod gäbe es nicht die Erfahrung des Glücks. Nur er ermöglicht eine einmalige Uebereinstimmung zwischen Forderung und Leistung, die den Menschen in eben diesem einzigartigen Moment beglückt. Die einmalige Chance wurde wahrgenommen, ihr Versäumnis wäre nie wieder gut zu machen. Jede grosse Tat, jede Erfahrung des Schönen und Beglückenden, aber auch jedes Versagen, jede Schuld steht so in seiner Einmaligkeit da. Ohne Tod verliert jede Entscheidung "ihre Bedeutung: sie kann beliebig nachgeholt werden; jeder Fehler kann in der unendlich zur Verfügung stehenden Zeit des todlosen // Lebens wiedergutgemacht werden. Damit ist die Verfehlung keine Verfehlung mehr. Der Unterschied zwischen Leistung und Nichtleistung verwischt sich, Entscheidung und Unentschiedenheit sind sich gleich geworden und jeder Zeitpunkt den anderen gegenüber völlig gleich-gültig. Zeit, Freiheit, Geschichte werden belanglos und damit sinnlos: keine Liebe muss sich jetzt ereignen, keine Begegnung ist mehr entscheidend, alles kann verschoben werden. Jeder geschichtliche Augenblick wird unwichtig: alles kann auch ein anderes Mal getan werden. Alles kann in der unendlichen Dauer kompensiert werden. Nichts muss, alles kann geschehen. Unendliche Nivellierung als Folge. Das Leben wird grau in grau, ohne Schärfe, Farbe, Qualität, Bestimmung" (728). Bedenkt man das alles, so tritt deutlich hervor, welche bedeutungsvolle Wichtigkeit dem einzelnen Augenblick, der einzelnen Begegnung, der einzelnen Tat zukommt; ja es muss nicht nur Sinnlosigkeit sein, sondern gibt dem menschlichen Leben vielmehr erst recht Sinn. Der Tod macht so das Leben erst lebenswert und gibt ihm Farbe, gibt dem Leben Sinn und macht die Zeit sinnhaft.

Und noch ein positiver Aspekt des Todes soll wenigstens erwähnt sein. Steht der heutige Mensch in der grossen Gefahr, den Tod zu verdrängen, und stellen gerade die neueren Erkenntnisse der Philosophie die Interiorisierung des Todes heraus, so verleiten sie dazu - bei allem Wertvollem, das sie entdecken -, den Tod ganz im Leben zu integrieren und dadurch auch zu neutralisieren und zu verharmlosen, dann würde der Mensch dem Tod gegenüber gleichgültig, das Leben erstarrte, das Immergleiche kehrte wieder. Es gäbe keine Ueberraschung mehr, kein Staunen, keine Empfänglichkeit von Neuem und keine Kreativität mehr. Der Tod macht das Leben "flüssig" und lebendig (729). Der Tod gehört mitten ins Leben, und zwar als Tat und nicht nur als ein blosses Wissen um ihn. "Der Tod prägt den Durchbruch ins je grössere Leben und ist dessen Reifegang zutiefst innerlich. Sammlung des Lebens geschieht durch diesen positiven Tod" (730). Nur so kann der Mensch zu sich selber finden, kann er sich ausprägen, sein Selbst zur Entfaltung bringen. Und so bekommt vielleicht das biblische Wort: "Wenn das Samenkorn nicht in die Erde fällt und stirbt, wird es keine Frucht bringen" (731) eine umfassendere Bedeutung für das Leben des Menschen. F. Ulrichs Meditationen kreisen unaufhörlich und von verschie-

728) M. Müller, Sinn und Sinngefährdung des menschlichen Daseins, in: Philosophisches Jahrbuch 74 (1966/67) 9.
729) F. Ulrich, Leben in der Einheit 25.
730) Ebd. 30.
731) Vgl. Joh 12, 24-25.

denen Gesichtspunkten um diesen Liebe-und-Frucht-bringenden Tod und stellt diese Positivität des Todes überzeugend heraus. Ohne sie gäbe es keine Liebe, keinen Reifegang, keine Selbstwerdung (732).

§ 4. EINIGE TIEFERE DIMENSIONEN DES PHAENOMENS DES TODES

Diese wenigen, nur kurz skizzierten Momente, die sich am Tod des Menschen aufzeigen lassen, verweisen alle auf ein paar wenige, nicht auf den ersten Blick ins Auge springende Züge, die alle anderen sozusagen umgreifen und auf das letztlich nicht beschreibbare, tiefere Wesen des Todes aufmerksam machen.

1. Der Tod als Betroffenheit

Verschiedene Ereignisse im Leben des Menschen scheinen auf eine äusserliche Nähe zum Tod hinzuweisen: Alt-werden, Augenblicke höchster Todesgefahr, abstraktes, allgemeines Reden vom Tod. Die innere Nähe aber zeigt sich in solchen Erfahrungen nicht. Vielmehr verbergen sie gewisse Tendenzen des Verdrängens und der Flucht vor dem Tod (733).

Sie sind aber vielleicht ein eindringliches Zeichen dafür, dass der Tod etwas sein muss, was jedem einzelnen in der Ganzheit seiner Persönlichkeit angeht; was uns als Fremdes begegnet, was uns zuinnerst betrifft: "Der Tod ist immer T o d   d e s   g a n z e n   M e n s c h e n , und nur auf das volle Ereignis trifft der philosophische Todesbegriff exakt zu. Ausdrücke, wie 'Tod der Liebe' oder 'Tod der Persönlichkeit' sind zwar bildhafte Vergleiche, die das Ende des Menschen zum Vorbild nehmen, sie sind aber nicht für philosophische Erklärungen zu verwenden. Der Tod ist ein ganzheitliches Ereignis, das nicht die einzelnen Bestimmungen für sich betreffen kann. Werden dennoch die Eigenschaft von ihrem realen Träger gelöst, so vagabun-

---

732) F. Ulrich, Leben in der Einheit 45-154.
733) So ist der Tod - wie übrigens auch die Geburt - heute den Fachleuten überlassen: den Aerzten und Biologen. Der Arzt aber steht nicht dem Tod als Tod, sondern immer noch Vorgängen des Lebens gegenüber, sodass man wohl sagen kann, dass der Tod kein spezifisch medizinisches Phänomen allein ist.

dieren sie und werden einem fiktiven Träger zugeordnet" (734). Die verschiedensten Weisen des Wegdrängens des Todes mit seiner erschütternden Problematik müssen deshalb entlarvt werden, um deutlicher sehen zu lassen: der Tod trifft uns selbst. Jede abstrakte und allgemeine Rede vom Tod muss aufhören. Der Tod zeigt sich in seiner ganzen Konkretheit. Er lässt keine Ruhe, sondern erschüttert den Menschen in seinem innersten Wesen und macht ihn unsicher (735).

So sind wir überzeugt, kein Mensch kann dem Schicksal des Todes entgehen. "Der Tod überfällt den Menschen, ohne zu fragen, ob oder wann er sterben wolle" (736).

Nicht im Allgemeinen werden wir als Menschen vom Tod betroffen, indem wir wissen, dass wir auch einmal sterben müssen, sondern in allem, was lebt, was wir sind, was wir waren: unserem ganzen Selbst. Die Betrachtung über den Tod gelangt erst in ihre Ernsthaftigkeit, wenn nicht nur irgend etwas am anderen oder an uns, sondern niemand anders als wir selbst sterben, wenn unser Selbst stirbt (737).

Der Tod betrifft nicht nur das letzte Ende des Daseins, sondern umfasst alle Möglichkeiten, seine Vergangenheit und Zukunft, sein ganzes Leben. "Alles, was in der Erinnerung zum Menschen gehört, alle Jahre, die einst waren, alles Glück, aller

---

734) H.F. Steiner, a.a.O. 290.
735) Vgl. O.F. Bollnow, Existenzphilosophie (Stuttgart [3]1949) 92. In dieser radikalsten Betroffenheit überkommt den Menschen furchtbare Angst, die ihn erzittern lässt. Es handelt sich nicht um Angst vor körperlichen Schmerzen im Sterben oder um Angst vor der Schmerzhaftigkeit, die durch Trost abgeschwächt werden kann, "sondern es handelt sich um das Gefühl des Schwindels und der Unheimlichkeit, das den Menschen beim Gedanken an das Nichtmehrsein überkommt. So ist es diese Angst, wo dem Menschen die ganze Gefährdung seines Daseins in ihrer letzten Tiefe aufgeht" (ebd. 92).
736) O. Semmelroth, Der Tod - wird er erlitten oder getan? 14. O. Semmelroth weist darauf hin, dass es missverständlich wirken kann, wenn man sagt, der Mensch stirbt. Es wäre deshalb richtiger zu sagen: "Es wird gestorben, im doppelten Sinn dieser passiven Aussageform: e s wird gestorben in jener Allgemeinheit und Unausweichlichkeit, die dieses allgemeine 'Es' andeutet. Und es wird gestorben in jener Passivität, in der dem Menschen etwas geschieht, das ihn ohne Ehrfurcht vor seiner Freiheit und Entscheidung überfällt" (ebd.).
737) Vgl. S. Kierkegaard, An einem Grab 143/144. Es seien hier einige markante Sätze zitiert: "Aber selbst wenn der Betrachter die Bilder des Grauens gebrauchte, um den Tod zu schildern, und eine kranke Ein-//bildung erschreckte, das ist doch nur Scherz, wenn er bloss den Tod denkt, nicht sich selbst im Tode, wenn er ihn denkt als das Los des Geschlechts, aber nicht als das seine" ... "Sich selbst tot denken ist der Ernst: Zeuge sein bei eines anderen Tod ist Stimmung" (ebd. 145). "Der Ernst ist, dass einer den Tod denkt, ihn als sein // eigenes Los denkt, und dass er so fertig bringt, was ja der Tod nicht vermag: dass er ist und der Tod auch ist" (ebd. 145/146).

Streit, alle Enttäuschung, die sich erfüllten: das Ganze wird verschlungen ohne Rest. Der Tod sammelt auch alle Möglichkeit und damit alle Zukunft des Daseins. Er lässt ihm keinen Ausblick auf Zukünftiges, was noch zu tun und zu erleben wäre. Er lässt keinen Spielraum mehr, auf die Sache des Daseins noch einmal zurückzukommen. Der Tod sammelt alle immanente Wirklichkeit und alle immanente Möglichkeit des Daseins und damit dieses im ganzen" (738).

Um diese radikale Betroffenheit in unserem Selbst durch den Tod zu erahnen, müssen wir uns auf den Tod einlassen, seiner Bedrohung ausliefern und uns selbst überwältigen und erschüttern lassen. So wird ein Tod eines lieben Menschen nicht nur etwas an uns treffen, sondern radikal uns selbst. Er betrifft in aller Schärfe das Selbst (739). In meinem eigenen Tod wird nicht etwas an mir getroffen, sondern ich selbst. Das Ganze dessen, was in uns lebt, geht in die Betroffenheit des Todes ein; das Ganze dessen, was wir sind und waren. Alles wird umfasst, hinweggerissen vom Tod, weil er das ganze Selbst, unser Eigenstes erfasst. Erst wenn wir von ihm radikal betroffen sind, wird ein ernsthaftes Denken möglich, und erst dann erfahren wir uns vom nichtenden Nichts bedroht. "Die Möglichkeit, im Tode das Sein zu verlieren, zunichte zu werden, schlecht-//hin nicht mehr zu sein, macht den Tod für uns zu jener äussersten Bedrohung, als welche er von den Menschen immer wieder erfahren worden ist. Wer an seinen Tod denkt, muss sich mit der Frage auseinandersetzen, ob er vielleicht nicht mehr sein wird" (740). Tod heisst dann Verschlungenwerden vom Nichts. Jegliches Verfügenkönnen und Ergreifen von Möglichkeiten wird verunmöglicht. Der Tod ist unabhängig vom eigenen Wollen des Menschen vorgegeben. Er kann ihn freilich übernehmen und zu einer Tat machen. Aber zunächst gilt es, die Situation des In-den-Tod-gestellt-sein oder der Betroffenheit durch den Tod in aller Schärfe zu sehen. Diese ermöglicht erst den zweiten Schritt: den Tod als Tat. "Der Tod endet unser Dasein als ein uns Gegebenes und Verhängtes, und er ist selbst dementsprechend gegeben und ver-//hängt. Menschen sterben, ob sie wollen oder nicht, wie sie leben und sind, ob sie wollen oder nicht" (741). Diese Betroffenheit durch den Tod ist jedoch keine nur äusserliche, sondern vollzieht sich innerlich, nicht lautstark, sondern in aller Stille. Das Selbst des Menschen erfährt im Tod eine Grenze seines Selbstbesitzes, seiner Selbstbehauptung. Leichtfertiges Reden, das Ergreifen von Massnahmen gegen ihn sind nur ein furchtsames Ausweichen vor der radikalen Betroffenheit. Dieser Betroffenheit entspricht nur das Schweigen, nicht ein leeres Schweigen, sondern ein erfülltes. Vor dem Schweigen des Todes verstummt auch der Mensch. Er ist "ein Schweigen der Betroffenheit. In seiner Betroffenheit ist das Schweigen von dem Gehalt des Todes erfüllt, es bebt in solcher Erfüllung von der Fülle eines Gehaltes, dem keine Rede gemäss sein kann. Darin ent-

---

738) B. Welte, Heilsverständnis 129.
739) Vgl. F. Wiplingers These, dass ich durch den Tod des geliebten Menschen mitsterbe.
740) G. Scherer, a.a.O. 58/59.
741) B. Welte, Heilsverständnis 127.

birgt sich eine alle Rede übersteigende Grösse und Mächtigkeit, mit der der Tod schweigend das ihm ausstehende Dasein berührt" (742).

2. Der Tod als das Erhabene

Zeigt sich das Ueberwältigtsein des Menschen vom Tod im Schweigen sowohl des Menschen wie des Todes, verweist es damit auf eine zweite tiefere Dimension. In dieser unaussprechbaren Fülle, in dieser Grösse und Mächtigkeit des Todes offenbart sich so etwas wie Hoheit und Erhabenheit, vor der der Mensch still, ja stumm wird. "Man kann über // einen in den Tod hinein Entschwundenen nicht wie über einen in den Weltraum entschwundenen Satelliten reden, man kann über ihn keine ontischen Forderungen oder Rechnungen aufstellen. Man kann dies nicht bloss deswegen nicht, weil man damit den Bereich des empirisch Verifizierbaren überschritte. Man kann es vielmehr vor allem darum nicht, weil der Tod spüren lässt, dass man es nicht d a r f , dass man mit solchem eine im Grunde sakrale Grenze verletzte, die die Stille des Todes selber lautlos verstrahlt. Der Tod selber sagt in der Hoheit seines Schweigens: Du sollst nicht reden und nicht rechnen, nicht fordern und nicht ausdenken. Er gibt damit allem Verhalten solcher Art den qualitativen Charakter des Profanen, das vor der Erhabenheit des im Tode sich Enthüllenden und Zusprechenden den Platz zu räumen hat. Aber eben darin wird der sakrale Charakter der Erhabenheit spürbar, die sich im Schweigen des Todes enthüllt" (743). "Tod" und "Sterben" bekommen so ihre besondere Würde, weisen auf ihre Menschlichkeit (744) hin, bedenkt man, wie man vom Ende des Tieres niemals als vom Tod spricht, sondern vom Verenden. Diesen Charakter der Erhabenheit spricht nicht der Mensch dem Tod zu. Vielmehr offenbart ihn der Tod dem Menschen von sich her im Schweigen (745). Der Tod entzieht sich dem endlichen Verfügen des Menschen, wie übrigens auch jener, der gestorben ist, und enthüllt in diesem Entzogensein seinen Charakter heiliger Transzendenz. Der Mensch steht in grosser Ehrfurcht vor diesem heiligen Geheimnis. Konkrete Auswirkungen hat dies z.B. darin, dass man von Toten wenig Abschätzendes oder Schlechtes sagt, dass der Anblick des toten Antlitzes in seiner Ehrwürdigkeit, Kostbarkeit und Liebenswürdigkeit eine lange Nachwirkung auf den Menschen zurücklässt und unvergesslich bleibt (746). Diese Ehrfurcht kann sich in

---

742) Ebd. 133.
743) Ebd. 133/134.
744) Vgl. R. Leuenberger, a.a.O. 54 ff. Er weist in vielen Beispielen auf den Unterschied zwischen menschlichem Tod und dem Ende von Tieren, Pflanzen und Dingen hin. "In unserer Sprache also spricht sich die Menschlichkeit des Todes aus. Durch sie gestehen wir, dass wir den Tod als zu uns, zum Menschen gehörig, erkennen" (ebd. 55).
745) Vgl. B. Welte, Heilsverständnis 133.
746) Vgl. ebd. 135/136.

mannigfachen Phänomenen äussern: Scheu, Bewunderung, Staunen, Verlegenheit, Verwirrung, Bestürzung, Schmerz, Demut, Zurücktreten vor einem Grösseren und Mächtigeren. Diese subjektiven Momente können durchaus auf gewisse Strukturen hinweisen, wie Undurchschaubarkeit, Dunkelheit, Uebermacht, Unausweichlichkeit, Universalität, Erhabenheit, Majestät, Geheimnis. Der Tod erscheint so gewissermassen als mysterium tremendum und fascinosum (747). Indem der Tod sich ins unergründliche Schweigen zurückzieht und den nachdenklichen Menschen in eben dieses hineinnimmt, fordert er geradezu Ehrfurcht heraus, deutet sich eine Nähe zum sacrum an.

Es wäre aber einseitig, wollte der Tod als Erhabenes nur in seiner "heiligen Grösse" gesehen werden. Der Tod zeigt sich - wie wir gesehen haben - immer in seinem Grundton als schmerzliche und brutale Negativität. Muss nicht bei allem negativen Charakter des Todes aber auch mitgefragt werden: hat unser Sein noch Sinn, wenn der Tod absolut keinen Sinn mehr hätte? Wäre der Tod nur reine Vernichtung und Zerstörung, hätte das noch Sinn, was wir jetzt sind? Wäre nicht alles blosses Verwehen ins Leere? Dass die Negativität des Todes in ihre Tiefe sich transzendiert, das sehen wir selten deutlich, weil wir uns eben dieser Tiefe nur wenig öffnen, die uns als Ganzes verschlingt, uns aber letztlich doch Geborgenheit schenken kann. Es kann vielleicht auch so etwas, wie eine heilige Negativität, die uns selbst zu negieren sucht, geben, die uns die Hoffnung erlauben mag, dass wir in der Erhabenheit des Todes - vielleicht darf diese gar Heiligkeit genannt werden - geborgen sind. Das anzunehmen und zu sehen, kann aber niemand zwingen. Nur wenn das ganze Selbst radikal eingesetzt wird, kann sich so etwas wie die Wahrheit des Todes zeigen, wenn wir dieses Dunkel positiv übernehmen.

3. Der geheimnisvolle Charakter des Todes

Tagtäglich ist der Mensch vom Tod umgeben; der Tod ist das Sicherste, das auf den Menschen zukommt, und doch muss die Frage nach dem Was des Todes als Frage stehen bleiben.

---

747) Der Tod wird vom Menschen gefürchtet, das zeigt sich dem Menschen unaufhörlich. Aber wie und als was kann der Tod geliebt werden, das ist die Frage. J.M. Demske sagt im Anschluss an M. Heidegger: "Der ontische Tod ist deswegen dem Menschen 'liebens-würdig', weil er als die abschliessende Grenze den Menschen in die Ganzheit seiner Existenz einlässt, ihn end-gültig sein lässt als das, was er durch seinen gesamten Daseinsvollzug geworden ist. Darf man also sagen, der ontische Tod mache den Menschen ganz bzw. 'heil'? Ist der Tod, vom Menschen her gesehen, deswegen 'heilig', weil er den Menschen 'heil' sein lässt? Und // wenn dem so ist: bedeutet der Tod als dieses Heilige und Heilmachende etwa nicht bloss Ende, sondern Vollendung, weil er die Vorläufigkeit in die End-gültigkeit aufgehen lässt?" (J.M. Demske, a.a.O. 197/198).

Ein Blick in die Literatur über den Tod weist auf die widersprüchlichsten Aussagen und Vorstellungen hin. Der Tod bleibt etwas Unbegreifbares, Unfassbares und Geheimnisvolles. Man ist sich über den Tod nie einig geworden und wird sich nie einig werden. "Wohl // steht unzweifelhaft fest, dass wir sterben müssen und wohl lässt sich eindeutig feststellen, ob und wann der Tod bei einem Menschen oder bei einem Tier eingetreten sei. Er lässt sich so eindeutig feststellen wie Zeugung und Geburt. Aber wie diese Ereignisse, ist auch das Ereignis des Todes zugleich ganz und gar Geheimnis, so wie das Leben überhaupt, das durch Geburt und Tod umgrenzt wird, ein Geheimnis ist ..." (748). Das auf den ersten Blick so Selbstverständliche verweist sich zugleich als das Unselbstverständlichste. S. Kierkegaard hat diese Tatsache präzise und kurz formuliert: "So ist der Tod unbestimmbar: das einzige Gewisse, und das Einzige, worüber nichts gewiss ist" (749). Diese ebenfalls alltägliche Einsicht, den Tod nicht näher begreifen zu können, verlockt den Menschen immer wieder aufs Neue, Rätsel zu raten. Dabei überschreitet er leicht seine Grenzen. Es ist durchaus eine Aufgabe, den Tod als Rätsel zu entschlüsseln, während er nie den Tod in der Tiefe seines Geheimnisses durchschauen wird. Der Tod als Geheimnis muss stehen bleiben.

Der Mensch begegnet in seinem Leben vielen unauslotbaren Geheimnissen und undurchschaubaren Rätseln. Er versteht immer nur einen Teil am Seienden, und muss hilflos vor den grossen Geheimnissen des Lebens stehen bleiben. "Die Rätselhaftigkeit des fremden, nichtmenschlichen Seienden halten wir aus, wir ertragen die Unauslotbarkeit des Weltalls, die Unermesslichkeit der binnenweltlichen Dinge, die Undurchschaubarkeit des Dingseins - all das gehört zur Endlichkeit unseres Seinsverstehens" (750).

Die einzigartige Gewissheit des Todes einerseits, zugleich aber auch die einzigartige Unbestimmbarkeit des Warum, Was, Wann des Todes liessen im Laufe der Geschichte die mannigfaltigsten Interpretationsversuche entstehen. So mag der Tod als das Rätsel aller Rätsel erscheinen. Und diese rätselhaften Züge müssen aufgedeckt werden, um den Tod als Geheimnis, vor dem der Mensch ehrfurchtsvoll und staunend stehenbleibt, hervortreten zu lassen (751). Der geheimnisvolle Charakter gehört aber als eine mögliche tiefere Dimension zum Tod und lässt den Menschen etwas von seiner Grösse und von der Unfassbarkeit erahnen.

---

748) R. Leuenberger, a.a.O. 39/40.
749) S. Kierkegaard, An einem Grab 162.
750) E. Fink, a.a.O. 51.
751) Vielleicht wäre es deshalb sachgerechter, wenn E. Fink in seiner Analyse über den Tod etwas genauer zwischen diesen beiden Begriffen "Rätsel" und "Geheimnis" unterschieden hätte, versteht er doch in beiden Begriffen in etwa den gleichen Sachverhalt. Folgendes Zitat kann das verdeutlichen: "Zwar besteht dieses Rätsel auch nur für uns, sofern wir noch leben, aber es ruft uns ins Bewusstsein, dass wir 'noch' und vielleicht bald 'nicht mehr' leben. Das Rätsel betrifft jetzt nicht irgendein Fremdes, unbegriffenes Seiendes, es betrifft und tritt das

Geheimnis ist nicht etwas, wovor wir gewisse dunkle Vorstellungen haben, nicht etwas, was wir nicht kennen oder gar etwas, was sich unserer Erkenntnismöglichkeit verschliesst. Im Gegenteil, oft kennen wir nichts besser als dieses Geheimnis. Wir können es nur nicht vor uns so ausbreiten, damit wir es von allen Seiten beschreiben können. Das Geheimnis bleibt unfassbar: es umfasst uns selbst. Während ein als Rätsel vorliegendes Problem vom Subjekt gelöst werden kann, umfasst das Geheimnis Objekt und Subjekt; und in diesem Sinn ist der Tod ein Geheimnis.

Viele Fragen wirft es auf: Warum Tod und warum Leben? Wer bin ich als Lebender und wer als Sterblicher? Weshalb existiere ich? Was ist nun mit dem vom Tod betroffenen Wesen? Besteht es weiter? Was wird aus mir? Was offenbart der Tod? Was ist sein Sinn? Eine Antwort ist kaum zu geben. Die Wissenschaften können wenig zur Klärung beitragen. Biologie, Medizin, Soziologie können vielleicht das Wie des Todes untersuchen, aber nicht mehr das Warum und das Was des Todes. Diese Fragen können nur von mir beantwortet werden; von mir ganz allein in der Betroffenheit durch den Tod. Der Tod ist nicht für sich zu verstehen, als ein Objekt; der Tod ist "nur ein Abenteuer", in dem ich meine ganz spezifische Rolle zu spielen habe. "Auf jeden Fall muss ich im Hinblick auf meinen Tod Stellung beziehen, ihn als eine Prüfung in beiden Bedeutungen des Wortes auf mich nehmen: als einen zu bestehenden schmerzlichen Vorgang und als eine persönliche Prüfung, in der jeder entweder besteht oder scheitert. Ich habe mit dem Tod zu tun, auf jeden Fall werde ich mit m e i n e m T o d e zu tun haben. Der Tod g e h ö r t u n b e s t r e i t b a r z u d e n G e - h e i m n i s s e n (752) d e s Z i e l e s " (753).

Ein weiterer Sachverhalt verweist auf den geheimnisvollen Charakter des Todes: das Missverhältnis von Nehmen und Geben des Todes. Während das Nehmen des Todes

---

seinsverstehende Wesen selbst. Sonst bildet unser endliches Seinsverhalten die unfragliche Voraussetzung für alles, was uns als Rätsel und Fragwürdiges begegnen kann, - angesichts des Todes wird aber gerade diese Voraussetzung ihrer eigenen Fraglichkeit inne und das Rätsel gewinnt an Verschärfung existentieller Art. Der seinsverstehende Mensch wird vor die Vergänglichkeit seines Seinsverstehens gestellt" (ebd. 51).

752) R. Troisfontaines unterscheidet zwei Arten von Geheimnissen: Geheimnisse der Ursprünge, in denen der Mensch sich in vorliegende Beziehungen hineinverwoben vorfindet, die ihn mitbedingen, für die er aber keine persönliche Verantwortung trägt. "Wenn also die geistigen, örtlichen und familiären Umstände meiner Geburt auf den Gesamtablauf meines Lebens einen Einfluss ausüben (und welchen!), so hängt doch diese meine Geburt als solche in keiner Weise von mir ab" (R. Troisfontaines, a.a.O. 16). Von diesen Geheimnissen der Ursprünge unterscheidet er Geheimnisse des Zieles: ich entscheide mich für bestimmte Beziehungen freiwillig, wie Ehe, Berufung, Freundschaft, "auch wenn ich meine bewusste Absicht nicht in 'objektiven' Ausdrücken darstellen oder genau voraussehen kann, wohin sie mich führen wird" (ebd. 17).

753) Ebd.

unwiderruflich, eindeutig, ohne es fliehen zu können, sich zeigt, lässt im Geben der Tod "das Geheimnis zwar berühren, aber es bleibt im Dunkel und Schweigen entzogen" (754). Es bleibt unverfüglich, lässt vielleicht eine erhörende und heilende Macht erahnen und deutet Möglichkeiten des Hoffens an, verweigert aber jede Sicherheit und jeden Halt. "Darum ist die Drohung des Todes für uns eindeutig, seine Verheissung aber, wie sehr sie auch vernehmlich sein mag, bleibt zweideutig. Darum hat die negative Seite des Todes für das Seinsverständnis des Daseins ein Uebergewicht gegen die positive Seite. Indem der Tod das Sein im ganzen dem Dasein eindeutig aus den Händen nimmt, ist er für dieses das Zeichen und Siegel der Zerstörung und des Schreckens. Umfangen von Schrecken steht zwar auch und immer der positive Wink seines Schweigens feierlich und gross, aber dunkel und unfasslich" (755). Und diese Zweideutigkeit des Todes macht den Tod als Geheimnis zum unheimlichen Geheimnis. Und das Unheimliche am Tod lässt ihn fliehen und nivellieren, ist Grund für die Angst vor dem Tod.

Diese drei Momente, die auf eine tiefere Dimension des Todesphänomens hinweisen, zeigen, wie schwierig es ist, den Tod phänomenologisch zu beschreiben, und es fast nur fragmentarische Hinweise auf eine einer Phänomenologie sich entziehenden tieferen Ebene sein können, die dann und wann am Tod des Mitmenschen oder am je eigenen Tod aufzuleuchten beginnen; vielleicht nur für einen kurzen Augenblick.

Hier zeigt sich schliesslich die Grenze eines solchen Versuches. Letztlich umfasst der Tod jeden Versuch, ihn in seinem geheimnisvollen Charakter aufschlüsseln zu wollen. Das zeigt sich z.B. ausserordentlich deutlich darin, wenn wir als lebende Menschen auf nichts anderes mit solcher absoluter Gewissheit zugehen, wie auf den Tod, er sich aber auf der anderen Seite in seinem Was absolut entzieht, lediglich sein Geheimnis andeuten lässt. Diese Spannung zwischen absoluter Gewissheit und undurchschaubarem Geheimnis muss stehen bleiben und vom Menschen ausgetragen werden. Es konnte sich deshalb in unserem Versuch nur um eine Art von "Vor-Phänomenologie" handeln, da das Phänomen des Todes dem menschlichen Beschreiben nie im Modus vollkommener Präsenz gegenwärtig ist, sondern immer eine Art phänomenaler Distanz bleibt. "Niemand, der heilen Geistes ist, wird den Tod als ein Phänomen ansehen, mit dem das Denken im ersten Ansatz fertig würde: er bleibt bis zuletzt ebenso mysteriös, wie das Dasein selbst" (756). Es dürfen deshalb an ein solches Unternehmen nie allzu grosse Erwartungen und Hoffnungen auf neue Einsichten in das Wesen des Todes geknüpft werden. Er kann lediglich von vielen Missverständnissen reinigen und falsche Vorstellungen korrigieren, um den Tod als Geheimnis in seiner Tiefe stehen zu lassen. Ein längeres Zitat von E. Fink bestätigt dies: "Die Ausbeute an fasslichen Phänomenen des Menschentodes bleibt gering - ganz geringfügig gegenüber den Möglichkeiten von positiven Wissenschaften, hier Fakten vorzulegen. Die Biologie kennt viele Weisen, wie Lebewesen aufhören, wie sie absterben,

---

754) B. Welte, Heilsverständnis 137.
755) Ebd. 138.
756) H.U. v.Balthasar, Der Tod im heutigen Denken 293.

wie die Lebenskraft erlischt, wie die Zentralsteuerung eines Organismus früher aufhört als die Zellvorgänge, - die Chemie kann die Verfallserscheinungen von ersten
Anfängen bis zur Verwesung genau bestimmen, die Medizin kennt viele Methoden,
den Tod zu diagnostizieren. Die positiven Wissenschaften wissen hier viel, viel mehr
als die Philosophie. Was kann diese schon an Vorkommendem, Vorliegendem, an Tatsachen und Befunden aufweisen? Der Tod des Anderen, der mitmenschliche Tod ist
ein Ereignis, das wir nach Erscheinungsbild und koexistentieller Bedeutsamkeit beschreiben können - wenigstens eine Strecke weit, bis eben der Andere wirklich stirbt.
Die eigene, unser Bewusstsein durchziehende Todesgewissheit ist ein Stachel unserer
Existenz und kann in 'Existenzialistensprache' literarisiert werden, der Totenkult
ist ein Kulturphänomen und kann von megalithischer Gräberkultur bis heute verfolgt
und als 'Geheimnis der Etrusker' und ähnliches geistvoll gedeutet werden. Schwieriger wird die Situation für die Philosophie, wo sie sich nicht mehr an Vorkommnisse,
Fakten und Phänomene halten kann - wie z.B. dem eigenen Tod gegenüber oder angesichts des wunderlichen Zeitverhältnisses, dass die Zeit der Ueberlebenden 'weiter-
läuft', die des Sterbenden dagegen 'zusammenbricht'. Und am meisten wird sie in
Verlegenheit gesetzt mit der Frage, wie und in welchem Sinne der Menschentod ein
'Weggang' aus der Erscheinungswelt, ein Entzug aus dem Felde der Vereinzelung
ist, wie das Sterben ein Umschlag von Sein in Nichts, ein Umschlag des seinsver-
stehenden Lebewesens in ein von ihm nicht-verstandenes Nichts ist. Denn das führt
zu einer Problematik von Sein und Nichts, die nicht mehr im Horizont des Bewegungs-
problems von innerweltlichen Dingen exponiert und erörtert werden kann. Das mit
dem Menschentod sich meldende 'Nichts' weist über das Land der Unterschiede hinaus. Allerdings lauert hier eine besondere Gefahr: wo nichts aufgewiesen oder weni-
ges nur gezeigt und dargelegt werden kann, dort kann mühelos viel behauptet werden.
Jeder wilden Spekulation stehen Tür und Tor offen. Es bleibt also nur eine schmale
Gratwanderung: einmal die Begriffe zu // prüfen, die spärlichen Phänomene zu sich-
ten, die Negativitäten, die sich uns am innerweltlich-Seienden zeigen (als Grenze,
als Beraubung, als Ausstand usw.) als strukturelle Momente endlicher Dinge zu verstehen - und andererseits das Nichts des Todes all dem entgegenzusetzen. Die Ontologie der Phänomene hat mehr als zwei Jahrtausende Gedankenarbeit hinter sich -
oder besser: in sich. Die philosophische Frage nach dem Tode steht mit leeren Händen da. Es wäre schon etwas gewonnen, wenn man wissen könnte, dass sie wirklich
leer sind und warum sie leer sind" (757).

---

757) E. Fink, a.a.O. 85/86.

§ 5. ZUSAMMENFASSUNG

Bei einer genaueren Betrachtung des Phänomens des Todes lassen sich verschiedene Gesichtspunkte hervorheben, die für ein besseres Verständnis dieses schmerzlichen Ereignisses von Bedeutung sind, wenngleich das einzelne Moment stets mit anderen engstens verbunden gedacht werden muss.

1. Die menschliche Endlichkeitserfahrung erreicht in der Erfahrung des Todes ihre deutlichste Konkretisierung und stellt den Menschen vor die absolute Fraglichkeit, die ein wesentliches Grundmoment des Todes ist, das der Mensch erfahren und beschreiben kann.

2. Die radikale Konkretisierung der Endlichkeit im Tod als "Grundexistential" der Fraglichkeit des Menschen lässt sich vorwiegend in seinem negativen Charakter beschreiben, wenn der Tod sich als Aufhören der naturalen und personalen Seite des Menschen und in der Herausgerissenheit aus der Verwurzelung in Welt und menschlicher Gemeinschaft ankündigt, wenn sich die Negativität des Todes in Phänomenen, wie: Untergang, Wegschwinden, Verschwinden, Zerstörung, Bedrohtheit, in Verlust und Brutalität deutlich zeigt.

3. Dem Tod kommt aber neben dem hauptsächlich negativen Charakter auch eine positive Bedeutung zu, denn er macht die Zeit des menschlichen Lebens unendlich wertvoll, lässt die Bedeutung des erfahrenen Augenblickes auskosten und misst den gefällten Entscheidungen unwiederholbare Einzigartigkeit zu.

4. Eine Phänomenanalyse muss aber schliesslich scheitern; das zeigen die kaum mehr in Worte zu fassenden Momente der Betroffenheit, der Erhabenheit und des Geheimnisses des Todes. Der Mensch wird vor dem Tod stumm und nachdenklich. Ein solcher Versuch einer Phänomenanalyse kann lediglich tief verwurzelte Missverständnisse oder falsche Vorstellungen etwas korrigieren, nicht aber in die volle Tiefe des Todes eindringen. Er muss letztlich im vor-phänomenologischen Bereich stehen bleiben.

4. KAPITEL

DAS TODESVERSTAENDNIS IN DEN BIBLISCHEN SCHRIFTEN

Es ist uns bisher gelungen, das mythisch-rätselhafte Dunkel des Todes ein klein wenig zu lichten, ohne den Tod in seinem Ernst und geheimnisvollem Charakter zu relativieren. Ein Blick in die biblischen Schriften zeigt, dass unser heutiges Todesverständnis - im Gegensatz etwa zu einem mystifizierenden der Romantik - wieder eine grössere Nähe zu den Auffassungen der Heiligen Schrift aufweist. Allerdings vermögen diese an das Todesverständnis des heutigen Menschen und auch an eine Theologie des Todes einige bedeutsame Fragen zu stellen und wichtige Korrekturhinweise zu geben.

§ 1. DAS VERSTAENDNIS DES TODES IM ALTEN TESTAMENT

Schon das Alte Testament weist in seinen Einstellungen zum Tod auf einige für uns bedeutsame Aspekte hin.

1. Die Verschiedenartigkeit der alttestamentlichen Glaubenszeugnisse als Grund für die Uneinheitlichkeit des Todesverständnisses

Bei der Vielfalt der Texte des Alten Testamentes - aus verschiedenen Zeiten stammend und von verschiedenen Autoren geschrieben - stellt sich die Frage, ob es überhaupt ein Verständnis des Todes im Alten Testament gebe? Diese Frage ist nicht leicht zu beantworten, da eine ganze Reihe verschiedenartiger Texte zusammengetragen und redaktionell zu einer geschichtstheologischen oder offenbarungsgeschichtlichen Komposition zusammengestellt worden sind. Erzählende, bekennende, kultische und prophetische Berichte stehen neben mehr theologischen Reflexionen. Es ist deshalb zu erwarten, "dass im Alten Testament Texte zu finden sind, die vom Tod in der Sprache eines religiösen und kultischen Brauchtums (758) oder nüchterner Le-

---

758) Vgl. die weisheitlichen Aussagen über den Tod, wie sie G. Lohfink, Der Mensch vor dem Tod, in: ders., Das Siegeslied am Schilfmeer. Christliche Auseinandersetzungen mit dem Alten Testament (Frankfurt [2]1966) 198-243 erarbeitet hat.

benserfahrung reden, und solche, die von einer unmittelbaren existentiellen Erfahrung des Todes im Horizont geschichtlicher Verheissungen und Geschichtsakte Gottes bewegt sind" (759). Diese verschiedenen Sprechweisen stehen in einer gewissen Spannung zueinander, und das verschärft das Problem, nach einem einheitlichen, alttestamentlichen Todesverständnis zu fragen (760). Als Beispiel seien nur ein paar Hinweise gegeben, wie nicht einmal in einer Gattung von Schriften, z.B. der alttestamentlichen Weisheit eine einheitliche Antwort auf die Frage nach dem Tod gegeben wird. Uns begegnen vielmehr verschiedene "dialektische" Antworten. G. Lohfink hat in seinem Aufsatz "Der Mensch vor dem Tod" verschiedene Einstellungen zum Tod herausarbeiten können. Einige seiner Ergebnisse seien kurz zusammengefasst, da sie einen guten Einblick in die Vielgestaltigkeit alttestamentlichen Todesverständnisses geben.

So sehen alte Spruchsammlungen (761) den Tod als selbstverständliches Ende des Lebens, wenn dieses ein erfülltes ist (762). Lediglich ein verfrühter Tod gibt dem Israeliten zu denken, weil er einen Zusammenhang zwischen dem Tun des Menschen und dem Tod sieht (763). Diesem Tod entgeht deshalb jener, der nach den Geboten Gottes und nach den Lehren der Weisen lebt (764). Letztlich aber verfügt nicht der Mensch über den Tod, sondern Gott bleibt der Herr über Leben und Tod (765).

In den neun ersten Kapiteln der Sprüche - sie sind vom deuteronomischen Denken geprägt - steht besonders der Zusammenhang zwischen Torheit und Tod im Vordergrund. Die Weisheit spricht dem Menschen Leben zu, während Torheit ihn auf den Weg des Todes bringt (766). "Der Tod steht also nicht am Ende aller Wege, sondern ist das Geschick des Toren" (767). Sobald der Mensch sich mit der Torheit einlässt, ist der Tod schon da, auch wenn er physisch noch lebt. Er tritt in den Bereich des Todes ein, aus dem er nicht mehr herauskommt. Der Tod erscheint hier in seiner sphärischen Konzeption (768). Gerade in dieser sphärischen Konzeption des Lebens und des Todes (zeigt sich wohl der Einfluss des kultischen und speziell des bundeskultischen Denkens auf diese Kapitel" (769). Es zeigt sich deutlich, Tod, Unglück und Fluch werden hier gleichgesetzt, wobei der leibliche Tod jeweils die Steigerung des in Nöten und Plagen erfahrenen Todes ist. Aber die Weisheit weist auch Wege auf, das Leben wieder zu gewinnen (770). Der Tod ist in diesen Schriften "ein abge-

---

759) G. Schunack, a.a.O. 40.
760) Vgl. ebd. 40-42.
761) Spr 10-31; vgl. G. Lohfink, a.a.O. 198-204.
762) Ps. 90,10; Sir 18,9; 2 Sam 14,14.
763) Spr 11,19; 21,25; 10,21.
764) Spr 13,14; 14,27; 15,24; 15,10; 23,13 f; 19,18; Ijob 20,11.
765) Spr 14,12; 16,25.
766) Spr 9,1-6; 9,13-18; 7,26; 2,18 f.
767) G. Lohfink, a.a.O. 204.
768) Spr 4,18 f; Ps 18,5 f; Dtn 30,15. 19.
769) G. Lohfink, a.a.O. 207.
770) Dtn 28,16-18; Gen 2,17; 3,23 f; Spr 2,22; 3,16-18.

leiteter Begriff des Todes, nicht der volle, wahre, unerbittliche Tod, der zuerst und vor allem der biologische Tod ist und dem kein Mensch entgehen kann. Durch die Sublimierung des Todesbegriffs gelang es, ihn auf den Bereich der Sünder einzugrenzen, und der Gedanke kann gedacht werden, dass man durch bestimmtes menschliches Handeln dem Tod entgehen kann" (771).

Der Tod als letzte Grenze des Menschen ist aber nicht ganz hinter dem kultischen Verständnis des Todes zurückgetreten. Dafür ist Kohelet ein Zeuge. Der Tod trifft nicht nur den Toren, sondern alle Menschen. Die bittere Wirklichkeit trifft auch den Weisen und stellt deshalb seine Anstrengungen für sein Weisesein total in Frage (772). Diese radikale Einstellung zum Tode eröffnet ihm einen Blick dafür, dass eine neue Liebe zum Leben nur von Gott her möglich sein kann (773). Es verwirklicht sich nicht der menschliche Plan, sondern der göttliche, der für den Menschen undurchschaubar bleibt. Es gilt deshalb, Glück und Freude als Gabe Gottes dankbar anzunehmen (774). Wieder ein etwas anderer Aspekt tritt im Buch der Weisheit in den Kapiteln 1-5 zutage (775): Hier liegt das Augenmerk auf dem Zusammenhang von Tun und Ergehen (776). Der Tod droht nur dem, der nicht nach der Weisheit lebt, der sündigt. Er wird hier allerdings nicht mehr als innerweltlich gesehen, sondern ist eine "hinter dem biologischen Tod drohende Realität (besser: Nicht-Realität) geworden" (777). So ist dem Gerechten bereits auch ein Glück nach dem Tode versprochen. Der Tod ist nur scheinbar ein Ende, er ist vielmehr ein Eintreten in den Bereich der Wahrheit (778). Es gibt deshalb nur einen Weg: den des Gerechten, des Weisen, des Frommen, auch wenn er im Leben nicht sehr einfach zu sein scheint und es dem Bösen oft besser geht. Der Gerechte wird aber nachher mit Unsterblichkeit belohnt.

Dieser kurze Einblick in die Weisheitsliteratur zeigt, dass es einmal der verfrühte Tod, das andere mal der sphärische, bei Kohelet der endgültige und biologische Tod und im Buch der Weisheit ein mehr ontologisch verstandener Tod (hier lassen sich wohl griechische Einflüsse erkennen) ist, der im Vordergrund der Betrachtung steht.

Wenn sich in den Schriften des Alten Testamentes sehr verschiedene Vorstellungen und Haltungen zum Tod finden, und diese kaum auf einen Nenner zu bringen sind, deutet das daraufhin, dass das Todesverständnis sehr viel komplexer und vielschichtiger ist, als man das auf den ersten Blick erwartet (779). Das hängt zum Teil auch damit

---

771) G. Lohfink, a.a.O. 210.
772) Koh 1,4; 11,7; 12,5-7; 2,16; 2,18; 2,20-23.
773) Koh 2,24; 3,1-11.
774) Koh 3,12, 8,17-9,10.
775) Vgl. G. Lohfink, a.a.O. 224-232.
776) Weish 1,6-15.
777) G. Lohfink, a.a.O. 227.
778) Weish 3,1-14; 3,12-4,2; 4,7-16.
779) Vgl. G.v.Rad, Theologie des Alten Testaments. Die Theologie der geschichtlichen Ueberlieferung I (München 51966) 399 ff.

zusammen, dass Israels Vorstellungen vom Tod von denen der übrigen altorientalischen Völker zwar beeinflusst sind, jedoch erhebliche Unterschiede aufweisen (780). Der Tod kann im Alten Testament nicht bloss als physischer Tod beschrieben werden (781). Wie wir noch deutlicher sehen werden, hat der Tod im alttestamentlichen Denken eine wesentlich umfassendere Bedeutung. So zeigen Schwachheit, Krankheit, Gefangenschaft, Not, etwas von dem, was Tod bedeuten kann. Der Tod greift wesentlich tiefer in den Bereich des Lebens über. "Die Domäne des Todes lag also für Israel nicht draussen am äussersten Rand des Lebens, sondern war tief in den Bereich des Lebens vorgeschoben" (782). Auf einem solchen Hintergrund ist es nicht sehr einfach, einige hauptsächliche Züge einer alttestamentlichen Vorstellung des Todes zu erarbeiten, die sich durch alle Differenzierungen hindurch festhalten lassen.

2. Der lebendige Gott und der Tod als selbstverständliche Grenze

Der Tod ist im Alten Testament nie einfach nur für sich verstanden worden, sondern immer im Zusammenhang mit dem lebendigen Gott. Jahwe ist ein Gott der Lebenden im buchstäblichen Sinne und nicht ein Gott der Toten. Er erweist sich im Laufe der Geschichte als der lebendige und treue Gott. Israel weiss sich bei ihm geborgen, weiss um das neue Leben, das Jahwe immer wieder zusagt. Unter dieser grossen Verheissung stellt sich für das Alte Testament das Problem des Todes gar nicht als

---

780) Vgl. die ungezählten Hinweise auf Parallelen des Todesverständnisses bei den umliegenden Völkern bei L. Wächter, Der Tod im Alten Testament (Stuttgart 1967). G. Quell, Die Auffassung des Todes in Israel (Darmstadt 1967), will einige Gesichtspunkte eines alttestamentlichen Todesverständnisses anhand religionsgeschichtlichen Materials erarbeiten. "So muss die Kulturgeschichte zur Religionsgeschichte werden, soll das Gebiet der Todesvorstellungen der Forschung sich völlig erschliessen" (ebd. 3). Jedoch dürfte eine solche rein religionsgeschichtliche Untersuchung doch leicht einseitig sein. Vgl. weiter viele Hinweise bei Chr. Barth, Die Errettung vom Tode in den individuellen Klage- und Dankliedern des Alten Testaments (Zollikon 1947).

781) Einen solchen Versuch unternimmt L. Wächter, a.a.O., wenn er als Ausgangspunkt die "gefühlsmässige" und religiöse Einstellung des Menschen zum Tod nimmt; vgl. G. Schunack, a.a.O. 57, Anmerkung 86.

782) G. v.Rad, Theologie des Alten Testaments I, 400.
Vgl. 1 Kön 2,2; 2 Sam 14,14; Ijob 14,11-12a; Bilder vom Gras und der Blume, die in der Hitze verwelken (Ijob 14,1-2; Jes 40,6-8; Ps 103, 15 f); des Hauches (Ps 144,4), des Schattens (Ijob 7,7; Ps 78,39), oder die Vorstellung von der Rückkehr zum Staub (Gen 3,19; Ps 78,39; Ijob 34, 14-15) sind Zeugnisse der Auffassung der Vergänglichkeit des menschlichen Daseins.

so bedrängende Frage (783), wie das heute der Fall ist. Es ist für den alttestament-lichen Menschen selbstverständlich, dass er sterben muss (784). Er nimmt den Tod mit grosser Ergebung an. Für ihn gehört der Tod ganz allgemein zum menschlichen Geschick. Es ist eine selbstverständliche Voraussetzung, dass das Leben einmal zu Ende geht. Darüber muss gar nicht eigens gesprochen werden. "Deswegen ist der Tod nicht 'der letzte Feind', sondern das Aufhören des Lebensodems, wie es dem Menschen gebührt" (785). In einigen Psalmen und im Buch Ijob drückt sich diese Selbstverständlichkeit sehr deutlich aus. Das dem Leben folgende Dasein des Men-schen wird als eine geschwächte Existenz ohne Kraft, ohne Stimme, ohne Licht, ohne Wissen und Möglichkeit des Handelns in der Scheol oder als Land ohne Wieder-kehr, als Land der Finsternis und des Dunkels, als Land so düster wie die schwarze Nacht, als Dunkel, wo kein Mittag ist, verstanden (786). Der Tod ist das Los, dem alle Menschen unterworfen sind. Mit der Selbstverständlichkeit des Todes ist zu-gleich seine Unwiderruflichkeit mitgegeben (787). Zwei Gesichtspunkte sind für ein Verständnis des Todes im Alten Testament von grundlegender Bedeutung: 1. Jahwe ist der Herr über Leben und Tod und 2. der Tod kann nicht losgelöst aus dem Zu-sammenhang mit dem Leben betrachtet werden.

---

783) Ein beeindruckendes Zeugnis dafür, dass der Glaube an die Lebendigkeit Gottes stärker ist als der Tod, gibt in der heutigen Zeit M. Buber, Nach dem Tod. Antwort auf eine Rundfrage, in: ders., Nachlese (Heidelberg 1965) 259: "Wir wissen nichts vom Tod, nichts als die eine Tatsache, dass wir 'sterben' wer-den - aber was ist das, sterben? Wir wissen es nicht. So geziemt uns anzuneh-men, dass es das Ende alles uns Vorstellbaren ist. Unsere Vorstellung ins Jen-seits des Sterbens verlängern wollen, in der Seele vorwegnehmen wollen, was der Tod allein uns in der Existenz zu offenbaren vermag, scheint mir eine als Glaube verkleidete Ungläubigkeit zu sein. Der echte Glaube spricht: Ich weiss nichts vom Tod, aber ich weiss, dass Gott die Ewigkeit ist, und ich weiss dies noch, dass er mein Gott ist. Ob das, was wir Zeit nennen, uns jenseits unseres Todes verbleibt, wird uns recht unwichtig neben diesem Wissen, dass wir Gottes sind - der nicht 'unsterblich', sondern ewig ist".
784) Gen 19,31; 31,35.
785) G. Greshake, Auferstehung der Toten. Ein Beitrag zur gegenwärtigen theologi-schen Diskussion über die Zukunft der Geschichte (Essen 1969) 186.
786) Ijob 10,21 f. Vgl. dazu G. Lohfink, a.a.o. 199.
787) Diese besondere Akzentuierung der Vergänglichkeit des Menschen kann ver-schiedene Ziele haben: sie kann an Gottes Erbarmen appellieren (Ijob 14,1-2; Ps 78,39; 89,47 ff); auch Gottes Erbarmen begründen (Ps 103,13; Jes 40,6 ff); sie kann die Macht Gottes und die eigene Betroffenheit von ihr manifestieren (Ps 90); oder kann das Gottesvertrauen stärken (2 Chr 32,7; Jes 51,52).

3. Das "Leben" als das denkbar höchste Gut des alttestamentlichen Menschen

Kann der Tod im Alten Testament nur im Zusammenhang mit dem Leben richtig verstanden werden, und nimmt das Leben diese hervorragende Stellung ein, ist zu fragen, was versteht der alttestamentliche Mensch als "Leben"?

a. Jahwe als der Herr des Lebens

Der gläubige Israelit ist fest überzeugt: der Mensch empfängt von Jahwe sein Leben. Der lebendige Gott ist der Schöpfer und Spender des Lebens (788). Nur von ihm her kann das Leben verstanden werden. "Gott ist der Herr des Lebens" (789), das ist die kürzeste Formel, die aussagen will, alles Leben ist von Gott her zu verstehen. Gott ist die Quelle des Lebens (790). "Das ist Jahwe für sein Volk stets gewesen, das ist er und wird er bleiben: eine 'Quelle lebendigen Wassers', aus der Israel leben darf und leben soll" (791). Diese Vorstellung bleibt nicht nur auf den natürlichen Bereich bezogen, sondern bekommt erst seine grosse Bedeutung durch das Vertrauen zu Jahwes rettendem Wirken (792). "Weil Jahwe als einer, der auch abgesehen von der Kreatur alle Voraussetzungen des Lebens besitzt und im eigentlichen und im ursprünglichen Sinne lebt, weil er also aus freiem Entschluss die Kreatur, in ihrer Mitte den Menschen und wiederum in deren Mitte das Volk Israel zur Teilnahme in seinem Leben bestimmt, darum nennt ihn Israel mit Vorliebe den 'lebendigen' Gott" (793).

Aehnliche Vorstellungen finden sich zwar auch bei anderen Völkern: etwa bei den Sumerern und Babyloniern. Allerdings gehen dort Schöpfer und Geschöpf, Geber und Gabe (Lebenskraft) ineinander über und werden identisch. Die Götter sind personifizierte Lebenskräfte der Natur (794). Demgegenüber wird bei den Israeliten Jahwe als der Schöpfer aller Dinge anerkannt, also nicht mit der natürlichen Lebenskraft

---

788) Vgl. H.J. Kraus, Der lebendige Gott. Ein Kapitel biblischer Theologie, in: ders., Biblisch-theologische Aufsätze (Neukirchen 1972) 25.
789) Num 27,16.
790) Ps 36,10; Jer 2,13; 17,13.
791) H.J. Kraus, Der lebendige Gott 28.
792) Vgl. ebd. 30.
793) Chr. Barth, Die Errettung vom Tode 43.
794) Vgl. G. Greshake, Die Auferstehung der Toten 178; Chr. Barth, Die Errettung vom Tode 38; H.J. Kraus, Der lebendige Gott 26. H.J. Kraus weist auf das Echnaton-Lied hin: "Die als Gott verehrte Sonne ist es, vor der gesungen wird: 'Der du Atem gibst, um jedes deiner Geschöpfe zu beleben', 'Gehst du auf, so leben sie, gehst du unter, so sterben sie. Du selbst bist die Lebenszeit, und man lebt in dir'" (ebd. 26).

identifiziert (795). Jahwe ist keine Naturgottheit. Gott gehört das Leben. "Also jene uns so geläufige Frage, jene vom autonomen Menschen her gestellte Frage nach dem 'Sinn des Lebens', und dem 'Problem des Todes' kennt man da gar nicht. Der Sinn des Lebens wäre demnach, dass der Mensch Gott gehört und ihm dient, und das Problem des Todes - ja, eine handliche Formel suchen wir da vergebens - aber das ist eng verquickt mit der Frage der menschlichen Schuld" (796). Weil die Toten von ihm getrennt sind, deshalb hält Gott sich an die Lebenden. Diese können ihm dienen und in Gemeinschaft mit ihm leben (797). Jedes Abwenden Gottes vom Menschen bedeutet deshalb ein Ausgeliefertwerden an den Tod. "Loben ist die dem Menschen eigentümlichste Form des Existierens. Loben und nicht mehr Loben stehen einander gegenüber wie Leben und Tod. Der Lobpreis wird zum elementarsten 'Merkmal der Lebendigkeit' schlechthin" (798).

Gott ist der Herr des Lebens, das heisst, nicht nur Entfaltung und Erfüllung des einzelnen Lebens des Israeliten, sondern das bedeutet auch Teilnahme am Leben des von Gott gerufenen Volkes. Leben ist demnach stets in der Nähe Jahwes zu suchen, d.h. besonders an den Orten, an denen man Jahwe in erster Linie nahe anzutreffen suchte. "Wer des Lebens bedarf, wendet sich in erster Linie dem Tempel oder Heiligtum zu, um Jahwes Angesicht zu suchen" (799). Die Gegenwart Gottes im Tempel repräsentiert nur die Gegenwart Gottes im Lande. Das heisst nicht, dass sich die Teilnahme am Leben nur auf das Heiligtum beschränkt, sondern Gott ist überall gegenwärtig, wo ein Mensch vor Gottes Angesicht lebt (800). Es ist ein beeindruckender Zug des Alten Testamentes, dass das Leben und die Lebendigkeit wesentlich mit der Lebendigkeit Gottes zusammenhängen. Das Leben ist nur aus dieser Lebendigkeit aus Gott zu verstehen (801). Jahwe wird deshalb oft "der lebendige Gott genannt" (802). Das lässt sich, wie H.J. Kraus überzeugend nachgewiesen hat, durch das gan-

795) Vgl. Chr. Barth, Die Errettung vom Tode 36-44.

796) G. v. Rad, Alttestamentliche Glaubensaussagen vom Leben und vom Tod, in: ders., Gottes Wirken in Israel. Vorträge zum Alten Testament (Neukirchen 1974) 255.

797) Vgl. G. Fohrer, Geschichte der israelitischen Religion (Berlin 1969) 214.

798) G. v. Rad, Theologie des Alten Testaments I, 381; vgl. auch ebd. 401.

799) Chr. Barth, Die Errettung vom Tode 48. Vgl. auch W. Zimmerli, Die Weltlichkeit des Alten Testaments (Göttingen 1971): "Hier, wo Jahwe nahe geglaubt wurde, waren die Quellen des Lebens" (ebd. 113); vgl. auch H.J. Kraus, Der lebendige Gott 26.

800) Ps. 36, 8-10; 42, 2; 84, 2; Am 5, 4.

801) Vgl. P. Kleinert, Zur Idee des Lebens im Alten Testament, in: Theologische Studien und Kritiken 68 (1895) 700.

802) 1 Sam 17, 26; Ps. 18, 47; Hos 2, 1; Jes 37, 4; Dtn 5, 23; Jos 3, 10; Jer 10, 10; 23, 36; Ps 42, 3. 9; 84, 3; Ijob 19, 25.

ze Alte Testament aufweisen (803). "Das Theologumenon 'lebendiger Gott' deutet hin auf das Reden und Handeln Jahwes in der Geschichte seines Volkes und der Völkerwelt - auf ein Reden und Handeln, das in souveräner F r e i h e i t und in einer die Generationen überdauernden, stets gegenwärtigen, immer neu sich erweisenden B u n d e s t r e u e geschieht. Dass 'Gott' tot sei, ist ein Mythologumenon heidnischer Religiösität im Bannkreis des Werdens und Vergehens, aber auch ein Urteil des Glaubens über die Götter der Völker. Dass der Gott Israels lebt, ist Kerygma, Bekenntnis und Lobpreis des Gottesvolkes" (804). Gott wird aber nicht nur als der lebendige erfahren, sondern auch als der personale, nicht als "anonymes Numen" (805), sondern als Person, die handelt, verheisst und erfüllt, als ein Gott, der sich als Person den Menschen zuwendet (806).

Zusammenfassend wird man sich H.J. Kraus anschliessen dürfen, wenn er drei Gesichtspunkte für bedeutsam hält: "1. Jahwe hat sein Leben in der Geschichte seines erwählten Volkes erwiesen (...) und damit unverwechselbar seine jenseits aller natürlichen Bewegungen stehende Macht bekundet. 2. Israel hat diesen geschichtsmächtigen 'lebendigen Gott' als Lebens- und Segensspender geglaubt und verehrt ... 3. Die Schöpfungstheologie des Alten Testaments mit allen ihren vielgestaltigen, in der Tradition ausgebildeten Akzenten bestimmt und prägt ein von der Umwelt sich deutlich abhebendes Lebensverständnis, das in seinem radikalen Verweis auf Jahwes schöpferisches Walten unvergleichlich ist" (807).

---

803) Vgl. H.J. Kraus, Der lebendige Gott 24: "Es wird darum nicht geurteilt werden dürfen, die Aussage, Jahwe sei ein 'lebendiger Gott', tauche im Alten Testament erst spät und nur spärlich auf. Sie ist in der Antithese gegen die sterbenden und toten Götter der Umwelt in Verkündigung, Bekenntnis und Hymnus schon früh formuliert und dann in verschiedenartigen Zusammenhängen wiederholt worden". Dass es keine Besonderheit Israels sei, wenn es Jahwe als den lebendigen erfährt, versucht N. Söderblom, Der lebendige Gott in Zeugnis der Religionsgeschichte (München [2]1966) nachzuweisen. Auch L. Köhler, Theologie des Alten Testaments (Tübingen [3]1953) 86 ff. meint, diese Aussagen kommen nur spärlich und spät vor.

804) H.J. Kraus, Der lebendige Gott 25.

805) Ebd. 24.

806) Vgl. ebd. Auch im Neuen Testament lässt sich die Rede vom "lebendigen Gott" beobachten. Vgl. bes. ebd. 31-35. Zusammenfassend hält er fest: "1. Diese Bezeichnung war im Urchristentum geläufig. Sie weist in einigen Stellen deutlich, in anderen nur in Anspielungen auf das Alte Testament zurück. 2. Diese Bezeichnung wurde in der urchristlichen Missionspraxis benutzt, um - den alttestamentlichen Vorbildern entsprechend - die nichtigen 'toten Götter' und den 'lebendigen Gott' zu konfrontieren und so das Heil der Lebenswende zu bezeugen. 3. Vor allem in den Paulus-Briefen und im Hebräerbrief empfängt das Epitheton 'lebendiger Gott' von dem neuen, eschatologischen 'Lebenserweis' Gottes her und darum im Zusammenhang des Christus-Geist-Geschehens eine neue Prägung" (ebd. 35).

807) Ebd. 27.

Was heisst aber Leben? Was versteht der alttestamentliche Mensch unter Leben? Welche Bedeutung spielt das Leben für ihn?

b. Das Verständnis des Lebens im Alten Testament

Der Begriff des Lebens (808) hat im Alten Testament eine wesentlich weitere Bedeutung als unser biologisches Verständnis vom Leben.

"Leben" ist der schlechthin höchste Wert des Menschen, für den die Israeliten alles hergeben (809), ja es kann synonym gesetzt werden mit Sicherheit, Gesundheit, Segen, Heil, Glück, Freude (810). Leben aber heisst nicht einfach Dasein, Existieren, sondern Leben ist dynamisch verstanden als eine Kraft, Potenz oder eine Möglichkeit. Besonders zeigt sich diese Lebensmacht im "Verfügen über ein genügendes Mass an Zeit" (811). Das Leben ist auch nicht ein inhaltloses Zeithaben, sondern ein Zeithaben, um Absichten, bestimmte Vorhaben zu verwirklichen, wo Verheissungen erfüllt werden sollen. Zeithaben bedeutet, sich entfalten und verwirklichen.

Weiter gehört zum Leben Spontaneität. "Wer Leben in sich hat, kann etwas wollen und sich dazu entschliessen; er kann seinen Entschluss sichtbar machen dadurch,

---

808) Neben J. Pedersen, Israel, Its Life and its Culture (London 1926), der als einer der ersten diesen Begriff näher untersuchte, sind eine ganze Reihe von grösseren und kleineren Beiträgen erschienen: Chr. Barth, Die Errettung vom Tode, bes. 20-51. (R. Bultmann versucht in ThW II, 851 darzustellen, was Leben im Alten Testament heisst, orientiert sich jedoch in seiner Bestimmung am gegenteiligen Begriff "Tod". Demgegenüber gilt doch festzuhalten, dass der Tod das Leben negiert; vgl. P. Hoffmann, Die Toten in Christus. Eine religionsgeschichtliche und exegetische Untersuchung zur paulinischen Eschatologie (Münster 1966) 58; auch Chr. Barth, Die Errettung vom Tode 21). Vgl. weiter zum Lebensbegriff L. Dürr, Die Wertung des Lebens im Alten Testament und im antiken Orient. Ein Beitrag zur Erklärung des vierten Gebots (Münster 1926); G. Greshake, Auferstehung der Toten 175-178; P. Kleinert, Zur Idee des Lebens im Alten Testament; H.J. Kraus, Der lebendige Gott 1-36; O. Procksch, Der Lebensgedanke im Alten Testament, in: Christentum und Wissenschaft 4 (1928) 145-158 und 193-206; H.H. Schmid, Leben und Tod nach dem Alten Testament, in: Reformatio 15 (1966) 676-685; H.W. Wolff, Anthropologie des Alten Testaments 37 ff; 96 ff; 150 ff; 322 ff.
809) Vgl. Ijob 2, 4.
810) Chr. Barth macht darauf aufmerksam, das deutsche Wort "Leben" könne verschiedene Bedeutungen haben (Zustand, Dauer, Kraft, Beweglichkeit usw.). Diese Bedeutungen finden sich alle auch bei den altorientalischen Völkern. Doch zeigt der Begriff auch einen eingegrenzten Sinn von Leben: die positive Einschätzung des Lebens (vgl. ebd. 27 ff.).
811) Ebd. 22; vgl. ebd. 22-24.

dass er 'heraustritt' (ex - sistere) und sich handelnd in dem ihm gegebenen Raum bewegt" (812).

Der Mensch hat ein Ziel (Erfüllung, Absicht, Hoffnung oder Verheissung) vor Augen und will dieses Ziel auch anstreben. Dieses ist aber oft allein nicht zu erreichen. Der Mensch ist auf andere angewiesen (813). Wo deshalb ein Partner fehlt, kann von wirklichem Leben nicht mehr gesprochen werden. Wirklich lebt nur, wer mit anderen gemeinsam lebt (814). Neben diesen entscheidenden Merkmalen alttestamentlichen Lebensverständnisses wird Leben oft positiv qualifiziert als Kraft, Festigkeit, Sicherheit, Gesundheit, Segen, Heil, Glück, Freude, Sättigung, Reichtum, Rettung und Führung, Wunscherfüllung, Erfolg, Ehre, Gunst, Namen und Nachkommenschaft (815).

Zusammenfassend sei eine Art Kurzformel aus dem Alten Testament selbst zitiert, die all das umschreibt, was dem Israeliten als Ideal eines wirklich erfüllten Lebens vorschwebte: "Ihr sollt Jahwe, eurem Gott, die schuldige Verehrung erweisen. Dann werde ich dein Brot und dein Wasser segnen und ich werde die Krankheiten von dir fernhalten. Keine Frau in deinem Lande soll eine Fehlgeburt haben oder kinderlos sein, und die Zahl deiner Lebenstage will ich vollmachen" (816).

Angesichts dieser vielfältigen und grossen Bedeutung des Lebens ist jede Minderung dieses Lebens als ein Ueberhandnehmen des Todes empfunden. "Jeder Verlust der positiv qualifiziert verstandenen Lebenskraft kommt bereits einem Sterben gleich" (817).

---

812) Ebd. 25. Es gilt hier darauf hinzuweisen, Aktivität muss nicht unbedingt auch Leben heissen. Diese kann, muss aber nicht auf Lebendigkeit verweisen; vgl. ebd. 25; auch P. Kleinert, a.a.O. 701/702.

813) Der Mensch als Einzelner, Verlassener und Einsamer entwickelt keine Lebendigkeit mehr; vgl. Ps 55, 12-15.

814) Vgl. Chr. Barth, Die Errettung vom Tode 25/26.

815) Vgl. ebd. 27-33. Daneben lässt sich erkennen, dass auch Ernährung, Wasser und Licht eine Bedeutung für das Leben besitzen; vgl. die vielen Hinweise ebd. 26/27 und 33-36.

816) Ex 23, 25; vgl. auch Ps 80; Num 6, 24-26: "Jahwe segne dich und behüte dich! Jahwe lasse sein Antlitz auf dich leuchten und sei dir gnädig! Jahwe erhebe sein Antlitz hin zu dir und schaffe dir Heil!" (Šalom). Behütung, Gnade und Heil vor dem Angesicht Gottes, das ist volles Leben und man weiss sich vor aller Finsternis des Todes bewahrt.

817) P. Hoffmann, Die Toten in Christus 60.

4. Der Tod als Erfüllung des Lebens

Hat ein Mensch das Leben in seiner Fülle an Gütern und Heil auskosten dürfen, ist er "alt und lebenssatt" geworden, und ist der Tod grundsätzlich als ein selbstverständliches Ende des Lebens erwartet worden, dann konnte der Tod auch als erfülltes Ende des menschlichen Lebens erscheinen. Müde und schwach geworden, konnte er sich nicht mehr der Lebendigkeit ursprünglichen Lebens erfreuen. "Wem Jahwe sich in Freundschaft und Liebe zuwendet und wer sich von Jahwes Willen leiten lässt, dem schenkt er ein langes Leben, ein reiches, reifes, glückliches Leben, für das der Tod nicht eigentlich Ende, sondern friedvolle Erfüllung bedeutet" (818). Er war mit Leben gesättigt und konnte, Jahwe für dieses Glück dankend, sein Lebensende erwarten. Mit einem langen und erfüllten Leben vor Jahwe hatte er alles bekommen, was er sich ersehnte. "Er war dann im wahrsten Sinne des Wortes mit Gutem gesättigt. Sein Leben war ausgereift wie ein Garbe auf dem Felde" (819).

Nicht von allen Menschen wird dies ausgesagt, sondern nur von religiösen Vorbildern in Israel (820). Mit "alt und lebenssatt" ist nicht nur die Länge der Lebenszeit gemeint, sondern einige Schriftstellen (821) lassen erkennen, dass es sich um eine inhaltsmässige Ausfüllung des Lebens handelt: Nachkommenschaft, Sterben in der Heimat und auch dort Begrabenwerden (822).

Wird dieser Aspekt des Todes im Alten Testament erst seit der Priesterschrift ausdrücklich erwähnt, so ist diese Haltung doch schon lange vorher vorgezeichnet. Es treten "die für den Tod eines frommen Menschen typischen, uns schon bekannten Züge hervor, und zwar nicht nur in der Bearbeitung von P: die Erreichung eines hohen Alters, das Umgebensein von Söhnen und Enkeln sowie die Gewissheit eines Begräb-

---

818) G. Greshake, Auferstehung der Toten 186.
819) L. Wächter, a.a.O. 64; vgl. Ijob 5,26, wo das Bild der Reife vorkommt; das Bild der Sättigung findet sich für diesen Tatbestand gelegentlich auch; vgl. G. v.Rad, Alttestamentliche Glaubensaussagen 252: "Beides, alt und lebenssatt, das ist das Vollmass des menschlichen Lebens, die Erfüllung dessen, was von Gott her in dem jeweiligen Leben angelegt war".
820) Vgl. Gen 25,8 (Abraham); 35,29 (Isaak); Ijob 42,17; 1 Chr 29,28 (David); 2 Chr 24,15 (Jojada); vgl. L. Wächter, a.a.O. 64 ff.; G. Fohrer, Geschichte der israelitischen Religion 214; G. Schunack, a.a.O. 44-46; G. v.Rad, Alttestamentliche Glaubensaussagen 252. Wenn vom lebenssatten Tod der Gottesfreunde gesprochen wird, dann stets in erzählend-geschichtlicher Form.
821) Vgl. Gen 25,8; 35,29; Ijob 42,17.
822) Man hoffte, die verstorbenen Mitglieder des Stammes wieder zu sehen. Man versammelte sich zu den Vätern (Gen 25,8; 35,29; 49,29; Dtn 32,50; vgl. weiter W. Zimmerli, Die Weltlichkeit des Alten Testaments 114; G. Quell, a.a.O. 11f).

nisses in der Heimat, das ihm sein Lieblingssohn Joseph durch einen Eid zusichern muss" (823).

Ein langes und erfülltes Leben ist so für die Israeliten zum Ideal geworden, nachdem diese Vorstellung aus Mesopotamien oder aus Aegypten nach und nach auch in Israel wirksam geworden ist (824). Dieses ideale Bild des erfüllten Lebens wurde zu einem Bild für das künftige Heil (825). Es soll keinen Greis mehr geben, der seine Tage nicht erfüllte und wenn der Jüngste erst als Hundertjähriger sterben soll, wird ein solcher Tod noch als Fluch angesehen (826). Dieses Wunschbild wurde dann von der Apokalyptik ausgemalt.

Man wird also sagen können, der Tod wird ganz vom Leben her bewertet; "er ist nicht absolut, nicht die drohende Majestät irgendwo am Ende, sondern er ist rela-// tiviert; wir sahen das ja eben: Wer alt und lebenssatt stirbt, dem ist der Tod nichts abseits vom Leben stehendes Feindliches, sondern er besiegelt das Leben fast wie eine Erfüllung von Gott her" (827). Gibt es eine ganze Reihe von Belegen für eine solche positive Sicht des Todes insofern, dass ein Mensch von Leben genug hat, mit ihm zufrieden sein kann, den Tod zwar nicht herbeisehnt, ihn jedoch gefasst erwartet, so treten neben der Bescheidung des Menschen nach einem satten Leben, neben der Ergebung (828) in den Tod doch auch negative und schmerzvolle Gesichtspunkte auf, die den Grundton der alttestamentlichen Einstellungen zum Tod ausmachen.

---

823) L. Wächter, a.a.O. 67. Vgl. Gen 47, 29-31.
824) Nur Kohelet (z.B. 6,3-6) wendet sich gegen dieses Ideal. Das Leben wird als nichtig verstanden, und mag es auch noch so erfüllt sein. Vgl. dazu G. v.Rad, Weisheit in Israel (Neukirchen 1970) 292-305. Zur Nichtigkeit des Lebens bes. 294/295; vgl. auch O. Loretz, Qohelet und der alte Orient. Untersuchungen zu Stil und theologischer Thematik des Buches Qohelet (Freiburg 1964) 236-244; bes. 279-287. "Qohelet findet als Endergebnis seiner Untersuchungen, dass alles nur ein 'Lufthauch' ist. Dieses Resultat seines Forschens gewinnt er, indem er die verschiedenen, von den Menschen hochgehaltenen Dinge untersucht und ihre //Hohlheit oder Verlogenheit nachweist" (ebd. 236/237).
825) Sach 8,4; Jes 65,20.
826) Vgl. L. Wächter, a.a.O. 69.
827) G. v.Rad, Alttestamentliche Glaubensaussagen 252/253.
828) Vgl. Kp 4, § 1,2. Der lebendige Gott und der Tod als selbstverständliche Grenze.

5. Der Tod als schmerzlicher Abbruch des Lebens

Eine ganz andere Einstellung lässt sich beim vorzeitigen Tod eines jungen Menschen feststellen. Ein solcher verfrühter Tod offenbart sich als Feind des Lebens (829). "Zahllose Wendungen beschreiben ihn darum als 'Untergang', als Vernichtung, als Einkehr in das Land ohne Rückkehr, in dem Finsternis, Schweigen und Vergessen regieren, so dass nichts mehr zu sehen, nichts zu hören, nichts zu erinnern ist" (830). Die alte Weisheitsliteratur (831) fragt häufig nach dem Warum des verfrühten Todes, und wie man einem solchen Tod entgehen könne.

Kann bei einem langen und erfüllten Leben etwas von dem erahnt werden, was Heil bedeutet, ja gilt es selbst als ein Zeichen des Segens Jahwes, so ist der vorzeitige Tod etwas Nichtselbstverständliches, der "verschuldete Tod" (832). "An diesem Tod erscheint also der Entzug des Segens und im Entzug des Segens erscheint dieser Tod" (833). Deshalb ist er auch der gefürchtete Tod.

Besonders die Weisheitsliteratur weist - wie keine anderen älteren Zeugnisse so deutlich - immer wieder auf diesen Zusammenhang von Schuld und Tod hin. Die Weisheit "weiss, woher er kommt, und sie weiss auch, wie man ihm entgehen kann" (834). Das ist allerdings noch keine Garantie, dass nicht auch der Weise von diesem Tod überfallen wird, denn nicht der Mensch verfügt über das Leben und den Tod, sondern Gott (835).

Der Tod, der mit der Schuld in Verbindung gebracht wird, ist eine wirkende Macht, eine dynamische Unheilssphäre, aus der nur Gott helfen kann (836). Bleibt beim endlichen Alterstod dieser Zusammenhang zwischen Tod und Schuld noch verborgen (837),

---

829) Jes 38,10. 12 f.
830) H.W. Wolff, a.a.O. 170; vgl. 2 Sam 12,23; Ijob 7,9 f; 10,21 f; 14,18; Ps 94,17; 103,15; 104,29; 115,17.
831) Spr 11,19; 21,25; 10,21; vgl. G. Lohfink, a.a.O. 198-204.
832) H.W. Wolff, a.a.O. 170; vgl. 1 Sam 2,31 f; Ijob 22,15 f; Dtn 30,15; Spr 11,19; 13,14. Die Weisheitsliteratur versucht, Wege zu weisen, wie man einem solchen verfrühten Tod entgehen kann, indem man das Böse meidet.
833) G. Schunack, a.a.O. 49.
834) G. Lohfink, a.a.O. 203.
835) Spr 14,12; 16,25; 22,14.
836) Vgl. G. Greshake, Die Auferstehung der Toten 210.
837) G. v.Rad, Weisheit in Israel 165-181. In Israel ist es nach G. v.Rad tief verwurzelt, "dass von jeder bösen oder guten Tat eine Bewegung ausgelöst wurde, die über kurz oder lang auch auf den Täter zurückwirkte. Er hatte es also weithin selbst in der Hand, sich der Strahlkraft des Unheils oder des Segens auszusetzen" (ebd. 171). Vgl. Jer 6,19; 14,16; Spr 11,21; 12,7; 14,22; 15,6; 26,27; Sir 40,88; Ijob 5,3-7; 8,11-13; 18,5-21. Es geht dabei gar nicht um einen Vergeltungsglauben, sondern um erfahrbare Lebensordnung.

so treten im vorzeitigen Tod die Spannungen zwischen Gottesferne des Menschen und der Macht Gottes ganz deutlich ins Blickfeld (838), da der natürliche Alterstod eher auf die Geschöpflichkeit, die zum Menschen gehört, hinweist.

Versuchen wir neben der Darstellung dieser beiden ausgezeichneten Situationen des erfüllten Todes des Frommen und des verfrühten Todes des Bösen mit einigen Zügen eine Todeseinstellung zu skizzieren, die der durchschnittliche Israelit einnimmt. Es gilt nochmals in Erinnerung zu rufen, dass die vielen verschiedenen Zeugnisse keine Darstellung eines einheitlichen Todesverständnisses des alttestamentlichen Menschen erlauben, sodass hier nur solche Einstellungen beschrieben werden sollen, die mehr oder weniger Allgemeingut des Alten Testamentes sind, ohne auf spezifische Nuancierungen und Differenzierungen in einzelnen Texten einzugehen (839). Mit dem Tod

---

Vgl. K. Koch, Gibt es ein Vergeltungsdogma im Alten Testament? in: Zeitschrift für Theologie und Kirche 52 (1955) 1-42. K. Koch weist jede Annahme eines Vergeltungsglaubens im Alten Testament ab. Es gibt dafür keine Anzeichen. "Was sich findet und immer wieder zum Ausdruck kommt, ist eine Auffassung von schicksalwirkender menschlicher Tat" (ebd. 9). Der Mensch schafft sich durch sein Tun eine Sphäre, die ihn heil- oder unheilwirkend umgibt (vgl. ebd. 31). Das gilt sowohl für den einzelnen (vgl. Weisheit) als auch für das ganze Volk (vgl. Propheten).

Zur Auseinandersetzung mit K. Koch vgl. R. Knierim, Die Hauptbegriffe für Sünde im Alten Testament (Tübingen 1967) 73-96. R. Knierim schliesst sich einerseits der These K. Kochs an, wenn er Tat und Tatenfolge als ein einheitliches und zielgerichtetes Geschehen ("schicksalwirkende Tatsphäre") versteht, wendet sich aber gegen diesen, wenn K. Koch in diesem Zusammenhang kein Rechtsdenken sehen will. R. Knierim versucht nachzuweisen, dass im Alten Testament sowohl das Rechts- als auch das Tatsphärendenken - ersteres natürlich nicht im Sinne eines artfremden Vergeltungsdenkens - nicht nur nebeneinander, mit verschiedenen Sitzen im Leben, sondern auch in- und miteinander vorkam, dass es nur zur Darstellung ein- und derselben Sache gedient hat und dass dies für hebräisches Denken sichtlich kein Problem enthielt" (ebd. 80).

838) Vgl. H.W. Wolff, a.a.O. 172 ff.

839) Vgl. A. Bentzen, Der Tod des Beters in den Psalmen. Randbemerkungen zur Diskussion zwischen Mowinckel und Widengren, in: J. Fück (Hg.), Festschrift für Otto Eissfeldt zum 60. Geburtstag (Halle 1931) 57-60; M.L. Henry, "Tod" und "Leben", Unheil und Heil als Funktionen des richtenden und rettenden Gottes im Alten Testament, in: Leben angesichts des Todes, 1-26; H.J. Kraus, Vom Leben und Tod in den Psalmen, in: Leben angesichts des Todes 27-46; ders., Vom Leben und Tod in den Psalmen. Eine Studie zu Calvins Psalmen-Kommentar, in: ders., Biblisch-theologische Aufsätze 258-277; E. Lohse, Gesetz, Tod und Sünde in Luthers Auslegung des 90. Psalms, in: Leben angesichts des Todes 139-155; H.D. Preuss, Psalm 88 als Beispiel alttestamentlichen Redens vom Tod, in: A. Strobel (Hg.), Der Tod - ungelöstes Rätsel oder überwundener Feind? (Stuttgart 1974) 63-79; A. Schulz, Der Sinn des Todes im Alten

geht für das Alte Testament das Leben zu Ende. Das dürfte wohl die einzige, durch alle Schriften sich durchziehende, eindeutige Aussage sein (840). Diesem Ende kann der Mensch nicht entrinnen. Er ist ein unwiderrufliches, beklagenswertes Geschick" (841). Wie immer der Tod dem einzelnen Menschen auf verschiedenste Weise (fremd, unbegreiflich, vertraut oder erwartet) begegnet, eines scheint sicher zu sein, dass er in jedem Fall das Ende des Menschen ist, das Ende des Lebens. Das heisst aber nicht, dass der Mensch damit aufgehört hätte, zu existieren, sondern er fristet jetzt eine geschwächte Existenz. Er hat keine Lebendigkeit, keine Gegenwart mehr.

Der Tod wird nicht in erster Linie als ein Gegenpol zum Leben gesehen. Vielmehr ist die Grenze zwischen Leben und Tod fliessend, d.h. nicht näher zu bestimmen (842). "Trotz ihrer Gegensätzlichkeit waren Leben und Tod für den Israeliten keine streng gegeneinander abgegrenzten Bereiche, sondern bewegliche und bewegte Kraftfelder, die auf- und ineinander wirken konnten: Die Macht des Todes vermag in das menschliche Lebensfeld einzudringen und dort um sich zu greifen. Dann wird die Lebenskraft schwächer, bis sie schliesslich vielleicht ganz erlischt oder aber in neuem Aufschwung die Kraft des Todes überwindet" (843). Ob der Tod gut oder böse, fremd, unbegreiflich oder vertraut und erwartet, Freund oder Feind ist, das lässt sich nur am einzelnen Schicksal ablesen und keinesfalls generell sagen.

So ist der Tod die Bedrohung des Lebens, ja er raubt dem Menschen seine zugemessene Lebenszeit, in der er sich entfalten könnte. Jegliche Handlungs- und Bewegungsfreiheit fehlt ihm; eine Teilnahme am Leben ist verunmöglicht und darin kündet sich sein trostloser Charakter an. Der Mensch wird im Tod aus der Gemeinschaft herausgerissen, und das macht den Tod für den orientalischen Menschen - der weitgehend ein sinnvolles Leben als ein Leben in einer grösseren Gemeinschaft sieht - zu einem

---

Testament (Braunsberg 1919); W. Vollborn, Das Problem des Todes in Genesis 2 und 3, in: Theologische Literaturzeitung 77 (1962) 710-714; W. Zimmerli, "Leben" und "Tod" im Buche des Propheten Ezechiel, in: Theologische Zeitschrift 13 (1957) 494-508.

840) Aehnliches gilt für das Todesverständnis im ganzen Orient, wo der Tod ebenfalls in vielen Gesichtern auftritt.

841) G. Schunack, a.a.O. 46.

842) Besonders die Klagepsalmen lassen erkennen, dass Krankheit, Siechtum, Verfolgung, Unrecht usw. den Menschen in die Nähe des Todes (der Scheol) bringen. Das versucht Chr. Barth, Die Errettung vom Tode 53 ff. nachzuweisen. Auch V. Maag, Tod und Jenseits nach dem Alten Testament, in: Schweizerische Theologische Umschau 34 (1964), hält fest: "Zwischen Leben und Tod, zwischen der Welt hier und dem Totenlande verläuft daher nicht immer eine klare und scharf gezeichnete Grenze. Ein Mensch in seiner Verzweiflung ist zwar noch da; indem sich aber das Licht zu verdüstern droht, blickt er bereits hinab in den Abgrund" (ebd. 23); vgl. G. v.Rad, Weisheit in Israel 386 f.

843) G. Fohrer, Geschichte der israelitischen Religion 215; vgl. Jes 3,1-9; 38,10; Ps 18,5 f; 88,4-6.

negativen und schmerzvollen Ereignis (844). Tod bedeutet weiter Verlust jener Güter, die das Leben sinnvoll machen, die sogar mit dem Leben in vollem Sinne identifiziert werden können. Dieser Tod als Verlust kündet sich in Ohnmacht, Schwäche, Unsicherheit, Unheil, Strafe, Verderben, Finsternis usw. an. Der Verlust der Lebenskraft zeigt sich nicht nur im Zerfallen des Körpers, sondern an der Zerstörung des ganzen Menschen. "Dies gilt in erster Linie für seine Eigenschaft als lebendige Person aus Seele und Leib. Nicht nur der letztere, sondern ausdrücklich auch die Seele 'stirbt' nach israelitischer Anschauung, siehe Ri 16,30; Hes 13,19; Num 31,19. Beide gehören untrennbar, ja unvermischt zusammen - ein Leib ohne Seele wäre nur Staub, und von einer Seele kann nur in bezug auf einen bestimmten Leib die Rede sein, dem sie das Gesicht und den Charakter gibt - und werden also vom Tode gleichermassen in Mitleidenschaft gezogen. 'Lebendige Seele' kann der Mensch im Tode nicht mehr sein, weil ihm die Kraft des 'lebendigen Odems' entzogen ist. Die Zerstörung und Vernichtung, konkret: der Verfall und die Verwesung des ganzen Menschen gehören also notwendig zum Wesen des Todes" (845). Und in diesem Zerfall des Menschen zeigt sich das Böse des Todes, besonders, wenn es sich im Tod um eine Strafe Gottes handelt.

Wir dürfen festhalten: der Tod ist im Alten Testament nicht als ein naturwissenschaftliches Phänomen verstanden, sondern Gott setzt dem Menschen den Tod. Er beginnt dort wirklich zu werden - das meinen zumindest die Klage- und Dankpsalmen -, "wo Jahwe einen Menschen verlässt, wo er schweigt, also da, wo immer sich die Lebensbeziehung zu Jahwe lockerte" (846).

---

844) Da der Israelit nicht einsam und allein existieren kann, ist es für ihn schon ein Trost zu wissen, dass er nach seinem Lebensende sich "zu seinen Vätern", zu "seinem Volk" legen kann (vgl. Gen 25,8; 8,29.35; 49,29.33; Ri 2,10; 2 Kön 22,20; Num 27,13; Dtn 32,50). Es gehört offenbar zum vollen Eingehen in die Ruhe des Todes, an dem Ort begraben zu werden, an dem auch schon die Vorfahren liegen. Es ist deshalb ein hartes Schicksal, wenn er in der Fremde begraben werden muss. "Zu den Pietätspflichten gegenüber den Ahnen gehörte darum die Aufstellung von Speise und Trank an ihren Grabstätten. Mit dem Empfinden, als Toter der Wohltaten bedürftig zu sein, hängt es teilweise zusammen, dass der alttestamentliche Mensch unter dem Los der Kinderlosigkeit schwer litt. Denn an den Grabstätten spendete wohl jedermann in erster Linie seinen eigenen Eltern und direkten Vorfahren, sodass der Kinderlose zurückgesetzt und elend dran war" (V. Maag, a.a.O. 21).
845) Chr. Barth, Die Errettung vom Tode 63.
846) G. v. Rad, Theologie des Alten Testaments I, 401; vgl. ders., Alttestamentliche Glaubensaussagen: "Mit dem Tod tritt der Mensch aus der Lebensbeziehung zu Gott heraus" (ebd. 259).

6. Die Scheol als Machtbereich des Todes

Einerseits ist ein Toter den noch lebenden Menschen noch sehr nahe, und doch ist er andererseits unendlich fern gerückt. Eine tiefe Kluft wird zwischen Lebenden und Verstorbenen empfunden. Darin liegt das Erschütternde des Todes für den Menschen. "Diese andere Empfindung konstelliert die Vorstellung von Hingang des Toten in ein fernes Totenland. Sei dieser Totenort eine unerreichbare Insel, ein unzugänglicher Hades oder Orkus, eine im untersten Weltkeller errichtete Totenstadt, wie sie das sumerisch-babylonische Weltbild kennt, das Land A m e n t i der Aegypter oder ihr J a r u -Feld oder sie Sonnenbarke des O s i r i s - R e: Die Distanz zwischen Toten und Lebenden ist in all diesen Bildern unendlich gross. Zu diesen fernen Totenreichen gehört auch die alttestamentliche Scheol" (847).

Gingen die bisher betrachteten Anschauungen vom Tod im Alten Testament vor allem von gemachten Erfahrungen aus, so müssen Aussagen über die Vorstellungen von der Scheol bereits auf einer höheren Reflexionsstufe gesehen werden. Dabei entsprechen charakteristische Bereiche der Scheol einzelnen Zügen der noch unreflektierten Todeserfahrung.

Für den orientalischen Menschen sind Leben und Tod nicht zwei abstrakte Grössen, sondern vielmehr zwei Bereiche. So entspricht dem Tod - wie dem Leben - ein besonderer Machtbereich, wo der Tod seine Herrschaft ausübt. Das Totenreich zeigt zwar mehr den räumlichen Aspekt, jedoch ist die Macht des Todes mit dieser Vorstellung eng verbunden (848). "Im Totenreich haben die Todesmächte nicht nur ihre Heimat, sondern auch ihre räumliche Verkörperung" (849).

Gibt es schon für den Tod kein einheitliches Verständnis im Alten Testament, so erst recht nicht für die Scheol. Verschiedene Bilder - die meisten mit negativem Charakter - geben einen Einblick in die alttestamentliche Scheolvorstellung: das Land der Toten erlaubt keine Rückkehr (850); jede Zeit fehlt (851). Es kann vom "ewigen Haus" der Toten (852) oder der "ewigen Stadt" gesprochen werden. Alle Menschen sind gleich geworden (853). Nichts kann der Mensch mehr tun (854). Sein Dasein ist nur noch schattenhaft, farblos, langweilig, ohne jede Wärme. Nichts Aktives und Dyna-

---

847) V. Maag, a.a.O. 22.
848) Als räumlicher Ort ist das Totenreich verstanden Jes 28,15; Hos 13,14; Ps 18,6; 30,4; 38,18; 49,15; 88,4; 89,49; 116,3; Spr 55; 7,27; 15,24; als personifizierte Macht Hos 13,14; Jes 28,15; Ps 6,6; 22,16; Ijob 28,22; 30,23; vgl. dazu Chr. Barth, Die Errettung vom Tode 76 und 89.
849) Ebd. 76.
850) Vgl. V. Maag, a.a.O. 22; vgl. 2 Sam 12,23; Ijob 7,9; 10,21; 3,11 ff.
851) Ijob 14,12.
852) Koh 12,5; Ijob 17,13; 30,23.
853) Ijob 3,19.
854) Koh 9,10; Ps 94,17; 115,17.

misches, nichts Wirkendes gibt es mehr. Es ist nur noch ein blosses Dahinvegetie-
ren, kein Leben mehr in vollem Sinn (855). "In diesem Bereich der völligen Kraft-
losigkeit, der mit Tor und Riegel abgeschlossen ist (Jes 38,10; Ps 9,14; Hi 38,17),
geht das Schattenbild ein, das sich vom Gestorbenen loslöst, um dort jenes gespen-
sterhafte Dasein zu führen, das herkömmlich das Geschick des Menschen nach dem
Tode kennzeichnet" (856). Diese Auffassung der geschwächten Existenz beruht auf
der Annahme der Israeliten, "dass der Tod als 'physisches' Lebensende nicht
schlechthin die Vernichtung der Person bedeutet" (857). Die Scheol wird als Ge-
fängnis (858); als Land des Vergessens (859), da der Tote vom Menschen und von
Gott verlassen und jede Beziehung zu ihnen abgebrochen (860); als Land der Finsternis (861); als tödliche Stille (862); als Feld des Durstes, als Dickicht der Schwäche
und Mühe gesehen oder als Haus des Staubes, als Schreckenshaus (863), als wüster
Ort und Steppe. Die Freude am Leben und an Jahwe ist im Lande der Wehklagen, in
der Stadt der Trauernden verloren gegangen (864). Die Toten fristen im finsteren
Hause ein klägliches Dasein.

Spricht man der Scheol räumlichen Charakter zu, stellt sich gleich die Frage, wo sie
zu lokalisieren sei. Auch auf diese Frage kann wieder keine einheitliche Antwort gegeben werden. Der Ort der Scheol scheint aber nicht von grösster Wichtigkeit zu
sein. Es zeigt sich, "dass es sich bei der Lage des Totenreichs nicht um eine Frage
der Anschauung // und Erfahrung, sondern deutlich um eine Glaubenssache und also
um ein Geheimnis handelt, über das man nur mit scheuer Zurückhaltung redet" (865).

Die Scheol denkt man sich "unten" (866). Der Verstorbene geht ins "untere Land"

---

855) Vgl. weitere Bezeichnungen für Scheol bei Chr. Barth, Die Errettung vom Tode 79,80.
856) G. Fohrer, Geschichte der israelitischen Religion 218. Dabei muss beachtet
werden, "dass es sich wieder um den ganzen Menschen und nicht um seine 'Seele' oder einen anderen Teil handelt. Ein Schattenbild seiner Person löst sich im
Tod los und vegetiert in der Unterwelt weiter" (ebd.).
857) G. Greshake, Auferstehung der Toten 176.
858) Ps. 9,14; 107,18; 18,6; 116,3; Ijob 17,16; 38,17.
859) Ps 88,13.
860) Ps 88,13.
861) Ijob 10,21.
862) Ps 115,17; 94,17.
863) Ps 116,3.
864) Kommt das Leben von Gott her, so bedeutet Leben, dass Jahwe mit dem Menschen, mit seinem Volke ist. Heisst Leben Freude haben, dann bedeutet Freude
am Leben haben, Freude an Jahwe und seinem Wort haben; (vgl. G. Schunack,
a.a.O. 51/52).
865) Chr. Barth, Die Errettung vom Tode 80/81.
866) Vgl. zu "oben" und "unten" O.F. Bollnow, Mensch und Raum (Stuttgart 1963)
45 f; 65 ff.

als grösstmöglicher Gegensatz zum Himmel (867), wenn man sich auch den genauen Ort der Scheol nicht vorstellen kann. Die Tiefe deutet so etwas von der Entfernung und Trennung von den Lebenden und von Jahwe an. Dem entspricht auch die Vorstellung der Scheol als Grab, wenngleich eine Interpretation dieser Vorstellung nicht einfach sein dürfte (868).

Ausser dem Grab gibt es noch andere Phänomene, die eine Negation des Lebens bedeuten, und die in sehr plastischer Weise das Totenreich manifestieren: der Ozean, der bei den Israeliten und Babyloniern Chaos, Tod, Zerstörung bedeutet. Für die meisten nicht mit dem Meer vertrauten Semiten bedeutet das Meer etwas Unheimliches und wird als Stätte grosser Gefahr eingeschätzt.

Ein weiteres Bild des Totenreiches ist die Wüste. Hintergrund dieses Bildes ist die Erfahrung, in ihr alles Leben sterben zu sehen. Viele Charakterisierungen des Todes stammen aus dem Bereich der Wüste: trostlose Ewigkeit, Gefangenschaft in der Nichtigkeit, Einsamkeit, Verlassenheit, Hunger, Durst, Ohnmacht, Zerstörung und Tod (869).

"Grab, Ozean und Wüste sind also diejenigen Phänomene der sichtbaren Welt, in denen sich das den Lebendigen sonst unsichtbare Totenreich manifestiert. Diese Räume sind die bevorzugten Erscheinungsorte der Todeswelt. Alle verkörpern in ihrer besonderen Art das Wesen des Todes; allen ist die äussere und innere, die physische und die wesenhafte Finsternis gemeinsam" (870).

---

867) Am 9,2; Ijob 11,8; Ps 139,8; Jes 7,11. Vielleicht dürften sich gerade in dieser Vorstellung der Scheol als "untere Welt" Einflüsse der Unterweltsvorstellungen der umliegenden Völker bemerkbar machen, auch wenn sie sich von der Unterwelt oder der Hölle unterscheidet. Vgl. G. Fohrer, Theologische Grundstrukturen des Alten Testaments (Berlin 1972) 173.

868) Ps 28,1; 30,4; 40,3; 55,24; 88,5.7; 143,7; Jes 38,17; Jon 2,7; Sir 51,2. Gerade das Grab dürfte eine nicht unbedeutende Rolle für die Ausbildung der Vorstellung von der Scheol gespielt haben. So stellt sich die Frage, ob Totenwelt und Grab identisch sind. Dafür spricht die gleiche Bedeutung der beiden. Dagegen spricht die Tatsache, dass die Totenwelt als Wohnung a l l e r Toten angesehen wird. Das Grab aber scheint für den einzelnen auch die Unterwelt zu sein. Alle Toten unterstehen im Grab den gleichen Bedingungen und so "bilden sie ein 'Reich', das als Raum wohl im einzelnen Grabe, nicht aber in seiner Gesamtheit sichtbar wird" (Chr. Barth, Die Errettung vom Tode 85). Man wird aber zumindest festhalten dürfen, dass Grab und Totenreich zwar nicht identifiziert werden dürfen, jedoch im Zusammenhang mit einander gesehen werden müssen (vgl. weiter G. Fohrer, Geschichte der israelitischen Religion 218).

869) Vgl. Chr. Barth, Die Errettung vom Tode 86.

870) Ebd. 87.

Es gibt demnach verschiedene Vorstellungen und "Lokalisationen" für das Totenreich. Auf diesem Hintergrund muss die Bedeutung der Frage nach der genauen Bestimmung des Wo der Scheol als gering erachtet werden. Jede Angabe kann Wesentliches aussagen: das Totenreich liegt von dem Reich der Lebendigen fern und ist von ihm ganz verschieden. Jeder, der in die eben genannten Räume (Grab, Ozean, Wüste) eintritt, steht deshalb im Machtbereich des Todes, d.h. das Totenreich ist überall dort, wo Tod seine Herrschaft ausübt.

Doch wäre es eine Verkürzung, wollte man die Scheol nur statisch sehen. Zu ihrem Verständnis gehört wesentlich auch ihr dynamischer Machtcharakter: die Scheol ist ein ständiges Bedrohen, Angreifen und Erobern der Lebensbereiche. So wird sie oft mit einem Ungeheuer verglichen, das sich auf alles Lebendige stürzt. Sie will sich in alle Bereiche ausdehnen (871). Dieser dynamische Charakter zeigt sich, wenn Krankheit oder Unfall - was schon als Eintreten in die Gewalt des Todes verstanden wird - den Menschen befallen (872). Neben der Krankheit gibt es auch andere Situationen, in denen der alttestamentliche Mensch das Uebergreifen des Totenreiches sieht; Gefangenschaft (873) und Anfeindung (874).

Der Mensch kann sich zwar in Krankheit, Gefangenschaft, Not, in Hunger, in Seenot oder sonst in einer Situation des Unglücks als in der Scheol Seiender fühlen, erlebt sich aber in dieser Situation noch nicht im vollen Umfang in ihr. "Er erfährt die Wirklichkeit des Todes - im // Fall der Krankheit - in Form der schmerzlichsten Schwächung und Zerstörung des Leibes und der Seele. Er erfährt sie - als Gefangener - in Form der völligen Abgeschlossenheit vom Leben und von der Gemeinschaft.

---

871) Besonders deutlich zeigt sich das in der Vorstellung einer Ueberschwemmung des Meeres oder der Dürre der Wüste.
872) Der Einzelne konnte sich in verschiedenen Situationen in der Scheol finden: in Krankheit: Der Kranke fühlte sich von den Menschen und Gott verlassen. Schmach, Unheil, Verderben sind über ihn gekommen. Die Klagelieder zeigen an, dass Krankheit der Scheol gleichkommt. "Was dazu Anlass gab, ersieht man am besten aus einem Vergleich der Krankheitsschilderungen mit den Existenzbedingungen des Totenreichs. Im Tode ist der Mensch einem langsamen, unaufhaltsamen Zerstörungsprozess unterworfen; am Kranken zeigen sich Symptome desselben Vorgangs. Der Tote fristet ein (relativ) schwaches, ja ohnmächtiges Dasein; vom Kranken gilt, wenn auch in geringerem Masse, dasselbe. Verwerfung und Schmach treffen - unter einem bestimmten Aspekt - den Toten, in jedem Fall aber den Kranken. Dem Toten fehlt die zum Leben notwendige Gemeinschaft. Er hat keinen Anteil an der Zeit; Hoffnung und Zukunft bedeuten ihm nichts. Speise und Trank können ihm selbst wenn er sie haben sollte, nicht zur Fortsetzung und Erfüllung seines zeitlichen Lebens verhelfen. Auch der Kranke sieht sich aller Hoffnung beraubt; einsam von Gott und Menschen verlassen" (ebd. 101).
873) Vgl. ebd. 102-104.
874) Vgl. ebd. 104-107.

In Feindesnot begegnet sie ihm in Form des wehrlosen Ausgeliefertseins an die Macht des Todes. Der Hungernde und Dürstende bekommt das Totenreich in seiner Eigenschaft als leblose Wüste zu spüren. Wer in Seenot geraten ist, hat es mit dem Totenreich in seiner Eigenschaft als lebensfeindlichem Ozean zu tun. Der in irgendeiner Form vom Unglück Betroffene begegnet dem Tod als der Vernichtung des Lebens. Der Sünder endlich unterliegt - oft genug, ohne dessen rechtzeitig gewahr zu werden - der objektiven Nichtigkeit des Daseins unter dem Zorn Gottes" (875).

Eine ähnlich partielle Erfahrung des Totenreiches macht jener, der sich ihr räumlich nahe weiss, aber nie ganz in ihr zu sein scheint (876). Darin liegt der Unterschied zum eigentlichen Tod, dass der Lebende - fühlt er sich dem Tod auch noch so nahe - wieder aus dieser Gefahr errettet werden kann, während der Tote endgültig und irreparabel vom Tod und Totenreich umgeben ist. Der lebende Mensch erfährt in der Bedrängnis nur die Nähe des Todes, nicht schon ihn selbst. Doch das ist für den Israeliten bereits eine reale Todeserfahrung. In ihr mag er für einen Augenblick die schreckliche Wirklichkeit des Todes erfahren.

Noch zugespitzter zeigt sich die Bitterkeit des Todes darin, dass in der Scheol der Mensch vom Herrschaftsbereich Jahwes ausgeschlossen ist. Die Trennung von Jahwe wird schmerzlich empfunden - besonders wenn man bedenkt, dass Gott die Quelle des Lebens ist (877). "Damit wird der Definition des Toten als des vom Lobe Gottes Abgeschnittenen die des Lebenden als desjenigen Menschen gegenübergestellt, der Jahwes Werk und Wort rühmen kann" (878). Der Tod als Scheol ist ein Raum der Gottesferne (879). Der Mensch kann zu seinem Gott keine Verbindung mehr aufrecht erhalten. Jede Verkündigung von Jahwe hat aufgehört und kein Lob Gottes ist mehr möglich (880). Auf der anderen Seite - und das ist in Israel einzigartig - ist dem Tod jede selbständige Macht entzogen. Ist diese Ferne von Gott auch deutlich im Auge zu behalten, so erwartet der Fromme von niemandem anders als von Jahwe die Macht, ihn vor dem völligen Verderben retten zu können. Jahwe ist doch der Herr über Leben und Tod. "Es ist elementare Gewissheit der Beter, dass wenigstens den Zugang zum Tod nur Jahwe verfügen oder verhindern kann" (881). Damit ist noch keine Hoffnung auf eine Auferstehung ausgesagt, sondern ein unzerbrechliches Vertrauen auf die Treue Gottes, die auch im Tode nicht zerbricht (882).

875) Ebd. 114/115.
876) Ps 88,4; Sir 51,6; Ijob 33,22; Ps 107,18.
877) Vgl. Ps 88,11-13; Ps 115,17; Jes 38,18 f.
878) H.W. Wolff, a.a.O. 161.
879) Vgl. Ps 88,11-13; 115,17.
880) Vgl. G. v.Rad, Alttestamentliche Glaubensaussagen 259; ders., Theologie des Alten Testaments I, 381.
881) H.W. Wolff, a.a.O. 163; Vgl. Am 9,2; Ps 139,8; 1 Sam 2,6; Dtn 3,39; Ijob 14, 13-17.
882) Ps 73,23; Dtn 10,9; Ps 16,5.

Zwischen der Vorstellung der Ferne Gottes im Tod und der Annahme von der Herrschaft Gottes über den Tod liegt allerdings eine bleibende Spannung, die im Alten Testament ausgehalten wird.

7. Die Entsakralisierung und Entmythologisierung des Todes

Die bisher beachteten Einstellungen zum Tod im Alten Testament lassen deutlich erkennen: im Alten Testament beginnt ein Entsakralisierungs- und Entmythologisierungsprozess des Todes. Die wenigen alttestamentlichen Bilder vom Totenreich sind zufällige Détailausschnitte, die ohne topographische Nachbarschaft bleiben und darum nur als Bruchstück eines Bildes wirken (883). Das religiöse Verhältnis zum Tod der nichtsesshaften Stämme Israels war nur gering (884). Indem die Israeliten das Todesverständnis der umliegenden Kulturen ablehnten, machten sie sich wenig eigene Vorstellungen über Tod und Totenreich. Ihre Antwort konnte nur heissen, Jahwe hat und will nichts damit zu tun haben (885). So kannten sie kaum einen Totenkult, wie ihn etwa die Babylonier oder Aegypter pflegten. Jedenfalls sind alttestamentliche Aussagen nur selten und bruchstückhaft.

Der Tod und das Totenreich werden in keinster Weise in Verbindung mit dem lebendigen Gott gebracht (886). Mit schärfster Strenge wird gegen Totenbeschwörung vorgegangen. "Die Gesetzessammlungen des Alten Testamentes zeigen, dass es den Versuch dazu immer wieder gegeben hat. In leidenschaftlicher Schärfe wird gewarnt, sich darauf einzulassen (Lev. 19,31; 20.6.27; Dtn. 18,11). Unter Josia werden nach 2 Kön 23,24 alle Totenbeschwörer zusammen mit den anderen Vertretern der Mantik und der Fremdgottheiten aus dem Lande beseitigt. 1 Sam. 28,3 hat darüber hinaus die Nachricht bewahrt, dass schon Saul das Land von Totenbeschwörern und Wahrsagern gesäubert habe" (887).

Die Entsakralisierung zeigt sich weiter darin, dass in Israel - im Gegensatz z.B. zu Aegypten - das Grab des Menschen keine grosse Rolle spielt, obwohl es zu den grössten Wünschen eines Israeliten gehört, in der Heimat begraben zu werden (888). Die

---

883) Vgl. V. Maag, a.a.O. 19.
884) Es ist nach V. Maag gerade das Einzigartige Israels, dass das nomadische Erbe "nicht von der Macht der polytheistischen-vitalistischen Religion des Kulturlandes aufgezehrt worden ist" (ebd. 17).
885) Vgl. ebd.
886) Vgl. W. Zimmerli, Die Weltlichkeit des Alten Testaments 116.
887) Ebd.
888) 1 Sam 31, 10-13; 2 Sam 21,1-14. Vgl. bei Mose (Dtn 34,6); David (1 Kön 2,1-10); Rehobeam (1 Kön 14,31); Asa (1 Kön 22,40). Nur wenige grosse Totenfeiern werden im Alten Testament beschrieben (Gen 50), und nur wenige grosse Gräber (Gen 35, 8; 1 Sam 25,1) werden genannt. Das Interesse dieser Beschreibungen ist jedoch ein anderes als ein sakrales. Vgl. H.W. Wolff, a.a.O. 152/153.

Gräber sind keine heiligen Stätten, sondern im Gegenteil, sie verunreinigen den Menschen geradezu (889). "Alles Tote, d.h. Gestorbene, repräsentiert den äussersten Grad von Unreinheit" (890). Deshalb wird das Grab auch nicht verehrt. Auch der Tod ist nichts Heiliges, nichts Göttliches.

Die Entsakralisierung des Todes lässt ihn nicht als mythische Macht verherrlichen, sondern in seiner vollen Grässlichkeit und Bitterkeit stehen. Jede Beschönigung, jede numinose Verschleierung, jede Vergöttlichung der Toten und des Todes wird entschlossen abgelehnt (891).

Sind auch in die Scheolvorstellungen mythische Einflüsse aus der Umwelt miteingeflossen, so bleibt sie doch ein Ort der Schwäche, und Jahwes Macht über Leben und Tod soll dadurch nur verdeutlicht werden (892). "Bei solcher dichterischen Aufnahme mythischer Gedanken kann also nicht von ferne die Rede davon sein, dass die Herrschaft des Todes verherrlicht oder gar vergöttlicht würde. Vielmehr schrumpfen die im alten Orient breit ausgebauten Vorstellungen vom Totenreich, wie sie z.B. im grossen Unterweltsmythos von der Höllenfahrt der Ischtar belegt sind, auf verhältnismässig seltene und knappe Anspielungen zusammen" (893). Schon gar nicht werden Tote mit einem Glorienschein ausgezeichnet, auch nicht die Grössten und Frömmsten in Israel. Was ein solcher Verzicht auf Todesverehrung und Totenkult heisst, lässt sich erst ermessen, wenn man bedenkt, wie stark diese Kulte bei den Nachbarn Israels blühen und wie schwer die Auseinandersetzung mit den kultischen Bestimmungen der Umwelt gewesen ist, bis solch scharfe Gebote gegen alle Formen eines Totenkultes formuliert werden. Man muss sehen, wie stark die menschlichen Grenzen in die Sphären des Mythischen hinein überschritten werden. "Wie ein erratischer Block liegt das Alte Testament in diesen religiösen Strömungen und Bewegungen der benachbarten Völker; es spricht seine eigene Sprache und weist auf neue Voraussetzungen und Zusammenhänge des Verstehens hin" (894).

Ein solcher Verzicht heisst allerdings nicht, dass die Israeliten kein Totenbrauchtum gehabt hätten, nur eben der sakrale Charakter fehlte (895). Wir finden also keine Totenriten, keine Mythologien, die die Kluft überwinden, keinen Heroismus oder eine

---

889) Vgl. Num 9,6; 19,11; 3,19.
890) G. v.Rad, Theologie des Alten Testaments I, 289.
891) Vgl. H.W. Wolff, a.a.O. 159 f; vgl. 1 Sam 28,13 f; 2 Kön 21,6; Jes 8,19; Dtn 16,14.
892) Vgl. ebd. 155 ff.
893) Ebd. 156.
894) H.J. Kraus, Vom Leben und Tod in den Psalmen 258.
895) Hinweise dazu sind zu finden bei G. Fohrer, Geschichte der israelitischen Religion 216 f.
   Zur Totenklage vergleiche: A. Bertholet, Die israelitischen Vorstellungen vom Zustand nach dem Tode (Tübingen 1914) 17 ff; K. Budde, Das hebräische Klagelied, in: Zeitschrift für die alttestamentliche Wissenschaft 2 (1882) 1-52; H.J.

Verharmlosung des Todes. "Wenn man sich einmal fragt, was denn jenes eigentümliche Etwas an den Berichten von dem Sterben alttestamentlicher Frommer ist, das
diese Erzählungen zu etwas fast zeitlos Gültigem macht, so ist doch gewiss eben jene
nüchterne Sachlichkeit, jenes letzte Einfachwerden vor dem Tod, der grösser ist als
aller menschliche Lebenswille" (896).

8. Spätes Erwachen einer Auferstehungshoffnung

Abschliessend soll in aller Kürze die anfängliche Entwicklung des Glaubens an eine
Auferstehung, d.h. eines Wandels der Vorstellung des Todes und der Scheol gezeichnet werden. Es können in unserem Zusammenhang einige wenige Hinweise genügen,
da auf mehrere Arbeiten hingewiesen werden darf, die diese Entwicklung und Fortsetzung im Neuen Testament zu ihrem Thema haben (897).

Ist der Tod im Alten Testament einmal eingetreten, haben sich die Tore für immer
geschlossen. Der Mensch hat von der Welt und von den Mitmenschen für immer Ab-

---

Elhorst, Die israelitischen Trauerriten, in: Beihefte zur Zeitschrift für die alttestamentliche Wissenschaft 27 (1914) 115-128; P. Heinisch, Die Totenklage im
Alten Testament (Münster 1931); H. Jahnow, Das hebräische Leichenlied im
Rahmen der Völkerdichtung, in: Beihefte zur Zeitschrift für die alttestamentliche Wissenschaft 36 (1923); C. Westermann, Struktur und Geschichte der Klage
im Alten Testament, in: Zeitschrift für die alttestamentliche Wissenschaft 66
(1954) 44-71; H.W. Wolff, Der Aufruf zur Volksklage, in: Zeitschrift für die
alttestamentliche Wissenschaft 76 (1964) 48-56.
896) G. v.Rad, Alttestamentliche Glaubensaussagen 251.
897) Vgl. Chr. Barth, Diesseits und Jenseits im Glauben des späten Israel (Stuttgart
1974); A. Bertholet, a.a.O.; W. Caspari, Tod und Auferstehung nach der Enderwartung des späten Judentums, in: Journal of the Society of Oriental Research
10 (1926) 1-13; G. Fohrer, Theologische Grundstrukturen des Alten Testaments
172-175; ders., Geschichte der israelitischen Religion 216-221 und 397-402;
G. Greshake, Auferstehung der Toten; P. Hoffmann, Die Toten in Christus;
G. Molin, Entwicklung und Motive der Auferstehungshoffnung vom Alten Testament bis zur rabbinischen Zeit, in: Judaica 9 (1953) 225-239; A.T. Nikolainen,
Der Auferstehungsglaube in der Bibel und ihrer Umwelt (Helsinki 1944); F.
Nötscher, Altorientalischer und alttestamentlicher Auferstehungsglaube (Würz-
burg 1926); G. v.Rad, Alttestamentliche Glaubensaussagen 260-267; J. Schefte-
lowitz, Der Seelen- und Unsterblichkeitsglaube im Alten Testament, in: Archiv
für Religionswissenschaft 19 (1918-1919); O. Schilling, Der Jenseitsgedanke im
Alten Testament (Mainz 1951); F. Schwally, Das Leben nach dem Tode nach den
Vorstellungen des Alten Israel (1892).

schied genommen, ja selbst von seinem Gott ist er fern (898). Diese Trostlosigkeit und Gottverlassenheit der Scheol ist oft bezeugt, und so scheint der Tod im Alten Testament das Letzte zu sein, was dem Menschen zutreffen kann. "Obwohl die Gedanken der Gottesherrschaft und Gottesgemeinschaft einen Grundzug der Jahwereligion bilden, bezog diese Religion sie länger als ein Jahrtausend ausschliesslich auf die Lebenden und verneinte jedes Verhältnis zwischen Jahwe und dem Geschick des Menschen nach dem Tode. Sie war ein Diesseitsglaube von eindrucksvoller Geschlossenheit und Folgerichtigkeit. Dass man sich dadurch das Geschick nach dem Tod noch trüber und aussichtsloser vorstellen musste, als es ohnehin der Fall war, wurde in Kauf genommen. Es überwog das Bewusstsein, der Gottesherrschaft und Gottesgemeinschaft im Diesseits in solcher Fülle teilhaftig werden zu können, dass alle Einschränkungen für jenes Vegetieren in der Unterwelt nicht ins Gewicht fielen" (899). Das Alte Testament weiss aber auch ansatzhaft anderes zu berichten. "Zwar herrschten die skizzierten Vorstellungen im vorexilischen Exil ungebrochen und behielten ihre Macht und ihre Verbindlichkeit auch noch tief in die nachexilischen Jahrhunderte hinein. Gegen die Zeitgrenze des Alten Testaments hin aber zeigen sich vereinzelte Ansätze zu Neuem" (900). Die Zeugnisse dazu sind nicht sehr häufig und viele, die auf einen solchen Sachverhalt hinweisen, müssen ausgeschieden werden. Das gilt zum Beispiel für die individuellen Klage- und Danklieder. Wenn in ihnen auch von Errettung des Einzelnen in irgend einer Form die Sprache ist, so sind die Stellen doch sehr viel seltener, wo es sich um die Errettung vom Tode, aus der Grube, aus den grossen Wassern, aus der Scheol oder der Macht der Scheol handelt. Die meisten Aussagen handeln von der Errettung aus der Bedrängnis, Krankheit, Gefangenschaft, Feindesnot oder von feindlichen Mächten oder Personen (901). "Die Errettung vom Tode, speziell: die Errettung aus Tod, Scheol, Grube und Wasser ist eine Ausdrucksform für den Vorgang, der sonst meistens Errettung von Feinden, aus Not und Bedrängnis usw., dargestellt wird" (902). Die Errettung aus der Bedrängnis hat in erster Linie körperliche Gesundheit zum Ziel (903), so dass Errettung in diesen Psalmen als Heilung verstanden wird (904).

---

898) "Ungeachtet dessen, dass sich die göttliche Macht auch auf die Unterwelt erstrecken mag (Jes 7,11; Am 9,2; Ps 139,8; Hi 26,5 f.), ist das Geschick des Menschen nach dem Tode ein gottloses Geschick" (G. Fohrer, Geschichte der israelitischen Religion 219).

899) G. Fohrer, Geschichte der israelitischen Religion 219.

900) V. Maag, a.a.O. 26.

901) Oft ist die Bedrängnis des Menschen in den schwärzesten Farben gemalt, um so von Gott eine möglichst baldige Errettung aus dieser Notsituation zu erbitten.

902) Ch. Barth, Die Errettung vom Tode 145.

903) Ps 30,4.

904) Heilung hat jedoch verschiedene Bedeutungen. Das zeigt sich auch in diesen Psalmen. Heilung kann zum Beispiel bedeuten, das Leben wieder aufnehmen als Entfaltung der Möglichkeiten des Menschen; Heilung kann Rückkehr in die Sphäre der Gesundheit sein, dem Lebensideal wieder neu zuzustreben, Neubeginn eines Lebens mit einer anderen Richtung und Ziel als bisher (vgl. Chr. Barth, Die Errettung vom Tode 147).

Auch die Befreiung aus der Gefangenschaft kann als Errettung vom Tode verstanden werden. Neues Leben heisst dann persönliche Freiheit; wo der Mensch vom Feinde bedroht ist, heisst es Errettung vor den Feinden. Errettung hat somit eine Vielzahl von Bedeutungen. "Wiederherstellung einer glücklichen und gesegneten Existenz, Gutmachung der erlittenen Schande, Sicherung der Nachkommenschaft. Der Arme wird reich gemacht, der Hungrige gesättigt, der Elende aus dem Staube erhoben; die Unfruchtbare gebiert sieben. Der Angefochtene und Verzweifelte wird getröstet (Ps 86,17), seine Seele gestärkt und gestützt und dadurch mit neuem Leben erfüllt. Um neues Leben handelt es sich dadurch insofern, als alle jene Bedrängnisse, obwohl sie dem Einzelnen zu Lebzeiten begegnen, Manifestierungen des Todes sind. Errettung bedeutet die Erlaubnis, im vollen Sinne Mensch - hier speziell: Glied des erwählten Volkes zu sein" (905).

Ein Blick auf eine der Errettung folgende Zeit ist in diesen Klage- und Dankliedern nicht die Regel. Entscheidend ist, dass der Mensch gerettet ist und nicht das "Wielange" (906). Zusammenfassend kann wohl zu den Klage- und Dankliedern gesagt werden: der Einzelne bekundet sein Vertrauen zu Jahwe, dessen Treue er gewiss sein darf und baut darauf, dass Gott ihm nicht der Macht der Scheol überlassen wird. Damit ist die Gewissheit verbunden, leben zu dürfen. Er weiss aber auch, eines Tages sterben zu müssen. Ein Tag wird sein letzter Tag sein und es wird nach diesem Tod keine Lebenszeit mehr geben: Sterben heisst, nicht aufhören zu sein, aber aufhören zu leben. Und in der Stunde des endgültigen Todes hofft der alttestamentliche Mensch, nicht allein gelassen zu werden, dass Gott die Bitterkeit des Todes nimmt (907).

Diese Errettung meint also nicht "ein Eingehen in ein ewiges Leben, sondern eine Verlängerung des augenblicklich schwer gefährdeten, ja unterhöhlten Erdenlebens" (908). Die Frage stellt sich nun aber, ob es im Alten Testament nicht Zeugnisse gebe, in denen Gott den Menschen in Zukunft vom Tod erretten wird.

Erst in der Spätzeit des Alten Testamentes entwickeln sich erste Ansätze einer Hoffnung, die ausdrückt, dass Gott den Menschen nach seinem Tod nicht verlassen wird (909). "Bedeutete der 'physische' Tod zunächst eine selbstverständliche, unübersteigbare Schranke für die individuelle Zukunft dieser Geschichte des Lebens, so erhob sich vom prophetischen Zukunftsdenken, von weisheitlicher Spekulation und vom vertrauensvollen Aufblick des Beters her die Frage nach der Ueberwindung der Todesgrenze, die man für einige wenige Menschen bereits als durchbrochen wusste (Henoch,

---

905) Ebd. 148.
906) Es ist bei diesen Psalmen mitzusehen, dass mit Tod die menschliche Bedrängnis aller Art zu verstehen ist, und nicht der Tod schlechthin als unvermeidliche Grenze des Lebens.
907) Vgl. ebd. 164-166.
908) V. Maag, a.a.O. 24.
909) Vgl. ebd. 28.

Elias usw.). Diese Frage war zutiefst eine Frage nach Jahwe selbst, nach seiner Gerechtigkeit und Treue" (910).

Gerade in dieser Zeit aber gibt es noch keine feste Meinung zu dieser Frage. Man ist noch geteilter Ansicht (911). Es gibt "ein Vortasten und zugleich ein Zurückhalten, ein Ahnen von Neuem und eine Scheu, bisher Anerkanntes aufzugeben. Dabei war begreiflicherweise das vorwärtssuchende Element stärker als das konservative" (912). Dazu mag auch beitragen, dass sich in dieser Zeit neben dem kollektiven Selbstverständnis auch ein individuelles entwickelte, was zu einem grösseren Interesse am Dasein nach dem Tode führt.

Die älteren Schriften sind zurückhaltender. Sie betonen vor allem die Langlebigkeit des Menschen (913). Errettung vom Tode entspricht der Errettung von Krankheit usw. Entrückungen wie bei Henoch und Elia sind Ausnahmen. So beginnt sich die Vorstellung des Schicksals nach dem Tode erst in der Apokalyptik zu wandeln, in der die Hoffnung auf eine Auferstehung der Toten sich entwickeln konnte. Als Zeugen dafür dürfen die Jesaia-Apokalypse (914) und Daniel 12, 1-3 angesehen werden (915). Viele andere vermeintliche Texte sind umstritten oder wollen etwas anderes aussagen (916). Es setzt in der Apokalyptik ein Wandel für das Todesverständnis ein, der sich in jüdischer Zeit fortsetzt.

Die Ueberwindung des Todes setzt im Jahweglauben ein und nicht in theoretischen Ueberlegungen oder im Mythos (917) und wir können mit G. von Rad abschliessend feststellen: "Es geht im Alten Testament nicht um ein grösseres oder ein geringeres Bedürfnis nach Fortleben nach dem Tod, eben nicht um die Möglichkeit, dies vom Menschen aus einfach zu beanspruchen oder gar eigenmächtig sich zu nehmen, son-

---

910) G. Greshake, Die Auferstehung der Toten 234.
911) Vgl. Ps 49,17 ff; Koh 3,20.
912) V. Maag, a.a.O. 28.
913) Sach 8,4.
914) Jes 26,19; 25,8.
915) Nicht nur kanaäische und persische Einflüsse dürften zu einem anfänglichen Auferstehungsglauben in Israel beigetragen haben. V. Maag versucht nachzuweisen, dass diese Auferstehungshoffnung eine innere Konsequenz des apokalyptischen Welt- und Geschichtsbildes ist. Vgl. V. Maag, a.a.O. 26-31. Vgl. weiter besonders F. Nötscher, a.a.O. 173. Er weist darauf hin, dass nur geringer Einfluss aus Persien die Entwicklung bestimmt. In die gleiche Richtung geht auch A.T. Nikolainen, a.a.O. 147 ff.
916) Vgl. dazu Hos 6,1-3; Ez 37,1-14; Jes 53,10; 26,7-21; Ps 16, 10 f; 49,16; 73,25-28; Ijob 19, 25-27; vgl. Auslegungen dieser Stellen: G. Fohrer, Geschichte der israelitischen Religion 399-401; P. Hoffmann, Die Toten in Christus 75 ff; G. Greshake, Die Auferstehung der Toten 197-208; G. Schunack, a.a.O. 75 ff; G. v.Rad, Theologie des Alten Testaments I, 414-420.
917) Vgl. P. Hoffmann, Die Toten in Christus 77.

dern darum, dass der Mensch ganz auf Gottes Gabe angewiesen ist! Und in dieser Hinsicht waren die Menschen des Alten Bundes allerdings in ein entsagungsvolles Warten gestellt; aber das war ein Warten von allergrundsätzlicher Bedeutung, denn in ihm lernten sie es überhaupt, das Leben und den Tod so anzusehen ...; als freie Gabe und Setzung des lebendigen Gottes" (918).

§ 2. DAS NEUTESTAMENTLICHE TODESVERSTAENDNIS

Auf die Frage, wie im Neuen Testament der Tod verstanden wird, ist eine, wenn auch keine abgerundete, so doch einheitlichere Antwort, als das im Alten Testament der Fall ist, zu geben.

1. Der Tod als theologisches Thema

Grundsätzlich erhält das Thema "Tod" im Neuen Testament eine grössere Bedeutung als in den alttestamentlichen Schriften. So ist der Tod "neben der Sünde die Unheilsmacht schlechthin, durch die sich die Satansherrschaft über diese Welt und ihre Unerlöstheit am anschaulichsten und eindrücklichsten äussert" (919).

In den einzelnen Schriften des Neuen Testamentes werden bestimmte theologische Interessen und Ziele verfolgt, und damit bekommen auch die Aussagen vom Tod unter verschiedenen Gesichtspunkten je ihr eigenes Gepräge. Man wird bei den synoptischen Evangelien nicht eine eigentliche "Theologie des Todes" (920) finden, da sie nur wenig über den Tod direkt aussagen.

Die hauptsächlichsten Aeusserungen finden sich in den Paulusbriefen, ja der Todesgedanke wird bei Paulus zu einem zentralen Thema seiner Theologie, mit dem verschiedene andere theologische Fragen verknüpft sind: die Lehre von der Sünde, von der Sarx, vom Gesetz, von der Taufe, vom Pneuma, vom ethischen Verhalten usw. Er kann vom physischen Tod, vom eschatologischen Verderben oder vom "geistlichen" Tod, der zum Ausdruck der Gottesferne wird, sprechen (921).

---

918) G. v.Rad, Alttestamentliche Glaubensaussagen 266.
919) F. Mussner, Tod, in: LThK X, 219.
920) Vgl. ebd. 220.
921) Vgl. P. Hoffmann, Tod, in: Handbuch theologischer Grundbegriffe. Taschenbuchausgabe IV (München 1970) 232.

Die Todesproblematik, selbst der Tod Jesu, treten im Johannesevangelium wieder stärker zurück, da der Akzent seiner Theologie mehr auf das Kommen des Logos in diese Welt liegt. Der Tod Jesu wird als "höchster Ausdruck der Fleischwerdung des Logos" (922) und zugleich als Erhöhung verstanden.

Der Tod ist auch im Neuen Testament ein allgemein menschliches Schicksal (923); er ist eine selbstverständliche Tatsache. "Der Mensch lebt im Schatten des Todes" (924). Er wird nicht bagatellisiert, nicht verharmlost, sondern ernst genommen. Er gehört "n o c h zur herrschenden Realität dieses Aeons und auch der Christ ist ihm verfallen" (925). Er gibt dem Leben seine Unersetzbarkeit (926), und setzt ihm ein Ende (927). Nur Gott, der Ursprung allen Lebens, ist dem Tod entzogen (928).

Doch wäre es verfehlt, wollte man im Neuen Testament den Tod isoliert als das Ende des Lebens sehen. Er ist in den Zusammenhang des ganzen Menschen und seines Lebens zu stellen. "Leben" und "Tod" sind keine selbständigen, einander gegenüberstehenden Grössen, sondern beide sind ihrerseits wiederum im Zusammenhang mit Christus zu sehen, d.h. "der Tod gehört also in den Zusammenhang, in dem v o n Gott gesprochen" (929) wird. Diese Ausgangsbasis erlaubt uns, verschiedene mögliche Interpretationsversuche eines neutestamentlichen Todesverständnisses abzuweisen, um einen Gesamtrahmen zu eröffnen, in dem vom Tod im Neuen Testament - und vor allem bei Paulus - gesprochen wird.

Der Tod wird im Neuen Testament nicht nur als natürlicher Vorgang im Sinne eines biologisch-physiologischen Lebensendes interpretiert und verstanden (930); auch kommt der Tod nicht in einer philosophischen Intention zur Sprache - sei es unter einem ontologischen Postulat der Unsterblichkeit der Seele (931), sei es als Gesichtspunkt einer existentialen Interpretation (932), und schliesslich kann er auch nicht als ein anthropologisches Problem (933) betrachtet werden. Vielmehr scheint

---

922) W. Schmithals, Tod, in: L. Coenen/E. Beyreuter/H. Bietenhard, (Hg.), Theologisches Begriffslexikon zum Neuen Testament II, 2 (Wuppertal 1971) 1228.
923) Vgl. R. Bultmann, thanatos, in: G. Kittel, (Hg.), Theologisches Wörterbuch zum Neuen Testament III (Stuttgart 1938) 14; vgl. Joh 6, 49; 8, 52 f; Hebr 7, 8; 9, 27.
924) W. Schmithals, a.a.O. 1225; vgl. Mt 4, 16.
925) P. Hoffmann, Die Toten in Christus 345.
926) Mt 16, 26; Mk 8, 36; Lk 12, 16-21; 16, 19ff.
927) Apg 22, 4; Röm 7, 1 ff; 16, 4; Offb 2, 10; 12, 11.
928) Vgl. 1 Tim 6, 16; 1 Kor 15, 53 f; vgl. dazu R. Bultmann, a.a.O. 14; W. Schmithals, a.a.O. 1225.
929) G. Schunack, a.a.O. 11.
930) R. Bultmann, a.a.O. 14; G. Schunack, a.a.O. 11 f.
931) Vgl. G. Schunack, a.a.O. 12-15.
932) Vgl. ebd. 16-18.
933) Vgl. ebd. 18-20.

der Horizont, in den der Tod gehört, die Relation des Menschen zu Gott zu sein (934). Es herrscht also ein theologisches Interesse vor. Von einer Christozentrik her, die ihre Wurzeln in der alttestamentlichen Theozentrik hat (935), "erfahren die anthropologischen und kosmologischen Fragen eine für das biblische Denken im ganzen - (...) - typische Reduktion und Konzentration" (936).

So sind alle Aussagen bei Paulus vom Glauben an Jesus Christus her, "der als der Gekreuzigte der eschatologische Heilsbringer ist" (937), zu verstehen.

2. Kontinuität und Diskontinuität des neutestamentlichen Todesverständnisses mit dem Alten Testament

Das Todesverständnis des Neuen Testamentes fügt sich zum Teil direkt an die alttestamentlich-jüdischen Vorstellungen vom Tod an (938), zum Teil setzt es sich erheblich davon ab und eröffnet eine völlig neue Sicht des Todes.

Allerdings ist zu berücksichtigen, dass sich zwischen dem oben gezeichneten alttestamentlichen Todesverständnis und dem des Neuen Testamentes im späteren Judentum mannigfache Ausgestaltungen und Differenzierungen ausgebildet haben, was Scheolvorstellung, die Problematik der Vergeltung der Gerechten und Ungerechten und die Auferstehungshoffnung betreffen (939).

---

934) Vgl. ebd. 20.
935) Vgl. P. Hoffmann, Die Toten in Christus 321-347.
936) Ebd. 341.
937) P. Hoffmann, Tod 231.
938) Vgl. W. Schmithals, a.a.O. 1225.
939) Vgl. P. Hoffmann, Die Toten in Christus 81-174. Dabei mögen durchaus griechische Vorstellungen ihre Einflüsse geltend gemacht haben, wenngleich sie sich auch nicht durchzusetzen vermochten. So war es durchaus möglich, dass z.B. im Liber Antiquitatum Biblicarum (44,10) der Tod als Trennung von Leib und Seele umschrieben werden konnte. "Diese dichotomische Anschauung führt aber, dies muss einschränkend festgehalten werden, weder zu einem griechischen Dualismus noch zu einer Ausbildung einer Unsterblichkeitslehre der Seele, nach der das Leben der Seele als das eigentliche Leben über die körperliche Existenz gestellt würde und in ihrem Leben nach dem Tode das eigentliche Heilsgut // gefunden würde. Für das Judentum bleibt der Tod des leiblichen Menschen Tod; dass die Seele von ihm direkt nicht getroffen wird, kann ihn in seiner Bedeutung nicht abschwächen. Eigentliches unsterbliches Leben kann nur dem ganzen Menschen durch die Auferstehung gegeben werden. Diese ist ganz und gar die Gnadengabe Gottes. Das dichotomische Verständnis des Menschen, die Weiterexi-

Mehrere Aspekte der alttestamentlichen Todesauffassung haben im Neuen Testament ihre Fortsetzung gefunden. Haben die Israeliten im Gegensatz zu ihren umliegenden Nachbarn den Tod in keinster Weise sakralisiert, so setzt sich dieser Entsakralisierungs- und Entmythologisierungsprozess im Neuen Testament fort und gelangt zu ihrem Höhepunkt im Tod Jesu. Der Tod "ist ein Schrecken, den man fürchtet und den man nur unter den schrecklichsten Umständen sucht" (940). Er wird "als Krankheit zum Tod" (941) bezeichnet. Wendungen, wie "betrübt bis zum Tode" (942), "Verfolgung bis zum Tode" (943) weisen auf den bitteren Charakter des Todes hin. Der Tod wird nirgends heroisiert; der Tod Christi und der Tod, den Apostel und Märtyrer für andere bringen, werden nicht als heroische Leistungen verstanden (944). Der Tod bleibt für den Einzelnen immer ein schreckliches Ereignis. Es ist auch nirgends vom Totenkult die Rede. Entsakralisierung und Entmythologisierung zeigen sich am deutlichsten in der Profanität und Brutalität des Todes Jesu. Er stirbt nicht "lebenssatt" wie die alttestamentlichen Frommen und gottesfürchtigen Männer. Sein Tod wird mit grösster Nüchternheit überliefert. Kein heldischer Triumph umgibt das Sterben Jesu. Im Gegenteil, sein Werk ist gescheitert, ja er scheint am Tod - im Gegensatz zu anderen grossen Sterbenden, z.B. Sokrates (945) - an der Realität des Todes zerbrochen zu sein. Er ist voller Ohnmacht preisgegeben. Jesus stirbt in grösster Einsamkeit, von allen seinen Freunden im Stich gelassen. Ja selbst Gott scheint ihn verlassen zu haben. Seine letzten Worte sind: "Mein Gott, mein Gott, warum hast du mich verlassen" (946). "Im Schicksal Jesu wiederholte sich nicht einfach, was schon im AT erfahren wurde. Die Beugung und Erhöhung Jesu enthalten ganz neue und unvergleichliche Aspekte. Mehr noch als der Beter im Ps 22 litt Jesus als der Gerechte, der ohne jede Sünde war ... Zugleich hing Jesus am Kreuz als der Sohn Gottes. So

---

stenz der Seele im Tode hat dem gegenüber nur sekundäre Bedeutung: sie dient nur dazu - innerhalb des eschatologischen Schemas - den Zwischenzustand anthropologisch zu beschreiben. Dort, wo der Zwischenzustand bereits heilshafte Züge trägt, sind diese nicht als die selbstverständliche Folge der Weiterexistenz der Seele verstanden, sondern sie werden auf Gott zurückgeführt" (ebd. 141/142).

940) R. Bultmann, a.a.O. 14; vgl. Offb 6,8; 9,6; 18,8; Hebr 2,15; Röm 8,15.

941) Vgl. Phil 2,27.30; Joh 11,4; Offb 13,3.12.

942) Mk 14,34 par.

943) Apg 22,4.

944) Röm 18,10 ff; 2 Kor 4,12; Offb 2,10; 12,11.

945) Vgl. E. Benz, Der gekreuzigte Gerechte bei Plato, im Neuen Testament und in der alten Kirche (Wiesbaden 1950); ders., Das Todesproblem in der stoischen Philosophie (Tübingen 1929); E. Lindenbaur, Der Tod des Sokrates und das Sterben Jesu (Stuttgart 1971).

946) Mk 15,37; Mt 27,50; vgl. auch Ps 22; dazu: H. Gese, Psalm 22 und das Neue Testament. Der älteste Bericht vom Tode Jesu und die Entstehung des Herrenmahles, in: Zeitschrift für Theologie und Kirche 65 (1968) 1-22. Zum Todesruf Jesu am Kreuz vgl. H. Schützeichel, Der Todesschrei Jesu. Bemerkungen zu einer Theologie des Kreuzes, in: Trierer Theologische Zeitschrift 83 (1974) 1-15; dort findet sich auch weitere Literatur zu diesem Thema.

singulär ist auch seine Verlassenheit vom Vater. Die Erniedrigung Jesu bleibt auch einzigartig angesichts der schmerzlichen Erlebnisse der Gottesferne, die in der Zeit nach Christus die Gläubigen (nicht nur einzelne Mystiker) nicht selten durchmachen müssen. Die Gottesverlassenheit Jesu bewahrt ihre unvergleichliche Besonderheit, obwohl sie im altbundlichen Gottesvolk voraus erfahren wurde und im neubundlichen Gottesvolk nacherfahren wird" (947). Es geht hier freilich nicht darum, eine möglichst präzise geschichtliche Schilderung zu geben. Die Zeugnisse des Neuen Testamentes bieten vielmehr den Eindruck, den der Tod Jesu auf seine Anhänger hinterlassen hat und das war kein heroisches, kein gelassenes oder mythologisch ausgeschmücktes Sterben eines Helden, sondern es war ein Tod, der in seiner vollen Härte erlitten wurde (948). So können wir mit B. Casper sagen: "Schon das Alte Testament, aber erst recht das Neue, ist sich im klaren darüber, dass der Tod in sich eben doch etwas Furchtbares ist, das grausame Enden, allzuoft von aussen her, das Abbrechen eines Lebens, das dadurch unerfüllt bleibt. Der Tod hat, so wie wir ihn vorfinden, etwas an sich, was durchaus nicht einfach Vollendung bedeutet, sondern vielmehr Zerstörung, Vernichtung, die Despotie schlechthin, die nicht sein soll"(949).

Es lässt sich nachweisen, dass dem Neuen Testament, bzw. dem paulinischen Todesverständnis die Vorstellung vom Gang in die Scheol zugrunde liegt und diese gar nicht christlich uminterpretiert wird (950). Begriffliche Untersuchung lassen den Schluss zu, dass im Begriff "abyssos" (951) durchaus Scheolvorstellung mitschwingt (952). Diese Vorstellung wird noch untermauert durch die Aussage, Jesus sei nach seinem Tod in das Totenreich abgestiegen. Neben diese alttestamentliche Scheolvorstellung setzt Paulus aber auch eine weitere, neue Vorstellung: nämlich die Gemeinschaft mit Christus im Tode (953). "Der alte Scheolglaube wird in der mit den Auferstehungsaussagen verbundenen Formel "ek nekron" greifbar. Für die paulinische Aussage der Christusgemeinschaft nach dem Tode wurde die jüdische Vorstellung (954) vom himmlischen Paradies vorausgesetzt" (955).

Nicht selten wird in den paulinischen Briefen (956) der Tod als Schlaf bezeichnet.

---

947) Ebd. 10; vgl. K. Kertelge, Der allgemeine Tod und der Tod Jesu 152/153.
948) Diesen Eindruck vermitteln Markus und Matthäus, während Lukas und Johannes diese Härte etwas abzuschwächen versuchen: "In deine Hände befehle ich meinen Geist" (Lk 23,46); "Es ist vollbracht" (Joh 19,30).
949) B. Casper, a.a.O. 162.
950) Mt 16,18; Lk 16,23; Apg 2,24.27.31; Röm 10,7.
951) Röm 10,6 ff.
952) Vgl. P. Hoffmann, Die Toten in Christus 177-180.
953) Phil 1,20.
954) Vgl. P. Hoffmann, Die Toten in Christus 317 ff.
955) Ebd. 330.
956) 1 Thess 5,10; 1 Kor 11,30; 7,39; 15,6; 1 Thess 4,14; 1 Kor 15,18; ausserpaulinische Zeugnisse: Mt 27,52; Apg 7,60; 13,36; 2 Petr 3,4; Apg 13,36; vgl. O. Michel, Zur Lehre vom Totenschlaf, in: Zeitschrift für die neutestamentliche Wissenschaft 35 (1936) 285-290.

Vergleiche mit dem griechischen (957) und den - allerdings wenigen - hebräischen und jüdischen (958) Parallelen ergeben, dass diese Bildworte nicht den Tod in seinem Schrecken und seiner Endgültigkeit entschärfen (959). "Es findet sich kein Beleg, der uns etwa gestattet, vorauszusetzen, dass der Gedanke der künftigen Auferstehung in den Begriff eingeschlossen sei" (960). Es ist damit nicht nur das Sterben, sondern auch das Totsein gemeint.

Zeigt sich schon im späteren alttestamentlichen Todesverständnis - besonders in den von der weisheitlichen Tradition geprägten Schriften (961) - ein Zusammenhang zwischen Tun und Ergehen, so kommt der Beziehung von Sünde und Tod im Neuen Testament eine wesentlich grössere Bedeutung zu. Der Tod als Folge der Sünde wird ein zentrales Thema paulinischer Theologie.

Ein weiterer Aspekt, der zwar seine Wurzeln in den späten Schriften des Alten Testamentes hat, jedoch dort nur am Rande angesprochen ist, kommt im Neuen Testament zur vollen Entfaltung und verändert das Todesverständnis völlig: Die Hoffnung auf die Auferstehung der Toten. Die christliche Glaubenserfahrung vermag die apokalyptische Vorstellung, nach dem der Tod von Gott in einer "eschatologischen Heilstat der Auferweckung und die Herausführung des neuen Aeons - wenigstens für einen Teil der Menschen - überwunden" wird (962), umzugestalten. So wird der Tod nicht mehr an sich, sondern nur von Jesus Christus her (963) verstanden, d.h. "die neutestamentlichen Einstellungen zum Tode sind demgemäss ganz und gar bestimmt von der Einstellung zur Geschichte Jesu Christi. Was es mit dem Tode letztlich auf sich hat, das hat sich nach neutestamentlicher Auffassung im Tod Jesu Christi entschieden. Und was sich im Tod Jesu Christi entschieden hat, das wurde in der Auferweckung Jesu Christi von den Toten offenbar" (964). Christus hat diesen Tod, der das eigentliche Leben immer zum uneigentlichen Leben macht, überwunden (965). Dieser neue Gesichtspunkt der Verwandlung des Todes weist auf zwei Momente eines neutestamentlichen Todesverständnisses, die im Alten Testament überhaupt nicht zu finden sind.

1. Im Neuen Testament muss der Tod vom Tod e i n e s einzigartigen Menschen her, dem Tode Jesu Christi, verstanden werden. Dieser Tod Jesu und seine Auferweckung vom Tod sind die zentralen Ereignisse des Neuen Testamentes, von dem her jeder

---

957) Vgl. P. Hoffmann, Die Toten in Christus 187-190.
958) Vgl. ebd. 190-203; vgl. Jer 51,39; Ps 13,4; Ps 76,6; Ijob 14,22.
959) Das bezeugen Ausdrücke wie "ewiger Schlaf", "ewige Ruhe" (vgl. Jer 51,39).
960) P. Hoffmann, Die Toten in Christus 205.
961) Vgl. G. Lohfink, a.a.O. 198-243.
962) P. Hoffmann, Tod 230.
963) Vgl. ebd.
964) E. Jüngel, a.a.O. 103.
965) Vgl. R. Bultmann, a.a.O. 14; vgl. 2 Tim 1,10.

andere Tod zu interpretieren ist. Deshalb bekommt der Tod Jesu für den Glaubenden eine so überragende Bedeutung (966).

2. Wird im Alten Testament der Tod im strengen Gegensatz zu dem Lebendigen, zu Jahwe gestellt, und wird er deshalb schmerzlichst erfahren, so findet sich im Neuen Testament dieser Gegensatz nicht mehr in der Weise, sondern Leben und Tod sind in Beziehung auf Christus hin gesehen.

Doch diesen neuen Gesichtspunkten soll im Folgenden noch etwas nachgegangen werden. Die wenigen Hinweise sollen lediglich dazu dienen, aufzuzeigen, dass das Neue Testament auf dem Hintergrund der alttestamentlichen Sicht des Todes erheblich neue Akzente zu setzen vermag.

3. Die Relativierung von Leben und Tod

Gilt im Alten Testament das Leben als absolut höchstes Gut für den Menschen, und ist der Tod, vor allem der vorzeitige Tod, etwas vom Schlimmsten, was der alttestamentliche Mensch erfahren muss, denn er kann Gott nicht mehr loben und von Jahwe kein Leben mehr erhalten (967), so teilt das Neue Testament diese Vorstellung nicht mehr. Paulus kann davon sprechen, dass Christus verherrlicht wird, sei es durch das Leben, sei es durch den Tod (968). Durch Christus werden "Leben und Tod in ein neues Verhältnis zueinander gesetzt" (969), auch wenn sie als erfahrene Wirklichkeit doch letzte Gegensätze bleiben und selbst durch dieses neue Verhältnis keineswegs gleichgültige Möglichkeiten sind (970). Beide sind durch Jesus Christus bestimmt (971). Das Verhältnis zu Gott wird nicht mehr durch Leben und Tod festgelegt, sondern durch den Glauben an Jesus Christus. Leben und Tod werden für

---

966) Ein Blick in die Literatur über den Tod Jesu zeigt, dass sich die Exegeten und Dogmatiker in der Interpretation der Bedeutung des Todes Jesu in keiner Weise einig sind. Im Rahmen dieser Arbeit kann denn auch nicht in eine Auseinandersetzung mit den verschiedenen Positionen eingegangen werden. Vgl. dazu H.U. v.Balthasar, Mysterium Paschale, in: Mysterium Salutis III, 2, 133-326; H. Conzelmann/E. Flessmann-van-Leer/E. Haenchen/E. Käsemann/E. Lohse, Zur Bedeutung des Todes Jesu (Gütersloh 1967); H. Kessler, Die theologische Bedeutung des Todes Jesu. Eine traditionsgeschichtliche Untersuchung (Düsseldorf 1970), dort Lit.!; K. Rahner, Zur Theologie des Todes; K. Rahner/ W. Thüsing; Christologie - systematisch und exegetisch.

967) Jes 38,18 f.

968) Phil 1,20 f.

969) E. Jüngel, a.a.O. 106.

970) Vgl. R. Pesch/H.A. Zwergel, Kontinuität in Jesus. Zugänge zu Leben, Tod und Auferstehung (Freiburg 1974) 43.

971) Vgl. Röm 14,8 f; 8,38.

Paulus im Hinblick auf Jesus Christus relativiert. Christus ist sein eigentliches Leben und so kann sein Tod, wenn er auch sonst durchaus in Alternative zum Leben steht, ein Gewinn werden. Es mag überraschen, Paulus den Tod als das Bessere vorziehen zu sehen, zumal das Leben sonst auch im Neuen Testament als das Bedeutungsvollere - wenn auch nicht mehr in der Aufgipfelung des Alten Testamentes gesehen wird. Die Relativierung von Leben und Tod setzt aber "ein Lebensverständnis, welches ganz von Christus bestimmt ist, und die Gewissheit, dass der Tod nicht Trennung von Christus, sondern die Gemeinschaft mit ihm bringt" (972) voraus. Darin unterscheidet sich das christliche Todesverständnis vom hellenistischen (973). Diese Beziehung zu Jesus Christus aber ist die entscheidende Relation, wenngleich andere Relationen noch aufzuzeigen sind: zwischen Leben und Tod, zwischen Sterben und dem Auftrag, das Evangelium zu verkünden, zwischen Paulus und dem Leben und dem Tod (974). Leben und Tod - so gegensätzlich sie auch sind - werden nicht mehr gegeneinander ausgespielt. Die wichtige Beziehung, die eine solche Relativierung ermöglicht, ist jene zu Christus, der im Glauben sowohl im Leben als auch im Sterben verherrlicht wird (am Apostel und an der Gemeinde). Diese Beziehung zeigt erst die richtige Bedeutung von Leben und Tod auf. In ihr wird die Kluft zwischen Leben und Tod erst in vollem Masse deutlich. "Die Beziehung zu Christus macht Leben und Tod erst zu dem, was sie sind; die Beziehung zu Christus (= der Glaube) ist das, was zum Leben, was zum Tod 'hinzukommt', damit diese als das offenbar werden, was sie im Glauben sind. Erst vom Ereignis des Glaubens (als dem Ereignis der Offenbarung Gottes) her werden Leben und Tod recht bedacht. Leben und Tod kommen in ihrem wahren Wesen erst in der 'Differenz' des Glaubens zum Vorschein und im Licht des Glaubens erst in ihre eigentliche Unterscheidung: als lebendiges Leben und Leben im Tod - oder (im Unglauben, in der Sünde) als Leben zum Tode und lebendiger Tod" (975). Durch den Glauben an Christus sind Leben und Tod verwandelt worden. Zweifelsohne werden das Leben als ein hohes Gut und das Sterben als ein Uebel angesehen, Paulus aber kann sagen: "Mir nämlich ist das Leben Christus und das Sterben Gewinn" (976), und dieser Gewinn ist ebenfalls Christus (977), besser das Mit-Christus-Sein, weil er schon in seinem Leben in Christus war. Diese Relativierung im Glauben darf aber nicht als reine Spekulation, die im Allgemeinen bleibt, angesehen werden, sondern sie spricht von einem ganz konkreten Ereignis her - vom Tod und der Auferstehung Jesu und gilt für den konkreten Menschen. Paulus spricht ja von sich in einer sehr konkreten Situation. Leben und Tod gehören zum

972) P. Hoffmann, Die Toten in Christus 295; vgl. R. Pesch, Kontinuität in Jesus 53.
973) Vgl. die interessanten Parallelen, die J. Dupont, Syn Christo, aus der hellenistischen Lebenswelt anführt, die den Tod ebenfalls als Gewinn bezeichnen. Jedoch ist seinem Schluss wohl nicht zu folgen, dass auch eine sachliche Abhängigkeit von der griechischen Popularphilosophie bestehe (vgl. P. Hoffmann, Die Toten in Christus 296-301).
974) Vgl. R. Pesch, Kontinuität in Jesus 43.
975) Ebd. 44.
976) Phil 2,21.
977) Vgl. R. Pesch, Kontinuität in Jesus 51.

soma des Menschen, zu seiner Wirklichkeit (978). Nur für den Glaubenden werden Leben und Tod relativiert, für den Nichtglaubenden bleibt der Tod absolute Vernichtung seiner selbst. Das mag die Paradoxie des Glaubens sein. G. Schunack fasst diese Relativierung kurz so zusammen: "Es fällt zunächst auf, in welch seltsamer Weise Leben und Tod relativiert sind, freilich nicht in dem Sinne, wie die Stoa Leben und Tod als Adiaphora behauptet und behaupten will. Vielmehr stehen Tod und Leben in Relation zur Offenbarkeit und Herrlichkeit Christi. Offenkundig ist eine Uebersetzung dessen, was Leben zu heissen hat, in einem Zusammenhang, der durch Christus bestimmt ist, vollzogen - und ebenso ist das, was Tod ist, aus der Relation aus Christus zu verstehen. Es ist also für Paulus nicht von vornherein und abgesehen von Christus klar, was Leben zu heissen hat, sowenig ein Verständnis des Todes zu gewinnen ist ausserhalb der Relation, die im Namen Christi gegeben ist. Leben und Tod sind Phänomene, die man zwar nicht einfach als gleichgültig wird // bezeichnen können, die aber immerhin in dem Horizont, in den sie für Paulus gehören, keine letzte, endgültige Alternative darstellen - wie dies dort der Fall ist, wo diese Phänomene als letzte Alternative den Horizont ihres Verständnisses konstituieren. Gälte dies, so würde einfach die Wahrnehmung des sich in einen Gegensatz zur 'Lebendigkeit' stellenden Todes und das im Gegensatz zum 'Tode' sich behauptende Leben das Verständnis des Todes erschliessen" (979).

4. Die Frage nach dem Woher des Todes

Auch wenn im Neuen Testament Tod und Leben mit Christus in Beziehung gesetzt werden, wird der Tod nicht wegdiskutiert, sondern bleibt eine schmerzliche Realität in der Welt und für den Menschen. Diese nüchterne und reale Vorstellung des Todes muss zu der Frage nach seinem Woher führen. Gibt es im Alten Testament Ansätze dazu, diese Frage mit dem Zusammenhang von Tun und Ergehen zu beantworten, so stellen sich weitere schwerwiegende Probleme, wenn man miterlebt, dass auch gute Menschen vorzeitig sterben müssen. Es kann damit also noch keine befriedigende Antwort auf die Frage nach der Herkunft des Todes gegeben werden. Im Neuen Testament kommt dem Tod-Sünde-Zusammenhang eine wesentlich grössere Bedeutung zu, und Paulus vermag eine Antwort zu geben, die weit genug ist, den Tod zu erklären: Der Tod ist die Folge der Sünde (980). Was heisst es aber, wenn Tod und Sünde in einen Zusammenhang gebracht werden? Was heisst es, wenn eine Relation zwischen Tod, Sünde und Gesetz aufgezeigt werden kann?

Damit werden aber Fragen berührt, die, um ein genaueres Verständnis zu ermöglichen, sehr viel umfangreicher und differenzierter in eigenen Abhandlungen behandelt

---

978) Vgl. ebd. 45/46.
979) G. Schunack, a.a.O. 5/6; vgl. weiter ebd. 4-11.
980) Röm 5,12; 6,23.

werden müssten, als dies hier aufgrund der notwendigen Einschränkungen geleistet werden kann. Wenige Hinweise sollen ein paar Richtlinien eines paulinischen Todesverständnisses aufdecken (981). Hinter den paulinischen Aussagen über den Tod steht nicht in erster Linie ein "naturkundliches", sondern hauptsächlich ein theologisches Interesse. Es werden Aussagen des Glaubens gemacht.

Wird der Tod bei Paulus in seiner theologischen Bedeutung bedacht, erscheint er in einem unmittelbaren Zusammenhang mit der Sünde. Der leibliche Tod erscheint "als eine Art faktischen Symbols des tieferen Verhängnisses, welches das Verhältnis des Menschen zu Gott von der Wurzel her verdorben und verkehrt hat" (982). Tod erscheint also immer auch als Verderbnis, Verdammnis, Verwerfung durch Gott, als Sold der Sünde, mit der wohl nicht nur die persönliche Sünde, sondern auch die verhängnisvolle Sündenmacht und Unheilsmacht gemeint ist. Es ist ein Tod, dem weit grössere Bedeutung zukommt als dem leiblichen Tod. Paulus versteht den Tod nicht nur als natürliche Vergänglichkeit und Sterblichkeit, sondern auch als Gegenbegriff des eschatologischen Lebens in Vollendung mit Gott. Der leibliche Tod manifestiert demnach die Situation des schuldhaften Menschen vor Gott. In der Allgemeinheit des Todes kommt die Schuldverfallenheit und das Erlösungsbedürfnis des Menschen zum Ausdruck, oder wie K. Rahner sagt: "Der Tod ist die Sichtbarkeit der Schuld" (983).

Die Adam-Christus-Typologie erlaubt es Paulus, den Zusammenhang zwischen der Sünde, der unheilsvollen Sündenmacht und der ihr folgenden Todesmacht, aber auch der Verwandlung und der Ueberwindung des Todes durch Jesus Christus sehr deutlich aufzuzeigen. Aufgrund dieses Zusammenhangs, "also von Einem Menschen ausgehend, hat sich die Todesmacht ihren Weg nacheinander zu allen Menschen gebahnt" (984). Die Frage nach dem Tod ist also mit dem Ursprung der Sünde eng verbunden.

Der Mensch realisiert sein ursprüngliches Geschöpfsein, d.h. sein Von-Gott-her-Sein in der Geschichte nicht mehr, tritt zu seiner ursprünglichen Seinsweise in Widerspruch. Die Geschichte des Menschen ist eine Absage an seine Geschöpflich-

---

981) Vgl. bes. G. Bornkamm, Sünde, Gesetz und Tod, in: ders., Das Ende des Gesetzes. Paulusstudien (München 1952) 51-69; ders., Paulus (Stuttgart 1969) 131-139; E. Käsemann, An die Römer (Tübingen 1973) 121-202; K. Kertelge, Exegetische Ueberlegungen zum Verständnis der paulinischen Anthropologie nach Römer 7, in: Zeitschrift für die neutestamentliche Wissenschaft 62 (1971) 105-114, dort Lit!; O. Kuss, Der Römerbrief (Regensburg 1959) 198-275 und 432-485; U. Luz, Das Geschichtsverständnis des Paulus (München 1968) 136-226, bes. 158-168; O. Michel, Der Brief an die Römer (Göttingen 1955) 112-158; G. Schunack, a.a.O. 101 ff.
982) O. Kuss, a.a.O. 249; vgl. G. Schunack, a.a.O. 234 ff.
983) K. Rahner, Zur Theologie des Todes 45; vgl. auch ders., Sünde als Gnadenverlust in der frühkirchlichen Literatur, in: ders., Schriften zur Theologie XI (Einsiedeln 1973) 46 ff, bes. 57-59.
984) O. Kuss, a.a.O. 228.

keit, die sich in der Sünde vollzieht und zum Tode führt. Sünde und Tod gehen also Hand in Hand. Die Sünde ist der Weg zum Tod, und Tod ist das Produkt und der Ausweis der Sünde. Der Zusammenhang darf noch enger gesehen werden. Im Tod übt die Sünde auch ihre Herrschaft über die Welt und den Menschen aus. Der Tod ist die konkrete Herrschaftsform der Sünde. Umgekehrt dient die Sünde dem Tod, denn er übt nur durch die Sünde seine Herrschaft aus (985). Sünde und Tod sind offenbar einander verpflichtet und sind einander behilflich. Sie wirken miteinander und bewirken einander.

Dieser Tod als Folge der Schuld des Menschen wird für Paulus durch das Gesetz (986) aufgedeckt, sodass er Tod, Sünde und Gesetz in einen engen Zusammenhang setzen kann (987).

Wie dieser Zusammenhang näher zu verstehen ist, versucht er besonders im 7. Kapitel des Römerbriefes zu entfalten. Für Paulus ist allein Jesus Christus die Rettung des Menschen vom Tod und der tyrannisierenden Macht der Sünde und nicht mehr das Gesetz (988), d.h. der Glaubende ist von der Gewalt des Todes, der Schuld und des Gesetzes frei geworden. Es ist aber zu fragen, welche Rolle das Gesetz im Zusammenhang von Tod und Sünde spielt. Was meint Paulus damit? Wird nicht das Gesetz mit der Sünde identifiziert? Dem will Paulus entgegentreten, wenn er die unantastbare Heiligkeit des Gesetzes herausstellt (989), zum anderen aber sichtbar macht, wie denn Gesetz und Sünde eine so widersinnige und für den Menschen tödliche Verbindung eingehen konnten (990). Wie ist aber eine solche Verbindung zu denken? Der Mensch wird - darüber sind sich die meisten Bibelausleger einig - unter dem Gesetz in seinem Elend und seiner Verlorenheit von der Sicht des Glaubenden her beschrieben (991). Die tödliche Verbindung zwischen Sünde und Gesetz wird nur richtig verstanden, wenn sie auf das I c h (992) bezogen werden, d.h., wenn von ihnen in Form einer c o n f e s s i o gesprochen wird, wie Paulus das tut. "Der c o n f e s s i o - Charakter der paulinischen Sätze nimmt dem, was er über Gesetz, Sünde und Tod sagt, nicht seine sachliche Stringenz, ersetzt also nicht die sachliche Argumentation durch eine Ausbreitung zufälliger, individueller Erfahrungen, vielmehr wird in der c o n f e s s i o deutlich, dass vom Gesetz, Sünde und Tod nur als von einer an mir ge-

985) Röm 5,17; 5,21.
986) Zum paulinischen Gesetzesverständnis vgl. A. v.Dülmen, Die Theologie des Gesetzes bei Paulus (Stuttgart 1968).
987) Röm 1,32; 6,16; 8,2; 8,13; bes. Röm 7; Jak 1,15.
988) Vgl. Röm 5,1-7,6; auch U. Luz, a.a.O. 139 ff.
989) Röm 7,7 ff; dazu G. Bornkamm, Sünde, Gesetz und Tod 54 ff.
990) Vgl. ebd. 53.
991) Vgl. K. Kertelge, Exegetische Ueberlegungen zum Verständnis der paulinischen Anthropologie nach Römer 7 106; G. Bornkamm, Sünde, Gesetz und Tod 53.
992) Dieses Ich von Römer 7 hat eine vielfältige Interpretation erhalten. Vgl. K. Kertelge, Exegetische Ueberlegungen zum Verständnis der paulinischen Anthropologie nach Römer 7 105-114.

schehenen Geschichte recht geredet werden kann" (993). Die Verbindung zwischen Sünde und Gesetz besteht darin, dass das Gesetz mir den wahren Charakter der Sünde aufzeigt (994): die Begierde, die "meist das böse, sündige, schuldigmachende, triebhafte Wollen bezeichnet" (995), oder wie O. Michel sagt: "Wurzel des Uebels" (996) ist. Sie betrügt mich, indem sie mir Leben verspricht, aber Tod bringt. Ursprünglich sollte im Gesetz Gnade bekundet werden, die "Leben" ermöglicht. "Das wurde pervertiert, als das Gesetz als Leistungsforderung missverständlich wurde" (997). Das Leben, nach dem ich als Begehrender greife, und zu dem Gott ursprünglich ruft, ist mir verschlossen (998), sodass ich jetzt schon ein Toter bin, und nicht erst am Ende des Lebens. Tod wird hier verstanden als etwas dem Heilsgut "Leben" Entgegenstehendes, als Tod vor Gott, den der leibliche Tod symbolisiert (999). "Das Gesetz löst also im Menschen einen todbringenden Prozess aus" (1000). Nicht das Gesetz an sich ist sündig, sondern die Kraft der Sünde nimmt das Gesetz in den Dienst für die Tatsünde des Menschen. Paulus verteidigt das Gesetz, "greift aber die Sünde an, die sich des Gesetzes bedient, um den Menschen zu knechten" (1001). Mit dem Augenblick, als das Gesetz kam, "denn in diesem Augenblick trat für das Ich die Sündenmacht in Erscheinung, sie 'lebte auf', das 'Ich aber starb', und das auf Leben hingegebene Gebot hatte sich damit faktisch, aber gewissermassen schuldlos in einen Todesbringer verwandelt" (1002). So wird Röm 7 zur grossen Anklage gegen die Sünde und nicht gegen das Gesetz (1003).

Die Folge einer solchen Verbindung von Gesetz und Sünde ist schliesslich ein Ausgeliefertsein an die Mächte des alten Aeons (1004), das sich in der sündigen Gespaltenheit des "Ich" äussert (1005).

Der Tod wird, so kann aus diesen wenigen Aussagen geschlossen werden, nicht als natürliches Widerfahrnis, sondern eher als ein geschichtliches Ereignis verstanden, das die menschliche Grundverfassung als Sünder durchsichtig macht (1006). Es ist

---

993) G. Bornkamm, Sünde, Gesetz und Tod 54.
994) Vgl. O. Kuss, a.a.O. 442; O. Michel, a.a.O. 148.
995) O. Kuss, a.a.O. 443; vgl. auch Röm 1,24; 6,12; 13,14; 1 Thess 4,5; Gal 5,16.24.
996) O. Michel, a.a.O. 147.
997) E. Käsemann, a.a.O. 188.
998) Vgl. G. Bornkamm, Sünde, Gesetz und Tod 57.
999) Vgl. O. Kuss, a.a.O. 448.
1000) O. Michel, a.a.O. 147 (dort gesperrt).
1001) Ebd. 149.
1002) O. Kuss, a.a.O. 448.
1003) Vgl. O. Michel, a.a.O. 149.
1004) K. Kertelge, Exegetische Ueberlegungen zum Verständnis der paulinischen Anthropologie nach Römer 7 111.
1005) Röm 7,14-25.
1006) Vgl. W. Schmithals, a.a.O. 1227; P. Hoffmann, Tod 231.

deshalb nicht der physische Tod zu fürchten, sondern vielmehr jener, "der von innen her als Macht der Sünde wirkt" (1007). Er kann vom Menschen allein nicht überwunden werden, sondern nur von Gott her in Jesus Christus.

5. Die Bedeutung des Todes Jesu und seiner Auferstehung für den Menschen

Dieser Tod, der durch die Sünde verursacht wurde, der vom Menschen nicht überboten werden kann, ist von Gott in Jesu Tod und Auferweckung für den Glaubenden verwandelt worden. Deshalb kann ein christliches Todesverständnis gar nicht anders gedacht werden als von diesem Tode Jesu und seiner Auferweckung von Gott her.

Allerdings gilt es gleich festzustellen, dass wir - betrachten wir die geschichtliche Person Jesu - kaum etwas wissen, wie Jesus über den Tod dachte, wie er sich Toten und Totkranken gegenüber verhielt. Es ist auch eine umstrittene Frage, wie Jesus zu seinem eigenen Tod stand (1008). Er wird das Todesverständnis des Spätjudentums geteilt haben. "Nur soviel ist den Evangelien zu entnehmen, dass Jesus der leiblichen Not, und damit auch der leiblichen Krankheit, in der sich der Tod anmeldete, barmherzig und helfend entgegengetreten sein muss" (1009).

Die Frage bleibt, welche Bedeutung spielt der Tod Jesu für den menschlichen Tod? Es lässt sich deutlich aus dem Neuen Testament herauslesen, dass sein Tod fundamentale Bedeutung für den Glauben überhaupt hat. Jesus erlöst durch seinen Tod die Menschen von ihrer Verstricktheit in den Tod, d.h. der Tod Jesu am Kreuz ist der "Heilsort für die Menschen (...), in dem der Mensch endgültig bei Gott angetroffen wird" (1010). Jesus Christus ist zum Heil der Menschen gestorben (1011). Da die exegetischen Forschungsergebnisse den Tod als Heilsgeschehen qualifizierenden

---

1007) R. Leuenberger, a.a.O. 80.
1008) Vgl. H. Schürmann, Jesu ureigener Tod. Exegetische Besinnungen und Ausblick (Freiburg 1975) 16 ff. dort auch Lit! H. Schürmann wendet sich gegen R. Bultmann, der die These aufstellt, dass wir nicht wissen, wie Jesus seinen Tod verstanden hat (vgl. R. Bultmann, Das Verhältnis der urchristlichen Christusbotschaft zum historischen Jesus (Heidelberg 1960) 11 f). H. Schürmann dagegen meint: "Der Glaube - verstärkt der Glaube von heute - ist nicht nur interessiert an dem 'Dass' des Todes Jesu, sondern durchaus auch an der Frage, wie Jesus seinen Tod bestanden und verstanden hat, und das nicht, weil er biographisch an einem 'Charakterbild Jesu' interessiert ist, sondern weil er einen fülligeren Offenbarungsbegriff hat, als ihn eine einseitige Kerygmatheologie voraussetzt" (ebd. 18).
1009) R. Leuenberger, a.a.O. 84.
1010) R. Pesch, Kontinuität in Jesus 59.
1011) Gal 2,21; 1 Kor 8,11; 15,3; 2 Kor 5,14 f; Röm 5,6 ff; 14,15; Ph 2,8.

Aussagen als nachösterlich herauszustellen vermögen, wird es kaum möglich sein, nachzuweisen, ob Jesus sich der Bedeutung seines Todes für die Errettung der Menschen voll bewusst war (1012). Jesus stirbt keinen Heldentod. Er stirbt schreiend, seine Jünger sind zuvor geflohen. Er scheint absolut verlassen zu sein. Erst als Gottes Handeln darin sichtbar wird, dass er diesen toten Jesus auferweckt, und der Auferstandene seinen Jüngern als Wirklichkeit begegnet und er zur Grundlage ihrer Verkündigung, d.h. als er vom Verkündiger zum Verkündigten wird, beginnen seine Anhänger auch den Heilscharakter seines Todes zu ermessen und zu interpretieren. "Deshalb stehen im Vordergrund ihrer Verkündigung nicht das Dunkel des Todes Jesu und das Schweigen Gottes, sondern Gottes machtvolles Handeln, von dem her der Tod Jesu aus einer neuen Perspektive gesehen und beurteilt wird" (1013).

So finden sich schon im Neuen Testament verschiedene Deutungen dieses Todes. Jesu Tod wird in den Paulusbriefen als stellvertretender im Gehorsam geleisteter Sühnetod (1014); als Erneuerung des Bundes mit Gott (1015); als geopfertes Osterlamm verstanden, als Loskauf (1016). Sein Tod überwindet das tödliche Gesetz (1017), die Sünde (1018), den menschlichen Tod (1019). Jesus starb für die Sünden der Menschen (1020). Unter diesem Gesichtspunkt eines gehorsam (1021) übernommenen Todes f ü r (1022), und von der Bedeutung der Auferweckung her wird von den Evangelisten das ganze Leben und Werk Jesu verkündet. Durch den Tod Jesu ist die Welt mit Gott versöhnt worden, indem er die Schuld der Menschen auf sich nahm. "Der ans Kreuz Gegangene hebt die Schuldverhaftung der Menschen auf" (1023). Durch Tod und Auferstehung ist deshalb der Sündentod überwunden. Mit Jesus ist ein neuer Aeon angebrochen: die Nähe des Reiches Gottes (1024). So wird das ganze Leben Jesu, seine Predigt, seine Taten von diesem Kommen des Heiles her gesehen. Die Totenerweckungen zeigen das gegenwärtige Heil auf, das dem Glaubenden geschenkt wird (1025). "Jesu Leben erscheint so als Kampf // wider den 'Tod' in der Hingabe an

---

1012) Vgl. E. Jüngel, a.a.O. 121 f; auch H. Schürmann, a.a.O. 16-65.
1013) J. Kremer, ... denn sie werden leben 20.
1014) 1 Kor 11,24.
1015) Röm 3,24.
1016) Gal 3,13.
1017) Röm 7,4; Gal 2,21.
1018) 2 Kor 5,2; Kol 1,22.
1019) Röm 5,9; 2 Tim 1,10; Hebr 2,14 f.
1020) 1 Kor 15,3 f; vgl. O. Kuss, a.a.O. 161-174, dort Lit!
1021) Vgl. die Szene in Gethsemane, wo Jesus ausdrücklich sein Gebet zum Vater schliesst, dass nicht das geschehe, was er will, sondern das, was der Vater will (Mk 14,36).
1022) Vgl. R. Pesch, Kontinuität in Jesus 83-87.
1023) G. Delling, Der Kreuzestod Jesu in der urchristlichen Verkündigung (Göttingen 1972) 24.
1024) Röm 5,8; 1 Kor 15,3 (für uns); Mk 10,45; 14,24; Hebr 9,28 (für viele); 1 Kor 11,24 (für euch).
1025) Mt 9,18 ff; Mk 5,21 ff; Lk 7,11 ff; 8,40 ff.

den 'Tod'. Die Gemeinschaft mit den Sündern hebt deren 'tödliche' Isolierung auf, Krankenheilungen und Exorzismen sagen zeichenhaft das Ende der Todesherrschaft Satans an, die ungesetzliche Interpretation des Gesetzes nimmt diesem seinen Todesstachel, der Verweis des Menschen an den Nächsten macht diesen zum Boten der Liebe angesichts des Todes" (1026). Der Tod Jesu hat zu einem neuen Verständnis auch des Todes des Menschen geführt. Dieser hat durch den Tod am Kreuz seine geschichtliche Macht verloren. Das Kreuz ist zugleich ein Ort Gottes in der Zukunft geworden. Gott wird gegen den Tod aufgeboten, d.h. im Tode Jesu wird neues Leben verheissen (1027). Dieser Gott verändert den Tod dadurch, dass er ihn zu einem Ort der Offenbarung Gottes macht, die zeigt, dass der Tod Jesu, seine Auferweckung und Gott zusammengehören. Gottes Liebe und Gottes Gottheit tut sich in Tod und Auferweckung kund. "Der christliche Glaube kündet davon, dass der Tod als geschichtliche Macht seine Herrschaft am Kreuz Christi eingebüsst hat, dass also das Kreuz Jesu aller Welt den Raum Gottes einräumt, wie die Auferstehung Christi aller Welt die Zeit Gottes eröffnet" (1028). Darin zeigt sich die Verwandlung - nicht eine magische Ueberwindung des Todes, nicht ein mirakulöses Wieder-lebendig-Werden. "Der Tod Jesu als Ereignis ist als die Aeusserung der Liebe Gottes die Verwandlung des Todes, Jesu Auferweckung" (1029).

Der physische Tod ist für den Glaubenden nicht mehr der Tod schlechthin. Weil die Glaubenden in Jesu Tod die Erfahrung des Heiles machen, kann nicht mehr vom Tod an sich gesprochen werden. In Jesus geht Gott in den Tod und dadurch beginnt die Verwandlung des menschlichen Todes. Im Kreuz manifestiert sich die Hingabe Gottes als Zeichen der Liebe Gottes, die Verwandlung des Todes bewirkt: Jesus wird auferweckt. "Ist Jesu Tod zum Ort Gottes geworden, so nun auch Gottes 'Tod' zum Ort Jesu, d.h. Jesus zum Spender des Lebens, und die Gemeinde Jesu zum Ort Gottes in Jesus (vgl. Jo 14,23). Der Glaube an Gott, der die Toten lebendig macht, ist nun Glaube an Jesus, den Erstling aus den Toten und den Anführer des Lebens und der in seinem Namen Lebendigen" (1030).

Der Tod hat damit für den Glaubenden seinen endgültigen Vernichtungscharakter und seine entsetzliche Grausamkeit verloren. Er ist als Folge der Sünde vernichtet, weil Gott in seiner Liebe den Schuldschein zerrissen hat (1031). "Dass Christus den Tod der Sünder auf sich nahm, das meint ja gerade: Christus starb den Tod, den der Sünder sterben musste auf Grund seiner Schuld; diese ist mit dem Tode Jesu aufgehoben. Eben darauf nehmen die Aussagen Bezug, die von der Preisgabe des Sohnes durch Gott reden (so deutlich Röm 8,32 f), von der Liebe Gottes, die er in ihr der Menschheit erwies" (1032). So erweist sich im Tod Jesu Gottes grenzenlose Liebe. Dadurch

1026) R. Pesch, Kontinuität in Jesus 87/88.
1027) Vgl. ebd. 62-64, bes. 62.
1028) R. Pesch, Die Kontinuität in Jesus 63.
1029) Ebd. 90.
1030) Ebd.
1031) Vgl. ebd. 68; vgl. auch G. Delling, a.a.O. 24.
1032) G. Delling, a.a.O. 25.

wird er zum zentralen Heilsereignis für den Menschen. Wer deshalb im Glauben an Christus lebt, der wird im Tod nicht endgültig untergehen, sondern mit Christus sein: Sterben kann dann - um mit Paulus zu sprechen (1033) - ein Gewinn werden. "Der Tod in allen seinen Erscheinungsformen - der 'ewige' Tod, der 'geistige' Tod, der 'leibliche' Tod (der Apostel unterscheidet nicht so sche- // matisch, er sieht das Faktum 'Tod' offenbar viel stärker als komplexe Einheit) - ist grundsätzlich bedeutungslos geworden durch das Heilswerk Gottes in Tod und Auferweckung Jesu Christi. Der Tod, der den Menschen mit allen Möglichkeiten der Vernichtung bedrohte, wurde prinzipiell aller seiner eigentlichen Schrecken, der eigentlichen, d.h. für immer und endgültig tötenden Macht beraubt gleichfalls durch den Tod, durch den Tod Jesu Christi nämlich, der sich dann freilich in der Auferweckung als Ursprung und Fundament jeglichen wirklichen Lebens für alle Menschen erwies" (1034).

6. Das Mitsterben mit Christus als konkrete Folge des Todes Jesu

Ist die Zukunft, die im Glauben gewonnen wird, Christus, ergibt sich aus dem Tod und der Auferweckung Jesu eine ganz konkrete Folge für den Christen, der dem Tod als dem leiblichen Sterben noch unterworfen (1035) ist, d.h. der Tod Jesu hat seine Bedeutung für die Situation des Menschen. Das zeigt sich schon im Verhalten Jesu zu dem einen Schächer (1036), dem er das Paradies versprochen hat; das zeigen die Berichte von den Totenauferweckungen: die Tochter des Jairus (1037), der Jüngling von Naim (1038), oder das Beispiel des Lazarus (1039). Diese zeugen davon, wie Jesus als der Auferweckte von den Evangelisten schon in seinem Leben als Ueberwinder des Todes verstanden wird.

Jesus hat aber nicht nur beispielhaft für die Menschen gelebt, er ist auch für sie gestorben. Jesu Leben und Tod, seine Auferweckung ist ein Paradigma für den Tod und die Auferweckung des Menschen. Für Paulus steht fest, dass das ganze Leben des glaubenden Menschen und sein Leiden und Sterben ein Nachvollzug des Sterbens und des Todes Christi ist, ein Mitsterben mit Christus (1040). Was heisst das aber? Wie

---

1033) Phil 1, 20 ff.
1034) O. Kuss, a.a.O. 252/253.
1035) Vgl. R. Bultmann, a.a.O. 19.
1036) Vgl. A. Strobel, Der Tod und das Sterben des Menschen nach Lukas 23, 39-49, in: ders. (Hg.), Der Tod - ungelöstes Rätsel oder überwundener Feind? 91-95.
1037) Mk 5, 35 par.
1038) Lk 7, 11 ff.
1039) Joh 11, 1 ff.
1040) Vgl. J. Kremer, a.a.O. 24.

ist das zu verstehen? In Jesu Tod hat der Tod die Macht verloren, und Jesus ist zum Geber des Lebens geworden, für jene, die an ihn glauben, d.h. "die seinem Anspruch folgen und in ihrem Leben dem Tod 'im Namen Jesu' das Ende ansagen, in dem sie Jesu Tod (mit der Taufe) in ihr Leben nehmen und so sterbend leben" (1041). In der Taufe (1042) werden die Glaubenden in den Tod Jesu hineingenommen und wachsen so mit ihm zusammen (1043). "In der Taufe stirbt der Glaubende jetzt schon mit Christus, ohne dass ihm damit der Tod als natürliches Lebensende e r s p a r t bleibt" (1044). Dieser ist aber im sakramentalen Tod, in der Taufe, nicht mehr der tödliche Tod im Gefolge der Sünde (1045). Der Christ ist dem eigentlichen Tod, der Sünde schon gestorben. Der leibliche Tod kann für ihn keine letzte Realität sein, "denn Taufe auf Christus ist, so sagt Paulus, Taufe auf den Tod Christi hin" (1046). Der "alte" Mensch ist nicht mehr; er ist der Sünde (1047), dem Gesetz (1048), dem Fleische (1049), sich selbst (1050), der Welt (1051) abgestorben (1052). "In der Todesgemeinschaft mit Christus wird er aus der für ihn unüberwindbaren Ich-Verschlossenheit und Welt-Verfallenheit und dadurch vom Tod überhaupt befreit" (1053). Der Mensch wird offen, um Gott, dem Kyrios zu leben (1054). Wer im Leben in Christus bleibt, und dessen Leben ganz von Christus durchdrungen ist, der kann Schwäche, Gebrechlichkeit und Leiden auf sich nehmen und sie in der Christusgemeinschaft bestehen. Selbst der leibliche Tod kann für ihn zum Mitsterben mit Christus werden. Ob die Glaubenden leben oder sterben, sie gehören Christus und er ist der Herr über Lebende und Tote. Wie dieses Mit-Christus-Sein näher zu bestimmen ist, lässt sich aus den Texten nicht ersehen. Eines aber scheint gewiss zu sein: "Der Gläubige hat den Tod nicht zu fürchten, weil dieser seine Macht am Kreuz Christi eingebüsst hat; der Gläubige kann das Sterben als Gewinn zur Sprache bringen, weil er in der Fülle der Zeit, in der eschatologischen Zeit (am Ende der

---

1041) R. Pesch, Kontinuität in Jesus 91.
1042) Vgl. Röm 6-8; vgl. auch O. Kuss, a.a.O. 307-319, dort Lit.!
1043) Vgl. R. Bultmann, a.a.O. 19 f.
1044) K. Kertelge, Der allgemeine Tod und der Tod Jesu 154; vgl. auch Röm 6,3-9.
1045) Vgl. O. Kuss, a.a.O. 254; vgl. Röm 6,3 ff.
1046) G. Delling, a.a.O. 27.
1047) Röm 6,1.
1048) Röm 7,6; Gal 2,19.
1049) Gal 5,24.
1050) 2 Kor 5,15.
1051) Gal 6,14.
1052) Vgl. G. Delling, a.a.O. 28: "Das Mitsterben mit Christus am Kreuz zielte darauf ab, dass der der Macht der Sünde verhaftete Leib zunichte gemacht würde (...). So präzis versteht Paulus das Mitsterben. Mit ihm ist das Versklavtsein unter die Herrin Sünde aufgehoben". G. Delling verweist auf den inneren Zusammenhang von Taufe und Kreuzesgeschehen vor allem bei Paulus; vgl. ebd. 27-30.
1053) P. Hoffmann, Tod 233.
1054) Vgl. ebd.; Röm 6,10 f; 7,4; Gal 2,19; Röm 14,7; 2 Kor 5,15.

Geschichte) lebt und im Tode auf Gottes Seite, mit Christus, in Gottes Zukunft ange-
funden wird. Deshalb sagt die Hoffnung angesichts des Todes - im Leben - die Zukunft an, die Auferstehung als eschatologischen Zeitgewinn: Wenn aber der
Geist dessen, der Jesus von den Toten erweckt hat, in euch
wohnt, wird der, der Christus von den Toten erweckt hat, auch
eure sterblichen Leiber lebendig machen durch seinen in euch
wohnenden Geist (Röm 8,11)" (1055). Mit diesen fragmentarischen Aspekten
dürften die wichtigsten Linien eines neutestamentlichen Todesverständnisses aufgezeigt sein. Es wären durchaus bei den einzelnen Autoren der biblischen Botschaft
Nuancierungen und verschiedene Akzentsetzungen noch zu erarbeiten. Eine solche
exegetische Kleinarbeit kann aber nicht im Rahmen dieser Arbeit vorgelegt werden,
in der es nur darum gehen soll, eine Blickrichtung des neutestamentlichen Todesverständnisses zu öffnen.

§ 3. ZUSAMMENFASSUNG

1. Der Tod wird in der Heiligen Schrift nirgends mystifiziert. Im Gegenteil: es beginnt ein bedeutsamer "Entmythologisierungs"- und "Entsakralisierungs"-Prozess.
Bei keinem anderen Volk der alten Welt tritt eine solche Zurückhaltung dem Tod
gegenüber zutage wie bei den Israeliten. Auch im Neuen Testament wird der Tod mit
grösster Nüchternheit und ohne jede Beschönigung verstanden (Tod als Folge der
Sünde, Tod als letzter Feind).

2. Es lassen sich verschiedene Haltungen des glaubenden Israeliten dem Tod gegenüber aufzeigen, die durchaus zueinander in Spannung stehen, ohne diese zu lösen
(Gott ist der Herr über Leben und Tod; der verfrühte Tod als Folge des Zusammenhangs von Tun und Ergehen; die Trostlosigkeit der Existenz in der Scheol als die
absolute Ferne von Gott; die Bescheidung im Tod; der lebenssatte und erfüllte Tod).

3. Der Tod ist nicht nur als Naturphänomen verstanden, sondern immer als ein
menschliches Phänomen, das einerseits als schmerzlich und schrecklich empfunden
(das Schattendasein - fern von Jahwe - in der Scheol), andererseits als selbstverständlich erwartet wird (nach erfülltem und lebenssattem Leben sogar herbeige-
wünscht wird).

4. Auch das Neue Testament löst nicht das Dunkel und die Rätselhaftigkeit des Todes
glatt auf. Selbst nach dem Tode Jesu (in dem sich die ganze Brutalität des Todes

---

1055) R. Pesch, Kontinuität in Jesus 58.

zeigt) und nach seiner Auferweckung bleibt auch - das soll offen zugegeben werden - vieles für den Glaubenden unbegreiflich. Das Verständnis des Todes im Neuen Testament darf aber trotzdem für den Christen eine mögliche Antwort auf die Frage nach dem Tod des Menschen - als eine echte Antwort gewertet werden.

5. Die biblischen Schriften charakterisieren den Tod hauptsächlich als Erleiden und weniger - sieht man vom Mitsterben mit Christus einmal ab - als bewusstes Tun, das die Gefahr der Heroisierung läuft. Sie eröffnen deshalb einem heutigen, oft nur zu idealistischen Todesverständnis eine wichtige Dimension: das passive Erleidenmüssen des Todes, indem sich der radikale Ernst in seiner nicht zu lösenden Spannung ankündet.

5. KAPITEL

ZUSAMMENFASSENDER AUSBLICK FUER EINE THEOLOGIE DES TODES

Haben die meisten bisherigen Entwürfe zu einer Theologie des Todes versucht, denkerisch sein Wesen zu ergründen, so besteht doch die Gefahr einer allzu einseitigen Idealisierung des Todes (Ablösung vom konkreten Menschen, Vernachlässigung des faktischen Erleidens). Zudem werden die Grenzen solcher Spekulationen deutlich, da sich vom noch lebenden Menschen nichts über das Wesen des Todes aussagen lässt.

Nicht so sehr als Alternative, sondern eher als Ergänzung sollte der Versuch unternommen werden, durch die Beschreibung möglichst ursprünglicher Erfahrungen des Todes, sich an den Tod als Phänomen anzunähern. Der phänomenanalytischen Betrachtung gelingt es, dem Tod sowohl in seiner faktischen Negativität, als auch in seinem positiven Charakter gerechter zu werden.

Ein Vergleich zwischen dem heutigen Todesverständnis und den biblischen Todeseinstellungen vermag einerseits, Parallelen aufzuzeigen (der Tod wird im Horizont des Lebens gesehen; er wird als Realität absolut ernst genommen; er ist kein sakrales Ereignis oder ein Gegenstand vielfältiger Mythenbildung), andererseits ergeben sich daraus für eine Theologie des Todes bedeutsame Korrekturansätze am philosophischen Todesverständnis (der Gegensatz von Leben und Tod wird gegenüber Gott relativiert, Jesu Tod eröffnet die Möglichkeit auch eines Heilstodes, der eine Verwandlung des Todes und ein Mitsterben mit Christus zur Folge hat). Aus einer Konfrontation dieser verschiedenen Todeseinstellungen lassen sich hier einige Gesichtspunkte erarbeiten, die für eine theologische Rede vom Tod berücksichtigt werden müssen, soll sie nicht nur abstrakt und spekulativ bleiben und am Menschen vorbeireden, oder eine billige und vorschnelle Antwort geben.

§ 1. DIE KONFRONTATION VON PHILOSOPHIE UND EXEGESE ALS GRUNDLAGE JEDER THEOLOGISCHEN REFLEXION VOM TOD

Eine Theologie des Todes, will sie Rede vom Tod aus dem Glauben sein, muss dauernd in der Spannung zwischen Philosophie und Exegese stehen und aus dieser Konfrontation ihre Aussagen gewinnen. "Der Tod ist ja nicht ein von der menschlichen Wirklichkeit ablösbarer und gesondert zu behandelnder Inhalt, es sei denn, man begnüge sich damit, ihn in einem seiner Aspekte aufgehen zu lassen" (1056).

Die bisherige Theologie des Todes leidet etwas darunter, dass sie zu wenig von dieser Auseinandersetzung zwischen modernem Menschenverständnis und biblischer Theologie geprägt ist. Es besteht deshalb leicht die Gefahr - das zeigen beispielsweise die wohl am besten durchdachten Versuche von K. Rahner und L. Boros -, wesentliche Aspekte des menschlichen Todes in den Hintergrund treten zu lassen. Bei beiden werden bedeutsame Anregungen, die das Alte Testament gibt, teilweise überhaupt nicht, teilweise nur unzureichend berücksichtigt. Aufgrund ihrer spekulativen Ansätze gelingt es nicht, den konkreten Menschentod in seiner Faktizität im Auge zu behalten, sodass es leicht den Anschein macht, als werde hier vom Tod als einer Idee gesprochen. Nur deshalb kann K. Rahner den Tod in erster Linie als "tätige Vollendung von innen", als "aktives Sich-zur-Vollendung-Bringen", als "das Ergebnis des Lebens bewährende Auszeugung und totales Sich-in-Besitz-Nehmen der Person" (1057) so idealistisch definieren, oder die Endentscheidungshypothese sieht im Tod den ersten vollpersonalen Akt der endgültigen Entscheidung ermöglicht, während er tatsächlich in der Mehrzahl der Fälle zuerst als die absolute Vernichtung und radikale Verohnmächtigung des Menschen erfahren wird. Aber auch in der Medizin machen sich "apersonale" Tendenzen in der Rede vom Tod bemerkbar, wenn von ihm in sozusagen vom Menschen abgelösten Definitionen gesprochen wird: als "Erlöschen des individuellen Systems", oder als "irreversibler Stillstand des Lebensvorganges, insbesondere des Stoffwechsels" (1058).

Es zeigt sich, dass die philosophisch-theologische Rede vom Tod in eine Engführung des Todesverständnisses gerät, indem ein einzelner Gesichtspunkt doch zu sehr verabsolutiert oder von einem ganz bestimmten Blickwinkel aus zu einseitig beleuchtet wird.

Umgekehrt dürfen aber aus mehreren Gründen nicht einfach die biblischen Todeseinstellungen als das heutige theologische Verständnis hingestellt werden: Wie wir gesehen haben, gibt es sehr wenige sich durch die biblischen Schriften hindurchziehende Aussagen über den Tod. Verschiedene "dialektische" Aussagen lassen einen Wandel in den Todeseinstellungen der Bibel feststellen. Diese gründen auf einem ganz bestimmten Menschenbild, haben also auch wieder ihre philosophischen und anthropologischen Voraussetzungen und diese sind nicht mit den heutigen identisch. Es besteht deshalb die Gefahr, dass man mit einem rein biblischen Todesverständnis am heutigen Menschen vorbeiredet.

Eine Theologie des Todes muss deshalb als erstes nach dem heutigen Todesverständnis fragen, um danach die erarbeitete Todesauffassung mit den Hauptzügen eines biblischen Todesverständnisses, das aus dem Glauben an Gott und seine Treue zu den Menschen erwachsen ist, zu konfrontieren.

1056) V.E. Freiherr von Gebsattel, a.a.O. 391.
1057) Vgl. K. Rahner, Zur Theologie des Todes 30.
1058) V.E. Freiherr von Gebsattel, a.a.O. 391.

Aus diesem zähen Ringen der beiden verschiedenen Todeseinstellungen wird die eine oder andere theologische Aussage erwachsen, die nicht mehr nur spekulative Wesensaussage ist, sondern den Menschen in seiner konkreten Situation zu erfassen und ihm zugleich eine Antwort aus dem Glauben an Gott anzubieten vermag.

Theologische Rede hat deshalb eine besondere Verantwortung auf sich zu nehmen, da sie in einem zentralen Ereignis des Lebens"Gott zur Sprache" (1059) bringt.

Spricht die Philosophie heute vom Tod, indem sie ihren Blick auf den je eigenen Tod oder auf den Tod des Mitmenschen richtet und dabei gemachte Erfahrungen reflektiert, so kommt sie doch letztlich an eine Grenze, an der sie zugeben muss: "der letzte Rest ist Schweigen" (1060). Die "philosophische Rede vermag zwar "äquivok" vom Tode zu reden, nicht aber 'neu'" (1061). Das Neue, das die Theologie vom Tode des Menschen auszusagen vermag, ist zugleich auch das, was den wesentlichen Unterschied zwischen philosophischer und theologischer Rede ausmacht. Die Theologie geht nämlich von der Offenbarung Gottes im Tode Jesu aus und zeigt auf, dass der Heilstod Jesu auch den menschlichen Tod verwandelt hat. Im Glauben an Gott, der sich im ganzen Leben und Werk Jesu geoffenbart hat und dessen Offenbarung sich in Jesu radikal menschlichem Tod als dem "Heilsereignis des 'Todes' Gottes" (1062) noch verdichtet, ist eine eigentlich "christliche" Theologie des Todes begründet (1063). Der Erlösungs- und Heilstod Jesu impliziert seine menschliche Todeserfahrung, die radikal ernst genommen werden muss.

Daraus ergeben sich drei Konsequenzen: 1. Theologische Rede spricht vom Tod Jesu und von diesem her befragt sie den menschlichen Tod; 2. sie spricht konkret vom Tod Jesu und vom Tod des Menschen (1064); 3. die philosophische Besinnung auf den

---

1059) R. Pesch, Kontinuität in Jesus 74.
1060) Vgl. G. Marcel, Schöpferische Treue 225; F. Wiplinger, Der personal verstandene Tod 108; M. Scheler, Tod und Fortleben 49; K. Jaspers, Philosophie II, 223.
1061) R. Pesch, Kontinuität in Jesus 74.
1062) Ebd. 75.
1063) Es ist vielleicht etwas überspitzt formuliert, wenn R. Pesch sagt: "Nur vom Glauben an Jesu Tod und Auferweckung herkommend, gibt es theologische Rede vom Tode" (ebd. 75). Damit wären aber doch die bedeutsamen Aussagen vom Tod im Alten Testament etwas vorschnell entwertet. Gewiss hat Jahwe als Gott der Lebendigen mit dem Tod nichts zu tun, gibt es nicht im geringsten Anzeichen für eine Vergöttlichung des Todes. Aber es kann letztlich nicht vom Tod gesprochen werden, ohne auch von Gott zu reden, sodass man wohl eine Theologie des Todes schon im Alten Testament festhalten kann, wenn auch nicht im christlichen vollen Sinne des Wortes.
1064) Ebd. 76: "Als 'neue' Rede vom Tod weiss sie von zwei-facher Bedeutung des Todes: alter und 'neuer', vom Tod des 'alten' und des 'neuen' Menschen, vom Tod als Schuld und vom Tod als Gnade".

Tod ist notwendig, weil die theologische Rede vom Tod Jesu und die vom menschlichen Tod verstanden werden muss, und weil sie den geschichtlich-konkreten Spielraum der theologischen Rede eröffnet. Eine dauernde Auseinandersetzung von philosophischer und biblischer Rede vom Tod stellt an die Theologie hohe Anforderungen. Die theologischen Aussagen müssen konkret, geschichtlich, gegenwärtig, verantwortlich und verständlich sein. Es kann durchaus auf vielfältige Art und Weise - das zeigen die verschiedenen philosophischen Todesauffassungen und die unterschiedlich akzentuierten biblischen Zeugnisse - vom Tod gesprochen werden. So wird es möglich sein, selbst traditionelle Theologumena in ihrer auch für heute geltenden Bedeutung wieder lebendig zu machen, die für das Leben des Menschen eine Hilfe ermöglichen. Darin, ob der Theologie des Todes das gelingt, wird weitgehend ihre Berechtigung und Zukunft begründet liegen, denn, "wenn es gilt, dass der wahre Massstab aller Theologie das gläubige christliche Leben ist, so gilt dies erst recht für eine Theologie des Todes: sie hat ihre Zukunft zu bewähren, indem sie dem Leben dient, das Leben fördert und erneut (indem sie ihre gnosis zu einer pro - gnosis, ihre cogitatio zu einer operatio wandelt). Denn: Gottes Offenbarung ist erst im gläubigen Leben der Menschen an ihrem eigentlichen Ort; auch die Theologie des Todes handelt letztlich von diesem Leben" (1065).

Die Theologie hat die einmalige Chance, das Geheimnis des Todes stehen zu lassen - wie wir das in der Phänomenanalyse gesehen haben - und doch Ansätze zu bieten, dieses Geheimnis zu durchdringen (1066). Vermögen die anderen Wissenschaften immer nur gewisse Teilaspekte zu erforschen und leisten gerade darin eine wichtige Vorarbeit für eine Theologie des Todes, so vermag diese das von den anderen Wissenschaften erarbeitete Material adäquat auszulegen.

Weil sich heute durchaus neue Ansätze zu möglichen Verständnisweisen des Todes abzeichnen und neben die bisherigen Epochen des mythischen, metaphysischen und existentialen Todesverständnisses treten, und weil diesen neuen Möglichkeiten Ergebnisse der medizinischen und soziologischen Wissenschaften zugrundeliegen, hat eine Theologie des Todes die bisher weitgehend noch fehlende intensive Beschäftigung mit diesen Wissenschaften und dem, was sie über den Tod auszusagen wissen, aufzunehmen und sich ernsthaft mit ihnen auseinanderzusetzen. Wertvolle Impulse für die theologische Rede vom Tod könnten sich aus dieser Begegnung mit den Wissenschaften ergeben (1067). Die Theologie gründet zwar "in der biblischen Offenbarung. Aber sie hat zugleich die dort gewonnenen Einsichten in den Erfahrungs- und Beurteilungshorizont des heutigen Menschen hineinzustellen. Sie muss sich dem Dialog mit der

---

1065) Ebd. 80.
1066) Vgl. V.E. Freiherr von Gebsattel, a.a.O. 390.
1067) Vgl. E. Jüngel, a.a.O., bes. 160-171 und K. Rahner, Theologische Erwägungen über den Eintritt des Todes 323-335 sind erste zaghafte Schritte, sich als Theologen mit Ergebnissen der Soziologie bzw. der Medizin auseinanderzusetzen.

philosophischen, der anthropologischen, medizinischen und juristischen Beurteilungs-
weise stellen" (1068).

§ 2. DIE THEOLOGISCHE REDE VOM TOD IM ZUSAMMENHANG VON LEBEN UND TOD

Es mag für heutiges Denken eine Selbstverständlichkeit geworden sein, den Tod nicht
mehr als Parzenschnitt isoliert am Ende des Lebens, sondern als ein das ganze Leben des Menschen begleitendes Moment zu verstehen, sodass das, was wir normalerweise als Tod erfahren, nur die ganz konkrete und sichtbare Realisierung des
unser Leben bestimmenden Todes ist (1069). Diese Erkenntnis prägt in der Philosophie, in der Medizin, im Alten und Neuen Testament in mehr oder weniger grossem Mass das Bewusstsein des Menschen. Deshalb kann auch eine Theologie des
Todes nicht mehr anders vom Tod sprechen, als im Horizont des Lebens (1070).

So "verhält sich" nach M. Scheler das Leben des Menschen zum Tode (1071), und
für M. Heidegger bestimmt der Tod als das Sein zum je eigenen Tod das ganze Leben (1072). Auch die Medizin und Biologie versuchen, den Tod mehr als bisher vom
Leben her zu verstehen (1073). Die Grenze zwischen Leben und Tod wird als fliessend (1074) erkannt. Die Frage nach dem Tod ist also eine Frage nach dem Leben geworden. Dies bestätigen schon die Zeugnisse in den biblischen Schriften. So wird im
Alten Testament der Tod ganz vom alles beherrschenden Leben her verstanden (1075),
ja jede Minderung des Lebens durch Krankheit und Unglück bedeutet für den alttestamentlichen Menschen Tod (1076). Es "entspricht genau biblischem Bewusstsein, den
Tod nicht erst am Ende, sondern schon in der Mitte des Lebens wahrzunehmen. Tod
ist nicht allein Lebensausgang, sondern negative Qualifikation des Lebens. Verkehr-
tes Leben - das ist Tod; Leben, das sich in der notorischen Sorge um seine Selbst-

1068) W. Andersen, Der Tod unter dem Aspekt der Hoffnung, in: A. Strobel (Hg.),
   Der Tod - ungelöstes Rätsel oder überwundener Feind? 30.
1069) Vgl. K. Rahner, Zur Theologie des Todes 77.
1070) Vgl. E. Jüngel, a.a.O. 24.
1071) Vgl. M. Scheler, Tod und Fortleben 11-36.
1072) Vgl. M. Heidegger, Sein und Zeit 231-267.
1073) Vgl. O. v.Helversen, a.a.O. 142 ff.
1074) Vgl. W. Doerr, a.a.O. 56.
1075) Vgl. G. v.Rad, Alttestamentliche Glaubensaussagen 252 ff.; V. Maag, a.a.O.
   23.
1076) Vgl. Chr. Barth, Die Errettung vom Tode 59 ff.

erhaltung erschöpft; Leben, das sich als Reichtum, an falsche Götter, an glänzende und vergängliche Nichtigkeiten verliert; Leben, das nichts weiss von seinem Lebensgrund, von seinem Woher und Wohin und vor allem von seinem Wofür - das ist bereits Leben im Zeichen des Todes, Leben in der Entfremdung, um es mit dem biblischen Begriff zu nennen: Leben in der Sünde. Sünde ist Verfehlung des Lebens, und ihr Ertrag ist der Tod, sagt Paulus. Wir sind des Todes nicht erst in dem Augenblick, wo uns die letzte Stunde schlägt. Wir sind vielmehr Kinder des Todes, sehr grundsätzlich und permanent nach biblischem Denken, und zwar so lange, bis wir das Leben gefunden haben" (1077).

Auch in der Theologie des Todes wird dieser Zusammenhang bereits ansatzhaft berücksichtigt, wenn zum Beispiel K. Rahner den Tod als die T a t des Lebens bezeichnet, weil der Tod dauernd im ganzen Leben des Menschen anwesend ist (1078), oder wenn E. Jüngel das Leben "als Instanz für eine Befragung über den Tod" (1079) heranzieht und nur in diesem Horizont vom Tod sprechen zu können meint.

Scheint es auf den ersten Blick überflüssig, diesen Gesichtspunkt des inneren Zusammenhangs von Leben und Tod hier eigens zu betonen, so deuten viele theologische Aussagen über den Tod doch an, dass mit "Tod" noch zu sehr der konkrete momenthafte Abbruch am Ende des Lebens gemeint ist, und die "dialektische" Einheit von Leben und Tod erst vereinzelt wirklich konsequent durchdacht ist.

Allerdings bringt ein solches Ineinander von Leben und Tod eine ungeheure Spannung mit sich, die ausgehalten werden muss, die oft Grund für eine Flucht vor dem Tod sein oder dieser Einheit ihre Spannung nehmen kann, indem der Tod vom Leben so "aufgesogen" wird, dass er sozusagen wiederum in der Alltäglichkeit verschwindet. Es ist sicher nicht leicht, eine solche spannungsvolle Einheit von Leben und Tod zu denken. Eine erste differenziertere Sicht dieser Einheit, die wohl auch für eine Theologie des Todes bedeutungsvoll sein dürfte, versucht in jüngster Zeit F. Ulrich (1080). Die Einheit von Leben und Tod kann für F. Ulrich heissen, dass der Tod seinen Stachel, seine Macht und seinen Schrecken verliert, indem er ent-tabuisiert, durch "progressive, rationale Analyse" (1081) entlarvt, in seiner Notwendigkeit anerkannt und in die tägliche Reflexion einbezogen wird, die die Todesangst ausschaltet, und er so verfügbar wird. Eine solche Hineinnahme des Todes in das Leben käme einer Ideologisierung (1082) nahe, indem eine solche bewusste Verharmlosung

---

1077) R. Strunk, Gibt es ein Leben vor dem Tod? Jenseits von religiöser und säkularer Frage, in: M. Neun (Hg.), Tatsache Tod. Wie können wir damit leben? (Stuttgart 1974) 19.
1078) Vgl. K. Rahner, Zur Theologie des Todes 76 ff.
1079) E. Jüngel, a.a.O. 24.
1080) F. Ulrich, Leben in der Einheit.
1081) Ebd. 17.
1082) "Ist hier nicht die List einer bestimmten Ideologie am Werk, die den Menschen durch die Rede vom Sterben-müssen an die 'Transzendenz' bindet, der der

des Todes ins Leben hinein zu bestimmten Interessen ausgenützt würde. Manipulation und Neutralisierung (1083) sind zwangsläufige Folgen solcher Bestrebungen und führen zu den verschiedensten Formen des Verdrängens des Todes (1084). Ist der Tod jedoch aus dem Leben und dem Bewusstsein des Menschen gänzlich verdrängt, sucht der Mensch neue Formen des Todes: die Flucht in den gemachten Tod und in den ruhelosen Aktivismus (1085). Der Mensch kann also "Leben und Tod nicht scheiden, ohne beide n a c h t r ä g l i c h in irgendeiner Weise wieder miteinander zu verknüpfen" (1086). Es zeigen sich heute Neigungen zu einer "billigen", verharmlosten "Einheit" im alltäglichen Leben, da die Gefahr zu einer fertigen Gestalt des Daseins, zu einem Getto in sich selbst, zu Gleichgültigkeit und lähmender Zufriedenheit oder aber zu einer Flucht nach vorwärts, die das Leben nie Gegenwart sein lässt, dauernd droht. Ein solcher Tod lässt den Menschen nicht zu seinem Selbst-Sein kommen. Er ist machbar.

Demgegenüber ist die echte Einheit von Tod und Leben nie in die Hand des Menschen gegeben, d.h. sie ist für ihn nicht "verfügbar". "Leben ist Ueber-gang und deshalb Abschied vom Gewohnten, Aus-zug, Wagnis des Exodus, Vertrauen im Noch-nicht der Hoffnung. Im Heute das Gestern hüten und das Morgen geduldig erwarten. Zukunft als zukommende Gabe in der Gegenwart ergreifen u n d formen, aber sie nicht mit dem Blick nach rückwärts vergangen machen wollen, damit sie gelebt und d e s - h a l b 'sicher' sei: registriert, verfügbar. Der Tod prägt den Durchbruch ins je grössere Leben und ist dessen Reifegang zutiefst innerlich. Sammlung des Lebens geschieht durch diesen p o s i t i v e n Tod" (1087).

Echte Einheit von Leben und Tod ist also dialektisch, da das Leben sich selbst ganz loslässt, als Ganzes stirbt, und dadurch als Ganzes neu wird. Solche Einheit finden

---

Sprechende in die Karten geschaut zu haben scheint? Müsste man also nicht den ideologisch verzweckten Tod allererst einmal als solchen aufdecken und gesellschaftskritisch prüfen?" (ebd. 18).

1083) Die Neutralisierung zeigt sich besonders deutlich in der reinen Endlichkeit, in der "ein jenseitiges Absolutes" wegfällt, an welchem "sich das Endliche in seiner Vorläufigkeit und Relativität messen muss" (ebd. 20). Der Tod verliert dann seine Bedrohung. Er beendet zwar unser Leben, geht uns aber nichts weiter mehr an. "Im Element dieser 'reinen Endlichkeit' treibt aber eine globale Integration hervor, die alles Getrennte, in Raum und Zeit Dissoziierte zu einigen und zu vermitteln trachtet. Alles Geschiedene wird in eine Einheit hinein flüssig, die in der W e l t a l s W e l t liegt: immanente Transzendenz!" (ebd. 21).

1084) Vgl. Exkurs: Wird der Tod verdrängt?

1085) Vgl. F. Ulrich, Leben in der Einheit 25-28.

1086) Ebd. 29.

1087) F. Ulrich, Leben in der Einheit 29/30. Dieser Tod und dieses Leben unterscheiden sich jedoch in seinen stets eröffnenden neuen Momenten, vom fast mechanischen "Stirb und Werde", das letztlich einmal nicht mehr "wird", da es nicht "anderen Wesensformen i n s i c h Raum zu geben" (ebd. 33) vermag.

wir z.B. dort, wo das Leben in Freiheit lieben kann (1088). Wer wirklich liebt und alles - auch sich selber - gibt, dauernd in den anderen hineinstirbt, dem geht es nicht mehr um sich selbst. Er erfährt gerade darin ein "Reicher- und Mehrwerden" (1089). Ein solches Leben ist offen für ein absolut Neues, was die Tradition "Leben nach dem Tode" nennt und das vor dem Tode schon begonnen hat. "Nur dort, wo der Mensch das Leben eines voraussetzungslosen, ideologiefreien, unbegrenzten U m - s o n s t leben konnte - in der Einheit von Hingabe in der Lebensfülle (gratuité) und Vergeblichkeit (vanité) - nur dort würde er wirklich sterben, weil er dort lebt: Einheit von Leben und Tod in der Liebe! Er lebt j e t z t in 'Nachher': er i s t vom Tod ins L e b e n hinübergegangen - aber nicht in das ewig sichselbstgleiche Leben des 'Ich', das sich selbst 'unsterblich' macht, sondern ins Leben des Einen für die vielen" (1090). Der Tod als biologisches Phänomen wird dann nicht allzu schnell als "eigentlicher" Tod gesehen, sondern der Tod zeigt sich in allen Dimensionen des menschlichen Daseins. Im Verhältnis von Mensch und Welt, Ich und Du, von einzelnem Individuum und Gesellschaft, Subjekt und Objekt; im Denken, Sprechen, Wollen; im Wahrnehmen und Begreifen (1091) lässt sich diese dialektische "Einheit von Leben und Tod" nachweisen. "Selbst dort, wo es sich g e g e n ihn wehrt, ihn aufzuheben versucht, geschieht dies, unter dem verborgenen Wesensgesetz des Lebens, nochmals durch verschiedene Formen des T o d e s , den das Leben dann in pervertierter Gestalt 'wagt', um 'leben' zu können" (1092). Eine solche spannungsvolle Einheit von Leben und Tod verhindert, dass der Mensch diesen Tod durchschauen und in den Griff bekommen oder in ein fassbares Problem "umdenken" kann. Um diese Einheit des Todes mit dem Leben zu begreifen, muss der Mensch aus der Geschäftigkeit und Unrast des Alltags heraustreten, innere Ruhe gewinnen, um über das vordergründige "Geschwätz" vom Tod vorzudringen zu tieferen Aussagen, die das Leben über den Tod macht, d.h. wie in unserem Leben eine Einheit von Leben und Tod alltäglich an den endgültigen Schlusspunkt des menschlichen Lebens erinnern kann.

Eine grosse Aufgabe der Theologie ist es, an eine heute leider fast völlig vergessene Tradition einer "ars moriendi" (1093) anzuknüpfen, die in neuer Form - nicht in ständigem Nachdenken und Grübeln, die den Menschen nicht mehr froh werden lassen - auf Erfahrungen im alltäglichen Leben hinweist, und die die Tatsache des leben-

---

1088) Vgl. ebd. 34.

1089) Ebd. 80.

1090) Ebd. 44.

1091) Vgl. ebd. 47.

1092) Ebd.; vgl. auch ders., Philosophische Meditation über die Einheit von Leben und Tod, in: Arzt und Christ 15 (1969) 168.

1093) Eine Darstellung der verschiedenen Formen in der Geschichte gibt R. Rudolf, Ars moriendi. Von der Kunst des heilsamen Lebens und Sterbens (Köln 1957) Lit!; vgl. weiter M. Elze, Spätmittelalterliche Predigt im Angesicht des Todes 89-99; A. Freybe, Das Memento mori (Gotha 1909); R. Leuenberger, a.a.O. 10 ff; R. Strickelberger, Memento mori, in: Reformatio 11 (1952) 53-55.

langen Seins zum Tode aufzeigt, wie das in einer philosophischen Meditation F. Ulrich recht eindrücklich gelungen ist. Die Tabuisierung des Todes einerseits und die Erfahrung des Todes als einer plötzlichen, völlig unerwarteten Katastrophe andererseits könnte eingeholt werden. Dem Menschen würde eine Hilfe gegeben. Er sähe seinen eigenen Tod nicht nur einfach vor sich als ein noch kommendes Ende seines eigenen Lebens, sondern als eine Tatsache des Lebens. Ein Ansatz zu solchen Versuchen zeigt sich in der in jüngster Zeit grosse Bedeutung erlangenden "Sterbehilfe" (1094) als Lebenshilfe. Diese sollte nicht erst im Krankenhaus kurz vor dem Tod beginnen, sondern sie sollte viel weiter ins Leben hinein verlegt werden. Eine solche Forderung für eine Theologie des Todes verlangt erneut eine intensive Zusammenarbeit mit den Naturwissenschaften.

Das Bedrohliche und Schmerzliche des Todes wird durch eine ständige Auseinandersetzung des Menschen mit dem Tod nicht nivelliert, sondern der Ernst des Todes kann erst dann in seiner vollen Schwere stehengelassen werden.

1094) Der Begriff "Sterbehilfe" ist einerseits zum festen Ausdruck geworden für den Beistand und die Begleitung für den sterbenden Menschen. Andererseits ist er gerade in jüngster Zeit äusserst zweideutig geworden, da unter "Sterbehilfe" Euthanisie gemeint ist; diese ist aber hier nicht angesprochen.

EXKURS

WIRD DER TOD VERDRAENGT?

Die Annahme der heutigen Zeit, der Tod werde verdrängt und mehr und mehr aus dem Bewusstsein des modernen Menschen gerückt oder durch die Hineinnahme in das Leben verharmlost, ist bei Medizinern, Psychologen, Soziologen, Kulturkritikern, Philosophen und Theologen meist unter Schlagwörtern, wie Verdrängung des Todes, Tabuisierung, Bagatellisierung, Banalisierung, Privatisierung, Entöffentlichung, Kommerzialisierung usw. weit verbreitet.

Es ist zu fragen, was an der These von der Verdrängung des Todes richtig gesehen wird und was an dem sehr komplexen Sachverhalt durch die globalen Schlagwörter eher verfälscht wird.

1. Schon zu Beginn des Jahrhunderts macht M. Scheler auf ein solches Verdrängen des Todes aufmerksam. Hat der Mensch nach ihm auch eine intuitive Todesgewissheit (1095), so muss diese sich gar nicht immer in voller Klarheit und Deutlichkeit dem Menschen zeigen. Dieses Wissen um den Tod kann verdunkelt werden, nicht nur beim einzelnen Menschen, sondern auch bei ganzen Epochen. M. Scheler unterscheidet aber zwischen einem legitimen und einem illegitimen Verdrängen des Todes (1096):
a. Ein natürliches, allgemeines und normales Verdrängen des Todes kann nützlich und von "hoher vitaler Zweckmässigkeit" (1097) sein, denn der Alltag und die Arbeit würde nicht so ernst genommen, wäre der Gedanke an den Tod stets vor Augen (1098). Eine solche Haltung hätte seine negative Auswirkung auf den Gemütszustand. Ein natürliches Verdrängen lässt sich durchaus rechtfertigen und gibt dem Menschen die nötige Ruhe und Heiterkeit (1099).
b. Von einem solchen berechtigten, ja notwendigen Verdrängen des Todes unterscheidet sich jenes des "modernen westeuropäischen Menschen", der von der "Struktur seines Erlebens" (1100) geprägt ist. So sind zum Beispiel Arbeit und Erwerben nicht mehr nur zum Leben notwendige Handlungen des Menschen, sondern triebhaft und damit grenzenlos geworden.

1095) Vgl. M. Scheler, Tod und Fortleben 26.
1096) Vgl. ebd. 26-36.
1097) Ebd. 27.
1098) Das lässt sich auch insofern nachweisen, "dass im allgemeinen die Tendenz zu dieser Verdrängung in dem Masse zunimmt, als wir uns dem Tode faktisch annähern" (ebd. 27).
1099) M. Scheler nennt diese Ruhe und Fröhlichkeit "metaphysischer Leichtsinn" (vgl. ebd. 28).
1100) Ebd.

Mit diesem sozioökonomischen Wandel sind auch Veränderungen in den Einstellungen zum Tode vollzogen worden. Der Tod ist nicht mehr wie beim früher lebenden Menschen eine sein Leben gestaltende und richtende Gewalt, weil der Mensch nicht mehr im Angesicht des Todes lebt. "Der Sturz in den Strudel der Geschäfte um der Geschäftigkeit selbst willen, das ist, wie schon Blaise Pascal sagt, die neue fragwürdige Medizin, die dem modernen Menschentypus die klare und leuchtende Idee des Todes verdrängt und die Illusion eines endlosen Fortgangs des Lebens zur unmittelbaren Grundhaltung seiner Existenz werden lässt" (1101). Im Wegdrängen und Wegfürchten des Todes zeigt sich sein brutaler und katastrophaler Charakter. Der Tod wird nicht mehr als Erfüllung, sondern als schicksalhaftes Ueberfallen- und Zerstörtwerden erlebt (1102). Niemand stirbt mehr seinen eigenen Tod. Ein Tod als reine Katastrophe muss bagatellisiert und zum Verschwinden gebracht, aus dem Bewusstsein hinausgeschoben werden.

M. Scheler steht mit seiner These nicht allein. Es finden sich die vielfältigsten Zeugnisse aus den verschiedensten Wissenschaften, die in der Aussage, dass der Tod heute verdrängt werde, übereinkommen.

E. Kübler-Ross meint, vonseiten der Medizin und Psychologie her aufzeigen zu können, dass unter den vielen Gründen für eine Flucht vor dem Tod sicher einer der wichtigsten die Tatsache ist, dass Sterben heute "grausamer", mechanisierter und unpersönlicher geworden ist (1103).

1101) Ebd. 30.
1102) "Ist der lebendige Organismus mit Einschluss der in ihm stattfindenden Prozesse ein nur besonders verwickelter chemisch-physikalischer Prozess, d.h. in letzter Instanz ein mechanischer Prozess, so kann er und das System, an dem er sich abspielt, auch nur von aussen her gestört und zerbrochen werden. Der Tod ist dann immer eine Folgeerscheinung eines schliesslich äusseren Reizes, der, sei es unmittelbar wie ein Pistolenschuss die Maschine zerbricht, sei es mittelbar, die Auflösung des Systems in einzelne, sich nach allen Richtungen der Umgebung fortpflanzende Bewegungen der Systemreihe zur Wirkung hat. D.h. jeder Tod ist dann mehr oder weniger 'künstlich' und 'katastrophal' und die Scheidung eines natürlichen und künstlichen Todes wird hinfällig" (ebd. 32). Weiter wird der Gegensatz durch ein solches mechanistisches Verständnis relativiert, denn die physiologischen Funktionen setzten sich über den Tod hinaus fort und man weiss nicht mehr, wo man den Tod ansetzen soll. Der Zeitpunkt des Eintretens des Todes wird zu einem rein definitorisch-juristischen Problem. Die Wissenschaft kann ihn letztlich als ein noch nicht behobenes Uebel der Medizin, als ein Versagen der Aerzte, die eben noch kein entsprechendes Mittel gegen den Tod gefunden haben, bestimmen.
1103) Vgl. E. Kübler-Ross, Interviews mit Sterbenden (Stuttgart [5]1972) 14. Sehr eindrücklich kann sie das Erschreckende des Todes schildern: "Die Einsamkeit, die unpersönliche Behandlung setzen schon ein, wenn der Kranke aus der gewohnten Umgebung herausgerissen und hastig ins Krankenhaus geschafft wird.

Stattdessen will man dem Menschen helfen. Diese heutige Situation stellt an den Menschen viele Fragen. "Liegt die Ursache dieser immer mehr mechanischen, unpersönlichen Behandlung in uns selbst, in unserer eigenen Abwehrhaltung? Können wir vielleicht nur auf diese Weise mit den Aengsten fertig werden, die ein schwer oder hoffnungslos Erkrankter in uns auslöst? Konzentrieren wir uns auf Blutdruckmesser und andere Instrumente, weil wir den drohenden Tod nicht sehen wollen, der so furchtbar und erschreckend ist, dass wir unser ganzes Wissen auf Apparaturen übertragen" (1104).

Der Mensch ist de facto fast gezwungen, Abwehrkräfte zu mobilisieren, indem er einerseits zwar dauernd in der Gefahr des Todes steht, den Tod jedoch zu leugnen versucht: es ist immer der andere, nur nicht ich, der stirbt; er hält sich sozusagen für unsterblich. Andererseits versucht man ihn herauszufordern, wenn man glaubt, z.B. bei einer Autoraserei oder aus dem Krieg heil davongekommen, jetzt dem Tod gegenüber gefeit zu sein.

Ein solches Wegdrängen des Todes kann zu langwierigen psychischen Belastungen und Krankheiten führen.

Aber auch in der Psychologie stellt man sich oft zu wenig dem Tod. Man versucht, den Tod und die Todesangst nicht selten als pathologisch hinzustellen und meint, sie durch Therapie heilen zu können.

Wer sich jemals in solchem Augenblick nach Ruhe und Trost gesehnt hat, vergisst // niemals, wie man ihn auf die Trage packte und mit heulenden Sirenen ins Krankenhaus transportierte: Der Transport ist der Beginn einer langen Leidenszeit. Schon der Gesunde erträgt kaum die Geräusche, das Licht, die Pumpen, die vielen Stimmen, die den Kranken im Notaufnahmeraum überfallen... Im Notaufnahmeraum der Klinik entfaltet sich sofort die Geschäftigkeit von Schwestern, Pflegern, Assistenzärzten; vielleicht stellt sich eine Laborantin zur Blutabnahme ein, ein Spezialist, der das Elektrokardiogramm machen will; vielleicht packt man den Kranken auf den Röntgentisch. Jedenfalls fängt er hier und da eine Bemerkung über seinen Zustand oder entsprechende Fragen an seine Angehörigen auf. Langsam, unausweichlich beginnt man ihn als Gegenstand zu behandeln, er hört auf, eine Person zu sein... Er mag um Ruhe, Frieden und Würde flehen - man wird ihm Infusionen, Transfusionen, die Herz-Lungenmaschine, eine Tracheotomie (Luftröhrenschnitt) verordnen - was eben medizinisch notwendig erscheint. Vielleicht sehnt er sich nur danach, dass ein einziger Mensch einmal einen Augenblick bei ihm stillhält, damit er // eine einzige Frage stellen kann - doch ein Dutzend Leute macht sich rund um die Uhr an ihm zu schaffen, kümmert sich um seine Herz- und Pulsfrequenz, um Elektrokardiogramm und Lungenfunktionen, um seine Sekrete und Exkremente - nur nicht um ihn als Persönlichkeit" (ebd. 14/15/16).

1104) Ebd. 16.

Soziologen, wie Ch. v. Ferber (1105) meinen, dass in unserem Zeitalter des bürger-
lichen und proletarischen Fortschrittdenkens die Verleugnung des Todes zur Entfaltung der Industriegesellschaft, zur Befolgung sozialen Verhaltens diene und so einen
reibungslosen Ablauf der Funktionsfähigkeit gesellschaftlicher Zusammenarbeit er-
mögliche (1106). "Die Privatisierung der Todeserfahrung, die Verbannung jedes
memento mori aus der Oeffentlichkeit verschüttet einen wesentlichen Zugang, um
in der Praxis den Abstand zur sozialen Situation aufrechtzuerhalten, aus dem die
Freiheit soziokultureller Selbstbestimmung lebt. Die soziale Ignorierung des Todes
in den entwickelten Industriegesellschaften bildet ein Zeichen für die verbreitete Un-
freiheit aus Gedankenlosigkeit; sie zeigt ein Zurückbleiben hinter den erreichten
theoretischen und technischen Gegebenheiten an" (1107).

Noch keine Gesellschaft hat auf Schlachtfeldern, Kriegen, in Filmen und Massenmedien
usw. soviel Tod gesehen, wie die unsere, meinen kulturkritische Stimmen (1108). Und
doch hat der Mensch eine ungeheure Apparatur in sich und in der Oeffentlichkeit auf-
gebaut, um den Tod von unseren Augen fernzuhalten. Die Kranken und Sterbenden
werden in Krankenhäusern, die alten Menschen in Altersheimen isoliert. Leichenzüge
sind von den Strassen verschwunden. Bestattungsunternehmen und Friedhöfe werden
an den Rand der Städte gedrängt (1109). Man darf vom Tod nicht mehr reden; statt
zu sagen: "wenn du stirbst", muss man sagen, "wenn dir etwas passiert". Der
Mensch hat Hemmungen, über den Tod zu sprechen. Darüber spricht man nicht,
gilt als Devise. "Man ergibt sich der Illusion, als könne man gegen Tod einen
hygienisch und technisch geführten Guerilakrieg führen und ihn in kleinen Gefechten
da und dort hinausdrängen, unwichtig und unbedeutend machen, bis einmal von einer
imaginären Zukunftsmenschheit die grosse Schlacht geschlagen werden kann" (1110).

Der Tod steht heute weiter im Widerspruch zur herrschenden Wertstruktur und
stellt Ueberzeugungen und Wertorientierungen einer Gesellschaft in Frage, sodass
alles unternommen wird, damit er ausgeschaltet bleibt (1111).

1105) Vgl. Ch. v. Ferber, Soziologische Aspekte des Todes 351; ders., Der Tod.
 Ein unbewältigtes Problem für Mediziner und Soziologen 237-250.
1106) Vgl. ebd. 351.
1107) Ebd. 343.
1108) Vgl. G. Montesi, Totentanz 1952 - Vom Sterben mit und ohne Make-up, in:
 Wort und Wahrheit 7 (1952) 805-808; F. Heer, Wie stirbt der Mensch? Ein
 Wort an uns und an die Umwelt, in: Die Besinnung 11 (1956) 190-203; G. Gorer,
 Die Pornographie des Todes, in: Der Monat 8 (1946), Heft 92, 58-62.
1109) Vgl. auch H. Thielicke, Tod und Leben 72 f.
1110) E. Gürster, Tabus unserer Zeit. Rundfunkvorträge (München 1964) 103.
1111) Ein solches Bestreben lässt sich etwa in Amerika feststellen. Vgl. P. Berger/
 P. Liban, Kulturelle Wertstruktur und Bestattungspraktiken in den Vereinigten
 Staaten, in: Kölner Zeitschrift für Soziologie und Sozialpsychologie 12 (1960)
 224-236; beide versuchen eine Verschleierung und Beschönigung nachzuweisen;
 L. Bowman, The American Funeral. A Study in Guilt, Extravagance and Sub-

Auch die Philosophie setzt sich mit der Vorstellung der Flucht vor dem Tod ausein-

---

limity (Washington 1959); J. Mitford, Der Tod als Geschäft (Berlin 1966);
E. Waugh, Tod in Hollywood (Freiburg 1966); dazu H. Blumenberg, Eschatologische Ironie. Ueber die Romane Evelyn Waughs, in: K. Schmidthüs (Hg.),
Lob der Schöpfung und Aergernis der Zeit. Moderne christliche Dichtung in
Kritik und Deutung (Freiburg 1959) 159-164; A. Hahn fasst die Ergebnisse
dieser Arbeiten zusammen: "Da ist zunächst die Einbalsamierung. Sie soll
dem Antlitz des Toten ein lebensähnliches Aussehen verschaffen. In Amerika
setzte sich der Brauch der Einbalsamierung erst während der Zeit des Bürger-
krieges sehr langsam durch. Damals hing es damit zusammen, dass man die
gefallenen Patrioten ihren Angehörigen möglichst in einem Zustand zusenden
wollte, der eine öffentliche Aufbahrung und Heldenehrung gestattete. Zu diesem
Zweck bot sich die Balsamierung an. Die Einbalsamierung verlangte nun allerdings einige spezialisierte Kenntnisse und führte damit zur Herausbildung eines
speziellen Berufs. Heute besitzen die Begräbnisunternehmer in nahezu allen
amerikanischen Gemeinden meist recht prunkvolle Häuser, in denen sie in sogenannten 'preparation rooms' die Leichname einbalsamieren, um sie dann in
den 'slumber rooms" aufzubahren. Zum Balsamierungsprozess kommen dann
noch Schminkprozeduren und Frisuren hinzu, um bei den Angehörigen einen
möglichst befriedigenden, an Todesqual und Sterben nicht erinnernden Eindruck
zu hinterlassen. Konsequenterweise richtet sich die Kleidung des Verstorbenen
auch nach den Kleidermoden der Lebenden. Jedenfalls ist das traditionelle
Leichentuch, das auch im äusserlichen den Unterschied zwischen Lebenden
und Toten markierte, verpönt. Auch der Schauer des Leichenhauses wird möglichst beseitigt. 'Unser Ziel war es, die Wärme und Fröhlichkeit eines Fami-
lienheims ins Leichenhaus zu übertragen. Wir wollen kein Leichenhaus, das
kalt, morbid oder wie ein öffentliches Gebäude aussieht." So heisst es in einer
von den Bestattern herausgegebenen Zeitschrift. Aus den 'slumber rooms' ist
das einst den Tod verkündende Schwarz zugunsten hellerer und freundlicherer
Farben verschwunden, die das Aufbahrungszimmer 'more homelike' machen
sollen. Die allzu ernsten Töne der klassischen Totenmusik werden vermieden.
Selbst an die verlebendigenden Lichteffekte bestimmter Beleuchtung ist gedacht. Eine Glühbirnenfirma, die in der Bestatterfachzeitschrift eine Sarg-
lampe inseriert, verheisst 'eine lebendige Erscheinung zu verleihen, ganz
gleich, wie schwierig der Fall'. Die Särge - am ehesten geeignet, die Illusion
des Lebens zu zerstören - werden auch nach Möglichkeit so ausgestattet, dass
der düstere Eindruck nicht allzu leicht aufkommt. Ihre Haltbarkeit (oft werden
sie aus Metall hergestellt) soll die lange physische Integrität des Leichnams
verbürgen. Der Leichenwagen ist heute kaum noch von einem Auto für lebende
Menschen zu unterscheiden. Auch hier passen sich freundliche Farben der jeweiligen Mode an. Die Maskierung des Todes dringt auch in die Sprache ein.
Euphemistische Umschreibungen verdrängen die ehemals doch recht deutlichen
Worte. (So wird 'undertaker' durch 'funeral director", 'coffin' durch 'casket'
und 'funeral' durch 'service' ersetzt). Dass der Leichnam eines Verstorbenen

ander. Schon M. Weber (1112) macht darauf aufmerksam, unsere Gesellschaft beschränke sich auf die Innerweltlichkeit und der Tod müsse dann sinnlos werden. Deshalb wird er aus dem Bewusstsein immer mehr ausgemerzt. Die Sinnlosigkeit des Todes ist nach ihm nur eine Folge der Betonung der Innerweltlichkeit (1113).

Ausdrücklich greift M. Heidegger in "Sein und Zeit" das Verdrängen des Todes auf und entlarvt es als ein Aufbauen einer Scheinwelt des alltäglichen 'man' und als ein Verdecken der Realität des echten Daseins: "Die Oeffentlichkeit des alltäglichen Miteinander 'kennt' den Tod als ständig vorkommendes Begegnis, als 'Todesfall'. Dieser oder jener // Nächste oder Fernerstehende 'stirbt'. Unbekannte 'sterben' täglich und stündlich. 'Der Tod' begegnet als bekanntes innerweltlich vorkommendes Ereignis. Als solches bleibt er in der für das alltäglich Begegnende charakteristischen Unauffälligkeit. Das Man hat für dieses Ereignis auch schon eine Auslegung gesichert. Die ausgesprochene oder auch meist verhaltene 'flüchtige' Rede darüber will sagen: man stirbt am Ende auch einmal, aber zunächst bleibt man selbst unbetroffen ... Das 'man stirbt' verbreitet die Meinung, der Tod treffe gleichsam das Man. Die öffentliche Daseinsauslegung sagt: 'man stirbt', weil damit jeder andere und man selbst sich einreden kann: je nicht gerade ich; denn dieses Man ist das Niemand" (1114). Selbst dem Sterbenden spricht man noch Hoffnung zu, er werde dem Tod entrinnen und beruhigt ihn so, was wiederum die Haltungen auch der Lebenden prägt; "man" denkt nicht mehr an den eigenen Tod und begibt sich dadurch auf eine ständige Flucht vor ihm.

Auch nach F. Ulrich löst heute sehr oft jedes ernsthafte Fragen nach dem Tod ein grösseres und quälendes Unbehagen im Menschen aus, da Fragen an ihn gestellt werden, mit denen er sich lieber nicht auseinandersetzt (1115). Das führt zu einer Bagatellisierung und Neutralisierung des Todes. Der Mensch flieht vor der Gegenwart des Lebens und des Todes. Der Tod ist nur noch der vergangene oder der künftige - nie aber der gegenwärtige (1116). Der Mensch "wird dem Reich der Lebendigen durch Kosmetik erhalten, als bloss 'Schlafender' vorgestellt, mit der Physiognomie eines bestimmten Lebensalters (nach Wahl) ausgestattet, damit die Trennung, der Abschied entschärft sei. Der Glassarg kann immer wieder aus der Nische herausgezogen, die 'Gegenwart' des Toten 'gesetzt' werden. Er ist letztlich vor dem Verfall geschützt. Er hat durch eine ihn konservierende, (be-'wahrende')

---

nie als 'corpse' oder 'body' bezeichnet wird, sondern als Mr. Soundso, dass also von ihm wie von einem Lebenden gesprochen wird, ist in diesem Zusammenhang durchaus folgerichtig" (A. Hahn, Einstellungen zum Tod und ihre soziale Bedingtheit. Eine soziologische Untersuchung (Stuttgart 1968), 86/87. Vgl. G.K. Frank, a.a.O. 24/25).

1112) Vgl. M. Weber, Gesammelte Aufsätze zur Religionssoziologie I (Tübingen ⁴1947) 569 f.

1113) Vgl. ebd. 569 f.

1114) M. Heidegger, Sein und Zeit 252/253.

1115) F. Ulrich, Leben in der Einheit 13.

1116) Vgl. ebd. 18; vgl. auch ders., Philosophische Meditation 166 ff.

Präparierung den S c h e i n von Leben gewonnen. Ja, er ist einem scheinbar n i e
e n d e n d e n L e b e n zurückgeschenkt (wenn auch in anderer Zuständlichkeit), das
sich also 'kreativ' selbst zu reproduzieren vermag und die e i n e Gemeinschaft der
Lebendigen und Toten als Lebens-Einheit herstellt" (1117).

Und schliesslich wird auch in der Theologie die Flucht vor dem Tod mit kräftigen
Farben gezeichnet, weil dieses schwere Folgen für sie mitbringt. In dem Masse, in
dem der Mensch den Tod verdrängt, schwindet auch der Glaube an ein Fortleben
nach dem Tode, was eine zunehmende Verweltlichung und Abwende von der Transzendenz mit sich zieht. Theologen meinen, wenn sich der Mensch der Erfahrung der
eigenen Sterblichkeit verschliesst, so entziehe sich ihm eine Möglichkeit der Erfahrung Gottes, denn "wenn sich die Menschen der Todeserfahrung öffnen, werden sie
auch ihrer wahren Abhängigkeit von der aussenweltlichen Macht wieder inne werden,
werden die gesellschaftlichen Verhältnisse wieder eine Sinngebung aus der Transzendenz erhalten können" (1118). Die Frage nach dem Geheimnis des Todes scheint nie-
manden mehr zu interessieren, sodass selbst in der Theologie das Problem des
Todes kaum zufriedenstellend behandelt worden ist, und der Tod ein Thema am
Rande bleibt (1119).

Die seit der Aufklärung beginnende Entflechtung des Zusammenhangs von Sünde und
Tod und der Versuch einer rein natürlichen Erklärung des Todes hat zur Verdrängung
des christlichen Verständnisses des Todes geführt. Folgen sind die Loslösung der
Friedhöfe von der Kirche, das Verschwinden der geistlichen Bücher einer "ars
moriendi", eine Art Entchristlichung des Sterbens, die Kommerzialisierung des
Begräbnisses (1120).

1117) F. Ulrich, Leben in der Einheit 22. Vgl. weiter H. Beck, Zur Flucht des
modernen Menschen vor dem Tod. Eine philosophische Reflexion, in: Arzt
und Christ 18 (1972) 31-39.

1118) W. Fuchs, Die These von der Verdrängung des Todes 178.

1119) L. Perlitt, Der verdrängte Tod. Im Niemandsland der Theologie Teil I, Norddeutscher Rundfunk, Funkhaus Hannover (Sendung 2.2.1969) 4: "Ueber den Tod
wird gegenwärtig wohl nirgends so wenig nachgedacht wie in der Theologie -
oder sagen wir vorsichtiger: in der jüngsten evangelischen Theologie. Ich
zögere nicht, diese Erscheinung als den Verlust einer entscheidenden Dimension zu bezeichnen. Welches sind die Gründe für diese Ausfallerscheinung? Es
sind vor allem Gründe der Anpassung! Ein paar Themen, die heute jeder im
Munde führt, heissen: Technische Zivilisation, // kritische Rationalität, sozia-
ler Wandel, Geschichte, Revolution - alle nicht neu, aber alle mit Ausschliess-
lichkeitsanspruch vorgetragen. Ihnen ist ein grosser Teil evangelischer Theologen auf der Fährte" (zitiert nach N. Hinske, Todeserfahrung und Lebensentscheidung, in: Trierer Theologische Zeitschrift 82 (1973) 207/208.

1120) Vgl. dazu: W.J. Berger, Seelsorge am Sterbenden 107 ff; B. Casper, a.a.O.
153/154; K. Dirschauer, a.a.O.; E. Ellwein, Die Antwort christlichen Glaubens und Hoffens auf das Rätsel des Todes, in: A. Strobel (Hg.), Der Tod -

All diese Aussagen über das Verdrängen des Todes können in folgenden Thesen zusammengefasst werden:

1. Der Tod eines Menschen wird nicht mehr als ein grosses und einzigartiges Ereignis, bei dem seine Familie und Freunde zugegen sind, erfahren; eher schon als Zufall, als vom Leben losgelöstes Geschehen oder als schicksalhafter Unfall.

2. Die Menschen sprechen nicht mehr vom Tod, und wenn sie davon reden, zeigt sich eine grosse Unbeholfenheit und Unsicherheit.

3. Durch die Privatisierung des Todes eines Menschen ist eine weitgehende Ratlosigkeit und Verlegenheit im Verhalten (Trauer) der Zurückgebliebenen festzustellen. Der Mensch bleibt in der Auseinandersetzung mit dem erlebten Tod meist allein gelassen.

4. Das Verhältnis der Aerzte und Pfleger zum Tode im Krankenhaus ist ungeklärt und wirkt sich auf den Sterbenden aus. Der Tod wird abgeschoben ins Altersheim und Krankenhaus.

5. Der Mensch versucht, dem Gedanken des Todes zu entgehen, indem er das Begräbnis und die damit verbundenen Handlungen an Bestattungsinstitute abgibt (1121).

2. Doch wird man andererseits all diesen Verdrängungsthesen gerade heute viele Anzeichen entgegenstellen, die zeigen, dass sich der Mensch wieder mehr mit dem Tod und seiner Sterblichkeit beschäftigt. Der Tod ist geradezu "in". Philosophen werden nicht müde, die Endlichkeitserfahrung heutiger Zeit zu bedenken oder nehmen den Tod als elementares Existential in das menschliche Dasein hinein (1122). In der Theologie wird der Tod wieder behandelt und in seiner Bedeutung für den Menschen herausgestellt; die Hilfe für die Sterbenden kommt heute zu grossem Ansehen. Man denke nur etwa an die ungeheure Wirkung des Buches von E. Kübler-Ross, Interviews mit Sterbenden, wo auf Probleme aufmerksam gemacht wird, die den Menschen von seinem "Schlaf" aufwachen lassen müssen, um dem Tod gefasster ins Auge zu sehen. Die medizinische, psychologische, biologische und soziologische

---

ungelöstes Rätsel oder überwundener Feind? 157-159; G. Frank, Zeitgenosse Tod 20-25; E. Jüngel, a.a.O. 46-50; R. Leuenberger, a.a.O. 19-27; J. Moltmann, Die Mitmenschlichkeit des Lebens und des Sterbens, in: ders., Das Experiment Hoffnung. Einführung (München 1974) 177-193, bes. 188-191; G. Montesi, a.a.O. 805-808; K. Rahner, Experiment Mensch. Theologisches über Selbstmanipulation des Menschen, in: ders., Schriften zur Theologie VIII, bes. 281-284; P. Schütz, Das Tabu des Todes, in Christ und Welt 17 (1964) Nr. 47, 11; J. Weinberger, Verkündigung über den Tod, in: Lebendige Seelsorge 21 (1970) 160-167.

1121) Vgl. W. Fuchs, Die These von der Verdrängung des Todes 177/178.
1122) Vgl. M. Heidegger, Sein und Zeit 231-267.

Literatur über den Tod ist ins Unübersehbare gestiegen. Das Thema Tod neigt zu einer Publizität, wie nie zuvor. "Niemals ist so häufig und teilweise so erschütternd gestorben worden, wie auf den Fernsehbühnen der Gegenwart" (1123). Man denke nur an E. Jonescou "Triumph des Todes oder das grosse Massakerspiel"; an H. v. Hofmannsthal "Jedermann"; P. Calderon "Grosses Welttheater" oder "Der König stirbt"; M. Frisch "Nun singen wir wieder"; F. Dürrenmatt "Der Meteor"; A. Solschenizyn "Krebsstation". Man denke an das Fernsehen, das täglich von den grossen Kriegsschauplätzen der Welt erschütternd vom Tod berichtet, an die Krimis im Kino, in denen schonungslos Menschen erschossen werden (1124).

Es drängt sich die Frage auf: wie kann man da noch von Verdrängung des Todes reden? Ist der Mensch nicht Tag für Tag mit dem Tod konfrontiert?

Wenn in jüngster Zeit soviel vom Tod gesprochen wird, mag dies vordergründig als Argument gegen die These von der Tabuisierung des Todes angeführt werden. Es besteht aber die Tendenz, dass dieses viele Reden "ü b e r" den Tod gerade wiederum zu einem Symptom der Flucht "v o r" dem Tod wird.

Zwei deutsche Soziologen versuchen - gestützt auf vorwiegend amerikanische Literatur - auf einem anderen Weg der These von der Verdrängung des Todes zu widersprechen, indem sie auf grundlegende soziologische Umschichtungsprozesse hinweisen, die den Tod aus dem Alltag des Menschen beinahe verschwinden lassen.

A. Hahn vertritt die Auffassung, "dass die geringe Bedeutung des Todes im Bewusstsein des Menschen von heute ihre Hauptwurzel in der strukturellen Veränderung der Gesellschaft hat, die seit etwa zwei Jahrhunderten und zunehmend in den letzten fünfzig Jahren in den Ländern des Westens" (1125) eingetreten sei: soziale Arbeitsteilung; verschiedene Rollen werden gleichzeitig eingenommen und der Mensch gehört verschiedenen Gruppen gleichzeitig an; eine ungeheure Mobilität; Trennung zwischen privaten und beruflichen Rollen; Anonymität; Zerfall der Familien und Nachbarschaftsverbindungen usw. Der Mensch erlebt den Tod nicht mehr als sozialen Inhalt, sprachlich, emotionell, vorstellungshaft oft und vorhersehbar am Mitmenschen, weil die Zahl der Menschen, mit denen er sich identifizieren kann, gering geworden ist. So kann der Mensch selten mehr das wirkliche Zerreissen einer wichtigen Beziehung erleben, die nicht austauschbar ist (1126).

W. Fuchs geht es darum, die Verdrängungsthese zurückzuweisen, da sie einmal - in allen ihren verschiedenen Ausgestaltungen - in ihren Inhalten zu pauschal vertreten werden, in ihren Begriffen nicht näher bestimmt und nicht von ideologischen

---

1123) Vgl. G.K. Frank, a.a.O. 21.
1124) Vgl. ebd. 20-25.
1125) A. Hahn, a.a.O. 84.
1126) Vgl. ebd. 89/90.

Momenten und Handlungsanweisungen frei sind (1127). Alle Verdrängungsvorstellungen werden "als mangelnde Durchsetzung rationaler Orientierungen" (1128) gefasst. Man geht nach ihm in der Philosophie und Theologie davon aus, dass die Menschen, denen ihre Sterblichkeit nicht mehr bewusst ist, einen Aspekt ihres Daseins vergessen haben und deshalb in verschiedenster Weise dem verdrängten Tod nachweinen.

All diesen Bestrebungen setzt W. Fuchs ein modernes Verständnis vom "natürlichen Tod" als ein friedliches Verlöschen des Menschen gegenüber: "Tod kommt aus natürlichen Ursachen, bedeutet Aufhören der biologischen Lebensprozesse, mit denen als ihrer Voraussetzung alle anderen Lebensprozesse gleichfalls enden. Was bleibt, ist ein Ding, die Leiche" (1129). Damit der Tod ein natürliches Aufhören der Lebenskräfte werden kann, muss die Gesellschaft dieser Natürlichkeit des Todes Raum schaffen. Seine These enthält somit ein Postulat (1130). Der natürliche Tod "verlangt eine gesellschaftliche Verfassung, in der ein solcher natürlicher Tod die Regel ist oder mindestens die Regel werden kann. Jedem muss es möglich sein, am Ende seiner Kräfte zu verlöschen, ohne Gewalt und Krankheit oder vorzeitigen Tod seine biologischen Lebenskräfte bis an ihre Grenzen auszuleben" (1131).

3. Fragen wir uns abschliessend: Wird der Tod aus dem modernen Bewusstsein verdrängt oder sind Bagatellisierungen und Tabuisierung des Todes das Ereignis eines in den letzten Jahrzehnten die gesellschaftlichen Verhältnisse grundlegend verändernden Umschichtungsprozesses?

Diese Alternativfrage ist sicher nicht ganz richtig gestellt und kaum zu beantworten, da die Problematik wesentlich komplexer ist und deshalb mit der nötigen Vorsicht und Differenziertheit beantwortet werden muss. Sicherlich können die verschiedenen Thesen, die sich für eine Verdrängung des Todes aussprechen, wertvolle Hinweise zur Erhellung der Vorgänge um den Tod geben, jedoch sind die meisten zu pauschal, einseitig oder unvollständig konzipiert. Sie malen mit den schwärzesten Farben den Tod als Tabu an die Wand, ohne die wertvollen Ergebnisse anderer Wissenschaften (z.B. der Soziologie) genügend zu berücksichtigen.

Es erforderte deshalb eine eigene wissenschaftliche, mit differenzierten Methoden arbeitende Forschungsarbeit, die diese These vom Verdrängen des Todes erhärten könnte. Dabei müsste der eine oder andere bisher angeführte Grund fallen zugunsten tatsächlich veränderter, gesellschaftlicher Verhältnisse. Doch sind auch die Thesen, die gegen ein Verdrängen des Todes sprechen, wenn sie auch mit weniger Pathos auftreten und ihre Ergebnisse fundierter anmuten, zu befragen. Ist nicht die Gesprächsebene von Soziologie einerseits und Philosophie und Theologie andererseits

---

1127) Vgl. W. Fuchs, Todesbilder in der modernen Gesellschaft 7.
1128) Ebd. 24.
1129) Ebd. 71.
1130) Vgl. ebd. 72.
1131) Ebd.

eine ganz andere? Die Soziologie muss und wird aus konkreten Fakten, die ihr vorliegen, die sie analysieren und auswerten kann, ihre Schlüsse ziehen, während es der Philosophie und Theologie gelingen kann, unterschwellig sich meldende Haltungen und Erfahrungen im Denken einer Zeit zu artikulieren. Diese sind tiefer im Menschen verwurzelt als das in der Gesellschaft sich zeigende und von sozialen Komponenten geprägte Verhalten. So ist es durchaus möglich, dass von beiden Seiten auf die Frage, ob der Tod verdrängt wird, verschiedene Antworten gegeben werden können. Spricht die Tatsache, dass in unserer Gesellschaft der Tod gemieden wird und Angst und Unruhe auslöst, gegen die Thesen von A. Hahn und W. Fuchs? (1132). Wird nicht einer pauschalen Meinung wieder eine allgemeine These gegenübergesetzt, die den Erfahrungen der einzelnen Menschen mit dem konkreten Tod nicht gerecht wird? Bestätigen nicht solche Thesen, dass unsere Gesellschaft dem Tod aus dem Weg geht? Man kann vielleicht noch an den Tod im allgemeinen Sinn denken, jedoch nicht mehr an den je eigenen Tod (1133).

Man wird wohl sagen dürfen, dass der heutige Mensch angesichts veränderter gesellschaftlicher Verhältnisse und Denkweisen in der Lage ist, den Gedanken an den Tod sehr lange zu verdrängen, und der Tod im Leben eines Menschen oft kaum mehr eine bedeutende Rolle einnimmt. Doch zeigt die Erfahrung, dass der Tod selten ganz eliminiert werden kann. Ein Todesfall in der Familie, der unerwartete Tod eines Freundes, eine plötzliche Katastrophe, höchste Todesgefahr können den Menschen oft mit dem Tod konfrontieren, die trügerischen Sicherheiten relativieren, das Leben grundsätzlich verändern. Die verschiedensten Lebenssituationen können einem langen und scheinbar tiefen Verdrängen Einhalt gebieten und den Tod zu einem das Leben gestaltenden Moment machen. In jüngster Zeit hat eine Umfrage

---

1132) Vgl. N. Versluis, Gesellschaftliche Leugnung des Todes, in: Concilium 7 (1971) 380.

1133) Es sollen hier nur zwei kritische Stimmen angeführt werden: C. Verhoeven: "Der allgemeine Gedanke an den Tod hat kaum Beziehungen zum Tod. Er kann von der Erfahrung der Sterblichkeit so weit entfernt sein, dass er eher eine Flucht vor dem Gedanken vor dem eigenen Tod oder höchstens eine Zulassung dieses Gedankens in einer unschuldigen Gestalt genannt werden muss ... Man denkt an den Tod im allgemeinen, um nicht an den eigenen Tod zu denken" (C. Verhoeven, Het grote gebeuren (Utrecht 1966) 281 (zitiert nach N. Verluis, a.a.O. 380). N. Versluis: "Der Versuch, den Tod derart zu entmythisieren, dass einer Erfahrung der Sterblichkeit und damit der Verdrängung des Todes jeder Inhalt genommen würde, ist nicht gelungen. Für den einzelnen Menschen bleibt der Tod - wie n a t ü r l i c h dieser Tod auch sein mag! - eine Bedrohung und ein Störefried. Von daher wird verständlich, dass wir den Gedanken an den Tod und dem Kontakt // mit ihm entfliehen. Das wird von allem bestätigt, was aus verschiedenen Untersuchungen über den Umgang mit Sterbenden in Krankenhäusern und Pflegeinstituten bekannt geworden ist. In diesen Situationen, wenn die Konfrontation mit dem Tode unausweichlich wird, zeigt sich zugleich deutlich, dass wir mit dem Tod keinen Rat wissen" (ebd. 380/381).

unter den deutschen Katholiken im Zusammenhang mit der Gemeinsamen Synode der Bistümer der Bundesrepublik Deutschland erstaunliche Tendenzen aufgezeigt, die gegen den Trend des Zeitgeistes, den Tod als Tabu aus diesem Leben zu verbannen, sprechen, wenn ein hoher Prozentsatz der Katholiken mit einem qualifizierten Gesprächspartner, als erstes Thema die Problematik von Tod und Jenseits, der Endlichkeit des Menschen sprechen wollen (1134). Dies deutet an, "dass die Verdrängung der Frage nach dem Sinn von Leben und Tod aus der öffentlichen Debatte (und auch weithin aus der kirchlichen Verkündigung) diese Frage nicht zum Verstummen gebracht, sondern ihr eine spezifische Aktualität verliehen hat" (1135). Die Unsicherheit und Unbeholfenheit des Menschen angesichts des Todes drückt sich nicht zuletzt in der positiven Aufnahme der heute mehr und mehr aufkommenden "Sterbehilfe" im Sinne einer Lebenshilfe aus.

Eine etwas differenziertere These des Verdrängens des Todes enthält auch Imperative in sich und zwar nicht nur für die unmittelbar dem Tod vorausgehende Zeit, sondern für das ganze Leben. Die Wurzeln des Verdrängens müssen aufgezeigt und es darf keine Anstrengung gescheut werden, daraufhin zu arbeiten, dass der Mensch seine Sterblichkeit und Endlichkeit bejahen kann, damit er lernt, mit anderen Menschen darüber zu sprechen. "Sterbehilfe" darf dann nicht erst im Sterbezimmer beginnen, sondern muss das Leben des Menschen begleiten, um dem Menschen so einen würdigen Tod zu bereiten, den er annehmen und zugleich in seiner Unantastbarkeit und Würde stehen lassen kann. W. Fuchs fasst die Konsequenzen der Kritik an der Verdrängungsthese zusammen und kommt zu Forderungen, zu denen auch jener kommen muss (1136), der eine Verdrängung des Todes vertritt, und die auch er ernst nehmen muss, will er einen positiven Beitrag zur Behebung dieses Zustandes erbringen und nicht einfach nur der Feststellung heutigen Todesverständnisses nachweinen, wenn man auch nicht seinen marxistischen Tendenzen zustimmen muss: "Unter bestehenden Verhältnissen für die Wiederbelebung eines memento mori einzutreten, ohne genau zu sagen, wie denn die Aufklärung der Menschen über ihre Sterblichkeit vor sich gehen soll, kann nichts zu einer höheren Bewusstheit in der Lebensführung der Menschen beitragen. Wenn man sich nur Gedanken macht über die Sterbehilfe, klingt es wenig überzeugend, wenn man gleichzeitig die Verdrängung

---

1134) 35 % aller Katholiken bezeichnen dieses Thema als vordringlich. Das gilt auch für 33 % der Selten-Kirchengänger, und selbst unter den jungen Menschen (16 bis 20 Jahren) findet diese Endlichkeitsproblematik ein überdurchschnittliches Interesse (37 %).

1135) O.B. Roegele, Soll die Kirche vom Tod sprechen? Bemerkungen zu einer antizyklischen Strategie der Seelsorge, in: K. Forster (Hg.), Befragte Katholiken - Zur Zukunft von Glaube und Kirche. Auswertungen und Kommentare zu den Umfragen für die Gemeinsame Synode der Bistümer in der Bundesrepublik Deutschland (Freiburg 1973) 150; vgl. weiter 143-150.

1136) W. Fuchs Forderungen sind zum Teil von seiner marxistischen Weltanschauung geprägt und können von uns nicht einfach übernommen werden. Sie seien aber zitiert, da sie als ein konkretes Beispiel für uns Impulse aufweisen, wie dem Verdrängen des Todes entgegen zu wirken ist.

des Todes beklagt. Denn die Beschränkung der Diskussion auf die Behandlung der Sterbenden, auf die Gestaltung der entsprechenden Rituale, auf die Tröstung der Hinterbliebenen ist selbst Teil dieser Verdrängung des Todes, weil Hilfe nur am Ende des Lebens auftritt, // die Menschen niemals vorher auf die Tatsache ihrer Sterblichkeit und auf die Notwendigkeit einer glückversprechenden Lebensplanung aufmerksam gemacht werden. Die Konsequenzen dieser Kritik an der Verdrängungsthese und der Verdrängung selbst können nur angedeutet werden; nicht zuletzt deshalb, weil der Tod unter gesellschafts- und bildungspolitischen Gesichtspunkten bisher diskutiert worden ist. Wenn das Todesproblem in die Lehrpläne der allgemeinbildenden Schulen hineinwirkte, wenn es verstanden wird als ein Problem der Vermittlung von Zeiterfahrung, als ein Problem der Aufhebung autoritärer Erziehungspraktiken, die mit Todesdrohungen arbeiten, als ein Problem der politischen Aufklärung über alternative Lebenspläne, über die Spannweite der möglichen Lebensziele, über den Bereich der wählbaren Lebensformen in verschiedenen Gesellschaftsverfassungen, über die durch die Klassengesellschaft bedingten unterschiedlichen Glücksmöglichkeiten und Lernmöglichkeiten, über die unterschiedliche Lebensdauer von Angehörigen verschiedener Sozialschichten, - dann liesse sich durchaus vorstellen, dass ein solches memento mori zur Veränderung der gesellschaftlichen Verhältnisse beitragen kann. Die Arbeiterbewegung zog schliesslich eine ihrer wichtigsten Motivationen gerade aus der Erkenntnis, dass keine Kompensationen für hier erlittene Unterdrückung zu erwarten seien, dass daher alles darauf ankomme, die gesellschaftlichen Verhältnisse so einzurichten, dass sie für alle gute Lebensmöglichkeiten erlauben. Ob dieses Argument auch heute noch zu einer Motivation für eine politische Praxis der Veränderung werden kann, bleibt zu hoffen" (1137).

1137) W. Fuchs, die These von der Verdrängung 183/184. Zu einem ähnlichen Ergebnis und ähnlichen Konsequenzen kommen zwei Vertreter, die eine Verdrängung des Todes annehmen: N. Versluis, a.a.O. 383/384, der auf Beiträge der Theologie in dieser Zusammenarbeit aufmerksam macht und E. Jüngel, a.a.O. 167-171, der auf den Zusammenhang zwischen der Verkündigung des Todes Jesu Christi und die Fürsorge für einen "natürlichen" Tod hinweist. Wenn der Tod z.B. in der Schule bisher wenig behandelt wurde, so findet sich heute doch schon der eine oder andere Beitrag, der helfen kann, den Tod nicht zu verdrängen, sondern in das Leben schon des jungen Menschen zu integrieren. Vgl. K.U. Neulinger, Schweigt die Schule den Tod tot? Untersuchungen - Fragmente - Analysen (München 1975); J. Weinberger, Verkündigung über den Tod 160-167; H. Zöpfl, Tod und Erziehung, in: Pädagogische Welt 17 (1963) 562-566.

Eine Einheit von Leben und Tod, die nicht billige Neutralisierung oder einseitiges "Aufsaugen" des Todes durch das Leben sein will, wird auch das Bedrohliche und Erschütternde des Todes in seiner vollen Ernsthaftigkeit aufzeigen und stehen lassen können.

Dieses Aushalten der Ernsthaftigkeit des Todes ist ein weiteres Moment, das sich durch die verschiedenen philosophischen und biblischen Darstellungen hindurchzieht.

Vielleicht haben die philosophischen Unsterblichkeitslehren in der Geistesgeschichte oder die christliche Rede vom "ewigen Leben" und von der "Auferstehung der Toten" den Tod in seinem Ernst nicht selten zu schnell relativiert. Der Blick war eher auf das gerichtet, was auf den Tod folgte, als auf diesen selbst. Vielleicht stehen wir deshalb am Anfang des Fragens nach dem, was der Tod ist. "In der Tat ist keiner der // Unsterblichkeitsbeweise, die wir im griechischen Denken finden, auch nur von Ferne in der Lage, uns das zu sagen, was wir wissen wollen, wenn wir den Tod von dem her denken wollen, das wir als unser eigenes Leben wissen" (1138). So muss die griechische Philosophie an der Frage nach dem Tod scheitern, denn sie denkt den Tod nicht wirklich.

Eher schon vermag das Christentum eine Antwort zu geben, wenn es von der Umwandlung des Todes ins Leben spricht, ohne das Erschütternde zu eliminieren. Es liessen sich viele Zeugnisse anführen, in denen eine solche gelungen ist (1139). Doch oft gerät auch das Christentum in die Gefahr, den Tod nicht in seiner Wirklichkeit im menschlichen Leben voll zu akzeptieren. Die nachneutestamentliche Verkündigung sprach in der Vergangenheit - beeinflusst von platonisch-idealistischem Denken - nur vom Jenseits, das das Leben auf Erden relativiert, und angesichts des Todes vertröstete sie sehr schnell auf ein ewiges Leben (1140), sodass der Tod in seiner Ernsthaftigkeit an Bedeutung einbüssen musste und nur noch als ein notwendiger Durchgang zum ewigen Leben verstanden wurde, den der Mensch eben auf sich nimmt, die faktische Brutalität des Todes aber glaubte nivellieren zu müssen. Sowohl in der Philosophie wie auch in den christlichen Offenbarungsschriften finden sich Hinweise zu Korrekturen einer solchen allzu schnellen "Ueberwindung" des Todes. Schon S. Kierkegaard ruft sehr anschaulich und unermüdlich dem Menschen

---

1138) H.G. Gadamer, Die Unbegreiflichkeit des Todes. Philosophische Ueberlegungen zur Transzendenz des Lebens, in: Evangelische Kommentare 7 (1974) 661/662.
1139) Vgl. ebd.
1140) Vgl. den Vorwurf, den G. Simmel an das Christentum macht, dass es dem Tod den Ernst genommen habe. "Es gehört zu den ungeheuren Paradoxien des Christentums, dem Tod die Lebenseinhaftung zu nehmen, das Leben von vornherein unter den Gesichtspunkt seiner eigenen Ewigkeit zu stellen" (G. Simmel, Lebensanschauung 107; vgl. ebd. 107-110).

das einmalige Vorbei des Todes und seinen untrüglichen Ernst ins Gedächtnis (1141). Allem anderen im Leben kommt relativer Ernst zu, dem Tod aber absoluter, der nicht im Aeusseren liegt, sondern im Inneren (1142). "Ich will es wohl sagen, ich will es auch wohl gesagt haben und auch wohl dazu stehen, dass ich es gesagt habe; denn ich habe zu gründlich über den Tod nachgedacht, um nicht zu wissen: jemand, der die Hinterlist, all die tiefsinnige Schalkhaftigkeit, die im Tode liegt, nicht zu benutzen weiss, zur Erweckung wohlgemerkt, der kann gerade nicht ernsthaft über den Tod sprechen. Der Tod ist nicht // ernsthaft auf gleiche Weise wie das Ewige es ist. Denn der Ernst des Todes gehört eben zu jenem sonderbar Erwecklichen, jenem Mitklingen eines tiefsinnigen Spotts, welches, losgerissen vom Gedanken des Ewigen, ein leerer und oft ein frecher Scherz ist, aber mit dem Gedanken des Ewigen eben das ist, was es sein soll, und zwar ist es äusserst verschieden von der faden Ernsthaftigkeit, welche am allerwenigsten einen Gedanken festhält und trifft, der eine Spannung besitzt, wie es die des Todes ist" (1143). Auf diesen Gedanken der Ernsthaftigkeit greifen auch M. Scheler und M. Heidegger zurück, wenn sie den Tod als ein Existential des Daseins ins Leben als dem Sein zum Tod hineinholen. Es gibt kein Ausweichen, keine Flucht oder kein Bagatellisieren des Todes mehr, denn das menschliche Dasein bewegt sich unaufhaltsam - und zwar in jedem Augenblick des Lebens - auf das Ende zu. In diesem Sein zum Tod zeigt sich der Ernst des Todes in jeder noch so kleinen Lebensphase. Das Dasein des Menschen ist durch und durch vom Tod mitgeprägt. Die Betonung der Ernsthaftigkeit des Todes in der heutigen Philosophie wird seine Wurzeln im christlichen Gedankengut haben, wenngleich sie eine nachchristliche und säkularisierte Ausdrucksform gefunden hat. Ein Blick in das Alte und Neue Testament kann das bestätigen. Ohne einen falschen Hoffnungsschimmer auf ein Weiterleben aufkommen zu lassen, "ja nicht einmal die Aussicht der Wiedervereinigung im Tode enthält irgendetwas Tröstliches" (1144), ist der Tod als unverrückbares Ende im Alten Testament ernstgenommen. Die Toten sind aus dem für die Israeliten alles bedeutenden Leben und aus der Gottesgemeinschaft herausgerissen und das spitzt den absoluten Ernst des ohnehin schon schmerzlichen Ereignisses des Todes noch zu. So sagt Hiskia (1145): "Ich sprach: Nicht länger soll ich Jahwe schauen im Lande der Lebenden ... Dich preist ja nicht die Scheol, rühmt dich der Tod; die zur Grube fahren, harren nicht mehr auf deine Huld. Nur wer lebt, der preiset dich, wie ich es heute tue". Der Tod ist das erschreckende Ende des Menschen (1146), denn Gott ist dem Menschen entschwunden und das macht das Erschütternde des Todes aus (1147). Auch das Neue Testament lässt "die Schreckhaftigkeit, den nüchternen Ernst des Todes ohne jeden Abstrich

1141) Vgl. S. Kierkegaard, An einem Grab 141 ff.
1142) Vgl. ebd. 143.
1143) S. Kierkegaard, Der Liebe Tun, eines Verstorbenen zu gedenken, in: ders., Gesammelte Werke, übersetzt von H. Gerdes (Düsseldorf 1966) 19.Abt. 386/387.
1144) G. v.Rad, Alttestamentliche Glaubensaussagen 251.
1145) Jes 38, 11-20.
1146) Ijob 14, 7.10-12.
1147) Vgl. H.D. Preuss, Psalm 88 75/76.

bestehen" (1148). Es ist viel nüchterner als jede griechische Lehre von der Unsterblichkeit der Seele, weil es den Tod als Tod radikal ernst nimmt; den Tod als Tod von Leib und Seele versteht, d.h. der ganze Mensch stirbt. Der Tod wird durch den Tod Jesu und seine Auferstehung nicht einfach verharmlost oder weggeleugnet (1149), sondern der Mensch des Neuen Bundes weiss auch um die Treue Gottes, die stärker ist als der Tod. Dafür ist die Auferweckung das deutlichste Zeichen. Besteht seit Jesus Christus auch eine Zuversicht für den Glaubenden, so ist und bleibt der Tod als erstes doch ein Gang ins Ungewisse, ein zutiefst trauriges und schreckliches Abschiednehmen von den Lieben, ein bitteres Ende des ganzen Menschen. Das kommt nirgends deutlicher zum Ausdruck als im Kreuzestod Jesu. Er erlitt das unheimliche Dunkel, das dem menschlichen Sterben eigen ist (1150). "Das Dunkel und Rätsel des Todes Jesu ist verwandt dem Dunkel und Rätsel jedes Todes, das Schweigen Gottes beim schmachvollen Sterben seines Sohnes dem Schweigen Gottes, das heute soviele schmerzlich empfinden und an Gott zweifeln lässt angesichts des Sterbens unschuldiger Kinder, angesichts des frühen Todes sovieler mitten im Leben stehender Männer und Frauen und angesichts des unbegreiflichen Dahinsiechens unheilbar Kranker" (1151). Nicht nur ein Stück des menschlichen Lebens wird in der Fraglichkeit des Todes entschwinden, "nicht 'ein Teil' mir entzogen werden, ein anderer sich bewahren. Das Sein ist mir ja nicht im Teilen geschenkt, da 'es nicht in Teilen partizipiert wird'. Es ist kein spaltbarer Gegenstand. Der Tod ist 'endgültig', alles wird 'mir' genommen, auch das 'mir', 'das' sich verliert. Diese Herausforderung betrifft mein äusserstes 'Umsonst'; alles Woraufhin, an dem ich mich orientieren könnte, durch das ich Gründe und Begründungen für mein Handeln beibringen würde, wird vernichtet. Es gibt keinen Fleck von Wirklichkeit, an dem ich mich halten könnte, am allerwenigsten an mich selbst" (1152). Der Tod ist ein unverrückbares Ende, ein restloses Aufhören (1153). Der Mensch stirbt als ganzer. Es gilt ein Ja zu diesem Nichts des Todes zu sagen. Christliche Verkündigung - das darf aus den vielen Zeugnissen geschlossen werden - braucht den Tod nicht zu verharmlosen, um eine befriedigende Antwort zu geben. Eine Theologie des Todes kann und muss das Geheimnis und die Ernsthaftigkeit des menschlichen Todes zusammendenken und diese zugleich durchdringen. Das erlaubt der Tod Jesu. Jesus starb in einen Tod hinein, in dem das Grauen noch den letzten Ton des Lobes Gottes und der Verkündigung seiner Taten verschlungen hat. Diesem öden Vakuum, das heute mehr denn je seinen Rachen öffnet, hat er die Macht genommen. Weil Jesus einerseits das absolute Dunkel und die radikale Vereinzelung des Todes durchsteht, weil er diese hoffnungslose und absurde Situation des Menschen im Tod verwandelt hat, ist

1148) J. Ratzinger, Zur Theologie des Todes, in: ders., Dogma und Verkündigung (München 1973) 288.
1149) Vgl. E. Schweizer, Die Leiblichkeit des Menschen: Leben - Tod - Auferstehung, in: ders., Beiträge zur Theologie des Neuen Testaments. Neutestamentliche Aufsätze (1955-1970) (Zürich 1970) 179.
1150) J. Kremer, a.a.O. 19.
1151) Ebd.
1152) F. Ulrich, Leben in der Einheit 114.
1153) Vgl. ebd. 34.

die christliche Theologie ermächtigt, diese Spannung zwischen dem Tod als letzter
Absurdität und dem Tod als Heilssituation zu bestehen, diese Spannung, die freilich
das ganze Leben und auch das ganze Sterben des Menschen durchzieht. Der Mensch
kann freilich vor der Konkretisation des Todes nicht sagen, welchen Tod er stirbt.
Die Spannung, die dem Sein zum Tod innehaftet, liegt in der Verhülltheit des Todes
begründet. Diese zeigt sich in der Erfahrung des Endes des ganzen Menschen, in
der der Mensch nie eindeutig sagen kann, ob er Tod als Vollendung oder Tod als
Nichtigkeit ist. "Diese Einheit der beiden Seiten des Todes in ihrer für den sterblichen (nicht für den gestorbenen) Menschen unaufhebbaren Verhülltheit sprechen
wir nun als die naturale Grundlage dafür an, dass der konkrete Tod Heils- oder
Unheilsereignis, Strafe der Sünde oder Tat des Glaubens sein kann" (1154). So
braucht der Christ als Hoffender die trostlose Absurdität des Todes und seine
eigene absolute Verohnmächtigung nicht zu verleugnen. Der Christ "wird sie einmal erleiden und darum soll er sich ihr auch in seiner Theologie des Todes stellen,
so gut er nur kann" (1155). Jüngere marxistische Philosophen (1156) wenden sich
ebenfalls gegen eine billige Antwort von einem Jenseits und suchen den Sinn des Todes in der Gesellschaft und der Geschichte zu begründen (1157). Auch wenn sie keine

---

1154) K. Rahner, Zur Theologie des Todes 39.
1155) K. Rahner, Zu einer Theologie des Todes 192.
1156) Vgl. A. Schaff, Marx oder Sartre? Versuch einer Philosophie des Menschen
    (Frankfurt 1966); ders., Marxismus und das menschliche Individuum (Wien
    1965); L. Kolakowski, Mensch ohne Alternative. Von der Möglichkeit und Un-
    möglichkeit, Marxist zu sein (München 1964); M. Machovec, Dialog als
    Menschlichkeit. Eine marxistische Theorie der Kommunikation (I), in: Neues
    Forum 14 (1967); ders., Marxismus und Tod. Eine marxistische Theorie der
    Kommunikation (IV), in: Neues Forum 14 (1967); V. Gardavsky, Gott ist nicht
    ganz tot. Betrachtungen eines Marxisten über Bibel, Religion und Atheismus.
    Mit einer Einleitung von Jürgen Moltmann (München 1969); E. Bloch, Das
    Prinzip Hoffnung (Frankfurt 1967); ders., Atheismus im Christentum. Zur
    Religion des Exodus und des Reichs (Frankfurt 1968).
1157) Aus all diesen Versuchen können wir zusammenfassend schliessen, dass auf
    die Frage nach dem Sinn des Lebens und auf die Frage nach dem Sinn des To-
    des, die engstens mit der ersten zusammenhängt, diese aber nur noch ver-
    schärft, im "orthodoxen" Marxismus kaum eine zufriedenstellende Antwort
    gegeben werden konnte. Das Todesproblem ist im Zusammenhang des Systems
    zu lösen, das die anthropologische Beschränktheit des einzelnen zugunsten des
    ihn umfassenden Grösseren (Gesellschaft) einsichtig zu machen sucht und diese
    deshalb positiv bewerten kann. Jüngere Marxisten können sich aber mit solchen
    Vorstellungen nicht mehr identifizieren und versuchen eigene Wege, die aber
    eher visionären Charakter haben. "Das oft bedrückende Erlebnis der Endlich-
    keit, wie es mit dem Tode auftritt, wird in eine unbegrenzte Zukunft aufgeho-
    ben, obwohl man den Tod selbst auch für die Zukunft nicht leugnen mag. Damit
    scheint sich die Möglichkeit anzubieten, mit Bezug auf den Kommunismus als
    der zukünftigen, total verstandenen Realität dem Tod schon jetzt einen Sinn ab-

zufriedenstellende Antwort geben und letztlich nicht über den Tod als Frage an den einzelnen und konkreten Menschen in ihrem System hinwegkommen, so können die Christen bei ihnen doch etwas lernen, nämlich dem absoluten Ernst des Todes hart ins Auge zu sehen und ihn auszuhalten. Angesichts dieser Schrecklichkeit des Todes, lässt sich fragen, ob nicht als Ausgangspunkt einer christlichen Antwort auf das Problem des Todes - das könnte man auch aus dem Alten und Neuen Testament für eine heutige Theologie des Todes lernen - der Glaube an eine unzertrennbare Treue Gottes, die sich in Jesus Christus erneut bestätigt, zu gelten hat. Ein solcher Glaube an die Gemeinschaft mit Gott kann den grossen Ernst des Todes stehen lassen, ohne fürchten zu müssen, restlos von der Macht des Todes vernichtet zu werden. Ein solcher Ansatz würde dem Tod besser gerecht und dem Menschen eher eine zufriedenstellende Antwort geben können als das von den idealistischen Unsterblichkeitslehren beeinflusste Denken vom Tod. Der Tod muss wieder in seiner ganzen Bedeutung in den Blick des Menschen kommen, um den Sinngehalt dessen wieder neu zu entdecken, was in herkömmlichen Worten mit "ewigem Leben", mit "Auferstehung der Toten" und "Unsterblichkeit" (1158) des Menschen ausgedrückt wird. Vielleicht könnte man eine solche Grundhaltung dem Tod gegenüber "christlichen Realismus" nennen?! Ein solcher Realismus dürfte ganz konkrete Auswirkungen für eine christliche Todeseinstellung haben: 1. Die Verkündigung über den Tod dürfte nicht mehr im Hinblick auf die "Auferstehung der Toten" den Tod verharmlosen, denn damit ist dem Menschen im konkreten Todesfall nicht geholfen; 2. "Die Haltung des Christen ist nicht Negation der Traurigkeit, freilich auch nicht Trostlosigkeit (wozu der Materialist Grund hat), sondern getröstete Traurigkeit. Das heisst: Traurigkeit bleibt und hat ihr Recht, aber sie ist eben zugleich getröstete Traurigkeit, die dennoch unbeschadet ihres Ernstes zutiefst getröstet und inwendig vom Trost überboten sein darf und soll" (1159). Ein solcher Realismus, der die Wirk-

---

zugewinnen, der ihm eigentlich erst zusteht, wenn der Kommunismus in dieser Totalität auch wirklich geworden ist" (H. Rolfes, Der Sinn des Lebens im marxistischen Denken. Eine kritische Darstellung. Mit einem Vorwort von J.B. Metz (Düsseldorf 1971) 209). Sinn für den einzelnen über den Tod hinaus ist nicht gegeben und die Hinweise auf eine klassenlose Gesellschaft, in der der Tod seinen "Stachel" verloren hat, sind wohl eher als Postulate, denn als realisierbar anzusehen. Es scheint, als ob der Marxist, um dem Tod einen Sinn zu geben, der sich in der Bereitung zum Kampf für eine humanere Welt zeigt und den Verlust der christlichen Hoffnung ersetzen mag, einen Ausweg in die Zukunft suchen muss.

1158) Die beiden in Spannung zu einander stehenden Themen "Auferstehung der Toten" und "Unsterblichkeit" müssten in einer breit angelegten Arbeit in ihren philosophischen und biblischen Grundlagen Schritt für Schritt entfaltet werden, was nicht mehr Aufgabe dieser Arbeit sein kann. Es zeigt sich, dass diese Begriffe, ihr Verhältnis zum Tod, ihre Bedingtheit griechisch-idealistischen Denken wesentlich differenzierter als gemeinhin üblich, verstanden werden müsste.

1159) J. Ratzinger, Zu einer Theologie des Todes 294.

lichkeit des Todes nicht verschleiert, nähme dem Vorwurf, der Glaube hätte eine Tabufunktion, den Wind aus den Segeln. Der Glaube würde den Menschen mit dem Tod konfrontieren, würde dazu anregen, Lebenskonflikte zu lösen, und würde Gemeinschaft begründen und erneuern und die Dinge geniessen lassen, von denen man Abschied nehmen muss (1160).

1160) Vgl. W.J. Berger, Seelsorge am Sterbenden 125.

LITERATURVERZEICHNIS

Angesichts der nicht mehr überschaubaren Literatur, die im Zusammenhang mit dem Thema Tod erschienen ist, musste für diese Arbeit eine gezielte Auswahl der Titel getroffen werden. Das gilt auch für das Literaturverzeichnis, in dem nur jene Beiträge angeführt werden, die sich explizit mit dem Tod beschäftigen, d.h. mit den Problemen, die in der Einleitung näher umschrieben sind (deshalb bleibt z.B. die Literatur zu "Tod und Unsterblichkeit" weitgehend unberücksichtigt).

1. SAMMEL- UND AUFSATZBAENDE ZUM THEMA "TOD"

Bloching, K.H., Tod = Projekte zur theologischen Erwachsenenbildung 2 (Mainz 1973).

Das Mysterium des Todes. Arbeitsergebnis einer Studientagung des französischen Instituts für Seelsorge und Liturgie in Paris, herausgegeben von A.M. Roquet (Frankfurt 1955).

Krankheit und Tod = Studien und Berichte der Katholischen Akademie in Bayern 7 (München 1959).

Leben angesichts des Todes. Beiträge zum theologischen Problem des Todes. Helmut Thielicke zum 60. Geburtstag (Tübingen 1968).

Neun, M. (Hg.), Tatsache Tod. Wie können wir damit leben? (Stuttgart 1974).

Strobel, A. (Hg.), Der Tod - ungelöstes Rätsel oder überwundener Feind? Eine Ringvorlesung der Augustana-Hochschule Neuendettelsau im Auftrag des Dozentenkollegiums (Stuttgart 1974).

Tod in der Gesellschaft. Almanach 5 für Literatur und Theologie, herausgegeben von G. Debus/A. Juhre (Wuppertal 1971).
Toynbee, A. (Hg.) Vor der Linie. Der moderne Mensch und der Tod (Frankfurt 1970).

Ueber Tod und Freizeit, Engadiner Kollegium, Vorträge und Diskussionsbeiträge der 2. Arbeitswoche St. Moritz 1971, herausgegeben von B. v.Staehelin/ S. Jenny (Zürich 1972).
Unsterblichkeit, 4 Radiovorträge von N. Luyten, A. Portmann, K. Jaspers, K. Barth (Basel 1957).

Was ist der Tod? 11 Beiträge und eine Diskussion (München 1969).

2. PHILOSOPHISCHE LITERATUR

Beck, H., Zur Flucht des modernen Menschen vor dem Tod. Eine philosophische Reflexion, in: Arzt und Christ 18 (1972) 31-39.

Becker, W., Endlichkeit, in: H. Krings/H.M. Baumgartner/Chr. Wild (Hg.), Handbuch philosophischer Grundbegriffe. Studienausgabe II (München 1973) 337-348.

Benz, E., Das Todesproblem in der stoischen Philosophie = Tübinger Beiträge zur Altertumswissenschaft 7 (Tübingen 1929).

Berlinger, R., Das Nichts und der Tod (Frankfurt o.J.).

Berning, V., Das Wagnis der Treue. Gabriel Marcels Weg zu einer konkreten Philosophie des Schöpferischen. Mit einem Geleitbrief von Gabriel Marcel (Freiburg 1973).

Bloch, E., Das Prinzip Hoffnung. Wissenschaftliche Sonderausgabe I-III (Frankfurt 1957).

–   Atheismus im Christentum. Zur Religion des Exodus und des Reichs (Frankfurt 1968) 335-344.

Bolado, A., Boletines. Filosofia y Theologia de la muerte para M. y H.R. Picard en recuerdo de la muerte ahorrada (Selecciones de libros, junio 1966).

Bollnow, O.F., Existenzphilosophie (Stuttgart ^{3}1949).

–   Mensch und Raum (Stuttgart 1963).

–   Der Tod des anderen Menschen, in: Universitas 19 (1964) 1257-1264.

–   Philosophie und Erkenntnis (Stuttgart 1970) 127-152.

–   Was ist Erfahrung? in: R.E. Vente (Hg.), Erfahrung und Erfahrungswissenschaft. Die Frage des Zusammenhangs wissenschaftlicher und gesellschaftlicher Entwicklung (Stuttgart 1974) 19-29.

Buber, M., Nach dem Tod. Antwort auf eine Rundfrage, in: ders., Nachlese (Heidelberg 1965) 259.

Casper, B., Der Tod als menschliches Phänomen - Philosophische und theologische Aspekte, in: Arzt und Christ 15 (1969) 150-165.

Cedrins, J., Gedanken über den Tod in der Existenzphilosophie (Diss. phil. Bonn 1949).

Choron, J., Der Tod im abendländischen Denken (Stuttgart 1967).

Dautzenberg, G., Sein Leben bewahren = Studien zum Alten und Neuen Testament 14 (München 1966) 11-48.

Davy, M.M., Gabriel Marcel. Ein wandernder Philosoph (Frankfurt 1964).

Demske, J.M., Sein, Mensch und Tod. Das Todesproblem bei Martin Heidegger = Symposion 12 (Freiburg 1963).

Drucker, P.F., Gedanken für die Zukunft (Düsseldorf 1959) 216 ff.

Feuerbach, L., Das Wesen des Christentums, in: ders., Sämtliche Werke, hrsg. von W. Bolin/F. Jodl VI (Stuttgart ^{2}1960).

–   Vorlesungen über das Wesen der Religion, in: ders., Sämtliche Werke, hrsg. von W. Bolin/F. Jodl VI (Stuttgart ^{2}1960).

Fink, E., Metaphysik und Tod (Stuttgart 1969).

Fiorenza, F.P./Metz J.B., Der Mensch als Einheit von Leib und Seele, in:
J. Feiner/M. Löhrer, Mysterium Salutis. Grundriss heilsgeschichtlicher
Dogmatik II (Einsiedeln 1967) 584-636.

Gabriel, L., Einführendes Nachwort. Zur Seinsphilosophie Gabriel Marcels, in:
G. Marcel, Geheimnis des Seins (Wien 1952) 513-535.

Gadamer, H.G. Wahrheit und Methode. Grundzüge einer philosophischen Herme-
neutik (Tübingen 21965) 250-360.

- Die Unbegreiflichkeit des Todes. Philosophische Ueberlegungen zur Transzendenz des Lebens, in: Evangelische Kommentare 7 (1974) 661-667.

Gardavsky, V., Gott ist nicht ganz tot. Betrachtungen eines Marxisten über Bibel,
Religion und Atheismus. Mit einer Einleitung von Jürgen Moltmann (München
1969) bes. 227-236.

- Marxismus, Gesellschaft und Tod, in: Schöpfertum und Freiheit in einer hu-
manen Gesellschaft. Marienbadener Protokolle, Gespräche der Paulusgesell-
schaft (Frankfurt 1969) 249-256.

Gassen, K./Landmann, M. (Hg.), Buch des Dankes an Georg Simmel. Briefe,
Erinnerungen, Bibliographie. Zu seinem 100. Geburtstag am 1. März 1958
(Berlin 1958).

Gehlen, A., Anthropologische Forschung. Zur Selbstbegegnung und Selbstentdeckung
des Menschen (Hamburg 1961) 26-43.

Girardi, G., Der Marxismus zum Problem des Todes, in: Concilium 10 (1974) 297-
300.

Hartmann, C., Der Tod in seiner Beziehung zum menschlichen Dasein bei Augustinus, in: Catholica 1 (1932) 159-190.

Heidegger, M., Sein und Zeit (Tübingen 111967).

- Einführung in die Metaphysik (Tübingen 1953).

- Wozu Dichter? in: ders., Holzwege (Frankfurt 21952) 248-295.

- Das Ding, in: ders., Vorträge und Aufsätze (Pfullingen 1954) 163-185.

- Moira (Parmenides VIII, 34-41), in: ders., Vorträge und Aufsätze (Pfullingen
1954) 231-256.

- Der Satz vom Grund (Pfullingen 1957) 171-188.

- Unterwegs zur Sprache (Pfullingen 1959).

- Gelassenheit (Pfullingen 1959).

Hengstenberg, H.E., Einsamkeit und Tod (Regensburg 1937).

- Tod und Vollendung (Regensburg 1938).

- Der Leib und die Letzten Dinge (Regensburg 1955).

Hennemann, G., Der Tod in der Philosophie der Neuzeit, in: Universitas 2 (1948)
285-296.

Herrmann, F.W. von, Die Selbstinterpretation Martin Heideggers = Monographie
zur Philosophischen Forschung 32 (Meisenheim 1964).

Hoffmann, E., Leben und Tod in der stoischen Philosophie (Heidelberg 1946).

Holz, H., Philosophische Gedanken über den Tod, in: Neue Zeitschrift für Systematische Theologie und Religionsphilosophie 13 (1971) 139-163.

- Die Menschlichkeit und Unmenschlichkeit des Todes als Problem der Zukunft,
in: Internationale Dialog-Zeitschrift 6 (1973) 372-378.

Holz, H., Tod, in: H. Krings/H.M. Baumgartner/Chr. Wild (Hg.), Handbuch philosophischer Grundbegriffe. Studienausgabe V (München 1974) 1514-1523.

Jaspers, K., Psychologie der Weltanschauungen (Berlin [4]1954) 229-280.
-      Philosophie II (Berlin 1932) 201-254.

Kessler, A.S./Schöpf, A./Wild, Chr., Erfahrung, in: H. Krings/H.M. Baumgartner/
Chr.Wild (Hg.), Handbuch philosophischer Grundbegriffe. Studienausgabe II
(München 1973) 373-386.
Kierkegaard, S., An einem Grab, in: ders., Religiöse Reden, übersetzt von
Th. Haecker (München 1950) 141-173.
-      Die Krankheit zum Tode. Eine christliche psychologische Erörterung zur
Erbauung und Erweckung, in: ders., Gesammelte Werke, übersetzt von
E. Hirsch (Düsseldorf 1954) 24. u. 25. Abt.
-      Die Tagebücher I, in: ders., Gesammelte Werke, übersetzt von H. Gerdes
(Düsseldorf 1962).
-      Die Tagebücher II, in: ders., Gesammelte Werke, übersetzt von H. Gerdes
(Düsseldorf 1963).
-      Der Liebe Tun, eines Verstorbenen zu gedenken, in: ders., Gesammelte
Werke, übersetzt von H. Gerdes (Düsseldorf 1966) 19. Abt. 378-392.
Koch, F., Goethes Stellung zu Tod und Unsterblichkeit (Weimar 1932).
Kolakowski, L., Der Mensch ohne Alternative. Von der Möglichkeit und Unmöglich-
keit, Marxist zu sein (München 1964), bes. 191-215.
Kuhn, H., Plato über den Menschen, in: Die Frage nach dem Menschen. Aufriss
einer philosophischen Anthropologie. Festschrift für Max Müller zum
60. Geburtstag (Freiburg 1968) 284-310.

Landsberg, P., Die Erfahrung des Todes. Nachwort von Arnold Metzger (Frankfurt
1973).
Lehmann, K., Der Tod bei Heidegger und Jaspers (Heidelberg 1938).
Lehmann, K.*), Vom Ursprung und Sinn der Seinsfrage im Denken Martin Heideggers.
Versuch einer Ortsbestimmung LXVIII (Diss. phil. Rom 1962).
-      Erfahrung, in: K. Rahner/A. Darlap (Hg.), Sacramentum Mundi. Theologi-
sches Lexikon für die Praxis I (Freiburg 1967), im Folgenden abgekürzt: SM.
Leipolt, J., Der Tod bei Griechen und Juden (Leipzig 1942).
Lorscheid, B., Max Schelers Phänomenologie des Psychischen = Abhandlungen zur
Philosophie, Psychologie und Pädagogik 11 (Bonn 1957).
-      Das Leibphänomen. Eine systematische Darbietung der Schelerschen Wesens-
schau des Leiblichen in Gegenüberstellung zu leibontologischen Auffassungen
der Gegenwartsphilosophie (Bonn 1962).
Luyten, N., Zum Problem des Todes im Spannungsfeld zwischen Naturwissenschaft
und Theologie, in: Schweizer Rundschau 66 (1967) 146-154.

---

*) Prof. DDr. Karl Lehmann, Freiburg/i.Br.

Machovec, M., Dialog als Menschlichkeit. Eine marxistische Theorie der Kommunikation (I), in: Neues Forum 14 (1967) 321-324.
- Marxismus und Tod. Eine marxistische Theorie der Kommunikation (IV), in: Neues Forum 14 (1967) 737-739.
- Vom Sinn des menschlichen Lebens (Freiburg 1971).
Marcel, G., Homo viator (Düsseldorf 1949).
- Geheimnis des Seins (Wien 1952).
- Metaphysisches Tagebuch (Wien 1955).
- Gegenwart und Unsterblichkeit (Frankfurt 1961).
- Schöpferische Treue (München 1961).
- Tod und Unsterblichkeit, in: ders., Auf der Suche nach Wahrheit und Gerechtigkeit (Frankfurt 1964) 66-68.
- Tragische Weisheit. Zur gegenwärtigen Situation des Menschen (Wien 1974) 131-144.
Marx, K., Die Frühschriften, hrsg. von S. Landshut (Stuttgart 1953).
- Zur Kritik der Nationalökonomie - ökonomisch-philosophische Manuskripte, in: ders., Frühe Schriften, hrsg. von H.J. Lieber/P. Furth I (Darmstadt 1962) 506-665.
Metzger, A., Freiheit und Tod = Sammlung Rombach NF 17 (Freiburg ^{2}1972).
Müller, M., Ueber Sinn und Sinngefährdung des menschlichen Daseins. Maximen und Reflexionen, in: Philosophisches Jahrbuch 74 (1966/1967) 1-30.
Müller-Lauter, W., Zarathustras Schatten hat lange Beine, in: J. Salaquarda (Hg.), Philosophische Theologie im Schatten des Nihilismus (Berlin 1971) 88-112.
Mury, G., Die Beerdigung aus marxistischer Sicht, in: Concilium 4 (1968) 150-152.

Ogiermann, H., Neue Aspekte marxistischer Religionskritik? in: Theologie und Philosophie 48 (1973) 1-27.
Ormea, F., Marxisten angesichts des Todes, in: Internationale Dialog-Zeitschrift 3 (1970) 98-114.

Peursen, C.A. van, Leib, Seele, Geist. Einführung in eine phänomenologische Anthropologie (Gütersloh 1959).
Pieper, J., Tod und Unsterblichkeit. Philosophische Bemerkungen zu einem kontroverstheologischen Thema, in: Catholica 13 (1959) 81-100.
- Tod und Unsterblichkeit, in: Philosophisches Jahrbuch 68 (1960) 324-336.
- Tod und Unsterblichkeit (München 1968).
Plügge, H., Der Mensch und sein Leib (Tübingen 1967).
Pöggeler, O., Sein als Ereignis - Martin Heidegger zum 26. September 1959, in: Zeitschrift für philosophische Forschung 13 (1959) 597-632.
- Der Denkweg Martin Heideggers (Pfullingen 1963).
Pöltner, G., Zu einer Phänomenologie des Fragens. Ein fragend-fraglicher Versuch (Freiburg 1972).
Przywara, E., Crucis Mysterium. Das christliche Heute (Paderborn 1939) 386-400.

Rahner, K., Geist in Welt, Zur Metaphysik der endlichen Erkenntnis bei Thomas von Aquin (München ^{3}1964).
Reiner, H., Der Sinn unseres Daseins (Tübingen ^{2}1964).

Ricoeur, P./Marcel, G., Gespräche (Frankfurt 1970).

Rilke, R.M., Werke in drei Bänden (Frankfurt 1966).

Rintelen, F.J. von, Philosophie der Endlichkeit. Als Spiegel der Gegenwart (Meisenheim 1951).

Rolfes, H., Der Sinn des Lebens im marxistischen Denken. Eine kritische Darstellung. Mit einem Vorwort von J.B. Metz (Düsseldorf 1971).

Rombach, H., Ueber Ursprung und Leben der Frage = Symposion 3 (Freiburg 1952) bes. 133-194.

- Endlichkeit und Wahrheit. Versuch einer Deutung des Grundproblems der Philosophie im 17. und 18. Jahrhundert (Freiburg 1955).

Schaff, A., Marxismus und das menschliche Individuum (Wien 1965).

- Marx oder Sartre? Versuch einer Philosophie des Menschen (Frankfurt 1966).

Scheler, M., Die Stellung des Menschen im Kosmos (München 1947, erschienen 1927).

- Der Formalismus in der Ethik und die materielle Wertethik. Neuer Versuch der Grundlegung eines ethischen Personalismus (Bern [4]1954) 381-596.

- Tod und Fortleben, in: ders., Schriften aus dem Nachlass I (Bern [2]1957) 9-64.

Scherer, G., Der Tod als Frage an die Freiheit = Thesen und Argumente 2 (Essen 1971).

Schmid, C., Gabriel Marcel. Vier Ansprachen anlässlich der Verleihung des Friedenspreises des deutschen Buchhandels (Frankfurt 1964).

Seifert, J., Leib und Seele. Ein Beitrag zur philosophischen Anthropologie (Salzburg 1973).

Simmel, G., Lebensanschauung. Vier metaphysische Kapitel (Leipzig 1918) 99-153.

- Goethe (Leipzig 1923) bes. 142-170.

- Rembrandt. Ein kunstphilosophischer Versuch (München 1925) bes. 89-100.

- Zur Metaphysik des Todes, in: M. Landmann (Hg.), Brücke und Tür. Essays des Philosophen zur Geschichte, Religion, Kunst und Gesellschaft (Stuttgart 1957) 29-87.

Smart, N., Der Tod in der Philosophie, in: A. Toynbee (Hg.), Vor der Linie. Der moderne Mensch und der Tod (Frankfurt 1970) 28-43.

Splett, J., Konturen der Freiheit. Zum christlichen Sprechen vom Menschen (Frankfurt 1974).

Steiner, H.F., Marxisten-Leninisten über den Sinn des Lebens. Eine Studie zum kommunistischen Menschenbild (Essen 1970) 252-301.

Sternberger, A., Der verstandene Tod. Eine Untersuchung zu Martin Heideggers Existenzialontologie = Studien und Bibliographie zur Gegenwartsphilosophie 6 (Leipzig 1934).

Ströcker, E., Der Tod im Denken Max Schelers, in: Der Mensch und die Künste. Festschrift für Heinrich Lützeler zum 60. Geburtstage (Düsseldorf 1962) 74-87.

Struve, W., Wir und es. Gedankengruppen (Zürich 1957) 67-71.

Theunissen, M., Der Begriff Ernst bei Sören Kierkegaard (Freiburg 1958) 140-147.

Ulrich, F., Philosophische Meditation über die Einheit von Leben und Tod, in: Arzt und Christ 15 (1969) 166-197.
–   Leben in der Einheit von Leben und Tod (Frankfurt 1973).

Vente, R.E. (Hg.), Erfahrung und Erfahrungswissenschaft. Die Frage des Zusammenhangs wissenschaftlicher und gesellschaftlicher Entwicklung (Stuttgart 1974).

Wach, J., Das Problem des Todes in der Philosophie unserer Zeit, in: Philosophie und Geschichte 49 (Tübingen 1934).
Wasmuth, E., Vom Sinn des Todes (Heidelberg 1959).
Weber, M., Gesammelte Aufsätze zur Religionssoziologie I (Tübingen 1947) 536-573, bes. 569-573.
Weischedel, W., Philosophische Theologie im Schatten des Nihilismus, in: J. Salaquarda (Hg.), Philosophische Theologie im Schatten des Nihilismus (Berlin 1971) 24-48.
–   Von der Fragwürdigkeit einer Philosophischen Theologie, in: J. Salaquarda (Hg.), Philosophische Theologie im Schatten des Nihilismus (Berlin 1971) 160-199.
–   Der Gott der Philosophen. Grundlegung einer Philosophischen Theologie im Zeitalter des Nihilismus II (Darmstadt 1972) 165-218.
Welte, B., Das Heilige in der Welt und das christliche Heil, in: ders., Auf der Spur des Ewigen. Philosophische Abhandlungen über verschiedene Gegenstände der Religion und der Theologie (Freiburg 1965) 113-151.
–   Leiblichkeit als Hinweise auf das Heil in Christus, in: ders., Auf der Spur des Ewigen. Philosophische Abhandlungen über verschiedene Gegenstände der Religion und der Theologie (Freiburg 1965) 83-112.
–   Heilsverständnis. Philosophische Untersuchung einiger Voraussetzungen zum Verständnis des Christentums (Freiburg 1966).
–   Im Spielfeld von Endlichkeit und Unendlichkeit. Gedanken zur Deutung des menschlichen Daseins (Frankfurt 1967).
–   Erfahrung und Geschichte, in: Wort und Wahrheit 25 (1970) 145-153.
–   Versuch zur Frage nach Gott, in: J. Ratzinger (Hg.), Die Frage nach Gott = Quaestiones Disputatae 56 (Freiburg 1972) 11-26.
Wiplinger, F., Das Fragen als Anfang der Philosophie, in: Wort und Wahrheit 23 (1968) 492-511.
–   Ursprüngliche Spracherfahrung und metaphysische Sprachdeutung, in: O. Loretz/W. Strolz (Hg.), Die hermeneutische Frage in der Theologie (Freiburg 1968) 21-85.
–   Der personal verstandene Tod. Todeserfahrung als Selbsterfahrung (Freiburg 1970).
–   Todeserfahrung als Selbsterfahrung, in: Wort und Wahrheit 25 (1970) 387-401.
Wittgenstein, L., Tractatus logico-philosophicus 6.4311, in: ders., Schriften I (Frankfurt 1960).

3. RELIGIONSGESCHICHTLICHE LITERATUR

Aberg, N., Antike Todesauffassung, in: Maurus 21 (1929) 13-25.

Andrae, T., Die Letzten Dinge (Leipzig 1940).

Balthasar, H.U. v., Der Tod im heutigen Denken, in: Anima 11 (1956) 292-299.

Barden, G., Die rituelle Darstellung des Todes, in: Concilium 10 (1974) 257-262.

Benz, E., Die Todesvorstellung der grossen Religionen, in: Was ist der Tod? 11 Beiträge und eine Diskussion (München 1969) 147-163.

Bergmann, K., Der Tod im Spiegel der Sprache. Eine sprachliche Allerseelenbetrachtung, in: Westermanns Monatshefte 68 (1923/1924) 260-264.

Bürkle, H., Der Tod in den afrikanischen Gemeinschaften. Zur Frage theologisch relevanter Aspekte im afrikanischen Denken, in: Leben angesichts des Todes. Beiträge zum theologischen Problem des Todes. Helmut Thielicke zum 60. Geburtstag (Tübingen 1968) 243-267.

Clemen, C., Das Leben nach dem Tod im Glauben der Menschheit (Leipzig 1920).

Elze, M., Spätmittelalterliche Predigt im Angesicht des Todes, in: Leben angesichts des Todes. Beiträge zum theologischen Problem des Todes. Helmut Thieliecke zum 60. Geburtstag (Tübingen 1968) 89-99.

Freybe, A., Das Memento mori in deutscher Sitte, bildlicher Darstellung und Volksglauben, deutscher Sprache, Dichtung und Seelsorge (Gotha 1909).

Gorer, G., Die Pornographie des Todes, in: Der Monat 8 (1956) Heft 92, 58-62.

Gürster, E., Tabus unserer Zeit. Rundfunkvorträge (München 1964).

Hilling, F., Stilwandel des christlichen Sterbens, in: Geist und Leben 35 (1962) 324-334.

Hofmeier, J., Die heutige Erfahrung des Sterbens, in: Concilium 10 (1974) 235-240.

Huber, H., Tod und Trauer im Westsudan, in: Anthropos 46 (1951) 453-486.

Hügli, A., Zur Geschichte der Todesdeutung, in: Studia Philosophica 32 (1972) 1-28.

König, F., Christus und die Religionen der Erde (Freiburg 1951).

Leeuw, G. van der, Phänomenologie der Religion (Tübingen 1933).

Meyer, H., Der Kampf mit dem Tode bei indischen Bergstämmen, in: Leben angesichts des Todes. Beiträge zum theologischen Problem des Todes. Helmut Thielicke zum 60. Geburtstag (Tübingen 1968) 277-282.

Neill, S., Die Macht und die Bewältigung des Todes in Hinduismus und Buddhismus, in: Leben angesichts des Todes. Beiträge zum theologischen Problem des Todes. Helmut Thielicke zum 60. Geburtstag (Tübingen 1968) 283-305.

Preuss, K.Th., Tod und Unsterblichkeit im Glauben der Naturvölker (Tübingen 1930).

Ratschow, C.H., Magie und Religion (Gütersloh 1955).
Rudolf, R., Ars Moriendi. Von der Kunst des heilsamen Lebens und Sterbens (Köln 1957).

Schuhmacher, J., Der Tod als Knochenmann, in: Medizinische Klinik 60 (1965) 1599.
Smart, N., Der Tod in östlichen Religionen, in: A. Toynbee (Hg.), Vor der Linie. Der moderne Mensch und der Tod (Frankfurt 1970) 125-157.
–   Der Tod in der jüdisch-christlichen Tradition, in: A. Toynbee (Hg.), Vor der Linie. Der moderne Mensch und der Tod (Frankfurt 1970) 158-166.
–   Kritische Anmerkungen zum neueren christlichen Denken über den Tod, in: A. Toynbee (Hg.), Vor der Linie. Der moderne Mensch und der Tod (Frankfurt 1970) 181-190.
–   Der Tod und der Rückgang des Glaubens in der westlichen Gesellschaft, in: A. Toynbee (Hg.), Vor der Linie. Der moderne Mensch und der Tod (Frankfurt 1970) 191-200.
Stickelberger, R., Memento mori, in: Reformatio 11 (1962) 53-55.

Toynbee, A., Traditionelle Einstellungen zum Tod, in: ders. (Hg.), Vor der Linie. Der moderne Mensch und der Tod (Frankfurt 1970) 75-124.
–   Wandlungen des Verhältnisses zum Tod in der heutigen westlichen Welt, in: ders. (Hg.), Vor der Linie. Der moderne Mensch und der Tod (Frankfurt 1970) 167-182.

Wagner, H., Vom Tod weiss jedermann. Religiöses Primitivverhalten angesichts des Todes, in: A. Strobel (Hg.), Der Tod - ungelöstes Rätsel oder überwundener Feind? Eine Ringvorlesung der Augustana-Hochschule Neuendettelsau im Auftrag des Dozentenkollegiums (Stuttgart 1974) 45-61.
Widengren, G., Religionsphänomenologie (Berlin 1969).

4. SYSTEMATISCH-THEOLOGISCHE LITERATUR

Ahlbrecht, A., Tod und Unsterblichkeit in der evangelischen Theologie der Gegenwart = Konfessionskundliche und kontroverstheologische Studien 10 (Paderborn 1964).
Alfaro, J., Die innerweltlichen Hoffnungen und die christliche Hoffnung, in: Concilium 6 (1970) 626-631.
Althaus, P., Die Letzten Dinge = Studien des apologetischen Seminars 9 (Gütersloh 91964) 80-164.
Andersen, W., Der Tod unter dem Aspekt der Hoffnung, in: A. Strobel (Hg.), Der Tod - ungelöstes Rätsel oder überwundener Feind? Eine Ringvorlesung der Augustana-Hochschule Neuendettelsau im Auftrag des Dozentenkollegiums (Stuttgart 1974) 27-44.

Anz, W., Tod und Unsterblichkeit, in: Pro Veritate. Ein theologischer Dialog. Festgabe für Erzbischof Dr. h.c. Lorenz Jaeger (Münster 1963) 249-273.

Augustinus, Die Gottesbürgerschaft. De Civitate Dei, hrsg. von H.U. v.Balthasar (Frankfurt 1960).

- Confessiones (München [3]1966).

Baden, H.J., Der Tod, in: Theologische Studien und Kritiken 108 (1937/1938) 142-166.

Balthasar, H.U.v., Eschatologie, in: J. Feiner/J. Trütsch/F. Böckle (Hg.), Fragen der Theologie heute (Einsiedeln 1957) 403-421.

- (Hg.), Augustinus. Die Gottesbürgerschaft. De Civitate Dei (Frankfurt 1960) 9-44.

- Kosmische Liturgie. Das Weltbild Maximus' des Bekenners (Einsiedeln [2]1961) bes. 355-359.

- Herrlichkeit. Eine Theologische Aesthetik II (Einsiedeln 1962) 767-880.

- Das Ganze im Fragment. Aspekte der Geschichtstheologie (Einsiedeln 1963) 61-123.

- Cordula oder der Ernstfall (Einsiedeln 1966).

- Mysterium Paschale, in: J. Feiner/M. Löhrer, Mysterium Salutis. Grundriss heilsgeschichtlicher Dogmatik III, 2 (Einsiedeln 1969) 133-326.

- Die Wahrheit ist symphonisch. Aspekte des christlichen Pluralismus (Einsiedeln 1972) bes. 41-63.

Barth, K., Kirchliche Dogmatik II, 2 (Zürich [3]1948) 336-563.

- Kirchliche Dogmatik III, 2 (Zürich 1959) bes. 714-780.

Baum, G., Der Mensch in seiner Welt, in: J.C. Hampe, Die Autorität der Freiheit. Gegenwart des Konzils und Zukunft der Kirche im ökumenischen Disput (München 1967) 68-86.

Berger, H.H., Das Reich der Freiheit, in: H.H. Berger/P. Schoonenberg/W.J. Berger (Hg.), Leben nach dem Tode? (Köln 1972) 13-59.

Berger, H.H./Schoonenberg, P./Berger, W.J. (Hg.), Leben nach dem Tode? (Köln 1972).

Boros, L., Mysterium Mortis (Olten 1959).

- Sacramentum mortis. Ein Versuch über den Sinn des Todes, in: Orientierung 23 (1959) 61-65 und 75-79.

- Zur Theologie des Todes, in: Theologie der Gegenwart 5 (1962) 96-104.

- Leib, Seele und Tod, in: Orientierung 29 (1965) 92-96.

- Erlöstes Dasein. Theologische Betrachtungen (Mainz 1967) 89-108.

- Strukturen christlicher Vollendung, in: H. Schlier/E. Severus/J. Sudbrack/ A. Pereira (Hg.), Strukturen christlicher Existenz (Würzburg 1968) 251-262.

- Aus der Hoffnung leben. Zukunftserwartung in christlichem Denken (Olten 1968) 23-30.

- Zukunft der Hoffnung, in: Arzt und Christ 15 (1969) 198-210.

- Wir sind Zukunft (Mainz 1969) 145-165.

- Hat das Leben einen Sinn? in: Concilium 6 (1970) 674-678.

Brinktrine, J., Die Lehre von den Letzten Dingen. Et exspecto resurrectione mortuorum et vitam venturi saeculi (Paderborn 1963) 13-43.

Brunner, E., Das Ewige als Zukunft und Gegenwart (Zürich 1953).

Dehn, F., Begegnung mit dem Tode, in: Festschrift für Friedrich Smend zum
    70. Geburtstag. Dargebracht von Freunden und Schülern (Berlin 1963) 46-55.
Delahaye, K., Zum Glaubensverständnis des Todes, in: Wissenschaft und Weisheit
    21 (1958) 225-228.
Delaye, Ph., Die Würde der menschlichen Person, in: G. Barauna, Die Kirche in
    der Welt von heute. Untersuchungen und Kommentare zur Pastoralkonstitu-
    tion "Gaudium et Spes" des II. Vatikanischen Konzils (Salzburg 1967) 154-178.
Denzinger, H./Schönmetzer, A., Enchiridion Symbolorum Definitionum et Decla-
    rationum de rebus fidei et morum (Freiburg [34]1965).
Der Treffer aus dem Absoluten. Informationen zu einer Theologie des Todes, in:
    Evangelische Kommentare 2 (1969) 623-630.
Diekamp, F./Jüssen, K., Katholische Dogmatik nach den Grundsätzen des heiligen
    Thomas III (Münster [13]1954) 404-419.

Eicher, P., Immanenz oder Transzendenz. Gespräch mit Karl Rahner, in: Frei-
    burger Zeitschrift für Philosophie und Theologie 15 (1968) 29-62.
-       Die anthropologische Wende. Karl Rahners philosophischer Weg vom Wesen
    des Menschen zur personalen Existenz = Dokimion 1 (Fribourg 1970).
Ellwein, E., Die Antwort christlichen Glaubens und Hoffens auf das Rätsel des To-
    des, in: A. Strobel (Hg.), Der Tod - ungelöstes Rätsel oder überwundener
    Feind? Eine Ringvorlesung der Augustana-Hochschule Neuendettelsau im
    Auftrag des Dozentenkollegiums (Stuttgart 1974) 153-175.

Fischer, J.A., Studien zum Todesgedanken in der Alten Kirche. Die Beurteilung
    des natürlichen Todes in der kirchlichen Literatur der ersten drei Jahr-
    hunderte (München 1954).
Fischer, K., Der Mensch als Geheimnis. Die Anthropologie Karl Rahners. Mit
    einem Brief von Karl Rahner (Freiburg 1974) bes. 328-335.
Frank, G.K., Zeitgenosse Tod = Kleine Reihe zur Bibel 17 (Stuttgart 1971).
Fries, H., Tod und Leben (Stuttgart 1956).

Gaboriau, F., Interview sur la mort avec Karl Rahner (Paris 1967).
Ganoczy, A., Der Tod - und was dann? Der Tod im Verständnis christlichen Glau-
    bens, in: Geist und Leben 46 (1973) 363-370.
Gleason, R., Toward a Theology of Death, in: Tought 23 (1957) 39-68.
-       Death, in: ders., The world to come (London 1959) 43-77.
Glorieux, P., Endurcissement final et grâces dernières, in: Nouvelle Revue Théo-
    logique 59 (1932) 865-892.
-       In hora mortis, in: Mélanges de Science Réligieuse 6 (1949) 185-216.
Gollwitzer, H., Krummes Holz - aufrechter Gang. Zur Frage nach dem Sinn des
    Lebens (München [6]1973).
Goppelt, L., Geschichtlich wirksames Sterben. Zur Sühnewirkung des Kreuzes, in:
    Leben angesichts des Todes. Beiträge zum theologischen Problem des Todes.
    Helmut Thielicke zum 60. Geburtstag (Tübingen 1968) 61-68.
Greshake, G., Bemühungen um eine Theologie des Sterbens, in: Concilium 10 (1974)
    270-278.
Guardini, R., Die Letzten Dinge (Würzburg 1952).

Guggenberger, A., Die Würde der menschlichen Person, in: W. Sandfuchs (Hg.), Die Kirche in der Welt von heute (Würzburg 1966) 12-33.

Heer, F., Wie stirbt der Mensch? Ein Wort an uns und an die Umwelt, in: Die Besinnung 11 (1956) 190-203.
Hervé, J.M., Manuale Theologiae Dogmaticae IV (Paris 1951) 510-533.
Hild, J., Der Tod als christliches Mysterium, in: Anima 11 (1956) 304-313.
Hinske, N., Todeserfahrung und Lebensentscheidung, in: Trierer Theologische Zeitschrift 82 (1973) 206-227.
Hunzinger, C.H., Die Hoffnung angesichts des Todes im Wandel der paulinischen Aussagen, in: Leben angesichts des Todes. Beiträge zum theologischen Problem des Todes. Helmut Thielicke zum 60. Geburtstag (Tübingen 1968) 68-88.

Jüngel, E., Tod = Themen der Theologie 8 (Stuttgart 1971).
Junglas, J.P., Die Lehre der Kirche. Eine Laiendogmatik (Bonn ⁴1946) 320-328.

Kantzenbach, F.W., ... und lass mich sehen dein Bilde in deiner Kreuzesnot. Frömmigkeitsgeschichtliche Erwägungen zu Sterben und Leben, in: A. Strobel (Hg.), Der Tod - ungelöstes Rätsel oder überwundener Feind? Eine Ringvorlesung der Augustana-Hochschule Neuendettelsau im Auftrag des Dozentenkollegiums (Stuttgart 1974) 103-125.
Kolping, A., Fundamentaltheologie I (Münster 1967) 250 ff, bes. 258.
-      Fundamentaltheologie II (Münster 1974) bes. 620-672.

Lahitton, J., Theologiae Dogmaticae. Theses juxta sinceram D. Thomae Doctrinam. Ad usum seminariorum et verbi divini praeconum III (Paris 1932) 437-447.
Lais, H., Dogmatik II (Kevelaer 1972) 334-343.
Lennerz, H., De Novissimis (Rom 1950) 100-145.
Lepargueur, H., Die kritische Funktion der Kirche gegenüber dem von der Gesellschaft verordneten Sterben, in: Concilium 10 (1974) 279-286.
Lercher, L., Institutiones Theologiae Dogmaticae in usum scholarum VI, 2 (Innsbruck 1949) 422-433.
Leuenberger, R., Der Tod. Schicksal und Auftrag (Zürich 1970).
Lindlinger, H., Die Erfahrung von Schuld und Tod beim heutigen Menschen, in: Wege zum Menschen 19 (1967) 121-130.
Lohff, W., Theologische Erwägungen zum Problem des Todes, in: Leben angesichts des Todes. Beiträge zum theologischen Problem des Todes. Helmut Thielicke zum 60. Geburtstag (Tübingen 1968) 157-170.

Moltmann, J., Die Menschlichkeit des Lebens und des Sterbens, in: ders., Das Experiment Hoffnung. Einführungen (München 1974) 177-193.
Montesi, G., Totentanz 1952 - Vom Sterben mit und ohne Make-up, in: Wort und Wahrheit 7 (1952) 805-808.
Mouroux, J., Situation et signification du Chapitre I. La dignité de la personne humaine, in: Vatican II. L'église dans le monde de ce temps. Constitution pastoral "Gaudium et spes". Ouvrage collectif publié sous la direction de Y.M.J. Congar, O.P. et M. Peuchmaurd, O.P. II (Paris 1967) 229-253.

Müller-Schwefe, H.R., Der Mensch - das Experiment Gottes (Gütersloh 1966) 132-145.

Neun, M., Tatsache Tod? in: ders., Tatsache Tod. Wie können wir damit leben? (Stuttgart 1974) 59-75.

Neuner, J./Roos, H., Der Glaube der Kirche in den Urkunden der Lehrverkündigung (Regensburg [8]1971).

Nocke, F.J., Liebe und Tod. Versuch einer Kurzformel, in: Katechetische Blätter. Kirchliche Jugendarbeit 100 (1975) 18-25.

Noort, G. van, Tractatus de Novissimis (Bussum 1953) 2-14.

Ott, L., Grundriss der katholischen Dogmatik (Freiburg [8]1970) 563-565.

Pannenberg, W., Was ist der Mensch? Die Anthropologie der Gegenwart im Lichte der Theologie (Göttingen 1962) 31-40.
-     Tod und Auferstehung in der Sicht christlicher Dogmatik, in: Kerygma und Dogma 20 (1974) 166-180.

Perlitt, L., Der verdrängte Tod. Im Niemandsland der Theologie, Teil I, Norddeutscher Rundfunk, Funkhaus Hannover (Sendung vom 2.2.1969).

Pesch, R., Zur Theologie des Todes, in: Bibel und Leben 10 (1969) 9-16.

Peters, A., Der Tod in der neueren theologischen Anthropologie, in: Neue Zeitschrift für Systematische Theologie und Religionsphilosophie 14 (1972) 29-67.

Piolanti, A., De Novissimis et Sanctorum Communione (Rom 1962) 2-41.

Pohle, J., Lehrbuch der Dogmatik in sieben Büchern. Für akademische Vorlesungen und zum Selbstunterricht III (Paderborn 1905) 648-660.

Pohle, J./Gierens, M., Lehrbuch der Dogmatik III (Paderborn 1933) 648-659.

Pohle, J./Gummersbach, J., Lehrbuch der Dogmatik III (Paderborn [9]1960) 649-660.

Premm, M., Katholische Glaubenskunde. Ein Lehrbuch der Dogmatik IV (Wien 1953) 533-547.

Rahner, K., Zur Theologie des Todes = Quaestiones Disputatae 2 (Freiburg 1958).
-     Das Leben der Toten, in: Trierer Theologische Zeitschrift 68 (1959) 1-7.
-     Passion und Aszese, in: ders., Schriften zur Theologie III (Einsiedeln [4]1961) 73-104.
-     Seht, welch ein Mensch, in: ders., Schriften zur Theologie VII (Einsiedeln 1966) 137-140.
-     Das Aergernis des Todes, in: ders., Schriften zur Theologie VII (Einsiedeln 1966) 141-144.
-     Ueber das christliche Sterben, in: ders., Schriften zur Theologie VII (Einsiedeln 1966) 273-280.
-     Experiment Mensch. Theologisches über Selbstmanipulation des Menschen, in: ders., Schriften zur Theologie VIII (Einsiedeln 1967) 260-285.
-     Gedanken über das Sterben, in: Arzt und Christ 15 (1969) 24-32.
-     Gotteserfahrung heute, in: ders., Schriften zur Theologie IX (Einsiedeln 1970) 161-176.
-     Theologische Erwägungen über den Eintritt des Todes, in: ders., Schriften zur Theologie IX (Einsiedeln 1970) 323-335.

Rahner, K. , Zu einer Theologie des Todes, in: ders. , Schriften zur Theologie X
  (Einsiedeln 1972) 181-199.
-     Sünde als Gnadenverlust in der frühkirchlichen Literatur, in: ders. , Schriften
  zur Theologie XI (Einsiedeln 1973) 46-93.
-     Kleine Bemerkungen zur Theologie des Sterbens, in: ders. , Wagnis des
  Christen. Geistliche Texte (Freiburg 1974) 113-116.
-     Der geglückte Tod: Das Zeugnis der Therese von Lisieux, in: ders. , Wagnis
  des Christen. Geistliche Texte (Freiburg 1974) 181-184.
Rahner, K. /Thüsing, W. , Christologie - systematisch und exegetisch. Arbeitsgrund-
  lagen für eine interdisziplinäre Vorlesung = Quaestiones Disputatae 55 (Frei-
  burg 1972).
Rahner, K. /Vorgrimmler H. (Hg.), Kleines Konzilskompendium. Alle Konstitutionen,
  Dekrete und Erklärungen des Zweiten Vaticanums in der bischöflich genehmig-
  ten Uebersetzung (Freiburg [5]1968).
Ratzinger, J. , Kommentar zum ersten Kapitel des ersten Teils der Pastoralkonsti-
  tution "Gaudium et Spes", in: LThK. E. III, 316 ff.
-     Zur Theologie des Todes, in: ders. , Dogma und Verkündigung (München
  1973) 281-294.
Ritschl, A. , Die christliche Lehre von der Rechtfertigung und Versöhnung I-III
  (Bonn [3]1889) .
Roegele, O. B. , Soll die Kirche vom Tod sprechen? Bemerkungen zu einer antizykli-
  schen Strategie der Seelsorge, in: K. Forster (Hg.), Befragte Katholiken -
  Zur Zukunft von Glaube und Kirche. Auswertungen und Kommentare zu den
  Umfragen für die Gemeinsame Synode der Bistümer in der Bundesrepublik
  Deutschland (Freiburg 1973) 143-150.

Sauter, G. , Die Zeit des Todes - Ein Kapitel Eschatologie und Anthropologie, in:
  Evangelische Theologie 25 (1965) 623-643.
Schmaus, M. , Katholische Dogmatik III, 2 (München 1941) bes. 492-503.
-     Von den Letzten Dingen (Regensburg 1948).
-     Katholische Dogmatik IV, 2 (München [3]1953) bes. 126-151.
-     Katholische Dogmatik IV, 2 (München [5]1959) 329-432.
-     Krankheit und Tod als personaler Auftrag, in: Krankheit und Tod = Studien
  und Berichte der Katholischen Akademie in Bayern 7 (München 1959) 47-86.
Schmalenberg, E. , Das Todesverständnis bei Simone de Beauvoir. Eine theologi-
  sche Untersuchung (Berlin 1972).
-     Der Sinn des Todes, in: Neue Zeitschrift für Systematische Theologie und
  Religionsphilosophie 14 (1972) 233-249.
-     Tod, Gericht und Sterblichkeit (Stuttgart 1972).
Scheltens, G. , Der Tod als Endentscheidung, in: Wissenschaft und Weisheit 29
  (1966) 46-52.
Schneider, Th. , Die Einheit des Menschen. Die anthropologische Formel "anima
  forma corporis" im sogenannten Korrektorienstreit und bei Petrus Johannes
  Olivi. Ein Beitrag zur Vorgeschichte des Konzils von Vienne = Beiträge zur
  Geschichte der Philosophie und Theologie des Mittelalters NF 8 (München
  1972).
Schütz, P. , Das Tabu des Todes. Angst, Leid, Schmerzen bedrängen auch den mo-
  dernen Menschen, in: Christ und Welt 17 (1964) Nr. 47, 11.

Schunack, G., Das hermeneutische Problem des Todes. Im Horizont von Römer 5 untersucht = Hermeneutische Untersuchungen zur Theologie 7 (Tübingen 1967).

Semmelroth, O., Vom christlichen Sterben. Die Wirklichkeit des Todes, in: Stimmen der Zeit 155 (1954/1955) 88-95.

- Der Glaube an den Tod, in: Geist und Leben 30 (1957) 325-337.

- Der Tod - wird er erlitten oder getan? Die Lehre von den Letzten Dingen als christliche Interpretation des Todes = Theologische Akademie 9 (Frankfurt 1972) 9-26.

Stampa, L., Zur Theologie des Todes, in: Freiburger Zeitschrift für Philosophie und Theologie 7 (1960) 56-63.

Strunk, R., Gibt es ein Leben vor dem Tod? Jenseits von religiöser und säkularer Frage, in: M. Neun (Hg.), Tatsache Tod. Wie können wir damit leben? (Stuttgart 1974) 7-21.

Thielicke, H., Tod und Leben. Studien zur christlichen Anthropologie (Tübingen 1946).

- Der Arzt und die Wahrheit, in: Universitas 12 (1957) 449-457.

Troisfontaines, R., Ich sterbe nicht ... (Freiburg 1964).

Versluis, N., Gesellschaftliche Leugnung des Todes, in: Concilium 7 (1971) 376-384.

Volk, H., Das christliche Verständnis des Todes (Münster 1957).

- Tod, in: Handbuch theologischer Grundbegriffe IV (München 1970) 236-245.

Winklhofer, A., Ziel und Vollendung. Die Letzten Dinge (Ettal 1951).

- Der Augenblick, da sich alles entscheidet, in: Geist und Leben 31 (1958) 325-330.

- Das Kommen seines Reiches. Von den Letzten Dingen (Frankfurt 1959).

- Zur Frage der Endentscheidung im Tode, in: Theologie und Glaube 57 (1957) 197-210.

Zubizarreta, V., Theologia Dogmatico-Scholastica ad mentem S. Thomae Aquinatis IV (Rom 1949) 453-465.

5. BIBELTHEOLOGISCHE LITERATUR

Barth, Chr., Die Errettung vom Tode in den individuellen Klage- und Dankliedern des Alten Testamentes (Zollikon 1947).

- Diesseits und Jenseits im Glauben des späten Israel = Stuttgarter Bibelstudien 72 (Stuttgart 1974).

Benz, E., Der gekreuzigte Gerechte bei Plato, im Neuen Testament und in der Alten Kirche (Wiesbaden 1950).

Bentzen, A., Der Tod des Beters in den Psalmen. Randbemerkungen zur Diskussion zwischen Mowinckel und Widengren, in: Festschrift für Otto Eissfeldt zum 60. Geburtstage (Halle 1931) 57-60.

Bertholet, A., Die israelitischen Vorstellungen vom Zustand nach dem Tode (Tübingen [2]1914).

Bornkamm, G., Sünde, Gesetz und Tod, in: ders., Das Ende des Gesetzes, Paulusstudien = Beiträge zur evangelischen Theologie 16 (München 1952) 51-69.

-   Paulus (Stuttgart 1959) bes. 131-139.

Budde, K., Das hebräische Klagelied, in: Zeitschrift für die alttestamentliche Wissenschaft 2 (1882) 1-52.

Bultmann, R., thanatos, in: G. Kittel (Hg.), Theologisches Wörterbuch zum Neuen Testament III (Stuttgart 1938) 13-21.

Caspari, W., Tod und Auferstehung nach der Enderwartung des späten Judentums, in: Journal of the Society of Oriental Research 10 (1926) 1-13.

Conzelmann, H./Flessmann-van-Leer, E./Haenchen, E./Käsemann, E./Lohse, E., Zur Bedeutung des Todes Jesu. Exegetische Beiträge (Gütersloh 1967).

Delling, G., Der Kreuzestod Jesu in der urchristlichen Verkündigung (Göttingen 1972).

Dülmen, A.v., Die Theologie des Gesetzes bei Paulus = Stuttgarter Biblische Monographien 5 (Stuttgart 1968).

Dürr, L., Die Wertung des Lebens im Alten Testament und im antiken Orient. Ein Beitrag zur Erklärung des vierten Gebots (Münster 1926).

Eichrodt, W., Das Menschenverständnis des Alten Testaments = Abhandlungen zur Theologie des Alten Testaments (Zürich 1947).

Elhorst, H.J., Die israelitischen Trauerriten, in: Beiheft zur Zeitschrift für die alttestamentliche Wissenschaft 27 (1914) 115-128.

Fohrer, G., Theologische Grundstrukturen des Alten Testaments (Berlin 1972) 172-175.

-   Geschichte der israelitischen Religion (Berlin 1969) bes. 212-221 und 397-402.

Galling, K., Das Bild des Menschen in biblischer Sicht = Mainzer Universitätsreden 3 (Mainz 1947).

Gerlemann, G., sterben, in: E. Jenni/K. Westermann (Hg.), Theologisches Handwörterbuch zum Alten Testament I (München 1971) 893-897.

Gese, H., Psalm 22 und das Neue Testament. Der älteste Bericht vom Tode Jesu und die Entstehung des Herrenmahles, in: Zeitschrift für Theologie und Kirche 65 (1968) 1-22.

Greshake, G., Auferstehung der Toten. Ein Beitrag zur gegenwärtigen theologischen Diskussion über die Zukunft der Geschichte = Koinonia. Beiträge zu oekumenischen Spiritualität und Theologie 10 (Essen 1969).

Hahn, W.T., Das Mitsterben und Mitauferstehen mit Christus bei Paulus (Gütersloh 1937).

Heinisch, P., Die Totenklage im Alten Testament (Münster 1931).

Henry, M.L., "Tod" und "Leben", Unheil und Heil als Funktionen des richtenden und rettenden Gottes im Alten Testament, in: Leben angesichts des Todes. Beiträge zum theologischen Problem des Todes. Helmut Thielicke zum 60. Geburtstag (Tübingen 1968) 1-26.

318

Hoffmann, P., Die Toten in Christus. Eine religionsgeschichtliche und exegetische Untersuchung zur paulinischen Eschatologie = Neutestamentliche Abhandlungen 2 (Münster 1966).
- Tod, in: Handbuch theologischer Grundbegriffe IV (München 1970) 226-236.

Jahnow, H., Das hebräische Leichenlied im Rahmen der Völkerdichtung = Beiheft zur Zeitschrift für die alttestamentliche Wissenschaft 36 (Giessen 1923).

Käsemann, E., An die Römer = Handbuch zum Neuen Testament 8 a (Tübingen 1973) 121-202.
Kertelge, K., Exegetische Ueberlegungen zum Verständnis der paulinischen Anthropologie nach Römer 7, in: Zeitschrift für die neutestamentliche Wissenschaft 62 (1971) 105-114.
- Der allgemeine Tod und der Tod Jesu, in: Trierer Theologische Zeitschrift 83 (1974) 146-156.
Kessler, H., Die theologische Bedeutung des Todes Jesu. Eine traditionsgeschichtliche Untersuchung (Düsseldorf 1970).
Kleinert, P., Zur Idee des Lebens im Alten Testament, in: Theologische Studien und Kritiken 68 (1895) 693-732.
Knierim, R., Die Hauptbegriffe für Sünde im Alten Testament (Gütersloh [2]1967).
Koch, K., Gibt es ein Vergeltungsdogma im Alten Testament? in: Zeitschrift für Theologie und Kirche 52 (1955) 1-42.
Köhler, L., Theologie des Alten Testaments ([3]1953) 86 ff.
Kraus, H.J., Vom Leben und Tod in den Psalmen, in: Leben angesichts des Todes. Beiträge zum theologischen Problem des Todes. Helmut Thielicke zum 60. Geburtstag (Tübingen 1968) 27-46.
- Der lebendige Gott. Ein Kapitel biblischer Theologie, in: ders., Biblisch-theologische Aufsätze (Neukirchen 1972) 1-36.
- Vom Leben und vom Tod in den Psalmen. Eine Studie zu Calvins Psalmenkommentar, in: ders., Biblisch-theologische Aufsätze (Neukirchen 1972) 258-277.
Kremer, J., ... denn sie werden leben. Sechs Kapitel über Tod, Auferstehung, neues Leben (Stuttgart 1972).
Kuss, O., Der Römerbrief (Regensburg 1959) 198-275.

Lindenbaur, E., Der Tod des Sokrates und das Sterben Jesu (Stuttgart 1971).
Lohfink, N., Der Mensch vor dem Tod, in: Das Siegeslied am Schilfmeer. Christliche Auseinandersetzungen mit dem Alten Testament (Frankfurt [2]1966) 198-243.
Lohse, E., Gesetz, Tod und Sünde in Luthers Auslegung des 90. Psalms, in: Leben angesichts des Todes. Beiträge zum theologischen Problem des Todes. Helmut Thielicke zum 60. Geburtstag (Tübingen 1968) 139-155.
Loretz, O., Qohelet und der alte Orient. Untersuchungen zu Stil und theologischer Thematik des Buches Qohelet (Freiburg 1964) bes. 279-287.
Luz, U., Das Geschichtsverständnis des Paulus = Beiträge zur Evangelischen Theologie 49 (München 1968) 136-226.

Maag, V., Tod und Jenseits nach dem Alten Testament, in: Schweizerische Theologische Umschau 34 (1964) 17-37.

Marguell, H.J., Tod Jesu und Schmerz Gottes, in: Leben angesichts des Todes. Beiträge zum theologischen Problem des Todes. Helmut Thielicke zum 60. Geburtstag (Tübingen 1968) 269-276.

Michel, O., Zur Lehre vom Todesschlaf, in: Zeitschrift für die neutestamentliche Wissenschaft 35 (1936) 285-290.

- Der Brief an die Römer = Kritisch-exegetischer Kommentar über das Neue Testament (Göttingen 1955) 112-158.

Molin, G., Entwicklung und Motive der Auferstehungshoffnung vom Alten Testament bis zur rabbinischen Zeit, in: Judaica 9 (1953) 225-239.

Mussner, F., Tod, in: LThK X, 219-221.

Nikolainen, A.T., Der Auferstehungsglaube in der Bibel und ihrer Umwelt I (Helsinki 1944).

Nötscher, F., Altorientalischer und alttestamentlicher Auferstehungsglaube (Würzburg 1926).

Pedersen, J., Israel. Its Life and Culture I/II (London 1926).

Pesch, R./Zwergel, H.A., Kontinuität in Jesus. Zugänge zu Leben, Tod und Auferstehung (Freiburg 1974).

Preuss, H.D., Psalm 88 als Beispiel alttestamentlichen Redens vom Tod, in: A. Strobel (Hg.), Der Tod - ungelöstes Rätsel oder überwundener Feind? Eine Ringvorlesung der Augustana-Hochschule Neuendettelsau im Auftrag des Dozentenkollegiums (Stuttgart 1974) 63-79.

Procksch, O., Der Lebensgedanke im Alten Testament, in: Christentum und Wissenschaft 4 (1928) 145-158 und 193-206.

Quell, G., Die Auffassung des Todes in Israel (Darmstadt 1967).

Rad, G.v., Theologie des Alten Testaments I (München [5]1966).

- Weisheit in Israel (Neukirchen 1970) 165-181.

- Alttestamentliche Glaubensaussagen vom Leben und vom Tod, in: ders., Gottes Wirken in Israel. Vorträge zum Alten Testament (Neukirchen 1974) 250-267.

Schabert, J., Der Schmerz im Alten Testament = Bonner Biblische Beiträge 8 (Bonn 1955).

Scheftelowitz, J., Der Seelen- und Unsterblichkeitsglaube im Alten Testament, in: Archiv für Religionswissenschaft 19 (1918/1919) 210-222.

Schilling, O., Der Jenseitsgedanke im Alten Testament. Seine Entfaltung und dessen Triebkräfte (Mainz 1951).

Schmid, H.H., Leben und Tod nach dem Alten Testament, in: Reformatio 15 (1966) 676-685.

Schmidt, W., Anthropologische Begriffe im Alten Testament, in: Evangelische Theologie 24 (1964) 374-388.

Schmithals, W., Tod, in: L. Coenen/E. Beyreuter/H. Bietenhard (Hg.), Theologisches Begriffslexikon zum Neuen Testament II, 2 (Wuppertal 1971) 1222-1230.

Schreiner, J., Geburt und Tod in biblischer Sicht, in: Bibel und Leben 7 (1966) 127-150.

Schürmann, H., Jesu ureigener Tod. Exegetische Besinnungen und Ausblick (Freiburg 1975).

Schützeichel, H., Der Todesschrei Jesu. Bemerkungen zu einer Theologie des Kreuzes, in: Trierer Theologische Zeitschrift 83 (1974) 1-15.

Schulz, A., Der Sinn des Todes im Alten Testament (Verzeichnis der Vorlesungen an der Akademie zu Braunsberg 1919).

Schwally, F., Das Leben nach dem Tode nach den Vorstellungen des Alten Israel und des Judentums einschliesslich des Volksglaubens im Zeitalter Christi (Giessen 1892).

Schweizer, E., Die Leiblichkeit des Menschen: Leben - Tod - Auferstehung, in: ders., Beiträge zur Theologie des Neuen Testaments. Neutestamentliche Aufsätze 1955-1970 (Zürich 1970) 165-182.

- Jesus Christus, Herr über Krankheit und Tod, in: Universitas 3 (1948) 513-519 und 641-647.

Söderblom, N., Der lebendige Gott im Zeugnis der Religionsgeschichte (München ^{2}1966).

Strobel, A., Der Tod Jesu und das Sterben des Menschen nach Lukas 23, 39-49, in: ders. (Hg.), Der Tod - ungelöstes Rätsel oder überwundener Feind? Eine Ringvorlesung der Augustana-Hochschule Neuendettelsau im Auftrag des Dozentenkollegiums (Stuttgart 1974) 81-102.

Vollborn, W., Das Problem des Todes in Genesis 2 und 3, in: Theologische Literaturzeitung 77 (1952) 710-714.

Wächter, L., Der Tod im Alten Testament (Stuttgart 1967).

Westermann, C., Struktur und Geschichte der Klage im Alten Testament, in: Zeitschrift für die alttestamentliche Wissenschaft 66 (1954) 44-80.

Wolff, H.W., Der Aufruf zur Volksklage, in: Zeitschrift für die alttestamentliche Wissenschaft 76 (1964) 48-56.

- Anthropologie des Alten Testaments (München 1973).

Zimmerli, W., Das Menschenbild des Alten Testaments = Theologische Existenz Heute NF 14 (München 1949).

- "Leben" und "Tod" im Buche des Propheten Ezechiel, in: Theologische Zeitschrift 13 (1957) 494-508.

- Die Weltlichkeit des Alten Testaments (Göttingen 1971).

6. PASTORALTHEOLOGISCHE LITERATUR

Allwohn, A., Evangelische Pastoralmedizin - Grundlegung der heilenden Seelsorge (Stuttgart 1970).

Ansohn, A., Die Wahrheit am Krankenbett. Grundfragen einer ärztlichen Sterbehilfe (Salzburg 1969).

Berger, W.J., Seelsorge an Sterbenden, in: H.H. Berger/P. Schoonenberg/
W.J. Berger, Leben nach dem Tode? (Köln 1972) 107-126.
Boese, O., Was wir am Sterbebett sagen, in: Monatsschrift für Pastoraltheologie
50 (1961) 131-137.
Bowers, M.K., Wie können wir Sterbenden beistehen (Mainz 1971).
Bürki, B., Im Herrn entschlafen. Eine historisch-pastoraltheologische Studie zur
Liturgie des Sterbens und des Begräbnisses = Beiträge zur praktischen
Theologie 6 (Heidelberg 1969).

Dirschauer, K., Der totgeschwiegene Tod. Theologische Aspekte der kirchlichen
Bestattung (Bremen 1973).

Eisenburg, J., Menschlich sterben. Aufgabe und Verantwortung eines Arztes, in:
Fortschritte der Medizin 90 (1972) 81 ff.
Engelmeier, M.P., Am Sterbebett, in: Arzt und Christ 5 (1959) 129-134.

Glaser, B.G./Straun, A., Interaktion mit Sterbenden. Beobachtungen für Aerzte,
Schwestern, Seelsorger und Angehörige (Göttingen 1974).
Grützmacher, G., Die Fähigkeit zu trauern - Der tägliche Dienst: Hilfe zum Leben
und zum Sterben (Beruf Pfarrer III), in: Deutsches Allgemeines Sonntagsblatt 45 (1970) 14.

Hofmeier, J., Menschlich sterben - Postulate an die Kirche, in: Diakonia 3 (1972)
307-316.
Hospenthal, U.v., Die Vorbereitung auf den Tod als wesentliche seelsorgliche Aufgabe, in: Anima 11 (1956) 336-341.

Jantsch, F., Der Hausbesuch bei Sterbenden, in: Diakonia 3 (1972) 344-347.

Kahles, W., Christliche Begräbnisfeier, in: Anima 11 (1956) 352-358.
Kübler-Ross, E., Was können wir noch tun? Antworten auf Fragen nach Sterben und
Tod (Stuttgart 1974).

Mauder, A., Kunst des Sterbens. Eine Anleitung (Regensburg 1973).
Mayer-Scheu, J., Bedingungen einer Sterbehilfe im Krankenhaus, in: Diakonia 3
(1972) 338-342.
-      Seelsorge im Krankenhaus. Entwurf für eine neue Praxis (Mainz 1974) bes.
32-39.
-      Der mitmenschliche Auftrag am Sterbenden, in: Concilium 10 (1974) 286-293.
Müller, A., Sterbebegleitung als kirchliche Aufgabe, in: Concilium 10 (1974) 294-296.

Neulinger, K.U., Schweigt die Schule den Tod tot? Untersuchungen - Fragmente -
Analysen (München 1975).

Pastorale 2. Krankheit und Tod. Handreichung für den pastoralen Dienst, hrsg. von
der Konferenz der deutschsprachigen Pastoraltheologen (Mainz 1974).
Pera, H., Medizinischer und pastoraler Krankendienst, in: Diakonia 3 (1972) 343-
344.

Schwarz, H., Hat das Sterben schon begonnen? Die Aufgabe der christlichen Theologie in einer gefährdeten Welt, in: A. Strobel (Hg.), Der Tod - ungelöstes Rätsel oder überwundener Feind? Eine Ringvorlesung der Augustana-Hochschule Neuendettelsau im Auftrag des Dozentenkollegiums (Stuttgart 1974) 127-152.

Sporken, P., Menschlich sterben (Düsseldorf 1972).

-      Umgang mit Sterbenden. Medizinische, pflegerische und pastorale Aspekte der Sterbehilfe (Düsseldorf 1973).

Weinberger, J., Verkündigung über den Tod, in: Lebendige Seelsorge 21 (1970) 160-167.

Zöpfl, H., Tod und Erziehung, in: Pädagogische Welt 17 (1963) 562-566.

7. MEDIZINISCHE UND BIOLOGISCHE LITERATUR

Altmann, H.W. u.a. (Hg.), Handbuch der Allgemeinen Pathologie I (Berlin 1969) 205-231.

Beck, H., Revokation des Todes? Zur ethischen und anthropologischen Problematik der modernen medizinischen Technik, in: Philosophia naturalis 12 (1970) 116-122.

Bretschneider, H.J., Lebensverlängerung durch Organtransplantation, in: Was ist der Tod? 11 Beiträge und eine Diskussion (München 1969) 111-116.

Caglioti, L., Das Ueberleben der Spezies Mensch und der Tod des Einzelmenschen, in: Concilium 10 (1974) 251-253.

Christian, P., Medizinische und philosophische Anthropologie, in: H.W. Altmann u.a. (Hg.), Handbuch der Allgemeinen Pathologie I (Berlin 1968) 232-278.

Doerr, W., Vom Sterben, in: Was ist der Tod? 11 Beiträge und eine Diskussion (München 1969) 53-70.

Dombrowski, H., Die potentielle Unsterblichkeit, in: Was ist der Tod? 11 Beiträge und eine Diskussion (München 1969) 131-146.

Emminger, E., Leben und Tod. Ein vielschichtiges Problem, in: Arzt und Christ 15 (1969) 32-40.

Faller, A., Biologisches von Sterben und Tod, in: Anima 11 (1956) 260-268.

Frank, K., Tod und Unsterblichkeit als biologisches Problem, in: Stimmen der Zeit 119 (1930) 210-226.

Gebsattel, V.E. Freiherr von, Prolegomena einer medizinischen Anthropologie (Göttingen 1954) 389-412.

Gerlach, J., Die Definition des Todes in der Medizin. Logische und semantische Grundlagen, in: Münchner Medizinische Wochenschrift 112 (1970) 65-70.

Helversen, O.v., Leben und Tod als biologisches Phänomen, in: Arzt und Christ 15 (1969) 139-148.

Hinton, J., Arzt und Sterbender, in: A. Toynbee (Hg.), Vor der Linie. Der moderne Mensch und der Tod (Frankfurt 1970) 44-57.

Huber, B., Biologische Differenzierung und Tod, in: Krankheit und Tod (München 1959) 9-18.

Käufer, Ch., Der Sterbevorgang in medizinischer Sicht, in: Concilium 10 (1974) 245-250.

Kautzky, R., Der Arzt vor dem Phänomen des Todes, in: Arzt und Christ 15 (1969) 129-138.

Keith Mant, A., Die medizinische Definition des Todes, in: A. Toynbee (Hg.), Vor der Linie. Der moderne Mensch und der Tod (Frankfurt 1970) 11-27.

Knapp, G., Mensch und Krankheit (Stuttgart 1970) 129-168.

Kress, H. Freiherr von, Die ärztliche Einstellung zum Tode, in: Wege zum Menschen 19 (1967) 113-121.

–   Das Problem des Todes, in: H.W. Altmann u.a., Handbuch der Allgemeinen Pathologie I (Berlin 1969) 205-231.

Kuhlendahl, H., Zwischen Leben und Tod, in: Was ist der Tod? 11 Beiträge und eine Diskussion (München 1969) 87-99.

Jllies, J., Die Verschiebung des Todes, in: Was ist der Tod? 11 Beiträge und eine Diskussion (München 1969) 71-86.

Jores, A., Arzt und Lüge, in: Universitas 4 (1949) 1195-1202.

–   Lebensangst und Todesangst, in: Die Angst: Studien aus dem C.G. Jung-Institut (Zürich 1959).

–   Der Tod in psychologischer Sicht, in: A. Sborowitz, Der leidende Mensch. Personale Psychotherapie in anthropologischer Sicht (Darmstadt 1960).

–   Die Medizin in der Krise unserer Zeit (Bern 1961).

–   Menschsein als Auftrag (Bern 1964).

Jores, A./Puchta, H.G., "Der Pensionierungstod", in: Medizinische Klinik 54 (1959) 1158-1164.

Laves, W., Agonie, in: Münchner Medizinische Wochenschrift 107 (München 1965) 113-118.

Marx, H.H., Sterben müssen - sterben können, in: N. Neun (Hg.), Tatsache Tod. Wie können wir damit leben (Stuttgart 1964) 22-35.

Mechler, A., Der Tod als Thema der neueren medizinischen Literatur, in: Jahrbuch für Psychologie, Psychotherapie und medizinische Anthropologie 3/4 (1955/1956) 371-382.

Müller-Fahlbusch, H., Sterben und Tod aus ärztlicher Sicht. Thematische Darstellung, in: K.H. Bloching, Tod (Mainz 1973) 39-46.

Nissen, R., Das Problem des Todes, in: Bild der Wissenschaft 6 (1969) 332-337.

Pflanz, M., Der unnatürliche Tod, in: Was ist der Tod? 11 Beiträge und eine Diskussion (München 1969) 25-37.

Pohier, J.M., Tod, Natur und Kontingenz. Anthropologische Ueberlegungen zu der Möglichkeit, den Tod medizinisch hinauszuzögern, in: Concilium 10 (1974) 262-270.

Schaefer, H., Der natürliche Tod, in: Was ist der Tod? 11 Beiträge und eine Diskussion (München 1969) 9-23.

Siebeck, R., Krankheit und Tod in der Sicht des Arztes, in: Krankheit und Tod = Studien und Berichte der Katholischen Akademie in Bayern 7 (München 1959) 19-45.

Siegmund, G., Die heutige Todesproblematik, in: Theologie und Glaube 62 (1972) 368-375.

Schneider, F., Das Problem des Todes in der Biochemie, in: Pastoraltheologie 58 (1969) 174-181.

Schubert, R., Lebensverlängerung durch gesundes Altern, in: Was ist der Tod? 11 Beiträge und eine Diskussion (München 1969) 119-130.

8. PSYCHOLOGISCHE LITERATUR

Affemann, R., Die anthropologische Bedeutung der Todestriebhypothese Freuds, in: Im Kampf mit der Neurose. Aus dem Arbeitskreis des Instituts für Psychotherapie und Tiefenpsychologie e.V. (Stuttgart 1957) 60-79.

Aldenhoven, H., Klinischer Beitrag zur Frage der Todesahnungen, in: Psychologisches Jahrbuch 2 (1957) 55-59.

Alexander, I.E./Adlerstein, A.M., Studien zur Psychologie des Todes, in: J.C. Brengelmann/H.P. David, Perspektiven der Persönlichkeitsforschung (Bern 1961) 55-74.

Bahle, J., Keine Angst vor dem Sterben. Zur Psychologie des angstfreien und schönen Sterbens (Hemmenhofen am Bodensee 1963).

Borkenau, F., Die Todeskontradiktion in der Geschichte, in: Der Monat 12 (1959/1960) Heft 135, 3-21.

Brun, R., Ueber Freuds Hypothese vom Todestrieb, in: Psyche 7 (1953) 81-111.

Caruso, J.A., Bemerkungen über den sogenannten "Todestrieb". Beitrag zur Entmythologisierung der Tiefenpsychologie, in: Schweizer Archiv für Neurologie und Psychiatrie 70 (1952) 245-258.

- Die Trennung der Liebenden. Eine Phänomenologie des Todes (Bern 1968).

Fenichel, O., Zur Kritik des Todestriebes, in: Imago 21 (1935) 458-466.

Ford, A., Bericht vom Leben nach dem Tode (München [2]1972).

Frei, G., Psychologische Aspekte der Todesangst und deren Ueberwindung, in: Anima 11 (1956) 299-303.

Galvin, J., Tod, Trauer und Bedrängnis, in: Psyche 3 (1949/1950) 796-800.

Herzog, E., Psyche und Tod. Wandlungen des Todesbildes im Mythos und in den Träumen heutiger Menschen = Studien aus dem C.G. Jung-Institut Zürich 11 (Zürich 1960).
Heywood, R., Der Tod in der Parapsychologie, in: A. Toynbee (Hg.), Vor der Linie. Der moderne Mensch und der Tod (Frankfurt 1970) 309-357.

Jung, C.G., Seele und Tod, in: ders., (Hg.), Wirklichkeit der Seele. Anwendungen und Fortschritte der neueren Psychologie (Zürich 1947) 212-230.

Kauders, O., Der Todesgedanke in der Neurose und in der Psychose, in: Der Nervenarzt 7 (1934) 288-297.
Kübler-Ross, E., Interviews mit Sterbenden (Stuttgart [5]1972).
-   Sterben als menschlich-psychologisches Geschehen, in: Concilium 10 (1974) 254-256.

Lichtenstein, H., Zur Phänomenologie des Wiederholungszwanges und des Todestriebes, in: Imago 21 (1935) 466-480.

Meyer, J.E., Tod und Neurose (Göttingen 1973).
Munnichs, J.M.A., Die Einstellung zu Endlichkeit und Tod, in: H. Thomae/U. Lehr, Altern. Probleme und Tatsachen (Frankfurt 1968) 579-612.

Schlepper, W., Die PSI-Forschung und das Fortleben nach dem Tod, in: Stimmen der Zeit 191/192 (1973) 643-645.
Spiegel, Y., Der Prozess des Trauerns. Analysen und Beratung (München 1973).

Wetzel, F., Tod, Wiedergeburt und Unsterblichkeit als metapsychologische Probleme, in: Natur und Kultur 52 (1960) 122-131.
Wind, E. de, Begegnung mit dem Tod, in: Psyche 22 (1968) 423-451.

Zwergel, H.A., Die Bedeutung von Leben und Tod Jesu von Nazareth in tiefenpsychologischer Sicht, in: R. Pesch/H.A. Zwergel, Kontinuität in Jesus. Zugänge zu Leben, Tod und Auferstehung (Freiburg 1974) 95-124.

9. SOZIOLOGISCHE LITERATUR

Beisheim, P., Wissenschaftlicher Bericht über Tendenzen in der modernen Thanatologie, in: Concilium 10 (1974) 301-305.

Berger, P./Liban, R., Kulturelle Wertstruktur und Bestattungspraktiken in den Vereinigten Staaten, in: Kölner Zeitschrift für Soziologie und Sozialpsychologie 12 (1960) 224-236.

Bowman, L., The American Funeral. A Study in Guilt Extravagance and Sublimity (Washington 1959).

Ferber, Chr.v., Soziologische Aspekte des Todes. Ein Versuch über einige Beziehungen der Soziologie zur philosophischen Anthropologie, in: Zeitschrift für Evangelische Ethik 7 (1963) 338-360.
- Der Tod. Ein unbewältigtes Problem für Mediziner und Soziologen, in: Kölner Zeitschrift für Soziologie und Sozialpsychologie 22 (1970) 237-250.

Fuchs, W., Todesbilder in der modernen Gesellschaft (Frankfurt 1969).
- Die These von der Verdrängung des Todes, in: Frankfurter Hefte 26 (1971) 177-184.

Hahn, A., Einstellungen zum Tod und ihre soziale Bedingtheit. Eine soziologische Untersuchung (Stuttgart 1968).

Mitford, J., Der Tod als Geschäft (Berlin 1966).

Siefer, G., Sterben und Tod im Bewusstsein der Gegenwart, in: Herderkorrespondenz 27 (1973) 581-586.

10. BEITRAEGE ZUM THEMA "TOD" IN DER LITERATUR

Alker, E., Das Bild des Todes in der modernen deutschen Literatur, in: Anima 11 (1956) 279-292.

Angermeyer, H., Die Begegnung mit Sterben und Tod in der Literatur der Gegenwart, in: A. Strobel (Hg.), Der Tod ungelöstes Rätsel oder überwundener Feind? Eine Ringvorlesung der Augustana-Hochschule Neuendettelsau im Auftrag des Dozentenkollegiums (Stuttgart 1974) 9-25.

Baden, H.J., Literatur und Selbstmord (Stuttgart 1965).
- Ist der Mensch sterblich? Das Todesbild in der zeitgenössischen Literatur, in: Wege zum Menschen 22 (1970) 161-175.
- Leben und Tod in der modernen Literatur, in: Das missionarische Wort 25 (1972) 265 ff.

Balthasar, H.U.v., Apokalypse der deutschen Seele III (Salzburg 1939).
- Theodramatik I (Einsiedeln 1973) 345-387.

Beckmann, H., Tiefe Traurigkeit der Agonie. Die Karriere des Todes in der modernen Literatur, in: Lutherische Monatshefte 12 (1973) 429-431.

Bleistein, R., Der Tod als Thema, in: Stimmen der Zeit 191 (1973) 710-713.

Bloching, K.H., Das Sterben im Spiegel heutiger Literatur, in: Concilium 10 (1974) 240-244.

Blumenberg, H., Eschatologische Ironie. Ueber die Romane Evelyn Waughs, in: K. Schmidthüs (Hg.), Lob der Schöpfung und Aergernis der Zeit. Moderne christliche Dichtung in Kritik und Deutung (Freiburg 1959) 159-164.

Boeckh, J., Tod und Ewigkeit bei Solschenizyn, in: Quatember 36 (1972) 217-223.

Kreitmeir, K., Der Todesgedanke in der deutschen Lyrik unseres Jahrhunderts, in: Pädagogische Welt 17 (1963) 599-611.

Maierhöfer, F., Moderne Totentänze. Zum Problem des Todes im modernen Drama, in: Stimmen der Zeit 192 (1974) 181-191.

Müller-Schwefe, H.R., Tod und Leben in der modernen Dichtung, in: Leben angesichts des Todes. Beiträge zum theologischen Problem des Todes. Helmut Thielicke zum 60. Geburtstag (Tübingen 1968) 223-241.

Rehm, W., Der Todesgedanke in der deutschen Dichtung vom Mittelalter bis zur Romantik (Darmstadt [2]1967).

–   Zur Gestaltung des Todesgedankens bei Petrarca und Johann von Saaz, in: E. Schwarz, Der Ackermann aus Böhmen des Johannes von Tepl und seine Zeit (Darmstadt 1968) 31-59.

Rhode, E., Der Tod in der Literatur des 20. Jahrhunderts, in: A. Toynbee (Hg.), Vor der Linie. Der moderne Mensch und der Tod (Frankfurt 1970) 221-246.

Schäfer, A., Sterben und Tod in der neueren Literatur, in: Diakonia 3 (1972) 317-328.

Thome, A., Die Problematik von Sterben und Tod in der Dichtung der Gegenwart, in: Trierer Theologische Zeitschrift 82 (1973) 27-43.

Unger, R., Herder, Novalis und Kleist. Studien über die Entwicklung des Todesproblems im Denken und Dichten von Sturm und Drang zur Romantik (Frankfurt 1922).

Waugh, E., Tod in Hollywood (Freiburg 1966).